现代企业管理理论与实践

主　编　尹子民　尹　进　郭　跃
副主编　李建陆　刘佳璐　于　阳

北京理工大学出版社
BEIJING INSTITUTE OF TECHNOLOGY PRESS

内 容 简 介

"现代企业管理理论与实践"是一门建立在经济学、心理学、行为科学、社会学和应用数学等学科基础上的综合性、实践性很强的管理专业基础课,它研究和探讨企业管理活动的基本规律和一般方法。

《现代企业管理理论与实践》是辽宁省精品资源共享课"现代企业管理"的配套教材,分为现代企业管理概述、现代企业战略管理、现代企业营销管理、现代企业人力资源管理、现代企业生产管理、现代企业物流管理、现代企业质量管理、现代企业财务管理、现代企业信息管理、现代企业管理前沿专题十章,每章均包括知识点、课后练习题、课后实践、案例分析和微课视频等内容。本教材关于专业培养目标的定位是通过挖掘企业管理过程的本原,将复杂的管理问题归结为简单的道理与方法,进而探索企业管理过程的工作方法和工作内容,为从事企业实际管理工作奠定理论基础和技术方法。本教材将先进教学理念与现代管理理念相结合,坚持理论教学与实践教学相结合,通过管理理念应用型教学、案例分析应用型教学和管理技术应用型教学,培养学生从事企业管理工作的基本管理技能与素质,实现学生在管理知识、管理能力和综合素质等方面的全面提升。

本教材可以作为管理学学科相关专业硕士研究生、本科生教材,也可以作为企业在职干部的培训用书。

版权专有　侵权必究

图书在版编目（CIP）数据

现代企业管理理论与实践 / 尹子民,尹进,郭跃主编. --北京：北京理工大学出版社,2025.1.
ISBN 978-7-5763-4714-2

Ⅰ. F272

中国国家版本馆 CIP 数据核字第 2025XS2160 号

责任编辑：王晓莉	**文案编辑**：王晓莉
责任校对：刘亚男	**责任印制**：李志强

出版发行 ／ 北京理工大学出版社有限责任公司
社　　址 ／ 北京市丰台区四合庄路6号
邮　　编 ／ 100070
电　　话 ／（010）68914026（教材售后服务热线）
　　　　　　　（010）63726648（课件资源服务热线）
网　　址 ／ http://www.bitpress.com.cn
版 印 次 ／ 2025年1月第1版第1次印刷
印　　刷 ／ 涿州市京南印刷厂
开　　本 ／ 787 mm×1092 mm　1/16
印　　张 ／ 18.5
字　　数 ／ 434千字
定　　价 ／ 95.00元

图书出现印装质量问题,请拨打售后服务热线,负责调换

前言

党的二十大报告指出："从现在起，中国共产党的中心任务就是团结带领全国各族人民全面建成社会主义现代化强国、实现第二个百年奋斗目标，以中国式现代化全面推进中华民族伟大复兴。"报告要求"推动国有资本和国有企业做强做优做大""完善中国特色现代企业制度，弘扬企业家精神，加快建设世界一流企业"。理论是实践的先导，思想是行动的指南。基于党的二十大"教育、科技、人才是全面建设社会主义现代化国家的基础性、战略性支撑"视角，本教材将工业4.0、智能制造、数字经济、知识管理、团队精神等方面的重要内容与成果导向教育，以及信息化、智能化、数字化教育密切配合，培养适应现代企业管理客观实际和工作需求的应用型人才。同时，本教材在学习目标中融入为党育人、为国育才的理念，为学生树立大国工匠精神和家国情怀提供有效支撑。

本教材是辽宁省一流本科课程"现代企业管理"的配套教材，以提升学生自主学习能力为主线来设计现代企业管理课程的理论教学、实践教学和创新教育的培养方案和培养过程，将现代企业管理课程各个教学环节的教学内容、教学方法、教学过程和教学资源利用均纳入到学生自主学习的大系统中进行总体设计，建立起以教学课件共享型、教学资料共享型、学习经验共享型和主讲教师讲课视频共享型为主要子系统的基本框架，创建以网络技术为手段，以计算机多媒体技术为载体，以"现代企业管理"一流本科课程的教学资料、教学课件、主讲教师的教学经验和教学能力为优质资源的平台，打造和建设满足学生发现式学习、反馈式学习和协作式学习的教学录像、教学课件、教学大纲、教学方案、试题库系统、素材资源库、情景模拟实践、管理实务仿真的精品资源共享平台。

本教材得到辽宁省普通高等学校一流本科教育示范专业"物流工程"项目、辽宁省新文科研究与改革实践项目、首批辽宁省高质量产学合作协同育人项目、辽宁省一流本科课程"现代企业管理"项目、辽宁省新工科研究与实践项目、辽宁省教育科学"十四五"规划项目和辽宁省"智慧物流"现代产业学院项目资助。

本教材在编写过程中，参考了《企业竞争力评价与可持续发展战略研究》和《企业管理理论与实践》等 50 多部著作、论文和书籍，在此向相关作者致以衷心的感谢。

因编者水平有限，书中难免存在不当之处，恳请读者批评指正。

编 者

2024 年 7 月 9 日

目录

第一章 现代企业管理概述 (001)
- 第一节 企业管理相关知识 (001)
- 第二节 企业组织 (006)
- 第三节 企业文化 (010)
- 视频学习资料 (018)

第二章 现代企业战略管理 (019)
- 第一节 企业总体战略 (019)
- 第二节 企业战略环境分析 (022)
- 第三节 企业战略制定方法 (026)
- 视频学习资料 (038)

第三章 现代企业营销管理 (039)
- 第一节 企业营销管理 (039)
- 第二节 市场调查 (045)
- 第三节 市场预测 (048)
- 第四节 市场营销策略 (054)
- 第五节 市场营销组合策略 (059)
- 视频学习资料 (066)

第四章 现代企业人力资源管理 (067)
- 第一节 人力资源计划 (067)
- 第二节 员工选聘 (073)
- 第三节 员工培训 (084)
- 第四节 绩效考核 (097)
- 视频学习资料 (109)

第五章 现代企业生产管理 (110)
- 第一节 生产管理相关知识 (110)

第二节　生产运作计划 …………………………………………………… (120)
　　　第三节　生产过程的时间组织 ………………………………………… (123)
　　　第四节　生产作业控制 ………………………………………………… (128)
　　　视频学习资料 …………………………………………………………… (136)

第六章　现代企业物流管理 ………………………………………………… (137)
　　　第一节　企业物流管理概述 …………………………………………… (137)
　　　第二节　企业供应物流管理 …………………………………………… (146)
　　　第三节　企业生产物流与销售物流管理 ……………………………… (153)
　　　视频学习资料 …………………………………………………………… (163)

第七章　现代企业质量管理 ………………………………………………… (164)
　　　第一节　企业质量管理概述 …………………………………………… (164)
　　　第二节　全面质量管理理论 …………………………………………… (169)
　　　第三节　ISO 9000 质量管理体系与质量认证 ………………………… (173)
　　　第四节　工序质量控制与质量改进方法 ……………………………… (182)
　　　视频学习资料 …………………………………………………………… (193)

第八章　现代企业财务管理 ………………………………………………… (194)
　　　第一节　企业财务管理的内容与原则 ………………………………… (194)
　　　第二节　资金筹集与资产管理 ………………………………………… (199)
　　　第三节　成本、费用与利润管理 ……………………………………… (206)
　　　第四节　财务报表分析 ………………………………………………… (212)
　　　视频学习资料 …………………………………………………………… (222)

第九章　现代企业信息管理 ………………………………………………… (223)
　　　第一节　企业信息构成与作用 ………………………………………… (223)
　　　第二节　企业信息管理过程 …………………………………………… (229)
　　　第三节　企业信息化管理 ……………………………………………… (236)
　　　视频学习资料 …………………………………………………………… (250)

第十章　现代企业管理前沿专题 …………………………………………… (251)
　　　第一节　危机管理 ……………………………………………………… (251)
　　　第二节　学习型组织 …………………………………………………… (262)
　　　第三节　知识管理 ……………………………………………………… (266)
　　　第四节　智能制造 ……………………………………………………… (274)
　　　第五节　数字经济 ……………………………………………………… (279)
　　　视频学习资料 …………………………………………………………… (286)

附录1　实践教学内容二维码 ……………………………………………… (287)

附录2　课后练习题参考答案二维码 ……………………………………… (287)

参考文献 ……………………………………………………………………… (288)

第一章 现代企业管理概述

学习目标

理论学习目标

了解企业管理理论发展过程及其特点,了解现代企业组织机构性划分原则与方法;理解企业的含义、特征及类型;掌握企业管理的基本知识,掌握企业组织机构设立的方法与原则;掌握企业组织结构的主要类型,企业文化的内涵、功能及层次,特别是企业文化的构建途径。通过企业管理理论的发展历程,与我国的国学文化相结合,增强学生的民族自豪感,了解我国社会主义文化建设的重要性。

实践学习目标

通过企业实践,了解企业组织机构设立的功能及主要类型,掌握企业各个职能部门之间的业务关系和工作过程。企业文化是民族精神的重要元素,感受企业文化凝聚对于集体价值的作用,学会运用企业文化塑造正确的世界观、价值观和人生观。

第一节 企业管理相关知识

一、企业、企业特征及企业类型

企业是从事生产、流通、服务等经济活动,为满足社会需要和盈利,依照法定程序成立的具有法人资格,进行自主经营,独立享受权利和承担义务的经济组织。

(一)现代企业的特征

(1)现代企业比较普遍地运用现代科学技术手段开展生产经营活动。

(2)现代企业内部分工协作的规模和程度极大提高,劳动效率逐步提高。

(3)现代企业经营活动的经济性和盈利性。现代企业要长久生存,就必须在生产经营活动中获得更多的销售收入和利润，即具有经济性和盈利性。

（4）现代企业的环境适应性。现代企业只有适应外部社会、技术、经济等方面的环境，才能持续发展。

(二)现代企业类型

（1）按照企业组织形式划分，可分为单一企业、多元企业、经济联合体、企业集团。

（2）按照企业规模划分，可分为大型企业、中型企业、小型企业。

（3）按照企业所有制关系划分，可分为国有企业、集体所有制企业、个体私营企业、中外合资经营企业、中外合作经营企业、外资企业。

（4）按照企业内部生产力各要素所占比重划分，可分为劳动密集型企业、资金密集型企业、技术密集型企业。

（5）按企业财产组织形式分类，可分为独资企业、合伙企业、公司企业。

二、企业管理

企业管理是由企业管理人员或机构对企业的经济活动过程进行计划、组织、指挥、协调和控制，以提高经济效益、实现盈利为目的的活动的总称。企业的生产经营活动包括生产管理前的市场调研、销售预测、经营决策、产品开发、资金筹措，以及产品产出后的产品销售、售后服务、信息反馈等工作。

三、企业管理理论的发展

企业管理理论经过漫长的发展，形成了众多不同的学派。尤其是19世纪以后，社会的工业化催生了许多杰出的管理学家及不同的管理思想。从其发展的历程上看，企业管理理论大致经历了古典管理理论、行为科学理论和现代管理理论三个阶段。

(一)古典管理理论(19世纪末20世纪初)

1. 泰勒的科学管理理论

科学管理理论的研究指向单个工人的生产率，其最突出的代表人物是泰勒。泰勒的代表作有《计件工资制》(1895)、《车间管理》(1903)和《科学管理原理》(1911)等。

（1）泰勒主要观点。

①管理的根本目的：提高工作效率。

②提高效率的手段：运用科学方法。

③科学管理的实质：劳资双方的思想革命。

（2）科学管理理论的原理。

根据以上观点，泰勒提出了四项科学管理原理(原则)。

①劳动方法标准化原理。

②培训工人科学化原理。

③实行奖励工资制原理。

④管理职能专业化原理。

（3）优缺点分析。

①科学管理理论是科学提高劳动生产率的方法。

②科学管理理论是加强企业基础性管理的科学方法。

③科学管理理论只解决企业内部工作效率问题,未能解决企业与外部环境的适应性问题。

④科学管理理论把工人当作机器附属物,未能充分调动职工的积极性。

必须指出,泰勒把工人视为经济人,并把经济刺激作为调动工人积极性主要手段之一,但并不将其作为唯一的手段,也不像有人所说,泰勒不关心工人,事实上,经济人假设有其合理的一面,经济激励是基础性手段。泰勒也提出了一些人本管理初步思想,但在那个时代并不能实现。

2. 法约尔的一般管理理论

一般管理理论着重研究管理职能和管理原则。

法约尔对管理的贡献主要体现在他对管理职能的划分和对管理原则的归纳上,集中体现在他的名著《工业管理与一般管理》(1925年)中。

①管理是企业六种基本活动之一:技术、商业、财务、安全、会计、管理。

②管理五项职能:计划、组织、指挥、协调和控制。

③法约尔管理的14条原则:工作分工、职权、纪律、统一指挥、统一领导、个人利益服从整体利益、报酬、分级与集中决策、等级链、人员和物料的秩序管理、公平、人员的稳定、首创精神、团结精神。

3. 韦伯的行政组织理论

韦伯的主要贡献是指出了"理想的行政组织体系"理论,这集中反映在《社会组织与经济组织》一书中。

韦伯认为,等级权威和行政制是一切社会组织的基础。权威有三种类型:个人崇拜式、传统式和理性-合理的权力。他认为,只有理性-合理的权力才是理想组织形式的基础。

韦伯认为高度结构化的、正式的、非人格化的理想行政组织体系是合理的、高效率的,是最有效的形式,是优于其他形式的,适用于各种行政管理工作。这一理论是对泰勒、法约尔理论的一种补充,对后人有很大影响。

韦伯所提出的行政组织理论具有以下特征:①劳动分工;②权威等级;③正式的甄选;④正式的规则和法规;⑤服从制度规定;⑥管理者与所有者分离。

(二)行为科学理论(20世纪30—40年代)

行为科学的研究,基本上可以分为两个时期。前期以人际关系学说(或人群关系学说)为主要内容,从20世纪30年代梅奥的霍桑试验开始,到1949年在美国芝加哥讨论会上第一次提出行为科学的概念为止。在1953年美国福特基金会召开的各大学者参加的会议上,这一研究被正式定名为行为科学,也是行为科学研究时期。霍桑实验的结果表明,工人的工作动机和行为并不仅仅为金钱收入等物质利益所驱使,他们不是"经济人"而是"社会人",有社会性的需要。梅奥因比建立了人际关系理论。

1. 霍桑试验

霍桑是美国西方电气公司的一个分厂。1924年美国科学院组成一个科研小组到西方电气公司霍桑分厂进行试验,试验内容是工作环境与工作效率的关系。开始工作后,他们采取了许多办法,改变工人的工作环境(增加照明、播放音乐等),观察工人的工作效率。试验结果发现,工作条件改变与否对工作效率的影响不明显。1927年美国哈佛大学的梅奥教授接管了科研小组,并继续进行试验。他将自愿参与的女工分成两组进行试验,结果也得出了同样的结论,但在试验中却发现,产量的变化有一定的规律性。工人说没有监工在时心情比较舒畅,而且因为是自愿来做的,女工之间配合得很好。接着他又发现了工人中有一个头儿,这是工人之间的一种默契,也许这个头儿一个眼色,工人就不愿意干了,产量也就上不去了。于是,梅奥教授在此基础上建立了人际关系学说。

2. 人际关系学说

传统管理理论把人假设为一种经济人,认为金钱是刺激生产的唯一动力。霍桑试验推翻了这一观点,认为人是一种社会人,除了物质需求因素以外,还受社会因素、心理因素等的影响。

传统管理理论认为效率简单地受工作条件的束缚。霍桑试验认为不然,效率的提高在于士气的提高,这种士气取决于个人、家庭及社会生活欲望的满足,以及人与人之间的关系。

传统管理理论只重视了正式组织问题,即只考虑领导能力、组织机构等。而霍桑试验表明在生产劳动过程中除了正式组织以外,还存在一个非正式组织。非正式组织在工人中有一种特殊的感情、特殊的行为规范,使其行为有一种特殊的倾向性,在工人中影响力很大。一般地,正式组织的行为受理智的逻辑支配;而非正式组织的行为受非理智的感情的支配。

人际关系学说是行为科学的早期思想,只强调要重视人的行为,进一步的研究则在以后。1949年在芝加哥的研讨会上,学者正式提出了"行为科学"的名词,从那时起行为科学学派代替了人际关系学派。

3. 需要层次理论

20世纪50年代,美国的马斯洛提出了著名的层次需要理论,认为人的需要是多种多样的,同时人的需要又是多层次的、多类型的。他把人的需要分为五个层次。

①生理需要——由于生理原因产生的某些需要,是人类最基本的需要。这一需要得不到满足,就谈不上其他需要。对于这一需要,人和动物是相同的,人们为了能够继续生存,首先必须满足基本的生活需要,如衣、食、住、行等。马斯洛认为,生理需要在所有的需要中是最优先的。

②安全需要——生活方面有了保障后,就要求保证人的身体安全,要求职业生活有保障,不受外界的侵害。不仅要求自己社会生活的各个方面均能有所保证,还希望未来生活有保障。安全需要大致包括对安全、稳定、依赖的需要,希望免受恐吓、焦躁和混乱的折磨,以及对体制、秩序、法律和保护者实力的需要等。

③社交需要——人们对于友谊、爱情和归属的需要。马斯洛认为,人是一种社会动物,人们的生活和工作都不是独立地进行的。因此,人们总希望在一种被接受的情况下工作,也就是说,人们希望在社会生活中受到别人的注意、接纳、关心、友爱、同情,在感情上有所归属,属于某一个社会群体。

④尊重的需要——包括自尊和受人尊重。人们都有取得成就、受人尊敬的需要。不过

这一切首先要自己尊重自己。一个学生上课大声喧哗、在教室里抽烟等，与其说不尊重别人，还不如说不尊重自己，缺乏自尊和教养。

⑤自我实现的需要——为实现个人某种理想和抱负而贡献一切，追求学术成就、追求某一真理的实现。这是最高层次的需要，产生的力量也是巨大的。

马斯洛认为，这些需要有以下特点：第一，五种需要是与生俱来的，是下意识的、内在的，哪一种需要不能满足都会产生激励作用；第二，人的需要都是从低层次需要向高层次需要发展的；第三，对不同的人在不同的时候，总有一个层次的需要支配人的行动。

马斯洛的需要层次理论对西方现代管理转入以人为中心的管理思想的发展起了很大的作用，得到了普遍的认可。需要层次理论虽然有其科学的一面，但它只是表明人的需要最基本、最一般的结论，存在以下不足：第一，不同的人对不同需要的反应不可能完全一样，有人重精神需要，有人重物质需要。这一点它并没有揭示出来。第二，五种需要与生俱来，并且只有首先满足低层次的需要，才会产生高层次的需要，这显然是错误的。人的许多需要是后天产生的，是受教育影响而产生的。许多情况下低层次的需要得不到满足，却有高层次的追求，并非全是"饥寒起盗心"，还有"穷且益坚，不坠青云之志""富贵不能淫，贫贱不能移，威武不能屈"的大丈夫气概，有不吃"嗟来之食"、不为"五斗米折腰"的气节。第三，在不同的时间、地点、条件和具体的人身上，可能同时受几个需要的支配。例如，某人工作既是为了生活的需要，也是为了理想的追求。而且人的需要也是变化的，有从低层次向高层次需要发展的，也有从高层次向低层次需要变化的，现实中就有干部革命意志退化，经不起物质的诱惑而贪污受贿的。第四，需要层次理论只提出了研究行为的起点，即行为是如何产生的，但没有提出如何根据这些行为进行激励。

(三)现代管理理论(第二次世界大战后)

1. 现代管理理论学派类型

现代管理理论是在前两个阶段基础上，充分吸收现代科学技术、适应现代市场经济环境而不断创新所形成的学派体系。它很难用一个学派或理论来概括。因为，第二次世界大战后，管理理论呈现出"丛林"时期，美国著名管理学家孔茨(H. Koontz)在1980年，把管理理论划分为11个学派，即管理过程学派、人际关系学派、群体行为学派、经验学派派、社会协作系统学派、社会技术系统、系统学派、决策理论学派、管理科学派、权变学派、经理角色派。

然而，到了20个世纪80年代后，又衍生出许多学派，如学习型理论等。

2. 现代管理理论学派发展历程

综合上述阶段，大致经历了以下几个演变过程。

①从总结具体经验到阐述一般原理。
②从"机械人""经济人"假设到"社会人""决策人""复杂人"假设。
③从以定性分析为主，到把定性分析与定量分析相结合。
④从学派分化、百家争鸣到相互参考借鉴吸收，综合发展。

第二节　企业组织

一、企业组织结构设计的内容与原则

组织设计就是企业组织结构设计，是指管理者将组织内各要素进行合理组合，建立和实施一种特定组织结构的过程。所谓组织结构就是指组织的框架体系，是对完成组织目标的人员、工作、技术和信息所做的制度性安排。作为具有特定目标的经营组织，组织设计是企业实现管理职能、达到管理目标的重要工具和手段。尽管组织结构日益复杂、类型演化越来越多，但任何一个组织结构都存在三个相互联系的问题，即划分管理层次、划分部门、划分职权。由于组织内外环境的变化影响着这三个相互关联的问题，组织结构的形式始终围绕这三个问题发展变化。因此，要进行组织设计，首先要正确处理这三个问题。

(一)组织设计的内容

1. 划分管理层次

所谓管理层次，就是在职权等级链上所设置的管理职位的级数。当组织规模相当有限时，一个管理者可以直接管理每一位作业人员的活动，这时组织就只存在一个管理层次。而当规模的扩大导致管理工作量超出一个人所能承担的范围时，为了保证组织的正常运转，管理者就必须委托他人来分担自己的一部分管理工作，致使管理层次增加到两个层次。随着组织规模的进一步扩大，受托者又不得不进而委托其他的人来分担自己的工作，以此类推，而形成了组织的等级制或层次性管理结构。

2. 划分部门

除了通过层次的划分形成组织的纵向结构外，还需要通过部门划分形成组织的横向结构。部门的划分是依据一定的标准将若干个岗位组合在一起的过程。划分部门可以依据多种不同的标准进行，常见的有职能部门化、产品部门化或服务部门化、流程部门化、顾客部门化和地域部门化。组织的部门化是劳动分工在组织内部的体现。

3. 划分职权

在组织设计中，除了要划分组织的管理层次和部门外，还必须确定各层次、各部门的职权。职权的分配是组织设计中要解决的重要问题。

(二)组织设计的基本原则

企业组织结构是围绕实现企业目标而合理、科学地排列、配置和组合起来的，具有严谨性，在设计过程中必须遵循一定的原则。

1. 任务目标原则

组织设计是为实现企业的经营任务和目标服务的，这是最基本的设计原则。组织设计必须以这一原则为出发点和归宿。衡量组织设计的优劣，应当以是否有利于实现企业任务目标为最终标准。

2. 分工协作原则

对于现代企业而言，由于管理的工作量大，体现的专业性较强，必须按管理职能在企业内部设置不同的部门，这有利于提高管理工作的质量和效率；在部门合理分工的基础上，又必须加强部门间的协作与配合才能保证各项专业管理的顺利开展，以实现企业组织的整体任务目标。

3. 统一指挥原则

统一指挥是实现企业有序运行和实现企业目标的必要保证。企业各部门、各环节、各岗位必须只服从于一个上级的领导和指挥，在上级与下级之间形成一条畅通无阻的"指挥链"，企业最高层的指令可以从上到下逐级下达和贯彻执行，基层的情况可以由下至上逐级报告和反馈。这样既能防止越级指挥、多头领导、员工无所适从情况的发生，又能确保每个员工、部门都各司其职，各负其责。

4. 层次原则

一般情况下，企业的管理层次与其规模成正比，企业规模越大，经营过程越复杂，其组织结构所体现的管理层次就越多。与此同时，企业的管理层次又与管理幅度成反比，在企业人员数目相对稳定的情况下，管理幅度越大，即每一管理层次所管理的员工数目越多，管理层次越少，反之，则管理层次相应增加。因此，企业在设计组织结构时，必须根据本企业的规模大小，合理设计管理幅度，以此确定合适的管理层次。

5. 责权利对等原则

在进行组织设计时，每个管理层次和管理岗位都应有与其经营管理活动相适应的职责范围，其在行使职权的同时必须承担相应的责任，该责任应当与对应的经济利益挂钩。有责无权，管理者不能充分、有效地实现其职能；有权无责，可能会导致管理者滥用权力，滋生腐败；与经济利益挂钩，是为了充分调动管理者的主动性和创造性。

6. 集权与分权相结合的原则

为了充分发挥集体的力量，有效地实现共同目标，必须在企业内部进行分工，这就要求在组织内部进行分权，而一定程度上的集权对于任何组织来说也是必需的。一个组织如果一味地分权，把所有的决策权都授予下属各部门，一切问题都由下属各部门自行处理，那么，可以代表组织整体并用以支配组织整体活动的权力将不复存在，这样就势必造成组织的解体，形成无组织的局面。因此，在组织设计中既要体现必要的权力集中，又要体现必要的权力分散，两者不可偏废。

7. 稳定性与适应性相结合的原则

在设计组织结构时，既要根据企业的内外环境和目标任务的情况保持组织结构的相对稳定，又要在情况发生变化的时候对组织结构进行必要的调整，使组织结构保持一定的弹性和适应性。

8. 精简与效率原则

精简是提高工作效率的前提条件，若企业的组织结构臃肿，层次繁多，因人设事，必然会导致人浮于事、敷衍推诿、办事拖拉、效率低下；反之，若企业的组织结构规模、层次过小、过少，员工数目不足，也必然会影响到企业经营管理效率的提高，难以实现企业目标。所以，企业在设计组织结构时，必须遵循精简与效率相统一的原则，适度平衡二者之间的关系。

二、企业组织结构的主要类型

(一) 直线制组织结构

直线制组织结构是最简单的一种组织结构形式，如图 1-1 所示。

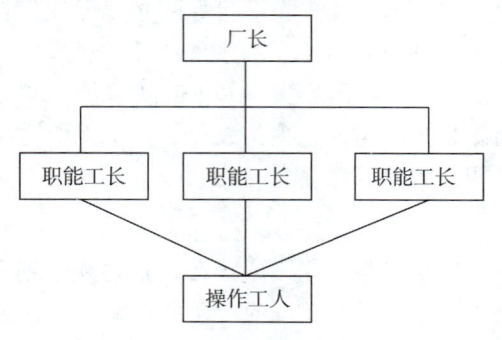

图 1-1　直线制组织结构

这种组织结构在工业化初期被采取，它是按垂直系统直线排列的。在这种形式下，所有工作最后都集中于厂长一身，最多配上一两个助手(即职能工长)，因此，直线制组织结构要求厂长是万能的。这种组织结构的优点是结构简单，权力集中，命令统一，上、下级关系明确，联系方便。它的缺点是在企业规模较大的情况下，业务比较复杂，所有的管理工作都集中由厂长承担，就要求厂长是一个全能的管理者，这是比较困难的，而且厂长容易忙中出错，所以这种组织结构形式只适应规模小、生产技术比较简单的企业。

(二) 职能制组织结构

职能制组织结构实际上只是泰勒提出来的一种设想，指导思想就是把计划职能和生产职能分开。泰勒原来认为实行职能制可以使管理专业化，把管理工作做得细一些，但结果未能如愿，这种办法不仅没有实行，反而首先遭到了工人的反对，而且组织结构本身存在明显的缺点，即多头领导。

(三) 直线职能制组织结构

直线职能制组织结构既保持直线指挥系统，又设立职能系统。直线职能制组织结构是从军队中移植过来的，如图 1-2 所示。

直线职能制组织结构把管理机构和管理人员分成了两个类型：一类是直线指挥系统及其人员，这类人员可以对下属直接下命令，并负全部责任；另一类是参谋机构和参谋人员，他们只是直线领导的参谋和助手，不能直接发号施令。

直线职能制组织结构的优点：它保持了直线制组织结构的优点，有明显的直线指挥系统，各级职位有专人负责，同时弥补了直线制组织结构的不足，既保证了直线指挥系统的作用，又增加了专业职能的作用，可以大大加强企业的组织管理工作。

直线职能制组织结构存在的问题：职能部门若没有权力，则职能部门的建议必须通过厂长下达命令来执行，效率不能提高，这样整个组织机构显得呆板，缺乏弹性，不能适应外部环境和内部条件变化的需要。

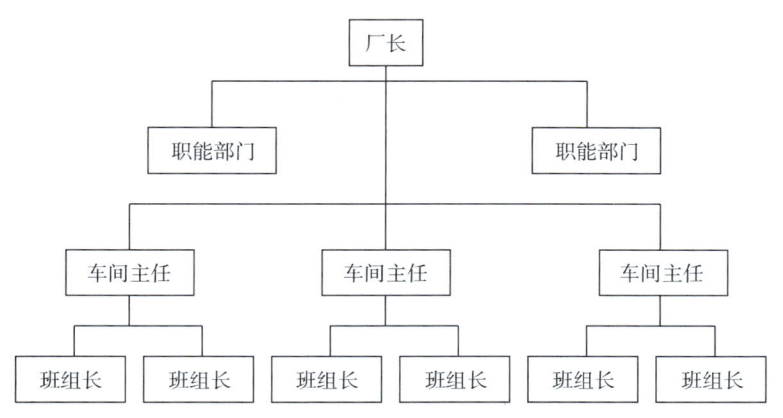

```
                        ┌─────┐
                        │ 厂长 │
                        └──┬──┘
              ┌────────────┴────────────┐
         ┌────┴────┐                ┌────┴────┐
         │ 职能部门 │                │ 职能部门 │
         └────┬────┘                └────┬────┘
      ┌──────────┬──────────────┬──────────┐
  ┌───┴────┐ ┌───┴────┐    ┌────┴───┐
  │车间主任│ │车间主任│    │车间主任│
  └───┬────┘ └───┬────┘    └────┬───┘
   ┌──┴──┐   ┌──┴──┐        ┌──┴──┐
┌──┴─┐┌─┴──┐┌┴───┐┌┴───┐ ┌─┴──┐┌─┴──┐
│班组长││班组长││班组长││班组长│ │班组长││班组长│
└────┘└────┘└────┘└────┘ └────┘└────┘
```

图 1-2　直线职能制组织结构

（四）直线职能参谋制组织结构

直线职能参谋制组织结构是直线职能制组织结构的发展和补充，是在直线职能制组织结构的基础上，给职能部门更多的权力，来适应生产规模扩大、生产技术复杂的状况。

直线领导人是通过授予某些职能部门一定的指挥权或通过某些另外的组织形式来行使指挥权力，如增加委员会和会议制度等形式。这些权力如下：①增加一些决策权。某些职能部门负责日常性的工作，又有直接对口机构，就授予它决策权。例如，设备动力科直接领导修理车间、动力车间；销售部门对仓库存储、运输问题有权直接进行决策，不必经过厂长同意。②增加一些协调权。例如，生产科有责任经常协调各车间的生产配合问题，可以调度的名义召集车间主任召开生产调度会议。③增加一些控制权。有些科室的职能涉及企业的全面工作，如计划科、质量管理科、财务科、人事劳资科都要求具有全厂性的控制权。

这种组织结构形式比单纯的直线职能制组织结构又进了一步，但在执行的过程中也会产生矛盾，可能出现多头领导。因此，要求分出几个副厂长（副经理）分管各个职能部门，来协调厂长（经理）和职能部门的关系。说到底就是要解决好给职能部门多大权力的问题。

（五）事业部制组织结构

事业部制组织结构是分权化发展的主要形式。所谓事业部制组织结构，就企业而言，就是一个企业内对于具有独立的产品和市场、独立的责任和利益的部门实行分权管理的一种组织形态。这样的部门就是事业部。事业部必须具备三个要素：第一，具有独立的产品和市场，是产品责任或市场责任单位；第二，具有独立的利益，实行独立核算，是一个利益责任单位；第三，是一个分权单位，具有足够的权力，能自主经营。事业部制组织结构如图 1-3 所示。

（六）矩阵结构

矩阵结构又称目标规划制，是在原有直线职能参谋制垂直领导的基础上，又建立一个横向领导系统，二者结合，形成一个矩阵式的组织结构形式。这种组织结构形式适用于某项特殊任务，如一项技术攻关，新产品的研制等，也就是从原来垂直领导的各个系统中抽调各种有关人员，成立一个临时机构，变成一个横向系统。参加小组的人既受原单位又受新单位的领导。这种组织结构在科研单位比较适用，如图 1-4 所示。

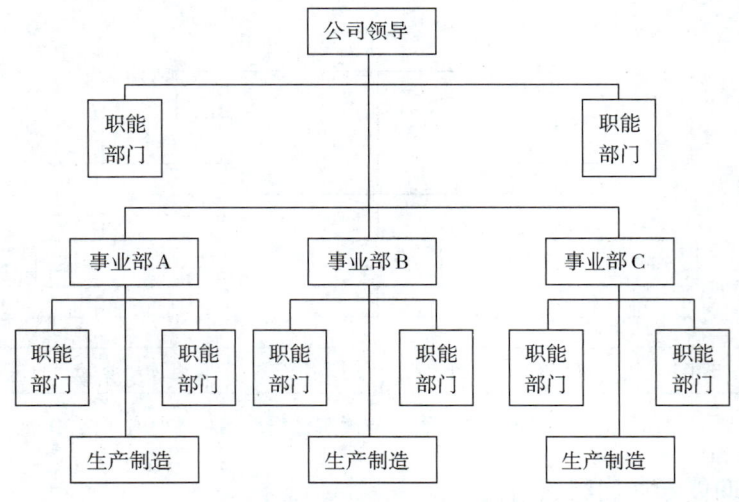

图 1-3　事业部制组织结构

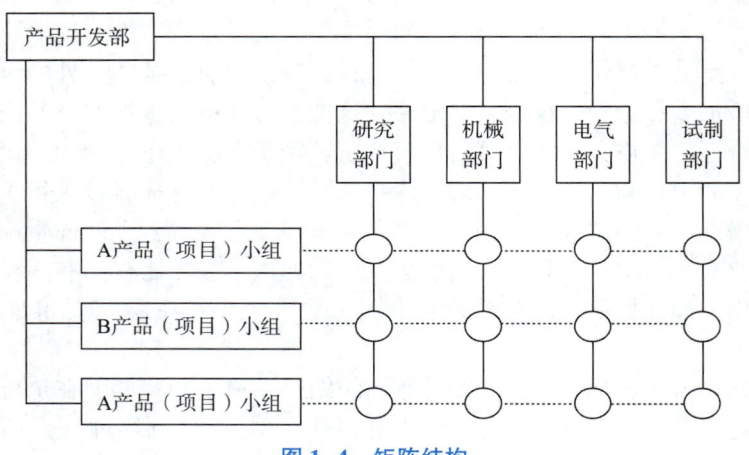

图 1-4　矩阵结构

(七)企业集团

企业集团是以特大型公司为核心,通过控股、参股等手段而形成的经济联合体(即母公司与子公司及孙公司或关联公司)。其特征是:①多个法人,即母公司、子公司、孙公司均是法人单位,而集团不是法人资格;②多种联系纽带,包括持股、控股,以及产、供、销、技术联系等;③多层次性,包括纵向持股、横向持股及相互持股;④多样化经营,有助于化解单一产品的经营风险;⑤多职能,包括经营职能与社会、文化、政治等职能;⑥多国化,发达国家的企业集团多为跨国公司。

第三节　企业文化

一、企业文化的内涵

目前,学界对企业文化大致有两种看法:一是狭义的定义,认为企业文化包括企业的思想、意识、观念、习惯、感情领域，以及与之相适应的制度、组织和行为模式，即企业的精神文化，如果我们将企业人格化，那么企业精神就与狭义的企业文化基本相同；二是广义的定义，认为企业文化是企业在建设和发展中形成的物质文明和精神文明的总和，包括企业管理中硬件与软件、外显文化与隐形文化(或表层文化与深层文化)两大部分，又可以细分为四个层次：表层为企业物质文化，如产品、生产环境等；浅层为企业行为文化，如企业的生产经营管理、文娱活动所表现出来的文化现象；中层为企业制度文化，反映企业中人与物、人与企业运营制度的结合，是对企业和员工行为进行规范和约束的一种文化；最深层的是精神文化，如企业的价值观、经营哲学、信仰、企业精神、企业伦理道德和企业形象等，是企业文化的主体和核心部分；表层文化、浅层文化和中层文化受深层文化的影响。

通过对狭义的和广义的企业文化的综合，我们可以用比较简单的语言来描述企业文化：企业文化是由企业家所倡导，并经企业全体员工在长期的生产经营实践中培育形成并共同遵循的最高目标、价值标准、基本信念及行为规范，企业文化是一种管理文化、经济文化及微观组织文化。

优秀的企业文化，能够使企业成为一个高凝聚力的社团，使人们在共同的价值观念的指导下自觉能动地从事各自的工作，雇员不再是雇主为提高劳动生产率而利用的对象，个人目标与企业目标自然地融为一体。

二、企业文化的功能

企业文化是一种潜在的生产力，是激励企业求生存求发展的精神源泉。相对于其他经营管理理论和实践经验而言，企业文化具有以下功能。

(一)导向功能

企业的每个职员，都有不同的习惯、爱好和个性。但是，每个企业都有其特定的目标，如果有良好的企业文化，就会使职工在潜移默化中形成共同的价值观念，自觉地向着企业的目标努力，为企业的发展贡献智慧和力量。

企业文化既然反映了广大员工的共同价值观、共同追求目标和共同利益，必然对企业内部的全体员工有强烈的感召力，把职工的言行引导到企业所确定的目标上来，如美国国际商用机器公司(IBM)在长期实践中形成了自己的企业文化——IBM意味着最佳服务，具体内容是尊重每一个人，提供世界上最优良的服务，在工作中追求尽善尽美。一个企业的企业文化一经确立，就为企业的建设和发展树立了一面旗帜，向全体职工发出了一种号召，引起他们的共鸣，从而产生巨大的作用。

(二)规范功能

企业文化是无形的、非正式的、非强制性和不成文的行为准则，它是一种虽然不见诸文字却由于约定俗成而对每一位职工起规范作用的思想观念和道德情操。它不同于强制性的法律规范和命令性的制度规范，它是一种通过培养职工的荣誉感、自豪感、归属感和责任感等而形成的自觉规范。在企业特定的文化氛围中，人们由于合乎企业特定准则的行为受到承认、赞扬而获得身心的满足；反之，则会产生失落感和挫折感，因此，作为组织的一员，往往会自觉服从那些根据全体成员根本意志和利益而确定的行为准则，产生"从众行为"。

(三)凝聚功能

企业文化使人们改变原来只从个人角度出发的行为意识，树立一种以企业为中心的共同的群体意识，从而潜意识地对企业集体产生强烈的向心力。具有强烈集体精神的各位成员对企业所承担的社会职责和企业目标有深刻的理解和共识，成为一种强有力的黏合剂，从各个方面、各个层次将其成员团结起来，使企业具有一种巨大的向心力，使职工有一种归属感，这种向心力和归属感可以转化为强大的推动力，促进企业的发展。企业文化是企业全体职工共同意愿的集中反映，为大家所认可、理解、接受，因而能够协调企业内部人与人之间的关系，本企业与其他企业的关系，做到上下左右"心往一处想，劲往一处使"。在实践中，共同的价值观和一致的信念目标能凝聚全体员工的意志和力量，形成一个在工作中配合默契的高效率的生产经营集体，使由诸多职工行为构成的企业整体，产生最大功效。

(四)激励功能

激励即通过外部刺激，使职工产生一种士气高昂、奋发进取的精神。企业文化属于精神激励，比起物质刺激，它的适应性更广，作用更持久。"人人受重视，个个受尊重"的价值观念指导下，员工的贡献，能及时得到同事的青睐、领导的赞赏和集体的表扬，激发员工潜在的热情、干劲、能力和智慧。激励能最大限度地激发企业员工的积极性和首创精神，使之为实现企业目标而努力奋斗。

(五)辐射功能

企业文化能使企业的人、财、物诸要素与产、供、销诸环节相联系，发挥企业的整体优势。企业文化也是一种"自我表现"，它向社会展示自己良好的管理风格、经营状况及积极的精神风貌，从而塑造良好的企业形象，赢得顾客和社会的认可与信赖，形成一笔巨大的无形资产。

(六)融合功能

企业文化能在职工的日常工作、休息中对他们的思想、性格、情趣产生影响，改变职工的思维定式和行为模式，并促使其互相沟通、理解，产生融洽的情感，营造良好的氛围，使职工愉快地成为集体中的一员。

人们参加工作除了为谋生外，还希望工作本身有意义，并能在工作中实现自身的价值。这就需要企业既为职工建立良好的工作秩序，又重视企业文化建设，营造良好的文化氛围，使职工对企业产生强烈的归属感，使企业具有凝聚力。

三、企业文化的构成

企业文化是指企业在生产经营实践中自觉形成的一种基本精神和凝聚力，是企业全体职工认同信守的价值观念、理想信仰、企业风尚和道德行为准则。企业文化的构成主要有三个方面。

(一)物质层面——企业文化的基础

企业的产品、服务、技术、车间、厂房、设备设施、环境风貌、员工福利待遇等物质，构成了企业文化的基础。

(二)管理层面——企业文化的关键

企业的管理观念、管理风格、管理行为三者构成管理模式，不同企业有不同的管理模式，如规章制度、运营战术，成员共同遵守约定俗成的行为规范等。管理模式是企业文化的关键。

(三)精神层面——企业文化的灵魂

企业的价值取向，经核心领导提出并确立，有企业成员认可的企业使命、经营哲学及大家共同追求的意志和情感，然后在工作、生活中表现出来的氛围。精神层面是企业文化的灵魂。

四、企业文化建设

企业文化建设是指构造企业文化的过程，是企业经营战略中的一项长期、艰巨、细致的系统工程。现代企业正如具有意识和生命的肌体，它的活力不但依靠物质的代谢，也与精神文化活动紧密相连。要把建设企业文化置于生产经营活动的先导地位。

(一)企业文化建设的目标

企业文化建设的总体目标是建设优秀的企业，具体目标包括以下几个。
(1)使企业获得良好的经济效益，并为社会和国家做出贡献。
(2)使企业有一个好的形象。
(3)创造一个使人心情舒畅的环境，和谐、团结的人际关系，人人受尊重的风尚。
(4)使职工的物质文化生活要求得到满足或逐步得到满足。
(5)全面提高全体职工的素质(包括政治素质、文化素质、技术水平、道德水准、创业精神和职业道德)，挖掘和开发人的潜能，充分发挥人的积极性和主动性。

(二)企业文化建设途径

(1)加强表层文化建设。主要做好两项工作：注重智力投资，加强职工教育，使职工教育制度化、规范化、科学化；将各种文化艺术手段作用于产品设计和促销活动中，精心设计商标和包装，体现企业的美好形象，加强产品和企业的竞争能力。

(2)注重中层文化建设。在企业组织管理改革中，中层文化建设应同时进行。建设内容包种制度的科学性，经营管理的有效性，职工作风和精神面貌的严谨性与活跃性，人际关系的融洽性，企业系统运行的协调性等。企业既要吸收外国文化的精髓，更要重视民族的文化，尤其要结合本企业的实际，形成和塑造具有本企业生产经营特色、组织特色、技术特色和管理特色的文化。

(3)研究深层文化建设。首先是深入研究和挖掘民族文化的优秀成果，处理好传统文化与现实文化、民族文化与外来文化的关系，有效地予以鉴别、批判、吸收、消化和融合，建立企业的价值观念体系，创立具有本国特色的企业文化，成为企业的精神支柱。

(三)企业文化建设的步骤

(1)领导有强烈的意愿并能持之以恒。领导者从管理理念上确立"思想引领、文化先行"的导向，并成为组织发展的根本。

(2)把文化建设作为发展战略并具体规划。在企业战略转化过程中，将企业文化与企业管理理念放在首位,用企业组织理念中的企业精神驾驭整体发展过程。

(3)企业文化建设须依赖于学习型组织。企业文化是一个潜移默化形成的过程,在员工不断理解,领会与实践中逐渐形成。

(4)成立专门部门,选择合适的人实施。将企业文化建设与管理职能部门兼顾,配备专人负责执行。

(5)实行监督机制,领导承担相关责任。将企业文化建设列入企业管理目标,有组织、有落实、有转化。

(6)总结经验和教训,检讨和不断修正完善。按计划、执行、检查等步骤,将企业文化建设逐步推向更高层次。

(7)及时验证总结企业文化建设成果。对于企业文化建设的成果,用企业制度规制等方式进行强化,使之成为推动企业整体进步的长久动力。

课后练习题

一、选择题

1. 某航空公司由于保养飞机没有安排计划,飞机有效利用率损失了18%,一位企业管理专家诊断后认为,应当以成熟的规划来取代目前这种临时抱佛脚的办法,以改善这一资源的使用价值。对改进保养飞机的时间安排,以下管理方法中最合适的是(　　)。

　　A. 科学管理　　　　B. 行为科学　　　　C. 管理科学　　　　D. 宗派管理

2. 公司制企业属于(　　)。

　　A. 自然人企业　　　　　　　　　　　　B. 法人企业
　　C. 经济人企业　　　　　　　　　　　　D. 社会人企业

3. 原始记录在企业管理基础工作中属于(　　)。

　　A. 定额工作　　　B. 计量工作　　　C. 标准化工作　　　D. 信息工作

4. 在公司制企业的法人治理结构中,拥有"组织实施董事会决议"职权的是(　　)。

　　A. 股东大会　　　　　　　　　　　　B. 董事会
　　C. 以经理为首的执行机构　　　　　　D. 监事会

5. 工业社会中,企业文化的功能与特点包括(　　)。

　　A. 企业文化是作为企业经营的一种副产品而出现的
　　B. 企业文化作为一种主要手段发挥作用
　　C. 企业文化基本上反映了企业组织的记忆
　　D. 企业文化是多元的

6. 公司制企业的决策机构是(　　)。

　　A. 股东大会　　　　　　　　　　　　B. 董事会
　　C. 以总经理为首的执行机构　　　　　D. 监事会

7. 股份有限公司的最高权力机构是(　　)。

　　A. 董事会　　　B. 经理班子　　　C. 监事会　　　D. 股东大会

8. 管理幅度和管理层次(　　)。

　　A. 成正比　　　B. 成反比　　　C. 同等　　　D. 成对立关系

9. 在企业组织结构的设置上，因事设人符合组织设置的（　　）。
A. 专业分工与协作原则　　　　　　　B. 有效管理原则
C. 任务目标原则　　　　　　　　　　D. 集权与分权相结合的原则

二、判断

1. 组织的技术类型影响着组织结构形式的选择，一般来说，随着组织的技术复杂性的提高，采用有机式的组织结构将更为有效。（　　）
2. 组织中不同层次的管理人员，所从事的管理工作的性质是完全不同的。（　　）

三、简答题

1. 制定经营战略时，需要考虑哪些重大战略关系？
2. 生产过程组织有哪些要求？
3. 企业文化建设的目标有哪些？
4. 简述企业文化建设的步骤。
5. 简述企业组织结构的主要类型。

课后实践

1. 参观一家公司，写一份企业管理调查报告。
提示：
（1）了解企业的基本情况，如企业类型、企业规模、员工素质、管理者素质等。
（2）调查企业的管理流程，针对该企业管理结构设置的问题，提出相应的优化建议。
（3）上网收集同类型企业管理的成功案例并进行对比，指出该企业存在的不足。

2. 思考管理者应具备哪些素质。
提示：
（1）与某公司经理、部门负责人进行访谈，得出管理者应该具有的素质。
（2）从德、勤、技、能等角度分析管理者的素质，区分管理者与领导应具备的能力。

3. 绘制企业的组织结构图。
提示：
（1）通过对企业的调研，了解企业的组织结构类型。
（2）明确企业各级机构的职能、所管辖的业务，并对相似的工作进行归类。
（3）绘制组织结构图，注意，职能权限相同的机构框图大小一致，框架的高低位置表明所处的地位。

4. 对某一企业文化进行诊断。
提示：
（1）分析哪种类型的企业文化体系有利于组织战略目标的实现，企业的组织文化建设还存在哪些问题。
（2）选择企业文化诊断模型，例如7S模型、德尼森模型等。
（3）对企业文化成果、企业文化成因、企业文化诉求进行分析，形成企业文化诊断报告。

5. 在企业文化建设中，如何确定企业文化落地实施规划？
提示：
（1）明确企业文化建设理念体系，包括使命愿景、领导体制、管理者行为等。

(2)确定企业理念体系落地的基本路径，包括企业文化培训、企业文化传播等。
6. 对某一工程企业的组织结构进行分析。

提示：
(1)通过对企业组织结构类型的确定，提出该类组织结构的优势。
(2)明确该类组织结构对工程企业的劣势并提出相应的应对措施。

案例分析

案例分析1：向科的困惑

苏北某市是江苏最贫困的市之一。该市只有极个别具有高技术含量的企业，科创公司就是其中之一。科创公司原是一家国有企业，主要业务是生产变压器，但经营状况不佳，亏损严重。为了加快经济发展，市政府决定进行改制。政府以比较低的价格让民营企业家买断了产权，组建成股份有限责任公司。买断的条件，是原有的四百多个工人中，必须保留一百多个。向科(化名)是一个十分精明能干而又具有比较优良素质的企业家，受过高等教育。接手后，他进行了两项改革：一是提高科技开发的投入比重；二是提高销售成本的比例。前者由原有的1%提高到5%，后者由3%提高到12%。两项措施都比较有力地推动了企业的经营，不仅提高了产品的科技含量，提高了产品自身的竞争力，而且由于销售成本的提高，开拓市场的能力也得到较大的增强。不过，这些高比例的销售业务费用中的相当一部分，被产品推销人员用来作为回扣或向有关人员送礼以打开市场。向科认为，现在该企业的产品虽然在同行业中市场占有率不算最高，但如此发展下去，前景很乐观。此外，为了加大管理力度，在改制后的第二年，他就解雇了原企业留下的部分工人，并且解雇的数量还在不断增加，估计不需要多长时间，保留的一百多个工人中的相当大一部分要被解雇。

向科认为，他已陷入经济与道德、企业自身发展与履行社会责任的困境之中。首先，作为本地的窗口企业，该企业的发展必将推动地域的经济发展，然而为了打开市场，他明知提高销售成本会滋长企业经营中的不道德现象，导致严重的社会后果，形成不正当竞争，可为了企业的生存，他必须这么做。其次，在低价买断产权时，向科签约接受了一百多个工人，后来的实践证明，这些人中的相当大一部分难以达到企业发展的要求。于是，他就面临两种选择：要么进行培训，而培训需要大量的经费；要么逐步解雇，这就意味着不能忠实地履行改制时的承诺，同时，这也会加重当地政府的社会负担，导致新的社会问题，特别是在经济不发达的苏北，这无疑是雪上加霜，为了本企业的发展，向科同样选择了后者。

问题：
1. 你认为在这种困境中，经营者应当如何抉择？
2. 是否存在某种可能达到两全？如果不能，选择的侧重点应在哪里？

提示：向科用加大销售成本来推销产品在短期内是有效的，但从长远角度来考虑，确实陷入了经济与道德、自身发展与社会责任的困惑中。

案例分析2：ABB公司

ABB公司是一家国际化的大型设备制造商，产品涉及从运输机械、自动化工程设备到发电、输电、配电的多个领域，年销售额达到 290 亿美元，其经营规模比著名的西屋公司（Westinghouse）还大。ABB 公司是瑞典工程集团 ASEA 与其瑞士的竞争者布朗—博韦里公司（Brown-Boveri）于 1988 年合并后成立的，后来又增加了 70 多家公司，形成现在的 ABB 巨人。在高速火车、机器人和环境控制方面，这家公司是世界的领先者。

作为国际化的大公司，ABB 公司的管理当局面临着一个新的挑战：对一家遍布世界各地、拥有 21 万名员工的公司来加以组织。这家公司需要经常性地将经营业务从一个国家转换到另一国家，而它又试图使其各项经营都能共享技术和产品。ABB 公司的董事长珀西·巴内韦克（Percy Barnevic）认为他已经找到了答案。他在公司内大幅度地精简了公司总部的职员，同时大力推行一种两条指挥链的结构，使所有的员工同时接受所在国经理和所属业务经理的双重领导。

ABB 公司大约有 100 个不同国家的经理，他们在董事会的领导下，经营着原来的国内公司，这些经理大部分是其所工作国的公民。

另外，公司配备了 65 名全球经理人员，将他们组织到 8 个集团中：运输集团、过程自动化与工程集团、环境装置集团、金融服务集团、电子设备集团，以及三个电力事业集团，即发电、输电和配电集团。

巴内韦克认为，这种结构有利于高级经理利用其他国家的技术。比如，格哈特·舒尔迈耶，一个领导 ABB 美国业务和自动化集团事业的德国人，使用 ABB 瑞士公司开发的技术服务于美国公司的汽轮机制造，或者使用 ABB 欧洲地区的技术将美国密歇根州的核反应堆转换为沼气发电厂。

"结构追随战略"，企业的组织结构设计与选择必须适应企业的战略调整和业务发展，从而调动多方面的积极性和发挥各自的优势。ABB 公司面临的问题就是如何通过组织结构的调整更好地配置内部资源以提高整体绩效。但是在实践中，任何结构都不是完美的，都有其局限性。充分认识所选结构可能存在的问题与风险，在关键问题上建立合理有效的机制才能取得预期效果。

1. ABB 公司采用的是典型的矩阵式结构，其突出特点是具有专业技术的全球业务经理和各所在国经理的双重指挥链，其有效运行的必要条件是两条指挥链上的经理之间有良好的协调与合作，从而保证命令的统一。

2. ABB 公司采用这种结构形式是为了对遍布全球的业务单元既进行统一管理又保持调整业务项目的灵活性，同时还能让各地的公司都共享其他公司技术成果，从而建立不同国家公司之间的学习机制，发挥提高整体效益的作用。

3. 这种结构的优点是既保持了全球业务经理的专业化分工带来的优势，使各专业集团在各自的业务领域充分保持专长做好做强，又保证各个国家的业务更符合当地情况，有较高的灵活性与适应性，还能便利地调整其全球业务。

4. 可能存在的问题是，如果全球的专业技术经理与各国公司经理之间缺乏良好的沟通与协调，则有可能造成实际运作的混乱，接受双重指挥的工作人员无所适从。

5. 对于跨区域、多业务领域的大型公司来说，矩阵式结构是常用的组织形式，在内部具有良好协调机制的情况下，往往能取得较好效果。

问题

ABB 公司采用矩阵式的好处有哪些？为什么采用这种组织结构？

提示：矩阵式的优点。

案例分析2：Z公司的企业文化

Z公司可以说是颇具"人文"特色的公司，这种企业文化，从领导人的身上及办公环境可以得证。

虽然网络科技日新月异，但Z公司负责人杜某始终将工作与假日生活区隔分明。周一到周五全力投入工作，周六、周日则全部奉献给家庭，而且要充分与家人沟通，取得家人谅解；不过由于企业主的工作实在太过忙碌，杜某偶尔还是会用无线的网络电脑，在饭桌前敲敲打打。而为了让员工对公司有"家"的感觉，Z公司非常鼓励员工结婚，一来可以让员工的心安定下来，再者夫妻同在一家公司上班，了解公司文化，也比较能相互了解及体谅，对公司及家庭生活皆有所助益。

因此近年来，人事处公布一项新规章，本公司员工结为夫妻，男女皆加薪3 000元。此外，为了让员工更安心上班，Z公司还在公司内设立托儿所，并在托儿所装设网络猎取影像系统，让员工随时可以通过桌上的电脑，看到孩子上课的情形。

喜欢品尝日式生鱼片以及意大利菜的杜某，经常在寿司吧台品尝寿司之余，和寿司师傅讨论如何做出好吃的寿司。同时，古典音乐是杜某的另一项重要嗜好，尤其是巴洛克音乐，更是他的最爱，他的房间内放满了CD唱片。或许是受到杜某的影响，每天一到下午，整个Z公司大楼沉醉在悠扬的古典音乐声中。走进Z公司大楼，迎面摆放在大厅内侧的，是古色古香的中式家具，在右手边的服务台后方，挂着"文化源智""科技兴邦"的对联；一楼的员工餐厅内，以深海的风景彩绘布置而成，坐在此地用餐，让人得以放松心情，尽情享受美食。办公室走廊的两旁，挂着一幅幅的画，这些画都是Z公司员工的创作，仿佛令人置身在画廊、美术馆中；即使是公司开发、生产的各种网络硬件产品，在透明玻璃、蓝色镁光灯的照映下，原本冰冷的科技产品，却散发出铁汉般的柔情，仿佛就像艺术品的展示区。洁白的墙上，随处可见一幅幅书法与画作，连洗手间的门后都画着美丽的女神维纳斯画像及短篇笑话集，贴心地提醒每一个人，敞开心胸，笑对生活。

一向在园区创造新话题的Z公司，悬挂的"文化源智""科技兴邦"的八字对联，道出Z公司的企业文化精神——文化的生活，让科技人更有智慧、更有创意！

问题：

Z公司的企业文化是什么？这一文化是如何影响雇员的？

提示： 从文化的这一角度进行分析。

视频学习资料

1.1 企业管理相关知识

1.2 企业组织

1.3 企业文化

第二章　现代企业战略管理

学习目标

理论学习目标

了解企业战略管理的概念与含义，了解产品生命周期与战略选择之间的相互关系；理解不同战略制定方法之间的差别与应用特点，理解行业和行业环境分析的必要性；掌握企业战略环境的宏观与中观分析方法，掌握波士顿矩阵分析法、SWOT矩阵分析法、波特竞争战略分析法的实施过程与要求。通过学习，能够运用现代技术手段优化战略管理流程，提高决策效率和精准度，推动企业向智能化、数字化和信息化方向发展，以适应快速变化的市场需求，提升企业的持续竞争优势。

实践学习目标

通过管理实践，掌握企业总体战略制定与实施过程；通过社会实践，深入了解企业战略环境对于企业战略的影响，培养战略分析能力；通过课程实践，掌握战略制定方法，提升战略决策水平。培养社会责任意识，确保制定的战略符合社会价值观和可持续发展要求。通过本章学习，能够运用战略思维方式与方法确定职场规划与人生工作目标，提升职场竞争力。

第一节　企业总体战略

一、产品生命周期及其特点

1950年，乔尔·迪安在发表于《哈佛商业评论》的一篇论文《新产品的价格战略》中提出了产品生命周期的概念。产品生命周期分析运用生物模拟方法描述产品销售随时间变化的函数。这一模型认为，与有机生命相似，产品在其生命中会经历四个阶段：投入期、成长期、成熟期和衰退期,这四个阶段就代表产品的生命周期,如图 2-1 所示。产品的生命周期一般有两个功能:其一,帮助企业在管理中构成一个理解市场动态的概念框架;其二,建议企业在管理中形成一个规范的产品管理框架,在每一个不同的产品生命周期阶段采取不同的营销策略,以实现产品生命周期内的利润最大化。

迪安在论文中提出,在整个产品生命周期中,不断变动的促销策略、价格弹性与不断变化的生产和分销的成本,应该与定价战略调整相配合。与已经建立起来的以成本和猜测为基础的产品定价实践相反,产品生命周期概念为处于不断变化中的动态市场上的产品提供了定价原理。

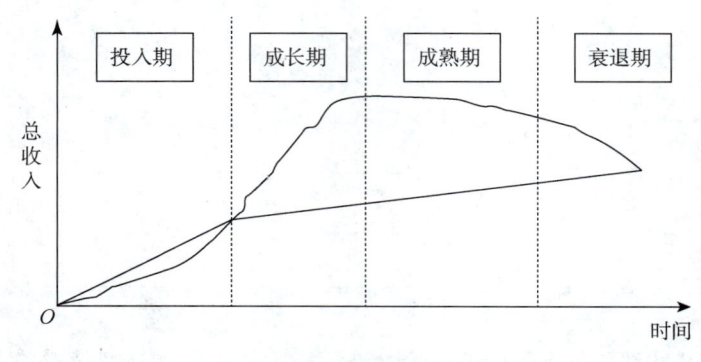

图 2-1　产品生命周期图

二、产品生命周期与战略选择

(1) 投入期:培养型战略。对于有发展前景的产品,选择投资与加大力度培养。
(2) 成长期:投资型战略。对于市场需求旺盛成长速度较快的产品选择追加投资。
(3) 成熟期:维持型战略。对于市场需求基本饱和的产品,选择维持。
(4) 衰退期:转向型战略。对于市场没有需求的产品,选择退出或者转向。

三、企业总体战略与竞争战略的基本类型

企业总体战略:为实现企业总体目标,对企业未来基本发展方向所进行的长期性、总体性的谋划。这个概念包括以下几点含义。

(1) 企业战略是一种计划。企业战略决定企业总体发展方向与长期计划。
(2) 企业战略是一种计策。企业战略涉及资源配置方案,属于决策问题。
(3) 企业战略是一种模式。企业战略在其发展的不同时期要进行不同的选择。
(4) 企业战略是一种定位。企业战略决定着企业产品、技术、资金及人力的整体布局。
(5) 企业战略是一种观念。企业战略是企业管理过程的先导,决定着价值导向。

企业战略一般由四种要素构成,即产品与市场范围、增长向量、竞争优势和协同作用。前三种要素描述了企业在外部环境里的产品与市场道路,第四种要素则是从企业内部的协调方面考虑的。

企业总体战略图如图 2-2 所示。

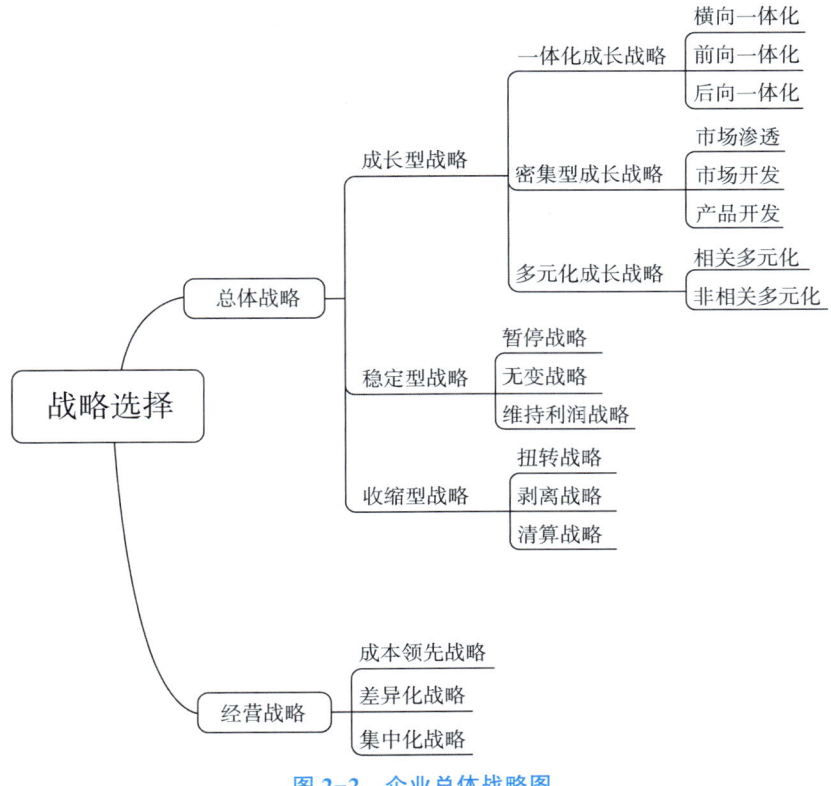

图 2-2　企业总体战略图

（一）成长型战略

成长型战略又称发展型战略，具体可分为一体化成长战略、密集型成长战略、多元化成长战略。

1. 一体化成长战略

一体化成长战略是指企业对具有优势和增长潜力的产品或业务，沿其经营链条的纵向或横向扩大业务的深度和广度，扩大经营规模，实现企业成长。

一体化成长战略按照业务拓展的方向可以分为纵向一体化和横向一体化，纵向一体化又可分为前向一体化和后向一体化，如图 2-3 所示。

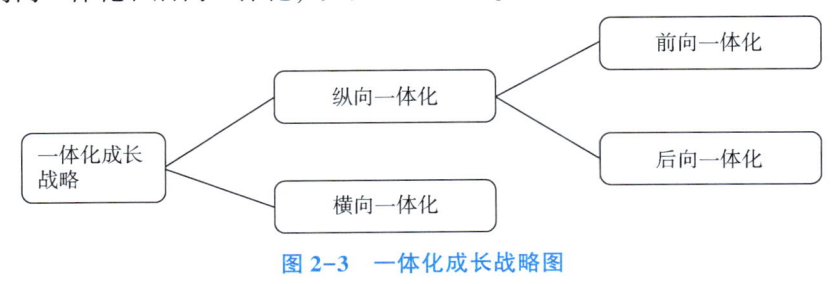

图 2-3　一体化成长战略图

2. 密集型成长战略

密集型成长战略，也称加强型成长战略，是指企业充分利用现有产品或服务的潜力，强化现有产品或服务竞争地位的战略,如图 2-4 所示。

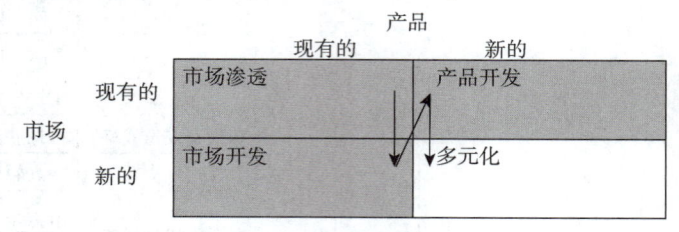

图 2-4 密集型成长战略图

3. 多元化成长战略

多元化指企业进入与现有产品和市场不同的领域。实施多元化成长战略的主要原因为:①在现有产品或市场中持续经营并不能达到目标;②拥有富余资金,提高资金使用效率和效益;③获得新的利润增长点。

(二)稳定型战略

稳定型战略,又称防御型战略、维持型战略,即企业在战略方向上没有重大改变,在业务领域、市场地位和产销规模等方面基本保持现有状况,以安全经营为宗旨的战略,具体包括暂停战略、无变战略、维持利润战略。

稳定型战略有利于降低企业实施新战略的经营风险,减少资源重新配置的成本,为企业创造一个加强内部管理和调整生产经营秩序的修整期,并有助于防止企业过快发展。

(三)收缩型战略

收缩型战略,也称撤退型战略,是指企业因经营状况恶化而采取的缩小生产规模或取消某些业务的战略,具体包括扭转战略、剥离战略、清算战略。

收缩型战略的目标侧重于改善企业的现金流量,一般都采用严格控制各项费用等方式渡过危机。企业只有采取撤退措施,才能保住企业的生存。

第二节 企业战略环境分析

一、宏观环境分析

宏观环境分析主要采用 PEST 分析,P(Political System)指政治和法律因素,E(Economic)指经济环境因素,S(Social)指社会和文化因素,T(Technological)指技术环境因素。在分析一个企业集团所处的背景的时候,通常是通过这四个因素来分析企业集团所面临的状况。

1. 政治和法律因素

政治和法律因素是指对企业战略产生影响的一个国家或地区的政治体制、政治制度、方针政策及法律法规等。

2. 经济环境因素

经济环境因素主要包括社会经济结构（产业结构最重要）、经济发展水平、经济体制、宏观经济政策、当前经济状况和其他一般经济条件。

3. 社会和文化因素

社会和文化因素主要包括人口状况、社会流动性、消费心理、生活方式变化、文化传统和价值。

4. 技术环境

技术环境是指市场或行业内部和外部的技术趋势和事件这也会对企业战略产生重大影响。某个特定行业内的技术水平在很大程度上决定了应生产哪种产品或提供哪种服务、应使用哪些设备，以及应如何进行经营管理。

二、行业和行业环境（中观）

进行宏观环境分析后，开始第二步：定义一个行业并加以分析，找出决定这个行业盈利性的因素、目前及预期的盈利性，以及这些因素的变动情况。

行业分析的目的是对行业有深入的了解，找到自己在行业中的位置；了解行业吸引力、行业竞争态势、行业变化趋势、行业驱动因素、行业成功因素等。

对处于同一行业内的企业都会产生影响的环境因素的集合，就是行业环境。在行业的四个不同发展阶段，行业内企业竞争的激烈程度不同。

三、波特的五力模型

迈克尔·波特五力模型示意如图 2-5 所示。

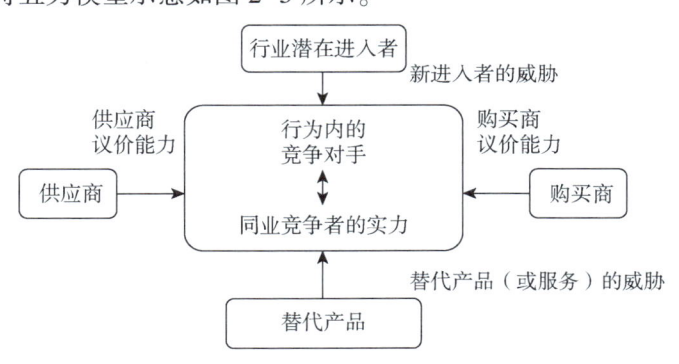

图 2-5　迈克尔·波特五力模型示意

按照迈克尔·波特的理论，行业中存在五种基本的竞争力量。

1. 行业潜在进入者的威胁

进入行业的难易程度、威胁大小取决于进入壁垒的高度。决定进入壁垒（Entry Barriers）高度的主要因素包括以下几个。

（1）规模经济（Economies of scale）：规模经济表现为在一定时间内产品的单位成本随总产量的增加而降低。新进入者要么大规模进入（投资大因而风险大），要么以较小规模进入(产品成本高,处于竞争劣势)。

(2)客户忠诚度(Customer Loyalty):客户忠诚度高,则新进入者威胁低。

(3)资本金投入(Capital Requirements):要求资金投入大,则新进入者威胁低。

(4)转换成本(Switching Costs):转换成本高,则新进入者威胁低。

(5)对销售渠道的使用权:现有企业可能已经控制了现有销售渠道,造成新进入者难以进入和使用这些渠道。

(6)政府政策:政府可能通过限制执照发放(如通信和电视广播行业)和限制外资(如我国加入WTO后对金融行业的限制)等方式来限制某些公司进入某行业。

(7)现有产品的成本优势(与规模经济无关):现有公司对市场非常了解、拥有主要客户的信任、在基础设施方面投入了大量资金并且拥有专利产品技术、独占最优惠的资源、占据市场有利位置、获得政府补贴和经验曲线效应等。

例如,进入铁路行业的挑战。铁路行业的进入壁垒很高,主要是因为铁路行业在很多国家还是传统的垄断性行业,此外,铁路基础建设需投入巨额资金。资金供给与需求的巨大缺口,必须也必然要通过动员其他资金来进行弥补。

2. 供应商的威胁

供应商是指那些向行业提供产品或服务的企业、群体或个人,也包括劳动力和资本的供应商。

供货商的威胁手段有两类:一是提高供应价格;二是降低供应产品或服务的质量。

在下列情况下,供应商的议价能力较强。

(1)市场中没有替代品,因而没有其他供货商。

(2)该产品或服务是独一无二的,且转换成本非常高。

(3)供应商所处的行业由少数几家公司主导并面向大多数客户销售。

(4)供应商的产品对于客户的生产业务很重要。

(5)企业的采购量占供应商产量的比例很低。

(6)供应商能够直接销售产品并与企业抢占市场。

例如,个人计算机芯片供应商议价能力。20世纪90年代初,计算机芯片产业一直被某美资公司垄断,虽然市场上出现了其他台资和中资的计算机芯片等供应商,但实力相差很远。在这种情况下,美资公司具有较强的议价能力,因此可以收取较高的价格。

3. 购买商的威胁

购买商是指该行业的客户或客户群,一般他们会要求降低产品价格,或者要求高质量的产品和更多的优质服务。

在下列情况下,购买商的议价能力较强。

(1)购买商从卖方购买的产品占了卖方销售量的很大比例。

(2)购买商所购买的产品对其经营来说不是很重要,而且该产品缺乏唯一性,导致购买商不需要锁定一家供应商。

(3)转换其他供应商购买的成本较低。

(4)购买商所购买的产品或服务占其成本的比例较高。

(5)购买商所购买的产品或服务容易被替代。

(6)购买商的采购人员具有高超的谈判技巧。

(7)购买商有能力自行制造或提供供应商的产品或服务。

例如，一家大型炸鸡连锁店的议价能力。一家大型炸鸡连锁店在某国数个大城市采用了不同的供应商，为其供应全年的鸡肉。为获取高质量的、数量稳定和价格低廉的鸡肉产品，炸鸡店与各大供应商使用长期合同建立长期合作关系。而对于供应商来说，炸鸡店是最大的客户，其购买的数量占供应商产出的很大比例。所以，供应商往往以低廉的价格和优质的服务留住这样的大客户。

4. 替代产品的威胁

替代产品是指可由其他产业生产的产品或提供的服务，它们具有的功能与现有产品或服务的功能相似，可满足消费者同样的需求。

购买商面临的替代产品越多，购买商的议价能力就越高。

替代产品通过以下方式来影响一个行业的盈利性：设置价格上限，改变需求量，迫使企业投入更多资金并提高其服务质量。

例如，电能汽车的替代产品。随着社会"绿色"环保意识的增强和小型电动汽车的面世，电动车成为代步车中的新宠。因此，电能成为汽油的替代产品。

5. 同业竞争的威胁

同业竞争的威胁主要与同业竞争者的竞争强度相关。

同业竞争者的竞争强度是指行业现有竞争者之间的竞争程度。它取决于下列因素。

(1)竞争者的数量。市场中的竞争者越多，竞争强度越大。竞争者数量不多，但彼此规模实力相差不大，竞争也会很激烈。

(2)行业增长率。如果行业增长缓慢，竞争激烈；如果行业增长快速，则竞争相对不激烈。

(3)行业的固定成本。行业的固定成本高，现有企业会为了降低单位固定成本而增加产量，造成竞争激烈。

(4)产品的转换成本。购买者购买产品的转换成本低，则现有企业之间的竞争激烈。

(5)不确定性。对行业内其他企业经营方式不确定性越大，竞争越激烈。

(6)战略重要性。如果企业最重要的战略目标是获得成功，则企业可能会采取具有竞争力的行为来达成目标。

例如，A国运动鞋业市场竞争强度。A国运动鞋市场被认为具有挑战性并已饱和，竞争激烈且增长缓慢，市场上已有的两三个主要品牌抢占了超过一半的A国市场份额并保持稳定，同业竞争者的竞争强度较大。

四、波特钻石模型

波特钻石模型是分析国际竞争优势的工具。迈克尔·波特认为，影响一个国家某一个行业国际竞争优势的因素包括六点：①生产要素；②需求状况；③相关产业；④企业战略、结构或竞争对手；⑤政府行为；⑥机遇。这六个因素画在图上像一块钻石，所以称为钻石模型，如图2-6所示。

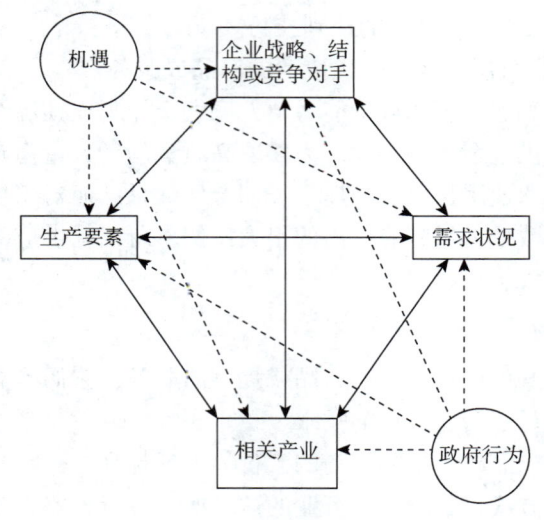

图2-6　波特钻石模型

第三节　企业战略制定方法

企业战略选择是以市场为主导的；对于企业战略而言，技术本身的进步仅仅是必要条件，还必须综合考虑市场竞争的多种因素，才能取得成功。

一、波士顿矩阵法

波士顿矩阵法又称波士顿咨询集团法、四象限分析法、产品系列结构管理法等，是由美国大型商业咨询公司——波士顿咨询集团(Boston Consulting Group)首创的一种规划企业产品组合的方法。该矩阵是用两个衡量标准构成的矩阵，它把市场增长率作为纵坐标，把相对市场份额作为横坐标，如图2-7所示。

波士顿矩阵的分析前提是认为企业的相对竞争地位(以相对市场份额指标表示)和业务增长率(以市场增长率指标表示)决定了企业业务组合中的某一特定业务应当采取何种战略。在图2-7里，矩阵的横轴表示企业在行业中的相对市场份额，划分出高、低两个区域。纵轴表示市场增长率，是指企业所在行业某项业务前后两年市场销售增长百分比，在分析中通常用10%的市场增长率作为增长高、低的界限。

如图2-7所示，根据有关业务或产品的行业市场增长率和企业相对市场份额标准，可以把企业全部的经营业务定位在四个区域中。

(1)高增长/低竞争地位的"问题业务"。这类业务通常处于最差的现金流量状态。一方面，新创业的市场增长率高，企业需要大量的投资支持其生产经营活动；另一方面，其相对份额低，能够生成的资金很小。因此，企业在对"问题业务"的进一步投资上需要进行分析，判断使其转移到"明星业务"所需要的投资量，分析其未来盈利能力，研究是否值得投资等问题。

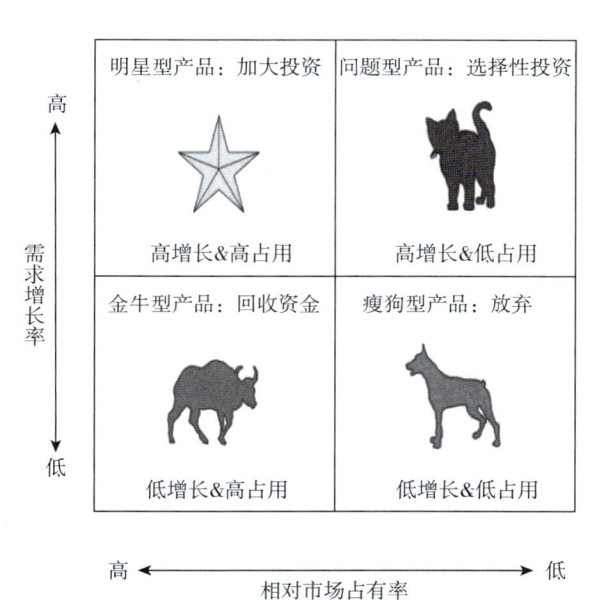

图 2-7　波士顿矩阵图

（2）高增长/强竞争地位的"明星业务"。这类业务处于迅速增长的市场，具有极大的市场份额。在企业的全部业务当中，"明星业务"在增长和获利上有极好的长期机会，但它们是企业资源的主要占用者，需要大量的投资。为保护或扩展"明星业务"在增长的市场中的地位，企业应在短期内优先供给它们所需的资源，支持它们继续发展。

（3）低增长/强竞争地位的"金牛业务"。这类业务处于成熟的低速增长的市场之中，市场地位有利，盈利率高，本身不需要投资，反而能为企业提供大量资金，用以支持其他业务的发展。

（4）低增长/弱竞争地位的"瘦狗业务"。这类业务处于饱和的市场当中，竞争激烈，可获利润很低，不能成为企业资金的来源。如果这类经营业务还能自我维持，则应该缩小经营范围，加强内部管理。如果这类业务已经彻底失败，企业应及早采取措施，清理业务或退出经营。

波士顿矩阵指出了每个经营业务在竞争中的地位，使企业了解它的作用或任务，从而有选择和集中地运用企业有限的资金。同时它将企业不同的经营业务综合到一个矩阵中，具有简单明了的效果。

二、SWOT 分析法

（一）SWOT 的概念及作用

SWOT 四个英文字母分别代表优势（Strength）、劣势（Weakness）、机会（Opportunity）、威胁（Threat）。从整体上看，SWOT 可以分为两部分：第一部分为 SW，主要用来分析内部条件；第二部分为 OT，主要用来分析外部条件。利用这种方法，我们可以从中找出对自己有利的、值得发扬的因素，以及对自己不利的、要回避的因素，发现存在的问题，找到解决办法，明确以后的发展方向。

SWOT 分析法即强弱机危综合分析法，也称态势分析法，又称道斯矩阵。1965，伦德（Learned）曾提出过 SWOT 分析中涉及的内部优势和弱点、外部机会和威胁这些变化因素，但只是孤立地对它们加以分析。肯尼斯·安德鲁斯（Kenneth R. Andrews）在发表于 1971 年的经典著作《公司战略概念》中首次提出一个战略分析的框架，他在书中把战略定义为公司可以做的（Might do）与公司能做的（Can do）之间的匹配。所谓"可以做"即环境提供的机会与威胁，"能做"即为公司自身的强项与弱项。这就是著名的 SWOT 分析。美国旧金山大学国际管理和行为科学教授海因茨·韦里克（Heinz Weihrich）在 20 世纪 80 年代初发展了 SWOT 分析，提出 TOWS 分析法。

SWOT 分析有利于将问题按轻重缓急分类，明确哪些是目前亟须解决的问题，哪些是可以稍微推后的事情，哪些属于战略目标上的障碍，哪些属于战术上的问题，并将这些研究对象列举出来，依照矩阵形式排列，然后用系统分析的思想，把各种因素相互匹配起来加以分析，从中得出一系列相应的结论，从而有利于领导者和管理者进行较正确的决策和规划。

在 SWOT 分析中，优劣势分析主要着眼于企业自身的实力及其与竞争对手的比较，而机会和威胁分析将注意力放在外部环境的变化及对企业的可能影响上。但是，外部环境的变化给具有不同资源和能力的企业带来的机会与威胁是完全不同的，因此，两者之间又有紧密的联系。

企业并不必花费时间和精力去追逐那些目前看起来更加有利的机会，相反，如果能够将企业的优势和即将来临的机会很好地进行匹配，那么这个企业同样会在未来的竞争中处于最有利的地位。

把 SWOT 分析中的四个维度综合起来考虑，即可以建构 SWOT 矩阵或 TOWS 矩阵，如表 2-1 所示。在完成环境因素分析和 SWOT 矩阵的构造后，便可以制订相应的行动计划。制订计划的基本思路是：发挥优势因素，克服弱点因素，利用机会因素，化解威胁因素；考虑过去，立足当前，着眼未来。运用系统的综合分析方法，将排列与考虑的各种环境因素相互匹配起来加以组合，得出一系列公司未来发展的可选择对策。SWOT 分析法的战略选择如图 2-8 所示。

表 2-1　SWOT 矩阵分析表

分析		内部环境	
^^	^^	Weaknesses 劣势	Strengths 优势
外部环境	Opportunites 机会	W-O 扭转型战略	S-O 增长型战略
^^	Threats 威胁	W-T 防御型战略	S-T 多种经营型战略

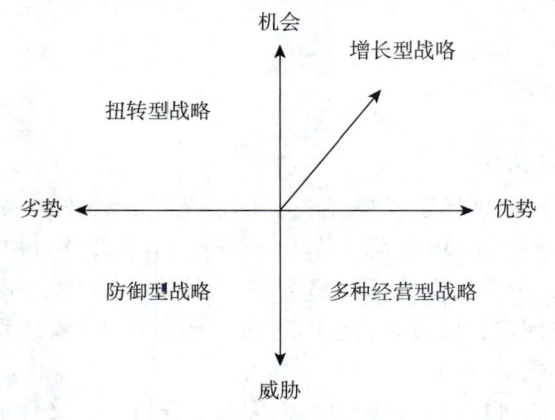

图 2-8　SWOT 分析法的战略选择

(二)优势和劣势

1. 财务指标
常用的财务指标包括利润率、销售状况、目标回报率、股东价值等。

2. 非财务指标
常用的非财务指标包括以下几个。
(1)产品或服务的质量。
(2)新产品开发活动。
(3)相对成本。
(4)客户满意度或品牌忠诚度。
(5)管理人或雇主的能力和业绩。

3. 了解自己的产品
了解产品的以下内容。
(1)利用产品属性模型了解自己的产品:核心产品+二次产品。
(2)将自己的产品或服务及其组成与竞争对手或客户需求进行比较。
(3)关注产品销售的转折点,如价格压力、买方对产品的认知、替代产品或技术、饱和、无增长点、客户冷淡。

(三)机会和威胁

1. 外部分析的目的
外部分析的目的在于确认和理解企业面临的和即将面临的机会和威胁。
(1)威胁是趋势事件,对于目前销售和盈利骤然下降的情形提供不了战略对策。
(2)机会也是一种趋势,如果给定适当的战略对策,就可以导致销售和盈利的上升。

2. 外部分析的构成
外部分析由宏观环境分析、行业环境分析、经营环境分析与竞争优势环境分析构成。
(1)宏观环境分析,简称PEST模型。
(2)市场和行业分析有两个主要目标。第一个目标是衡量市场和单个细分市场的吸引力,以便确认竞争对手是否能赢得可观的利润或亏损;第二个目标是要了解市场动态,企业将要面对的威胁和机会可以被侦测到,从而形成战略。
(3)经营环境主要分析制约企业生存和发展的外部条件,包括市场因素,如居民的购买行为与消费特点,主要原材料、动力等物质资源的货源及价格,新技术、新材料、新工艺、新产品等对企业产品的影响等;非市场因素,如国内外政治环境、经济环境、技术环境、社会环境等。
(4)竞争优势分析包括确定现有的和潜在的竞争对手。

在制定战略时,管理层可从以下方面加以考虑。
(1)如何利用现有的品牌效应和合资公司的资源,进军海外市场?
(2)如何加强科技创新,提高其产品质量?
(3)如何实施有效的营销计划,提高企业的竞争优势?
(4)如何应对汇率变动及导致成本上涨的其他因素,从而降低对企业营运带来的负面影响?

某加工食品生产商的 SWOT 分析示例如表 2-2 所示。

表 2-2 某加工食品生产商的 SWOT 分析示例

优势	劣势
1. 公司是德国第二大的加工食品生产商 2. 公司在过去五年的年销售额平均有 36% 的增长 3. 公司成功与外国公司合资经营，使其产品多样化 4. 公司的大规模生产使其可达到规模经济	1. 公司现时的营运成本比同业高出 20% 2. 公司的库存过期产品占总库存的 15%
机会	威胁
1. 一些发展中国家(如印度)的工业化和城市化高速发展，食品加工业的生产、消费、出口及增长率都在不断攀升 2. 受金融危机带来的经济影响，国内高档次的餐饮消费持续疲弱	1. 食品安全与质量监管体系越来越严格 2. 美元汇率对其出口的影响 3. 德国加工食品市场将近饱和，竞争日趋激烈 4. 人民生活水平提高，对健康食品的要求越来越高

三、竞争型战略制定方法

竞争型战略又称经营战略或商业战略，其中心内容是寻找某一特定产业或市场并建立竞争优势。其核心是寻找企业具有而其竞争对手没有或相对缺乏的特殊能力，以便能更有效、更经济、更快捷地为顾客提供所需的产品和服务。其主要战略有成本领先战略、差异化战略、集中化战略。竞争型战略的选择过程如图 2-9 和图 2-10 所示。

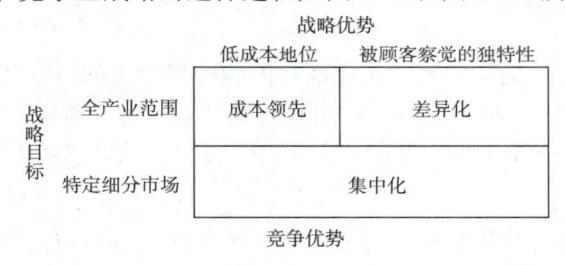

	战略优势	
	低成本地位	被顾客察觉的独特性
全产业范围	成本领先	差异化
特定细分市场	集中化	

竞争优势

图 2-9 竞争型战略的选择过程

企业的基本竞争战略咨询模型

差异化战略
- 针对供应链的差异化
- 利用企业产品服务价值链创造差异化
- 差异化战略的分析评估

成本领先战略
- 开发成本优势的途径
- 低成本供应商协同战略
- 成本领先战略
- 成本领先战略的分析、评估

集中化战略
- 核心业务集中战略
- 核心市场集中定位战略
- 核心职能集中战略
- 集中化战略的分析、评估

图 2-10 竞争型战略的选择

(一)成本领先战略

1. 目标

成为整个行业中成本最低的制造商。例如,一些廉价航空公司通过两个层面去实现成本领先,一是不提供机舱饮食,且不区别头等舱、商务舱和经济舱;二是以无纸化办公和无票航班节省成本。客户只需拨打印在飞机两侧的电话号码或进入其网站,通过信用卡就可以订机票。办理登机时,客户提供一个编号即可,无需机票。此外,这些航空公司还缩短飞机在停机坪上停留的时间,所以,与在繁忙机场运营的航空公司的飞机相比,它们的每架飞机获得了更多的营业时数和营业收入。

2. 类型

成本领先战略可概括为如下几种主要类型。

(1)简化产品型成本领先战略,就是使产品简单化,即将产品或服务中添加的花样全部取消。

(2)改进设计型成本领先战略。

(3)材料节约型成本领先战略。

(4)人工费用降低型成本领先战略。

(5)生产创新及自动化型成本领先战略。

例如,得克萨斯仪器公司(Texas Instruments,手表工业)和西北航空公司(Northwest Airlines,航空运输业)是两家陷于困境的低成本厂商。前者因无法克服其在产品的不利之处,而退出了手表业,后者则因及时发现了问题,并着手努力改进营销工作、乘客服务和为旅行社提供的服务,而使其产品进一步与其竞争对手的产品并驾齐驱。

3. 优势

(1)可以抵御竞争对手的进攻。

(2)具有较强的对供应商的议价能力。

(3)形成了进入壁垒。

4. 适用情形

(1)市场中存在大量的价格敏感用户。

(2)产品难以实现差异化。

(3)购买者不太关注品牌。

(4)消费者的转换成本较低。

5. 应具备的资源和技能

(1)建立生产设备来实现规模经济。

(2)采用简单的产品设计,通过减少产品的功能但同时又能充分满足消费者需要来降低成本。

(3)采用最新的技术来降低成本和(或)改进生产力,或在可行的情况下采用廉价的劳动力。

(4)专注于生产力的提高。

(5)在高科技行业和在产品设计和生产方式方面依赖于劳动技能的行业中,充分利用学习曲线效应。
  (6)将制造成本降到最低。
  (7)获得更优惠的供应价格。

  6. 风险
  (1)可能被竞争者模仿，使整个产业的盈利水平降低。
  (2)技术变化导致原有的成本优势丧失。
  (3)购买者开始关注价格以外的产品特征。
  (4)与竞争对手的产品产生了较大差异。
  (5)采用成本领先战略的企业可能在细分市场取得成本优势。

(二)差异化战略

  1. 含义
  差异化战略是企业针对大规模市场(大众市场)，通过提供与竞争者存在差异的产品或服务来获取竞争优势。这种战略可能获得比成本领先战略更高的利润率。例如，某家欧洲时装制造商在全球搜集有关时尚趋势的各类信息，并筛选最合适和高质量的材料，配合适当的加工，应用精确的剪裁技术，生产最优质的成衣。在欧美市场上，凭其产品的高品质和独特性，亦即其差异化，令企业拥有良好的声誉，维持其竞争优势。

  2. 适用情况
  (1)产品能够充分地实现差异化，且为顾客所认可。
  (2)顾客的需求是多样化的。
  (3)企业所在产业技术变革较快，创新成为竞争的焦点。

  3. 应具备的资源和技能
  (1)强大的研发能力。
  (2)较强的产品设计能力。
  (3)富有创造性。
  (4)很强的市场营销能力。
  (5)企业在质量和技术领先方面享有盛誉。
  (6)能够获得销售商的有力支持。

  4. 风险
  (1)竞争者可能模仿，使差异消失。
  (2)产品或服务差异对消费者来说失去了重要意义。
  (3)与竞争对手的成本差距过大。
  (4)采用差异化战略的企业能够在细分市场实现更大的差异化。

(三)集中化战略

  1. 含义
  集中化战略是针对某一特定购买群体、产品细分市场或区域市场，采用成本领先或产品差异化来获取竞争优势。例如，一家瑞典的家具公司，以低价的完美设计和实用功能，以年轻消费者为目标市场，通过以下方法实现成本领先的战略：①追求以合理且经济的方式，开发并制造自己的产品，以减少物料的浪费；②在全球范围内进行制造外包，大量采购，以最大限度地降低制造成本；③采用以顾客自行安装的模块为导向的研发设计体系，降低安装成本；④采用"平板包装"的方式运输商品节省仓储及运输费用，或要求顾客自行运输购买的物品。

2. 适用情况

（1）企业资源和能力有限，难以在整个产业实现成本领先或产品差异化，只能选定个别细分市场。

（2）目标市场具有较大的需求空间或增长潜力。

（3）目标市场的竞争对手尚未采用同一战略。

3. 风险

（1）竞争者可能模仿。

（2）目标市场由于技术创新、替代品出现等原因导致需求下降。

（3）由于目标细分市场与其他细分市场的差异过小，大量竞争者涌入细分市场。

（4）新进入者重新瓜分市场。

课后练习题

一、填空题

1. 企业战略选择是以（　　）为主导的；对于企业战略而言，技术本身的进步仅仅是（　　）条件，还必须综合考虑（　　）的多种因素，才能取得成功。

2. 竞争型战略主要有成本领先战略、（　　）、（　　）。

二、单选题

1. 战略管理过程的核心问题是（　　）。

   A. 企业使命的确定　　　　　　　　B. 外部环境分析

   C. 资源的协同配置　　　　　　　　D. 外部环境和内部环境的匹配

2. 在下面四种协同中，（　　）是以管理经验的积累为核心基础的。

   A. 投资协同作用　　　　　　　　　B. 销售协同作用

   C. 作业协同作用　　　　　　　　　D. 管理协同作用

3. 企业战略概念起源于（　　）。

   A. 企业的计划工作　　　　　　　　B. 企业会计工作

   C. 企业市场营销工作　　　　　　　D. 企业规划工作

4. 在SWOT模型中，具有一定的内部优势但内部环境存在威胁的企业应采取（　　）。

   A. 增长型战略　　　　　　　　　　B 多种经营型战略

   C. 扭转型战略　　　　　　　　　　D. 防御型战略

5. 在波士顿矩阵中，处于迅速增长的市场，具有很大的市场份额，但它们是企业资源的主要占用者，需要大量投资的业务是（　　）。

   A. 问题业务　　　　　　　　　　　B. 明星业务

C. 瘦狗业务　　　　　　　　　　D. 金牛业务

三、多选题

1. 构建战略控制系统时，应考虑的方面包括（　　）。
A. 链接性　　　B. 多样性　　　C. 风险　　　D. 竞争优势
2. 导致变革失效的原因有（　　）。
A. 企业内部缺乏沟通
B. 战略实施过程中各种信息的传递和反馈受阻
C. 用人不当
D. 企业外部环境出现了较大变化，而现有战略一时难以适应
3. 以下选项中，属于变革的管理方式的有（　　）。
A. 鼓励冲突领域的对话
B. 为员工提供针对新技能和系统应用的学习课程
C. 鼓励个人参与
D. 通知员工

四、简答题

1. 简述企业总体战略的含义。
2. 举例说明替代产品的威胁。
3. 简述波士顿矩阵法。
4. 举例说明成本领先战略。

课后实践

1. 走访学校周边的企业，分析战略环境。
提示：
（1）从企业的一般性环境入手，包括企业所处的宏观经济环境、政治法律环境等。
（2）从企业的竞争环境入手，分析企业所面对的不同竞争力量，使用波特的五力模型进行分析。
（3）从动态的角度研究企业所处的战略环境。
2. 结合企业生命周期理论，判断企业所处的生命周期阶段，并了解企业在该发展阶段应选用哪一种战略类型。
提示：
（1）了解企业生命周期划分的依据及不同阶段的特征。
（2）分析企业的特征，确定企业所处的生命周期阶段。
（3）根据企业所处的生命周期阶段，选择合适的战略。
3. 对比分析伊利、光明乳业发展战略的不同。根据内外部环境的不同，整理它们不同时期的发展战略。
提示：
（1）上网搜集伊利和光明乳业的发展规划。

(2)分析乳制品行业的特征及企业内部人员变动或者战略调整对企业战略制定的影响。
(3)将两家公司的发展战略进行对比,总结出其中一家优于另一家企业的原因。

4. 使用波士顿矩阵对某一企业多种产品采取的战略类型进行分析。

提示:
(1)绘制波士顿矩阵图,按照产品相对市场占有率和销售增长率将产品进行分类。
(2)结合产品对应的矩阵位置,提出对应的产品战略。

5. 对某企业的行业环境进行分析,运用波特的五力模型,分析企业施行战略的有效性。

提示:
(1)分别对波特五力模型中的五种力进行分析。
(2)针对分析的结果,提出相应的对策建议。

案例分析

案例分析1:英特尔公司战略分析

20世纪80年代中期,计算机存储芯片是英特尔公司的主要业务,而日本的制造商想要抢占存储芯片业务,因此定价相对于英特尔以及其他芯片生产商的价格低10%,每一次美国企业在价格上进行回应后,日本生产商又降低了10%。针对日本生产商的挑衅性策略,可供英特尔选择的方案有:设计更加高级的存储芯片;退到日本生产商并不感兴趣的市场上去。最终,英特尔决定放弃存储芯片业务,转而致力于为个人计算机开发更加强大的微处理器。

问题:根据该材料谈谈你对企业战略的认识。

提示:企业战略是指企业面对激烈竞争的市场环境,通过对企业过去、现状与未来的预测,针对企业生存与发展所做的长远的、全局性的谋划或方案。企业战略具有全局性、长远性、纲领性、抗争性与风险性的特点。就战略而言,发展比生存更重要,英特尔采取其他的选择也可能生存,因此战略主要是要选择一种长期的盈利模式和业务。

案例分析2:特斯拉的战略管理

特斯拉(Tesla)作为电动汽车行业的领军企业,其成功不仅在于技术创新,更在于其独特的企业战略管理。特斯拉从成立之初就致力于推动电动汽车的普及,通过不断的技术突破和市场拓展,成功打破了传统汽车行业的格局。特斯拉的战略管理包括以下几个方面。

(1)技术创新与产品研发:特斯拉持续投入大量资源进行电动汽车和可再生能源技术的研发,不断推出性能卓越、续航里程长的电动汽车产品,如Model S、Model 3等。

(2)品牌建设与市场定位:特斯拉将自己定位为高端电动汽车品牌,通过独特的品牌故事、卓越的产品性能和优质的客户服务,成功吸引了大量忠实用户。

(3)直销模式与渠道建设:特斯拉采用直销模式,直接面向消费者销售产品,减少了中间环节,提高了销售效率。同时,特斯拉建立了遍布全球的超级充电站网络,为用户提供便捷的充电服务。

（4）可持续发展战略：特斯拉将可持续发展作为企业的核心价值观，致力于推动清洁能源的普及和应用。公司不仅生产电动汽车，还涉足太阳能屋顶、储能电池等领域，为用户提供全方位的清洁能源解决方案。

问题1： 特斯拉如何通过技术创新和产品研发保持其在电动汽车行业的领先地位？

提示： 分析特斯拉在电池技术、自动驾驶技术等方面的创新成果，以及这些技术如何转化为产品优势和市场竞争力。同时，探讨特斯拉在研发投入、人才引进等方面的战略举措。

问题2： 特斯拉的直销模式和渠道建设对其市场拓展和品牌建设有何影响？

提示： 分析特斯拉直销模式的优缺点，以及该模式如何帮助特斯拉更好地控制销售渠道、提高销售效率。同时，探讨特斯拉如何通过超级充电站网络等基础设施建设提升用户体验和品牌形象。此外，还可以对比传统汽车行业的分销模式，分析特斯拉直销模式的独特性和竞争优势。

案例分析3：烟台万华信息管理的实践

一、科学管理指导信息化建设

烟台万华聚氨酯股份有限公司（简称烟台万华）是目前国内具有MDI生产技术和装置的先进企业。MDI系列产品和生产技术被国务院列为国家重点鼓励发展的产品、产业和技术。

但烟台万华的企业经营理念、管理模式、管理水平和技术手段都与竞争的市场不相适应；同时，企业缺乏信息的有效集成，企业的运行产生了大量的数据和信息，就如何有效地采集、过滤、加工、分析它们，如何在企业中建立起一个合理高效的信息流，使它们在企业运营中充分发挥积极作用，成为摆在烟台万华面前的重要问题。另外，企业缺乏对生产、经营、管理的有效控制，在生产组织中缺乏合理性，在市场竞争中缺乏敏捷性，在管理中对过程的控制能力不强。

解决以上问题的关键在于企业信息化建设。通过更新、升级现有计算机、网络通信设备，建立实时数据库平台，采用先进控制技术及优化技术来改造现有企业，提高生产过程控制和工艺管理水平，用计算机技术和通信网络技术对全厂的经营管理业务和生产过程信息有效集成，达到对它们的高效综合管理和控制。

为此，烟台万华引进了ERP，在集团现代化经营管理中，及时准确地掌握企业所需的第一手材料，并对各分公司、各部门在业务执行过程中的各个环节进行有效的监控，变被动管理为主动管理，实现"事前计划，事中监控，事后分析"的科学管理方法，增强企业的整体实力和运作能力。

在企业财务、业务系统的推广过程中，如何将分散的"信息孤岛"有效地连接起来，实行网络化、集中化管理，提高集团公司的控制力和控制质量最为重要。

1. 动态实时地主动型管理

通过网络远程主动查询数据，动态实时地掌握公司人财物、产供销的最新汇总和明细数据，便于提高控制能力。

通过网络集中化管理，提高数据收集速度，提高财务、业务决策效率。

2. 垂直穿透式管理

利用南北N6 ERP，可以动态、实时地对下属各二级单位的数据账"一查到底"。

3. 对公司重点业务以及具有发展潜力的业务的重点财务跟踪

对公司重点业务以及具有发展潜力的业务，进行重点财务跟踪，并基于各单位不同时期进行"纵向比较跟踪"，对单位之间关键数据进行横向的"切片式比较"。

4. 强调决策分析管理

强化对数据的分析、比对、模拟运作。企业建立起新型的财务资金中心、预算管理中心、费用中心、成本中心、利润中心、财务管理中心，形成资金流、物流、信息流的高度统一，使公司的经营理念、管理制度延伸到财务、业务的各个环节，为企业提供正确的、具有前瞻性的决策支持。

5. 通过和下属二级单位的财务联网工作，提高集团公司的控制力和控制质量。

烟台万华在已有的网络基础上，建立了基于Uniformace系统的数据采集系统，完善的数据采系统为全厂范围的数据采集、存储和管理建立了一整套单一、开放、集成的一体化应用平台。它可以集成所有工厂的过程数据、商业管理数据并支持相关应用。这种全厂范围内的数据集成可保障工厂的管理部门使用一致的数据；可以集成工厂各方面数据，形成信息流，使工厂网络成为有效益的知识网络；全公司员工在授权的情况下，在办公室内，通过个人PC可通过图形、Excel数据交换、趋势图等手段访问、查询工厂网络中各种实时和历史信息；系统支持网络浏览器，管理人员、工程师、销售人员可以通过Internet/Intranet访问授权的工厂信息；系统为下一步协助管理人员及时地完成决策、计划和性能评估打下必要的基础，可以大大提高自动化管理水平，使业务、管理集中于一个实体中。公司的供销、生产计划、质量检查等部门均可实时地获取所需的信息，做出及时的、符合市场情况的决策。生产管理部门还可以通过实时的信息访问，及时发现问题，解决问题。销售部门与生产部门信息的不断交换，有利于大大地提高公司产品的竞争力。

二、信息化的应用收益

建立以ERP系统为核心的关键业务信息管理系统，升级改进企业管理，成为烟台万华促进发展的强有力的支持手段。

（1）物流、资金流、工作流、增值流的管理系统统一。

公司的财务、采购、销售、生产、研发、工程、设备、人力资源等各方面信息全部进入ERP系统，公司的信息真正实现实时、共享。信息的准确性、一致性和及时性明显提高。改善企业的"慢、粗、散、重、低"管理现象。企业每天的经营结果直接反映到管理层的计算机桌面。

（2）提高工作效率。将管理人员从事务性的工作中解放出来，将主要精力放在业务分析和优化业务流程上。

由于企业生产经营规模的不断扩大，管理很难，尤其实现企业的精细管理更难，通过计算机则可把问题解决。过去，由于公司层次多、环节多、信息分散、管理分散，影响企业的专注力。通过实现领导查询与决策支持系统，这一问题得到了解决。由于业务流程进行了优化重组，人机合理分工，工作效率、工作质量明显提高。

（3）优化和规范业务流程，管理更实时全面。

物流、资金流、信息流实现集成，内部控制加强，企业成本降低，客户满意度提高，强有力地辅助公司经营战略目标的实现。

（4）计划统一管理，具有动态应变性和模拟预见性。

（5）供应商考核评价客观量化，采购行为规范化。

（6）加强了异地销售财务管理，数据信息反馈更加及时。

（7）各部门信息实现共享，部门间协调配合程度提高，工作效率提高。

企业管理思想发生转变，促使员工素质提高，建立了管理持续改善的良好机制。

问题：

结合案例，谈谈企业怎样实现信息的有效集成；对企业运行产生的大量数据和信息，如何有效地采集、过滤、加工和分析；如何在企业中建立起一个合理高效的信息流。

提示： 从信息管理的工作角度进行分析。

视频学习资料

2.1 企业总体战略

2.2 企业战略环境分析

2.3 企业战略制订方法

第三章　现代企业营销管理

学习目标

理论学习目标

了解企业营销管理相关知识，了解市场调查与市场预测的重要意义；理解市场营销策略，包括企业产品策略、定价策略、产品商标策略、产品与市场组合营销战略的基本原理和应用条件；掌握企业营销管理的概念，掌握市场细分的方法和原则，掌握市场调查与市场预测的方法，特别是市场组合营销战略制定方法。通过学习，能够运用现代技术手段优化营销管理流程，提升营销决策的精准度和效率，以适应市场变化，实现企业的营销目标。

实践学习目标

在掌握营销管理知识的基础上，通过实习实践，提升市场调查与预测能力，熟悉并应用各种市场营销策略与组合策略进行项目化实践。引导学生在营销活动中坚守诚信、公正原则，强化社会责任，确保营销活动既符合市场需求，又符合社会价值观，实现经济效益与社会效益的双赢。同时，能运用市场策略和营销艺术，敢于在人才市场中去竞争和打拼。

第一节　企业营销管理

一、市场营销的定义

（一）美国市场营销协会所下定义

市场营销是创造、沟通与传送价值给顾客，经营顾客关系，以便让组织与其利益关系人受益的一种组织功能与程序，是一种最直接、有效的营销手段。

（二）菲利普·科特勒所下定义

菲利普·科特勒强调营销的价值导向。他认为，市场营销是个人和集体通过创造产品和价值，并同别人自由交换产品和价值，来获得其所需所欲之物的一种社会和管理过程。

（三）格隆罗斯所下定义

所谓市场营销，就是在变化的市场环境中，旨在满足消费需要、实现企业目标的商务活动过程，包括市场调研、选择目标市场、产品开发、产品促销等一系列与市场有关的企业经营活动。

（四）基恩·凯洛斯所下定义

基恩·凯洛斯对市场营销的定义包括三点：一是将市场营销看作一种为消费者服务的理论；二是强调市场营销是对社会现象的一种认识；三是认为市场营销是通过销售渠道把生产企业同市场联系起来的过程。这从一个侧面反映了市场营销的复杂性。

（五）最新定义

市场营销是创造、传播、传递和交换对顾客、客户、合作伙伴乃至整个社会有价值的产品和服务的一系列活动、机制和过程。

二、市场营销观念发展过程

市场营销的基本流程：市场机会分析；市场细分；目标市场选择；市场定位；4Ps（营销组合：产品、价格、地点、促销）；确定营销计划；产品生产；营销活动管理（即执行与控制）；售后服务，信息反馈。因此，市场营销观念的演变与发展，可归纳为六种，即生产观念、产品观念、推销观念、市场营销观念、客户观念和社会市场营销观念。

三、市场营销理论发展阶段

（一）国外市场营销理论发展阶段

1. 第一阶段：初创阶段

市场营销于19世纪末到20世纪30年代在美国创立，源于工业的发展。这时市场营销学的研究特点是：①注重推销术和广告术，没有出现现代市场营销的理论、概念和原则；②营销理论还没有得到社会和企业界的重视。

2. 第二阶段：应用阶段

20世纪20年代至第二次世界大战结束为应用阶段，此阶段市场营销的发展表现在应用上。市场营销理论研究开始走向社会，被广大企业界重视。

3. 第三阶段：形成发展时期

20世纪50—80年代为市场营销学的发展阶段，市场开始出现供过于求的状态。

4. 第四阶段：成熟阶段

20世纪80年代至今，为市场营销学的成熟阶段，表现在：与其他学科相关联，开始形成自身的理论体系。20世纪80年代是市场营销学的革命时期，市场营销学开始进入现代营销领域，面貌焕然一新。

(二)国内市场营销理论发展阶段

1. 第一阶段：引进认知阶段

20世纪七八十年代，接触、认知市场营销。逐渐从管理理念上注重、认识和研究市场营销的作用与客观理解。

2. 第二阶段：组织建设阶段

1983—1987年，建立初级市场营销理论。从市场营销涉及的产品、客户、区域等各个要素方向研究其作用机理。

3. 第三阶段：推广应用阶段

1988—2001年，市场营销机制逐渐健全。从市场营销理论体系、规则与机制方面逐渐完善，并作为一个独立的领域进行专门研究。

4. 第四阶段：本土化阶段

2001年至今，特色化市场营销理论体系建立和应用。根据中国市场研究客观规律，完善市场营销理论方法与技术体系，并使之成为独立的管理思想与方法。

四、市场营销管理及其任务

市场营销管理是为了实现企业目标，创造、建立和保持与目标市场之间的互利交换关系，而对市场营销设计方案的分析、计划、执行和控制。

市场营销管理的任务，就是为促进企业目标的实现而调节需求的水平、时机和性质，其实质是需求管理。根据需求水平、时间和性质的不同，市场营销管理的任务也有所不同。

1. 负需求(改变)

当绝大多数人对某个产品感到厌恶，根本就没有购买动机，甚至愿意出钱回避时，市场营销管理的任务是改变市场。市场营销管理的任务是分析客户不喜欢这些产品的原因，并针对目标顾客的需求重新设计产品、定价，做更积极的促销，或改变顾客对某些产品或服务的印象，诸如宣传老年人适当吃甜食可促进脑血液循环，乘坐飞机出事的概率比较小等。把负需求变为正需求，称为改变市场营销。

例如，欧美人对动物内脏很反感，不喜欢吃动物内脏。怎样把这个负需求变为正需求呢？专家做了个实验：他们找来了40个家庭主妇，将之分为两个小组。专家告诉第一小组的20个人，运用传统的方式怎样把动物的内脏做成菜，怎样做才好吃。他们则和第二小组的20个家庭主妇围坐在一块座谈，在聊天中告诉她们动物内脏富含哪些矿物质，对人体有哪些好处，并赠送相应的菜谱。一个月后，第一小组只有3%的家庭妇女开始食用动物内脏，第二小组有30%的妇女食用动物内脏。

2. 无需求(刺激)

如果目标市场对产品毫无兴趣或漠不关心，市场营销管理就需要去刺激市场。通常情况下，市场对下列产品无需求：①人们一般认为无价值的废旧物资；②人们一般认为有价值，但在特定环境下无价值的东西；③新产品或消费者平时不熟悉的物品等。市场营销者的任务是刺激市场营销，即创造需求，通过有效的促销手段，把产品利益同人们的自然需求及兴趣结合起来。

3. 潜伏需求（开发）

潜伏需求是指相当一部分消费者对某物有强烈的需求，而现有产品或服务又无法使之满足的一种需求状况。在此种情况下，市场营销管理的重点就是开发潜在市场。例如，老年人需要高植物蛋白、低胆固醇的保健食品，美观大方的服饰，安全、舒适、服务周到的交通工具等，但许多企业尚未重视老年市场的需求。企业市场营销的任务是准确地衡量潜在市场需求，开发有效的产品和服务，即开发市场营销。

4. 下降需求（重振和再营销）

当市场对一个或几个产品的需求呈下降趋势时，市场营销管理就应找出原因，重振市场。市场营销者要了解顾客需求下降的原因，或通过改变产品的特色，采用更有效的沟通方法再刺激需求，或通过寻求新的目标市场，以扭转需求下降的格局，称之为再营销。

5. 不规则需求（协调）

不规则需求是指某些物品或服务的市场需求在一年不同季节，或一周不同日子，甚至一天不同时间段内波动很大的一种需求状况。在不规则需求情况下，市场营销管理的任务是对该市场进行协调。例如，公共交通工具在上下班高峰时不够用，在非高峰时则空闲。又如，在旅游旺季时旅馆紧张和短缺，在旅游淡季时，旅馆空闲。再如，在节假日或周末时，商店拥挤，而在平时商店顾客稀少。市场营销的任务是通过灵活的定价、促销及其他激励因素来改变需求时间模式，这又称为同步营销。

6. 充分需求（维持）

假如某种物品或服务的目前需求水平和时间等于预期的需求水平和时间（这是企业最理想的一种需求状况），市场营销管理只要加以维持即可。因此，企业营销的任务是提升产品质量及不断估计消费者的满足程度，维持现时需求。

7. 过量需求（降低）

在某种物品或服务的市场需求超过企业所能供给或所愿供给的水平时，市场营销管理应及时降低市场营销。企业营销管理的任务是减缓营销，可以通过提高价格、减少促销和服务等方式使需求减少。企业最好选择那些利润较少、要求提供服务不多的目标顾客作为减缓营销的对象。减缓营销的目的不是破坏需求，而只是暂缓需求水平。

8. 有害需求（消灭）

有害需求指的是市场对某些有害物品或服务的需求。对此，市场营销管理的任务就是要加以消灭。企业营销管理的任务是通过提价、传播恐怖后果及减少可购买的机会或通过立法禁止销售，这又称为反市场营销。反市场营销的目的是采取相应措施来消灭某些有害的需求。

五、市场营销管理过程

市场营销管理过程是企业为实现企业任务和目标而发现、分析、选择和利用市场机会的管理过程。具体来说，市场营销管理包括如下步骤：①发现和评价市场机会；②细分市场和选择目标市场，进行目标市场营销；③发展市场营销组合和决定市场营销预算；④执行和控制市场营销计划。

(一)发现和评价市场机会

1. 发现市场机会

市场机会就是客观上已经存在或即将形成而尚未被人们认识的市场。要发现潜在市场，必须进行深入细致的调查研究，弄清市场对象，市场容量，消费者的心理、经济承受力，市场的内外部环境，等等。要发现潜在市场，除了充分了解当前的情况以外，还应该按照经济发展的规律，预测未来发展的趋势。市场营销管理人员可采取以下方法来寻找、发现市场机会：①广泛搜集市场信息；②借助产品/市场矩阵；③进行市场细分。

2. 评价市场机会

市场营销管理人员不仅要善于寻找、发现有吸引力的市场机会，而且要善于对所发现的各种市场机会加以评价，要看这些市场机会与本企业的任务、目标、资源条件等是否一致，要选择那些比其潜在竞争者有更大的优势、能享有更大的"差别利益"的市场机会作为本企业的企业机会。

(二)细分市场和选择目标市场，进行目标市场营销

目标市场，就是企业决定要进入的那个市场部分，也就是企业拟投其所好，为之服务的那个顾客群(这个顾客群有颇为相似的需要)。目标市场营销，即企业识别各个不同的购买者群，选择其中一个或几个作为目标市场，运用适当的市场营销组合，集中力量为目标市场服务，满足目标市场需要。目标市场营销由三个步骤组成：一是市场细分；二是目标市场选择；三是市场定位。

1. 市场细分

(1)市场细分的优势。市场细分有利于企业发现最好的市场机会，提高市场占有率；市场细分可以使企业用最少的经营费用取得最大的经营效益。

(2)消费者市场细分的依据。消费者市场细分的依据包括：①地理细分，就是企业按照消费者所在的地理位置以及其他地理变量(包括城市农村、地形气候、交通运输等)来细分消费者市场。地理细分的主要理论依据是，处在不同地理位置的消费者对企业所采取的市场营销战略，对企业的产品价格、分销渠道、广告宣传等市场营销措施有不同的反应。②人口细分，就是企业按照人口变量(包括年龄、性别、收入、职业、教育水平、家庭规模、家庭生命周期阶段、宗教、种族、国籍等)来细分消费者市场。③心理细分，就是按照消费者的生活方式、个性等心理变量来细分消费者市场。④行为细分，就是企业按照消费者购买或使用某种产品的时机、消费者所追求的利益、使用者情况、消费者对某种产品的使用率、消费者对品牌(或商店)的忠诚度、消费者待购阶段和消费者对产品的态度等行为变量来细分消费者市场。

(3)产业市场细分的依据。产业市场细分的依据包括：①最终用户，在产业市场上，不同的最终用户对同一种产业用品的市场营销组合往往有不同的要求；②顾客规模，顾客规模也是细分产业市场的一个重要变量，在现代市场营销实践中，许多公司建立适当的制度来分别与大客户和小客户打交道；③其他变量，许多公司实际上不是用一个变量，而是用几个变量，甚至用一系列变量来细分产业市场。

(4)市场细分的有效标志。①可测量性，即各子市场的购买力能够被测量；②可进入性，即企业有能力进入所选定的子市场；③可盈利性，即企业进行市场细分后所选定的子

市场的规模足以使企业有利可图。

2. 目标市场选择

（1）目标市场营销策略选择。

①无差异市场营销。无差异市场营销是指企业在市场细分之后，不考虑各子市场的特性，而只注重子市场的共性，决定只推出单一产品，运用单一的市场营销组合，力求在一定程度上适合尽可能多的顾客的需求。这种策略的优点是有利于标准化与大规模生产，有利于降低生产、存货、运输、研究、促销等成本费用。其主要缺点是想要单一产品以同样的方式广泛销售并受到所有购买者的欢迎，这几乎是不可能的。

②差异市场营销。差异市场营销是指企业决定同时为几个子市场服务，设计不同的产品，并在渠道、促销和定价方面都进行相应的改变，以适应各个子市场的需要。有些企业曾实行"超细分战略"，即许多市场被过分地细化，而导致产品价格不断增加，影响产销数量和利润。于是，一种叫作"反市场细分"的战略应运而生。反细分战略并不反对市场细分，而是将许多过于狭小的子市场组合起来，以便能以较低的价格去满足这一市场的需求。

③集中市场营销。集中市场营销是指企业集中所有力量，以一个或少数几个性质相似的子市场作为目标市场，试图在较少的子市场上占据较大的市场比率。

（2）目标市场选择依据。企业在选择目标市场时需要考虑五方面的主要因素，即企业资源、产品同质性、市场同质性、产品所处的生命周期阶段、竞争对手的战略。

①企业资源。如果企业资源雄厚，可以考虑实行差异市场营销；否则，最好实行无差异市场营销或集中市场营销。

②产品同质性。对于同质产品或需求上共性较大的产品，一般宜实行无差异市场营销；对于异质产品，则应实行差异市场营销或集中市场营销。

③市场同质性。同质市场，宜实行无差异市场营销；异质市场，宜采用差异市场营销或集中市场营销。

④产品所处的生命周期阶段处在投入期或成长期的新产品，市场营销重点是引导和巩固消费者的偏好，最好实行无差异市场营销或针对某一特定子市场实行集中市场营销；当产品进入成熟期时，市场竞争激烈，消费者需求日益多样化，可改用差异市场营销以开拓新市场，满足新需求，延长产品生命周期。

⑤竞争对手的战略。应针对竞争对手的战略，来制定自身的目标市场营销策略，以应对竞争。

3. 市场定位

市场定位的主要方法有：根据属性和利益定位、根据价格和质量定位、根据用途定位、根据使用者定位、根据产品档次定位、根据竞争局势定位，以及各种方法组合定位等。

企业在重新定位前，需考虑两个主要因素：一是企业将自己的品牌定位从一个子市场转移到另一个子市场时的全部费用；二是企业将自己的品牌定在新位置上的收入预估数额。

（三）发展市场营销组合

市场营销组合是公司为了满足目标顾客群的需要而加以组合的可控制的变量。市场营销战略，就是企业根据可能机会，选择一个目标市场，并试图为目标市场提供一个有吸引力的市场营销组合。

市场营销组合是现代市场营销理论中的一个重要概念。市场营销组合中所包含的可控制的变量很多，可以概括为四个基本变量，即产品（Product）、价格（Price）、地点（Place）和促销（Promotion），即4Ps。

除了市场营销组合的"4Ps"之外，再加上两个"P"，即"权利"（Power）与"公共关系"（Public Relations），即成为"6Ps"。这就是说，要运用政治力量和公共关系，打破国际或国内市场上的贸易壁垒，为企业的市场营销开辟道路。

（四）执行和控制市场营销计划

市场营销计划控制包括年度计划控制、盈利能力控制、效率控制、战略控制和市场营销审计。

1. 年度计划控制

所谓年度计划控制，是指企业在本年度内采取控制步骤，检查实际绩效与计划之间是否有偏差，并采取改进措施，以确保市场营销计划的实现与完成。

2. 盈利能力控制

盈利能力控制是运用盈利能力控制来测定不同产品、不同销售区域、不同顾客群体、不同渠道以及不同订货规模的盈利能力。

3. 效率控制

效率控制是用高效率的方式来管理销售人员、广告、销售促进及分销。

4. 战略控制

战略控制是指市场营销管理者采取一系列行动，使实际市场营销工作与原规划尽可能一致，在控制中通过不断评审和信息反馈，对战略不断进行修正。

5. 市场营销审计

市场营销审计是对一个企业市场营销环境、目标、战略、组织、方法、程序和业务等进行综合的、系统的、独立的和定期性的核查，以便确定困难所在和各项机会，并提出行动计划的建议，改进市场营销管理效果。

第二节　市场调查

一、市场调查的定义

市场调查就是运用科学的方法，系统地收集、记录、整理和分析有关市场的信息资料，从而了解市场发展变化的现状和趋势，为市场预测和经营决策提供科学依据的过程。

二、市场调查的特点

市场调查的特点主要有：市场调查是个人或组织的一项有目的的活动；市场调查是一

项系统而复杂的科学研究工作；市场调查的内容是广泛的；市场调查须按客户的具体情况"量体裁衣"；市场调查的方法及调查研究的方案设计是多样的；市场调查开展的程度是有伸缩性的；市场调查的结果是有效的；市场调查是有局限性的。

三、市场调查的内容

市场调查的内容主要包括：市场需求调查；用户及购买行为调查；企业四大营销因素的调查；宏观环境调查；竞争对手的调查（数量和实力）。

四、市场调查的步骤

市场调查的步骤包括：确定调查目标，主要确定对象和范围；拟定调查计划，主要包括时间、地点、内容；初步情况分析，主要归纳数据、进行现象分析；深入现场调查，主要调查普通民众、特定群体；整理分析资料，主要进行数据整理、分类处理；写出调查报告，主要包括产品销售状况、需求、趋势。整个过程如图 3-1 所示。

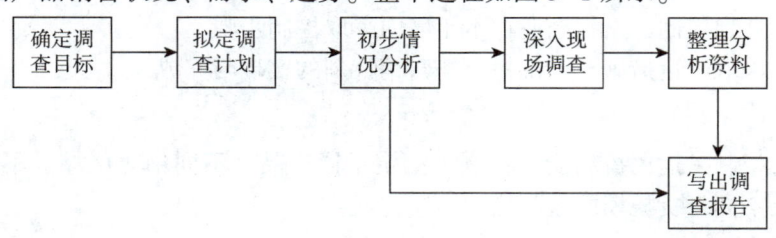

图 3-1 市场调查过程

五、市场调查方法

（一）观察法

1. 概念

观察法是观察者根据研究目的，有组织有计划地运用自身感觉器官或科学的观察工具，直接搜索当时正在发生的，处于自然状态下的市场现象资料的方法。

2. 特点

有目的、有组织，具有系统性和全面性，运用科学的工具观察处于自然状态下的现象。

3. 类型

（1）直接观察法和测量观察法。

直接观察法：指观察者直接参与市场活动，即参与市场中商品买卖等，并在参与市场活动时对市场现象进行观察，搜集市场资料。实施过程包括：进入观察现场，与被观察者建立良好的关系；确定观察内容，制订观察计划；做好观察记录；退出观察现场，进入研究阶段。

测量观察法：指运用电子仪器和机械工具进行记录测量。

（2）有结构观察和无结构观察。

有结构观察是指事先确定好观察计划，为观察对象、范围、内容、程序等做出严格规定，在观察过程中必须严格地按计划进行。

无结构观察是指对观察内容、程序等事先不严格规定，只要求观察者有一个总的观察目的和原则。

4. 观察法运用的程序

(1)选择符合条件的观察对象。根据市场调查目的，确定主要调查的产品或者市场。

(2)确定最佳的时间和地点。按随机性原则，对调查对象进行不同时间段和不同地点的观察与信息收集。

(3)安排观察顺序。对于不同产品与不同市场的调查，按着人群、销量等密集度进行分层排序调查。

(二)实验法

1. 概念

实验法是市场调研者有目的、有意识地改变一个或几个影响因素，来观察市场现象在这些因素影响下的变动情况，以认识市场现象本质特征和发展规律。

2. 实验设计

(1)单一实验组前后对比实验。对于单一市场环境，采用不同时间段对比分析。

(2)实验组与对照组对比实验。对于新产品或者新市场，采用对比成熟市场来分析。

(三)询问调查法

1. 概念

询问调查法是由访问者向被访问者提出问题，通过被访问者的口头回答或填写调查表等形式来收集市场信息资料的一种方法。

2. 具体形式

具体形式包括面谈询问、电话询问、信函询问。

(1)面谈询问：面对面的交谈，采用座谈会或个人访问方式。要求访问者有比较好的谈话技巧。面谈询问可采取的接近对方的方法包括以下几种。

①自然接近：在共同活动中自然接近被访者，再说明访问意图。

②正面接近：开门见山地直接介绍访问的目的和内容。

③求同接近：寻找访问者的共同之处，如是同学或同乡，有相同的兴趣或经历。

④友好接近：关心被访者，帮助其解决所面临的难题。

面谈询问的优缺点：直接了解消费者态度，真实度高；调查提纲进行及时修改和补充，具有较大的灵活性；容易产生主观性思维；成本费用比较高；如果调查范围广，信息反馈易不对称。

(2)电话询问：调查成本低，能迅速获得资料，且不受地区限制。调查内容不能太长，所以不能深入。

(3)信函询问：成本低，调查范围广，被调查者可以自由、充分地回答问题，使答复较为真实可靠。但收回率低，影响调查结果；被调查者容易理解错误而答非所问。

(四)文案调查法

1. 概念

文案调查法是指调查员在充分了解市场调查目的后，通过搜集各种有关文献资料，摘取现成的数据加以整理、归类、调整及融合，以归纳或演绎等方法予以分析，进而提出市场调查报告及有关营销建议的市场调查方法。

2. 作用

(1) 适应面广，不论是什么类型的调查，也不论是一般性市场或专业性市场、国内市场或国际市场等，都可运用此方法。

(2) 受控因素少，可以节省实地调查所不可缺少的费用及时间。

(3) 可协助鉴定实地调查资料的准确性。

3. 渠道

(1) 国家统计部门定期发布的统计公报、定期出版的各类统计年鉴等权威性的综合文献。

(2) 各种经济信息部门、行业协会和联合提供的定期或不定期的信息公报，如金融机构的金融信息资料、研究机构或高等院校发表的学术论文和市场调查报告等。

(3) 国内外有关报纸、杂志、电视及其他大众传播媒介提供的各种形式的多样的直接或间接的市场信息资料。

(4) 各种国际组织、外国驻华使馆、国外商会等提供的定期或不定期的统计公告或交流信息。

(5) 工商企业内部档案，如企业各项财务报告、销售记录、业务员访问报告、企业平日简报、同业资料、照片及影片、经验总结、顾客建议等。

(6) 国内外各种博览会、交易会、展销订货会等营销性会议，以及专业性、学术性会议上发放的文件资料。

(7) 各级政府部门公布的有关市场的政策法规，以及执法部门的有关经济案例等。

(8) 各种数据库和电子出版物。

4. 步骤

文案调查法的步骤包括：确定市场调查的基本目的及要求；拟订详细的市场调查计划；高质量地开展资料收集工作；筛选资料和评估资料的适用性；进行资料的整理与衔接；制作文案调查报告。

第三节 市场预测

一、市场预测

(一) 市场预测的概念

所谓市场预测，是指企业运用科学的方法，对影响市场供求变化的诸因素进行调查研究，分析和预测其发展趋势，掌握市场供求变化的规律，为市场营销决策提供可靠的依据。

(二) 市场预测的类型

市场预测按时间划分，可分为长期预测(5年以上)、中期预测(1~5年)、短期预测(半年、一个季度)和近期预测(一周至一两个月)；按对象划分，可分为整个产业情况预测、产品群预测和个别预测；按方式划分，可分为判断预测和统计预测。

(三)市场预测的基本要素

(1)信息。市场预测的核心方法、环境状态、时间规律等。
(2)方法。市场预测中定性与定量方法的选择。
(3)分析。市场预测元素之间关联性分析。
(4)判断。对市场预测结果进行把握度的判断分析。

(四)市场预测对企业的意义

(1)市场预测是企业制订经营计划的前提与依据。依据市场预测来确定企业战略规划。
(2)市场预测是经营决策的基础。市场需求量预测决定着企业的经营决策。
(3)预测可以把握规律与趋势。根据市场预测的变化规律，企业及时调整生产经营计划。
(4)市场预测有利于企业的经营管理与经济效益。市场预测的准确性和有效性会制约企业销售能力，影响收入水平。

二、市场预测的内容

市场预测的内容主要包括以下几点。
(1)市场需求预测。在既定市场上某种产品的需求量预测。
(2)企业需求预测。企业在既定市场上能够获得的市场份额。
(3)商品资源预测。企业生产经营某种商品所需求生产资源的预测。
(4)商品饱和点预测。在既定市场上某种商品最大需求量预测。

三、市场预测的基本步骤

市场预测的基本步骤主要包括以下几点。
(1)确定预测目标。包括产品需求、资源供给、竞争状况等。
(2)收集资料。对于影响市场额的相关因素进行收集、整理、形成依据。
(3)选择预测方法。根据事物发展规律与影响因素，确定选择定性或定量预测方法。
(4)预测分析和修正。用影响预测结果的主要因素变化程度，及时修正预测结果。
(5)编写预测报告。将预测目的、方法，特别是预测结果进行文献整理，形成可续性资料，便于使用者理解。

四、市场预测的方法

(一)定性预测法

1. 专家意见预测法

专家意见预测法是以专家为索取信息的对象，运用专家的知识和经验，考虑预测对象的社会环境，直接分析研究和寻求市场需求特征规律，并推测未来需求变化的一种预测方法。

适用范围：市场需求、企业销售规模、目标市场选择、经营策略调整、企业投资方向等重要问题的预测性研究。

2. 集体经验判断法

集体经验判断法是由预测组织者召开专家会议，在广泛听取专家预测意见的基础上，综合专家们的预测意见得出最终预测结论的一种预测方法。

具体方法有：①直接头脑风暴法，即专家独立思考，共同评估；②置疑头脑风暴法，即分为两组，一组提出设想，另一组进行质疑。

3. 德尔菲法

德尔菲法是在专家意见测验法的基础上发展起来的一种预测方法。它以匿名的方式通过几轮发函询征求专家们的意见，组织者对每一轮意见都进行汇总整理，作为参考资料再寄给每个专家，供他们分析判断，提出新的意见和结果。如此几次反复，专家们的意见渐趋一致，结论的可靠性越来越大。

德尔菲法具有三大特点：一是匿名性，二是反馈性，三是统计性。

德尔菲法的组织程序是：①确定预测课题和预测内容，并成立预测负责小组；②设计函询调查表，准备有关材料；③选择预测专家，专家人数一般以 10~50 人为宜，对于重大问题预测，专家人数可多一些；④用函询调查表进行调查；⑤对调查结果进行统计处理。

（二）定量预测方法

定量预测方法常用的有时间序列预测法、回归分析预测法。

时间序列预测法是根据时间序列所反映出来的发展过程、方向和趋势，进行类推或延伸，借以预测下一段时间或以后若干年内可能达到的水平。其内容包括：收集与整理某种社会现象的历史资料；对这些资料进行检查鉴别，排成数列；分析时间数列，从中寻找该社会现象随时间变化而变化的规律，得出一定的模式；以此模式去预测该社会现象将来的情况。根据资料分析方法的不同，时间序列预测法又可分为简单序时平均数法、加权序时平均数法、移动平均法、加权移动平均法、趋势预测法、指数平滑法等。

回归分析预测法是在掌握大量观察数据的基础上，利用数理统计方法建立因变量与自变量之间的回归方程来进行预测的过程。这里主要介绍简单移动平均法、加权移动平均法、指数平滑法和回归分析预测法。

1. 简单移动平均法

简单移动平均法又叫一次移动平均法，是在算术平均数的基础上，通过逐项分段移动，求得下一期的预测值。

（1）移动项数。

简单移动平均法中，分段数据的项数（N）的选择是一个关键问题。如果 N 取得大，移动平均值对数列起伏变动的敏感性差，反映新水平的时间长，随着 N 值的增加，趋势线逐渐平稳，但其滞后现象也愈加显著，容易滞后于可能的发展趋势。如果 N 值取得小，其灵敏度高，反映新水平的时间短，对于随机因素反应灵敏，容易造成错觉，导致预测失误。因此，在确定 N 时，要从以下几个方面考虑。

①处理数据项数的多少。如数据项数多，N 可取得大些。

②对新数据适应程度的要求。N 取得小，对新数据反应灵敏，但反映过快，容易把意外情况错当为趋势，反映过慢，又缺乏适应性。

③考察时间序列的变动是否有明显的周期性波动。如有，应以其周期作为 N 可消除周

期性波动，使移动平均序列反映长期趋势。

④凭长期积累的经验，决定 N 值大小。

（2）简单移动平均法的缺点。

①会出现滞后偏差。如果近期内情况发展变化较快，利用简单移动平均法预测要通过较长时间才能反映出来，存在着滞后偏差。

②简单移动平均法对分段内部的各数据同等对待，没有考虑时间先后对预测值的影响。实际上，各个不同时间段的数据对预测值的影响是不一样的。越是接近预测期的数值，对预测值的影响越大。

为了弥补这两个缺点，可以利用加权移动平均法等其他方法。

2. 加权移动平均法

加权移动平均法就是在计算移动平均数时，并不同等对待各时间序列的数据，而是给近期的数据以较大的比重，使其对移动平均数有较大的影响，从而使预测值更接近于实际。这种方法就是对每个时间序列的数据插上一加权系数。其计算公式为：

$$S_{n+1} = (W_1 \cdot Y_1 + W_2 \cdot Y_2 + \cdots + W_n \cdot Y_n)/(W_1 + W_2 + \cdots + W_n) = (\sum W_i \cdot Y_i)/\sum W_i$$

式中：

S_{n+1}——第 $n+1$ 期加权平均值；

Y_i——第 i 期实际值；

W_i——第 i 期的权数（权数的和等于1）；

n——本期数。

3. 指数平滑法

指数平滑法，也叫指数修正法，是一种简便易行的时间序列预测方法。它是在移动平均法基础上发展起来的一种预测方法，是移动平均法的改进形式。使用移动平均法有两个明显的缺点：一是它需要有大量的历史观察值的储备；二是要用时间序列中近期观察值的加权方法来解决，因为最近的观察中包含着最多的关于未来情况的信息，所以必须相对地比前期观察值赋予更大的权数，即对最近期的观察值应给予最大的权数，而对较远的观察值就给予递减的权数。指数平滑法是既可以满足这样一种加权法，又不需要大量历史观察值的新的移动平均预测法。指数平滑法的基本公式为：

$$S_{n+1} = a \cdot Y_n + (1-a)S_n$$

式中：

S_{n+1}——时间 $n+1$ 的平滑值；

Y_n——时间 n 的实际值；

S_n——时间 n 的平滑值；

a——平滑系数，其取值范围为[0，1]。

S_{n+1} 是 Y_n 和 S_n 的加权算数平均数，随着 a 取值的大小而变化，决定 Y_n 和 S_n 对 S_{n+1} 的影响程度。当 a 取 1 时，$S_{n+1} = Y_n$；当 a 取 0 时，$S_{n+1} = S_n$。

4. 回归分析预测法

前面的预测方法仅限于一个变量，或一种经济现象，而我们所遇到的实际问题，往往涉及几个变量或几种经济现象，并且要探索它们之间的相互关系。例如，成本与价格及劳动生产率等都存在数量上的一定相互关系。对客观存在的现象之间相互依存关系进行分析研究，测定两个或两个以上变量之间的关系，寻求其发展变化的规律性，从而进行推算和预测，称为回归分析。在进行回归分析时，不论变量的个数多少，必须选择其中的一个变量为因变量，而把其他变量作为自变量，然后根据已知的历史统计数据资料，研究测定因变量和自变量之间的关系。

回归分析是为了测定客观现象的因变量与自变量之间的一般关系所使用的一种数学方法。它根据现象之间相关关系的形式，拟定一定的直线或曲线，用这条直线或曲线代表现象间的一般数量变化关系。这条直线或曲线在数学上称为回归直线或曲线，表现这条直线或曲线的数学公式称为回归方程。利用回归分析法进行预测，称为回归预测。

在回归预测中，所选定的因变量是指需要求得预测值的那个变量，即预测对象。自变量则是影响预测对象变化的，与因变量有密切关系的那个或那些变量。

在预测中常用的回归分析预测法有一元回归预测和多元回归预测。这里介绍一元线性回归预测法。

一元线性回归预测法是根据自变量 x 和因变量 y 的相关关系，建立 x 与 y 的线性关系式，供关系式中求解参数的方法是统计回归分析法，所以 x 与 y 的关系式就称回归方程。一元线性相关回归方程的一般式为：

$$y_t = a + bx_t$$

式中：

y_t——第 t 期因变量的值；

x_t——第 t 期自变量的值；

a——回归系数，是 y 轴上的截距；

b——回归系数，是回归直线的斜率。

在实际应用中，首先应用最小平方法来求出参数 a，b 的值，即：

$$b = \frac{\sum xy - \frac{1}{b}\sum x \sum y}{\sum x^2 - \frac{1}{n}(\sum xy^2)} \quad a = \bar{y} - b\bar{x}$$

求出 a，b 后，要对回归标准差 s，回归方程显著性和相关系数 r 进行检验，即：

$$s_y = \sqrt{\frac{\sum y^2 - \sum y - b\sum xy}{n-k}}$$

式中：k——回归方程参数的个数。

$$F = \frac{\sum(y_t - \bar{y}_t)^2/(k-1)}{\sum(y_t - \bar{y}_t)^2/(n-k)}$$

式中：

y_t——因变量第 t 期观察值；

$\bar{y}_t$——因变量第 t 期趋势值；

n——观察期个数；

k——回归方程参数个数。

$$r = \frac{\sum x_t y_t - \frac{1}{n}\sum x_t \sum y_t}{\sqrt{\sum x_t^2 - \frac{1}{n}(\sum x_t)^2}\sqrt{\sum y_t^2 - \frac{1}{2}(\sum y_t)^2}}$$

最后建立回归方程作为预测模型进行预测。应用回归方程进行预测时，有点预测和区间预测两种。点预测是区间预测的基础。点预测是将预测期自变量 x 的值直接代入预测模型，得出因变量 y 的对应值，并将其作为 y 的点预测值。

对因变量进行预测，在实践中通常是在预测点的基础上求出各期预测值区间，即将预测值用一定范围内的值来表示，这种区间称为置信区间。

确定因变量的置信区间，是为了求出其预测区间的上、下限，其公式为：$y_t \pm ts$。但在小样本条件下（即观察期数据个数小于 30 个时），预测值的置信区间必须引进一个校正系数，则预测值的置信区间应为：

$$y_t \pm ts\sqrt{1 + \frac{1}{n} + \frac{(x_0 - \bar{x})^2}{\sum(x_t - \bar{x})^2}}$$

式中：

y_t——第 t 期的因变量的预测值；

t——置信度的 t 值；

s——回归标准差；

x_0——观察期自变量值；

n——观察期数据个数。

例题：某市某服装商店近 5 年的销售额和该市服装社会零售额历史统计资料如表 3-1 所示。

表 3-1 商店近 5 年的销售额　　　　　　　　　　　单位：百万元

时间	1	2	3	4	5
商店服装销售额（y）	2.4	2.7	3.0	3.4	3.8
服装社会零售额（x）	26	29	32	37	41

已知该市上年服装社会需求预测值为 46.72 百万元。

(1) 试用回归直线方程预测该店今年的服装销售额。

(2) 估计今年该店服装销售额可靠程度为 95% 的置信区间。

(3) 试对回归直线预测模型进行标准差检验、显著性检验和相关系数检验。

解：(1) 计算系数 a、b。

$$L_{xx} = \sum x_i^2 - \bar{x}^2 = 5\,591 - 5 \times \left(\frac{165}{5}\right)^2 = 146$$

$$L_{yy} = \sum y_i^2 - \bar{y}^2 = 48.05 - 5 \times \left(\frac{153}{5}\right)^3 = 1.232$$

$$L_{xy} = \sum x_i y_i - n\bar{x}\bar{y} = 518.3 - 5 \times \left(\frac{165}{5}\right)\left(\frac{153}{5}\right) = 13.4$$

则：

$$b = \frac{L_{xy}}{L_{xx}} = \frac{13.4}{146} = 0.0918$$

$$a = \bar{y} - b\bar{x} = \frac{15.3}{5} - 0.0918 \times \frac{165}{5} = 0.031$$

（2）预测今年销售额。

预测方程为：$\hat{y} = 0.031 + 0.0918x$

今年该店服装销售额：$\hat{y} = 0.031 + 0.0918 \times 45 = 4.162$

（3）计算标准差检验、显著性检验和相关系数检验。

$U = b_1 L_{xy} = 0.0918 \times 13.4 = 1.23012$

$Q = L_{yy} - U = 1.232 - 1.23012 = 0.00188$

$$r = \sqrt{\frac{Q}{n-2}} = \sqrt{\frac{0.00188}{5-2}} = 0.025$$

$\because a = 1 - 95\% = 0.05$，$n = 5$，$\therefore t = 2.571$

$$\hat{y} \pm tS\sqrt{1 + \frac{1}{n} + \frac{(x_0 - \bar{x})}{L_{xx}}}$$

$$= 4.162 \pm 2.571 \times 0.025 \sqrt{1 + \frac{1}{5} + \frac{\left(45 - \frac{165}{5}\right)^2}{146}}$$

$= 4.067 \sim 4.257$

$S/\bar{y} = 0.00817 \leqslant 0.15$

$$F = \frac{U}{\frac{Q}{n-2}} = \frac{1.23032}{\frac{0.00188}{5-2}} = 1968.192$$

$$r = \frac{L_{xy}}{\sqrt{L_{xx}}\sqrt{L_{yy}}} = \frac{13.4}{\sqrt{146 \times 1.232}} = 0.9991$$

经过显著性检验和相关系数检验，该预测模型显著而有效。

第四节 市场营销策略

一、市场营销策略的含义

市场营销策略是指企业以顾客需要为出发点，根据经验获得顾客需求量及购买力的信息，有计划地组织各项经营活动，通过相互协调一致的产品策略、价格策略、渠道策略和促销策略（现代市场营销策略还要加上政治权利、公共关系策略），为顾客提供满意的商品和服务而实现企业目标的过程。

二、市场营销策略详述

(一) 企业产品策略

1. 产品构成

产品的外延从其核心产品(基本功能)向一般产品(产品的基本形式)、期望产品(期望的产品属性和条件)、附加产品(附加利益和服务)和潜在产品(产品的未来发展)拓展,即从核心产品到潜在产品五个层次。产品核心功能需依附一定的实体来实现,产品实体称一般产品,即产品的基本形式,主要包括产品的构造外形等。期望产品是消费者购买产品时期望的一整套属性和条件,如对于购买洗衣机的人来说,期望该机器能省事省力地清洗衣物,同时不损坏衣物,洗衣时噪声小,方便进排水,外形美观,使用安全可靠等。附加产品是产品的第四个层次,即产品包含的附加服务和利益,主要包括运送、安装、调试、维修、产品保证、零配件供应、技术人员培训等。附加产品源于对消费者需求的综合性和多层次性的深入研究,要求营销人员必须正视消费者的整体消费体系,但同时必须注意消费者是否愿意承担因附加产品的增加而增加的成本的问题。产品的第五个层次是潜在产品,潜在产品预示着该产品最终可能的所有增加和改变。

2. 产品策略

产品策略指企业制定经营战略时,首先要明确企业能提供什么样的产品和服务去满足消费者的要求,也就是要解决产品策略问题。它是市场营销组合策略的基础,从一定意义上讲,企业成功与发展的关键在于产品满足消费者需求的程度以及产品策略正确与否。产品策略是企业为了在激烈的市场竞争中获得优势,在生产、销售产品时所运用的一系列措施和手段,包括产品定位、产品组合策略、产品差异化策略、新产品开发策略、品牌策略以及产品的生命周期运用策略。

3. 产品寿命周期的市场策略

产品生命周期是指产品的经济寿命。产品市场寿命周期的四个阶段分别为投入阶段、成长阶段、成熟阶段、衰退阶段。对企业来说,要根据自己产品所处的市场寿命周期阶段进行相应的市场营销决策。在投入期,抓住一个"快"字,制定灵活适宜的营销策略,让消费者尽快接受自己的产品;在成长期,抓住一个"好"字,努力提高产品质量,开辟新的市场;在成熟期,突出"精"字,体现功能全面、质量可靠;在成熟期,突出一个"变"字,强化市场细分,改善销售服务,及早转产或准备替代产品;在衰退期,一般要收缩市场,采取集中撤退策略,或收缩,或转移。

(二) 产品商标策略

品牌(Brand)是制造商或经销商加在商品上的标志。它是一个名称、术语、符号、标识、设计,或者所有这些的组合,代表一个或一组销售者的产品或服务,并与其他竞争者的产品或服务区别开来。在现代社会中,品牌的作用越来越重要。

商标作为产品的标志,有以下几个方面的作用。

(1) 表示商品的出处。这是商标最基本作用。

(2) 识别商品质量。商标不仅能区别不同生产者所生产的产品,同时能反映不同生产者的产品质量。

（3）促进销售。
（4）维护企业正当权益。

（三）产品包装策略

1. 产品包装的作用
产品包装是指产品的容器或外部包装物，有以下几个方面的作用。
（1）保护商品。
（2）便于运输、携带和储存。
（3）美化商品、促进销售。

2. 包装的使用策略
（1）类似包装策略。主产品包装用料、等级、形状、色彩、款式等类似。
（2）等级包装策略。根据产品重要性在成本状态，分成不同等级的包装。
（3）附赠品包装策略。主产品包装之外，在附加值方面的包装体现。
（4）多用途包装策略。在主产品包装之后，可附以企业理念、价值导向，以及产品宣传等方面展示。

（四）企业价格策略

1. 影响价格决策的因素
（1）产品成本。产品生产成本越高，其产品定价越高，两者成正比关系。
（2）市场供求状况。依据供求状况适时调整售价水平。
（3）企业竞争状况。依据竞争者在特定市场上的价格来制定本企业产品售价。
（4）政府的政策法规。根据政府特定市场上的价格标准来定价。
（5）企业自身状况。按着企业生产能力、技术水平和经营计划来及时调整价格。

2. 企业定价的目标
在企业定价过程中，根据定价所追求的目标不同，将有不同的定价策略选择。
（1）投资收益率目标，即以获得最高收益为目标来进行定价。
（2）市场占有率目标，即以获得最高市场份额为目标来进行定价。
（3）稳定价格目标，即以维持现有市场为目标来确定较为适中的定价。
（4）适当竞争价格目标，即以竞争者的价格为标准来进行定价。
（5）利润最大化目标，即以获得最高利润为目标来进行较高价位销售。
（6）维持营业目标，即以保持正常业务开展为目标来采取中等水平定价。
（7）塑造企业形象目标，即以获得社会效益和公众利益为目标来进行较低价位定价。

3. 产品定价的基本方法
（1）成本导向定价法。
①成本加成法。在成本加成法下，单价计算公式为：
$$单价 = 单位成本 \times (1 + 加成率)$$
②目标收益率法。在目标收益率法下，单价计算公式为：
$$单价 = 总成本 \times (1 + 目标收益率) / 销量$$
③边际成本法。边际成本是企业在原有基础上多生产一个单位的产品所支出的追加成

本，其计算公式为：
$$边际成本＝总成本增加量／产品增加量$$
④损益平衡法。这种方法最重要的是计算保本点价格，单价计算公式为：
$$单价＝固定成本／总产量＋单位产品变动成本$$
（2）需求导向定价法。

需求导向定价法以不同时间、地点、商品及不同消费者的需求强度差异为定价的基本依据，针对每种差异决定其在基础价格上是加价还是减价，主要有以下几种形式。

①因地点而异。例如，国内机场的商店、餐厅向乘客提供的商品价格普遍远高于市内的商店和餐厅。

②因时间而异。在"五一"、国庆、春节三个长假，即三个购物黄金假期，商品价格较平时有所上涨。还有如情人节、平安夜的高价玫瑰花、苹果。

③因商品而异。在2024年奥运会举行期间，标有奥运会会徽或吉祥物的T恤及一些商品的价格，比其他同类商品的价格高。

④因顾客而异。根据顾客的职业、阶层、年龄等因素，零售店在定价时给予相应的优惠或提高价格，可获得良好的促销效果。

（3）竞争导向定价法。通过研究竞争对手的商品价格、生产条件、服务状况等，以竞争对手的价值为基础，确定自己产品的价格。常用的有以下几种。

①通行价格定价法。通行价格定价法是竞争导向定价法中广为流行的一种。定价目标是使零售店商品的价格与竞争者商品的平均价格保持一致。这种定价法的目的是：a. 平均价格水平在人们观念中常被认为是"合理价格"，易为消费者接受；b. 试图与竞争者和平相处，避免激烈竞争产生的风险；c. 一般能为零售店带来合理、适度的盈利。

这种定价适用于竞争激烈的均质商品，如大米、面粉、食油及某些日常用品的价格，在完全寡头垄断竞争条件下也很普遍。

②主动竞争定价法。与通行价格定价法相反，主动竞争定价法不是追随竞争者的价格，而是根据自身商品的实际情况及与竞争对手的商品差异状况来确定价格。一般为富于进取心的零售店所采用。首先，将市场上竞争商品价格与零售店估算价格进行比较，分为高、一致及低三个价格层次。其次，将零售店商品的性能、质量、成本、式样、产量等与竞争零售店进行比较，分析造成价格差异的原因。再次，根据以上综合指标确定零售店商品的特色、优势及市场定位，在此基础上，按定价所要达到的目标，确定商品价格。最后，跟踪竞争商品的价格变化，及时分析原因，相应调整零售店商品价格。

③密封投标定价法。密封投标定价法主要用于投标交易方式。投标价格是零售店根据对竞争者的报价估计确定的，而不是按零售店自己的成本费用或市场需求来制定的。零售店参加投标的目的是希望中标，所以它的报价应低于竞争对手的报价。一般来说，报价高，利润大，但中标机会小，如果因价高而招致败标，则利润为零；反之，报价低，虽中标机会大，但利润低，其机会成本可能大于其他投资方向。因此，报价时，既要考虑实现目标利润，也要结合竞争状况考虑中标概率。最佳报价应是使预期利润达到最高水平的价格。此处，预期利润是指目标利润与中标概率的乘积，显然，最佳报价即为目标利润与中标概率两者之间的最佳组合。

运用这种方法，最大的困难在于估计中标概率。这涉及对竞争者投标情况的掌握。一般情况下，只能通过市场调查及对过去投标资料的分析大致估计。

④现行价格定价法。现行价格定价法是指公司产品的价格与主要竞争者价格或一般市场价格相当，而不太考虑成本或市场需求状况。采用这种定价法的原因在于产品的需求弹性难以衡量，在保证相当利润的基础上，可避免因恶性竞争破坏行业的和谐。

⑤投标定价法。投标定价法是大多数通过投标争取业务的公司通常采取的定价法。竞标的目的在于争取合同，因此公司考虑的重点是竞争者会报出何种价格，公司确定的价格应比竞争者的低，而不局限于成本或需求状况。当然，公司必须事先确定一个最低的获利标准来投标：价格低于成本将有损利益；价格高于成本虽然增加了利润，但不利于中标。

4. 产品定价策略

（1）新产品价格策略。

①撇脂价格策略。这是一种高价策略，即在新产品上市初期高价出售，以便在较短时间内获得最大利润。

②渗透价格策略。将产品的价格定得低于正常同类产品，以易于为市场所接受。

③满意价格策略。满意价格策略即采用撇脂（高价）和渗透（低价）之间的价格策略，以适中的价格吸引顾客购买，并赢得顾客好评。

（2）心理定价策略。每一件产品都能满足消费者某一方面的需求，其价值与消费者的心理感受有很大的关系。这就为心理定价策略的运用奠定了基础，使企业在定价时可以利用消费者心理因素，有意识地将产品价格定得高些或低些，以满足消费者生理的和心理的、物质的和精神的多方面需求，通过消费者对企业产品的偏爱或忠诚，扩大市场销售，获得最大效益。

①尾数定价策略。尾数定价，也称零头定价或缺额定价，即给产品定一个零头数结尾的非整数价格。大多数消费者在购买产品时，尤其是购买一般的日用消费品时，乐于接受尾数价格，如 0.99 元、9.98 元等。消费者会认为这种价格经过精确计算，不会吃亏，从而产生信任感。同时，价格虽离整数仅相差几分或几角，但给人一种低一位数的感觉，符合消费者求廉的心理愿望。这种策略通常适用于基本生活用品。

②整数定价策略。整数定价与尾数定价正好相反，企业有意将产品价格定为整数，以显示产品具有一定质量。整数定价多用于价格较贵的耐用品或礼品，以及消费者不太了解的产品。对于价格较贵的高档产品，顾客对质量较为重视，往往把价格高低作为衡量产品质量的标准之一，容易产生"一分钱一分货"的感觉，从而有利于销售。

③声望定价策略。声望定价即针对消费者"便宜无好货、价高质必优"的心理，对在消费者心目中享有一定声望，具有较高信誉的产品确定高价。不少高级名牌产品和稀缺产品，如豪华轿车、高档手表、名牌时装、名人字画、珠宝古董等，在消费者心目中享有极高的声望价值。购买这些产品的人，往往不在乎产品价格，而最关心的是产品能否彰显其身份和地位，价格越高，心理满足的程度越大。

④习惯定价策略。有些产品在长期的市场交换过程中形成了为消费者所适应的价格，成为习惯价格。企业对这类产品定价时要充分考虑消费者的习惯倾向，采用"习惯成自然"的定价策略。对消费者已经习惯的价格，不宜轻易变动。降低价格会使消费者怀疑产品质量是否有问题。提高价格会使消费者产生不满情绪，导致购买的转移。在不得不提价时，应采取改换包装或品牌等措施，减轻消费者抵触心理，并引导消费者逐步形成新的习惯价格。

⑤招徕定价策略。这是适应消费者"求廉"的心理，将产品价格定得低于一般市价，个

别的甚至低于成本，以吸引顾客、扩大销售的一种定价策略。采用这种策略，虽然几种低价产品不赚钱，甚至亏本，但从总的经济效益看，由于低价产品带动了其他产品的销售，企业还是有利可图的。

⑥分档定价。分档定价，是指把同类商品比较简单分成几档，每档定一个价格，以简化交易手续，节省顾客时间。例如，经营鞋袜、内衣等商品，就是分为不同的档，一档一个价格。

（五）分销决策

1. 分销渠道的选择

分销渠道是指商品从生产者向消费者转移过程中所经过的通道，它是一个由参加商品流通过程的各种类型的机构和人员构成的整体。在确定分销渠道时，应考虑商品条件、市场条件和企业自身条件。

2. 分销渠道策略

（1）普遍性分销渠道策略。对于大众商品，采用不限定任何门槛的方式来确定分销商。

（2）选择性分销渠道策略。为了强化市场管理能力，在某一地区只确定几个分销商。

（3）专营性分销渠道策略。对于贵重、高价的特定商品，指定分销商只经营单一品种商品。

（4）联合性分销渠道策略。为了增强市场销售能力，采用与其他厂商联合销售的方式来确定分销商。

（5）复合分销渠道策略。对于不同地区或者不同品牌，多样化生产厂商会同时采用上述四种分销渠道来进行市场运作。

（六）促销决策

促销决策主要考虑广告、人员推销、营业推广和公共关系。

第五节　市场营销组合策略

一、市场营销组合的产生与发展

（一）4Ps 组合

美国密歇根州立大学教授杰罗姆·麦卡锡（Jerome Mccarthy）于 1960 年在其第一版《基础营销学》中，第一次提出了著名的"4Ps"营销组合经典模型。麦卡锡认为，企业从事市场营销活动，一方面要考虑企业的各种外部环境，另一方面要确定市场营销组合策略，通过策略的实施，适应环境，满足目标市场的需要，实现企业的目标。麦卡锡绘制了一幅市场营销组合模式图，图的中心是某个消费群，即目标市场，中间一圈是四个可控要素：产品（Product）、价格（Price）、地点（Place）、促销（Promotion），即 4Ps 组合。在这里，产品就是考虑为目标市场开发适当的产品，选择产品线、品牌和包装等；价格就是考虑确定适当的价格；地点就是要通过适当的渠道安排运输储藏等把产品送到目标市场；促销就是考虑如何将适当的产品，按适当的价格，在适当的地点通知目标市场，包括销售推广、广告、培养推销员等。麦卡锡指出，4Ps组合的各要素将要受到这些外部环境的影响和制约。

1967年，菲利普·科特勒在其畅销书《营销管理：分析、规划与控制》中，进一步确认了以4Ps为核心的营销组合方法。

(1)产品(Product)：注重开发的功能，要求产品有独特的卖点，把产品的功能诉求放在第一位。

(2)价格(Price)：根据不同的市场定位，制定不同的价格策略，产品的定价依据是企业的品牌战略，注重品牌的含金量。

(3)地点(Place)：企业并不直接面对消费者，而是注重经销商的培育和销售网络的建立，企业与消费者的联系是通过分销商来进行的。

(4)促销(Promotion)：企业注重销售行为的改变来刺激消费者，以短期的行为(如让利、买一送一、营销现场气氛等)促成消费的增长，吸引其他品牌的消费者或导致提前消费来促进销售的增长。

市场营销组合4Ps如图3-2所示。

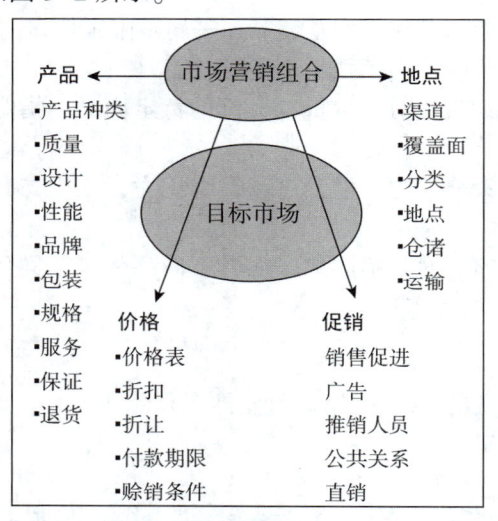

图3-2 市场营销组合4Ps

(二)6Ps和10Ps组合

到20世纪80年代，随着大市场营销观念的提出，菲利普·科特勒(Philip Kotler)在4Ps的基础上加上了两个P：Power(权力)和Public Relations(公共关系)，认为这两者可作为企业开展营销活动的可控因素加以运用，为企业创造良好的国际市场营销环境，因此，就形成了市场营销的6Ps组合。

6Ps组合主要应用于实行贸易保护主义的特定市场。随后，科特勒又进一步把6Ps发展为10Ps。他把已有的6Ps称为战术性营销组合，将新提出的4P，即研究(Probing)、划分(Partitioning)、优先(Prioritizing)、定位(Positioning)称为战略营销，他认为，战略营销计划过程必须先于战术性营销组合制订，只有在做好战略营销的基础上，战术性营销组合的制订才能顺利进行。科特勒在讲到战略营销与战术营销的区别时指出："从市场营销角度看，战略的定义是企业为实现某一产品市场上特定目标所采用的竞争方法，而战术是实施战略所必须研究的课题和采取的行动。"(菲利普·科特勒等著《日本怎样占领美国市场》)。

(三)4C 组合

20 世纪 90 年代，美国市场学家罗伯特·劳特伯恩(Robert Lauterborn)提出了以"4C"为主要内容的市场营销组合，即 4C 理论。该理论主要内容是：针对产品策略，应更关注顾客的需求与欲望；针对价格策略，应重点考虑顾客为得到某项商品或服务所愿意付出的代价；并强调促销过程应是一个与顾客保持双向沟通的过程。"4C"分别指顾客(Customer)、成本(Cost)、便利(Convenience)、沟通(Communication)。

(四)4R 组合

21 世纪初，美国学者唐·舒尔茨(Don Schultz)提出了基于关系营销的 4R 组合，受到广泛的关注。4R 阐述了一个全新的市场营销四要素，即关联(Relevance)、反应(Response)、关系(Relationship)和回报(Return)，其具体内涵是：①与顾客建立关联；②提高市场反应速度；③关系营销越发重要；④回报是营销的源泉。

总之，4R 理论以竞争为导向，在新的层次上概括了营销的新框架，体现并落实了关系营销的思想。

二、市场营销组合策略的作用

(一)营销组合策略的作用

市场营销组合在执行过程中，非常明显地体现出营销组合策略与营销战略相辅相成并有机结合的关系。

市场营销组合不仅是市场营销战略的组成部分，而且是市场营销战略的基础和核心。处理好二者之间的关系，关系到企业营销的成败。因此，营销组合在具体执行过程中，遵循目标性、协调性、经济性、反馈性原则，还要经常修订短期策略目标，以加强和完善最基本的营销战略。只要营销组合策略保持在营销战略目标的限度内，则可以认为是可行的，但若未达到预期效果，企业就必须重新评价这一营销组合策略在整体营销战略中是否恰当，甚至营销战略制定得是否正确，而不能只停留在个别策略的调整上。

(二)营销组合与营销环境

当前，营销环境对企业营销的影响已由通过影响目标市场需求进而间接影响企业的市场营销组合发展为直接制约企业的市场营销组合，所以，企业在选择市场营销组合时，必须把营销环境看作一个重要因素。为此，要进一步明确营销环境与营销组合的关系，在二者的动态协调中，把握住企业生存和发展的主动权。

(1)同一性。营销组合与营销环境均为企业营销的可变因素，共同对企业的营销活动产生作用和影响。

(2)营销环境对市场营销组合的制约性。企业作为一个开放的组织系统，与外部营销环境发生着各种各样错综复杂的联系。其营销活动必然受到营销环境的影响和制约并表现为多种渠道和多种形式，具体表现在对企业营销目标、营销战略、营销策略等方面的影响。

(3)市场营销组合对营销环境的适应性。由于营销组合的可控性和营销环境的不可控性，且二者均处在动态变化之中，特别是在变化的速度上，后者的变化大大快于前者，这就决定了企业必须随营销环境的变化及时调整市场营销组合，以求得与营销环境的适应和协调。值得注意的是，不能仅仅满足营销组合和营销环境在一定时期的适应性，更须预测未来若干年营销环境的变化趋势，并据此制定长期营销战略和策略。由此可见，企业的营销活动过程实质上是企业适应环境(企业不可控因素)变化,并(通过企业可控制因素)对变化着的环境不断做出新的反应的动态过程。

(4)市场营销组合对营销环境的主动性。营销是一种能动性很强的活动,企业运用营销组合并不是消极被动地适应环境的变化的,而是积极主动地影响营销环境的。面对变幻莫测的营销环境,企业时时在观察和识别由环境变化给企业带来的"市场机会"或构成的"环境威胁",并善于把营销环境的变化作为难得的良机,灵活地加以运用,也就是将市场机会变为企业机会。这就使企业的市场营销组合不但要适应营销环境的变化,而且要在一定程度上去选择环境,改造环境,对变化着的营销环境施加影响,这就使营销组合有了更大的灵活性和主动性。

三、市场营销组合策略实施

(一)市场营销组合与供求状况

针对市场供求关系的变化,企业须选择相应的市场营销组合策略。当市场处于卖方市场时,组合策略侧重于产品策略。当进入买方市场时,开始出现供过于求的情况,组合策略重点开始向价格与促销过渡。当完全供过于求,即开始进入消费者主导市场时,制定组合策略的目标在于尽力使潜在顾客转化为显在顾客,促使其实现购买行为。

(二)市场营销组合与市场定位

市场营销组合在其发展过程中,是与市场细分、目标市场、市场定位等重要概念相适应的。

营销组合与市场细分是制定营销策略组合的最基本内容。市场细分的目的在于探索市场机会,确定企业的目标市场。市场营销组合的目的在于使用有效手段在目标市场中获得最大的市场占有率。因而,市场细分是对营销客观条件的分析,市场营销组合则是对营销工作如何发挥主观能动性的研究。

市场营销组合与目标市场共同构成企业市场营销战略的主体,其中目标市场是中心。这就是说,以目标市场为中心,满足其需求,为其服务,是企业一切营销活动的出发点和归宿,市场营销组合当然也如此。

市场营销组合受企业的市场定位所制约。由此可见,上述四个因素之间的关系为:市场细分→目标市场→市场定位→市场营销组合。

由于目标市场始终处于中心位置,故有必要深入分析目标市场营销组合的影响。

一个适当的市场营销组合的性质,实质上是由目标市场的需要所决定的。因此,企业有必要精辟地分析和充分了解目标顾客的需要、态度及其他方面的条件,以便在外部营销环境的制约下,迅速地规划合理的营销组合。

首先,潜在顾客的所在地和人口方面的特点,影响目标市场的潜力,影响地点策略,即确定产品在什么地方可以买到,影响促销策略,即在什么地方对谁进行促销。

其次,消费模式和购买行为特点,影响产品因素,具体指在产品设计、包装、产品线等方面,影响促销策略,即如何迎合潜在顾客的物质需要和心理需要,投其所好。

最后,潜在顾客需要的迫切程度、选购商品的意愿,影响渠道策略,即渠道的长短、宽窄、直接或间接;服务标准及便利购买与否,影响价格,即顾客愿意支付的价钱。另外,市场的竞争特点,将影响市场营销组合的各个方面。

(三)产品生命周期与市场营销组合策略

产品生命周期的不同阶段由于特征不同,所采取的市场营销组合策略也不同,二者的对应关系如表3-2所示。

企业在不同阶段应采用不同的营销组合策略,但营销组合策略也不是消极被动的。以广告策略为例,在一定的条件下,人们可以根据广告活动规律,改变产品生命周期状况,充分发挥广告的作用。例如,在产品的衰退期,广告的宣传显然只是为了消除存货,为了"安全撤退而已",但长沙起重机厂通过市场调研,大胆采用独特的广告宣传,成功地延长了一种老产品的生命周期。

表3-2 市场营销组合与产品生命周期对应关系

营销组合因素	生命周期阶段			
	投入期	成长期	成熟期	衰退期
产品	取得用户对产品的了解	保证质量,加强服务	改进质量,扩大用途,力创名牌	改造产品或淘汰产品
价格	按新产品定价	适当调价	充分考虑竞争价格	削价
渠道	寻找合适的中间商	逐步扩大销售渠道	充分利用各种渠道	充分利用中间商
促销	介绍产品	宣传产品和品牌	宣传用户好评	保持用户对产品的信誉

(四)市场与营销组合战略

采用不同的市场发展策略,需要有不同的营销组合方式相配合,所突出的重点也不同,二者之间的对应关系如表3-3所示。

表3-3 市场与营销组合战略

市场	产品	
	现有产品	新产品
现有市场	市场渗透(价格、促销)	产品开发(产品、促销)
新市场	市场开发(渠道、促销)	多元化经营(产品、渠道、促销)

课后练习题

一、填空题

1. 市场预测的基本要素有( )、( )、分析和( )。
2. 市场预测的方法中定性预测法有德尔菲法、( )和( )。
3. 市场预测按时间划分,可分为( )、中期预测、( )和( )。
4. 市场营销策略是指企业以( )需要为出发点,根据经验获得( )及( )的信息,有计划地组织各项经营活动,通过相互协调一致的( )、( )、( )和( ),为顾客提供满意的商品和服务而实现企业目标的过程。

5. 产品包装的使用策略有（　　）、（　　）、（　　）及多用途包装策略。

6. 分销渠道是指商品从（　　）向（　　）转移过程中所经过的通道，它是一个由参加（　　）过程的各种类型的机构和人员构成的整体。

二、单项选择题

1. 科学预测和正确决策的前提和基础是（　　）。

A. 市场信息　　　　B. 市场调查　　　　C. 市场分析　　　　D. 预测模型

2. 市场预测的第一步是（　　）。

A. 收集资料　　　　B. 明确预测目的　　C. 判断分析　　　　D. 作出预测

三、多项选择题

在我国现阶段，市场预测在社会经济生活中所起的作用有（　　）。

A. 促进社会生产的顺利发展　　　　　　B. 适应和满足消费需要
C. 充分发挥市场机制的调节作用　　　　D. 提高政府宏观管理和调控水平
E. 提高企业的经济效益和经营管理水平

四、简答题

1. 简述市场预测对企业的意义。
2. 简述产品商标策略。

五、论述题

论述产品市场寿命周期理论与企业营销的关系。

六、计算题

1. 某地有甲、乙、丙三个厂家生产某种商品，近两月市场状况及各自顾客的变化统计如表 3-4 所示，若顾客的流动是按月统计的，求下个月甲、乙、丙三厂家产品的市场占有率。

表 3-4　三个厂家近两月顾客的变化

厂家	上月底拥有客户数	本月转移客户数		
		甲	乙	丙
甲	400	0	120	120
乙	300	180	0	30
丙	300	180	30	0

2. 已知下列数据，如表 3-5 所示。

表 3-5　数据

x	2	3	5	6	7	9	10	12
y	6	8	11	14	16	19	22	25

（1）建立一元线性回归模型。
（2）计算相关系数，取显著性水平 $\beta=0.5$，对回归模型进行显著性检验。
（3）计算估计标准误差 S_y。

课后实践

1. 目前，网络购物为人们所热衷，导致实体店铺经营业绩受到影响，针对该影响为实体店铺设计适合其发展的营销策划。

提示：

（1）对企业的背景、营销环境、市场前景进行分析。

（2）锁定产品的客户群，例如不会网购的老年人或者没有时间购物的人群。

（3）用SWOT矩阵分析实体店的优势、劣势、机会、威胁，提出相应的营销战略。

2. 为一家超市中的某一产品设计一个促销方案。

提示：

（1）明确超市的知名度、地理位置及产品的知名度。

（2）明确该产品促销的目的是减少库存还是打压对手。

（3）制定有诱惑力的促销政策，如赠送礼物、捆绑销售、限时抢购等。

3. 设计一张汽车产品价格调查问卷，包括消费者特征、产品特征、同类产品特性等，熟悉产品调查的基本流程。

提示：

（1）研究一定时期内销售价格变动与销量的关系。确定调查问卷的发放对象，制定相关的问卷题项，发放问卷，获得数据资料。

（2）对问卷结果进行统计分析，得出消费者不同偏好及特征对产品定价的影响。

（3）提出价格调查报告。

4. 根据本地居民的收入、某款电脑产品的价格、往年的产品销售量等指标，对产品未来的销售量进行预测。

提示：

（1）获取该产品上三个季度的市场占有率。

（2）选择数学模型对销量进行预测。

（3）分析同类产品对该商品销量的影响。

5. 进行品牌营销。

提示：

（1）选择某一品牌，确定该品牌的目标客户群。

（2）制定相应的品牌情感营销策略，制定体验式影响策略及增加产品附加值策略，提高顾客忠诚度。

案例分析

案例分析1：可口可乐的"法兰西背水一战"

可口可乐在法国市场曾一度面临严峻挑战，市场份额被本土品牌及其他国际品牌严重挤压。为了重振市场，可口可乐发起了一场名为"法兰西背水一战"的营销活动。通过深入调研法国消费者的口味偏好和消费习惯，可口可乐推出了几款符合当地人口味的限量版饮料，并联合法国知名餐厅和酒吧进行联合推广。同时，利用社交媒体和线上线下互动活动，成功吸引了大量年轻消费者的关注。

问题1： 可口可乐是如何通过市场调研来确定法国市场的产品策略的？

提示： 分析可口可乐的市场调研方法、数据收集和分析过程，以及这些结果如何指导产品开发和定位。

问题2：在"法兰西背水一战"中，可口可乐如何利用社交媒体和线上线下活动提升品牌曝光度和消费者参与度？

提示：探讨可口可乐的社交媒体营销策略、活动策划和执行细节，以及这些活动如何促进品牌与消费者之间的互动。

案例分析2：阿里巴巴的"双十一"购物节

阿里巴巴的"双十一"购物节已成为全球最大的线上购物狂欢节，吸引了全球数亿消费者的参与。阿里巴巴通过强大的电商平台、精准的营销策略和完善的物流体系，为消费者提供了丰富的商品选择和便捷的购物体验。同时，通过大数据分析和个性化推荐技术，阿里巴巴能够精准推送消费者感兴趣的商品信息，进一步提升购物体验和转化率。

问题1：阿里巴巴是如何利用大数据和个性化推荐技术提升"双十一"购物节的用户体验的？

提示：分析阿里巴巴的数据收集、处理和分析能力，以及这些技术如何帮助实现精准营销和个性化推荐。

问题2：在"双十一"期间，阿里巴巴如何协调和管理众多商家的活动，确保整体活动的顺利进行？

提示：探讨阿里巴巴的商家管理策略、活动协调机制及应对突发情况的措施。

案例分析3：小米的"饥饿营销"

小米公司自成立之初就采用了独特的"饥饿营销"策略，通过限量发售和预约抢购的方式，制造产品供不应求的假象，从而激发消费者的购买欲望。小米还通过社交媒体和线上社区与消费者保持紧密互动，不断收集用户反馈并快速迭代产品。此外，小米还注重线下体验店的布局和体验活动的组织，为消费者提供更加直观和便捷的产品体验。

问题1：小米的"饥饿营销"策略是如何激发消费者购买欲望的？其背后的心理学原理是什么？

提示：分析"饥饿营销"策略的具体实施方式、消费者心理变化过程，以及这种策略对企业品牌建设和产品销售的积极影响。

问题2：在"饥饿营销"的同时，小米如何确保产品的持续迭代和用户体验的不断提升？

提示：探讨小米的产品研发流程、用户反馈收集机制，以及如何通过技术创新和用户体验优化来保持产品的竞争力和吸引力。

视频学习资料

| 3.1 企业营销管理相关知识 | 3.2 市场调查 | 3.3 市场预测 | 3.4 市场营销策略 | 3.5 市场营销组合策略 |

第四章　现代企业人力资源管理

学习目标

理论学习目标

了解人力资源计划的内容，了解员工选聘方法，了解绩效考核的基本方法；理解员工培训体系的建设过程，理解绩效考核的作用和原则，理解不同单位的绩效考核方法的区别与联系，理解员工从业的影响因素；掌握人力资源计划的编制方法，掌握员工选聘与培训方法，掌握绩效考核的内容及方法。同时，掌握运用现代技术手段优化人力资源管理流程的方法，提升人力资源的管理效率和精准程度，以适应企业快速发展的需求，实现人力资源管理的现代化和智能化。

实践学习目标

通过实习实践操作，掌握制订人力资源计划、有效选聘员工、科学开展员工培训和绩效考核等技能；注重培养学生的社会责任感、公正公平意识和团队协作精神。在实践过程中，使学生树立正确的价值观和职业观，为企业培养高素质、有社会责任感的人才队伍；同时，根据现代企业人力资源的需求与管理特点，来确立大学生职业发展规划和能力提升规划，以便提升未来职场的竞争力和适应力。

第一节　人力资源计划

一、人力资源的相关概念及分类

人力资源是对能够推动生产力发展、创造社会财富的具有智力劳动和体力劳动能力的人的总称。人力资源根据不同的标准，可分为不同的类别。

1. 根据技能和能力分类

(1) 技术型人才。技术型人才是指那些拥有专业技能的人才，他们的工作主要在开发和维护技术方面。他们通常拥有高度的专业技能和丰富的经验，并且对于技术的创新有很高的敏感度。技术型人才通常在高科技行业、制造业和科研机构中工作。

(2) 管理型人才。管理型人才是指那些拥有管理技能的人才，他们的工作主要是在制定、实施和监督组织的管理策略和计划方面。管理型人才通常拥有很高的领导力和沟通技巧，能够有效地管理组织中的人员和资源。管理型人才通常在企业、政府机构和非营利组织中工作。

(3) 创新型人才。创新型人才是指那些具有创造力和创新精神的人才，他们的工作主要是在发掘和开发新的商业机会和产品方面。创新型人才通常拥有很高的创意和创新能力，并且能够在竞争激烈的市场中脱颖而出。创新型人才通常在创业公司和高科技行业中工作。

2. 根据层次和职位分类

(1) 高层管理人才。高层管理人才是指那些在组织中担任高级管理职位的人才，如总经理、副总经理、部门经理等。高层管理人才通常拥有很强的领导力和管理力，能够有效地确定组织的战略和计划，并且能够有效地协调和管理组织中的各个部门和资源。

(2) 中层管理人才。中层管理人才是指那些在组织中担任中级管理职位的人才，如项目经理、部门主管等。中层管理人才通常拥有较强的管理能力和高超的沟通技巧，能够有效地协调和管理组织中的各个部门和资源，并且能够有效地完成组织的目标和任务。

(3) 基层管理人才。基层管理人才是指那些在组织中担任基层管理职位的人才，如班组长、工段长等。基层管理人才通常拥有较强的执行力和组织能力，能够有效地协调和管理组织中的基层员工，并且能够有效地完成组织的生产任务和工作要求。

二、人力资源管理的概念与特点

(一) 人力资源管理的概念

所谓人力资源管理，是指企业对人力资源的取得、开发、保持和利用等方面所进行的计划、组织、指挥和控制的活动。企业人力资源管理所关注的焦点是，如何依据发展战略及其目标，进行人与人之间关系的调整，以及人与事的配合，以充分开发和利用人力资源，激发员工的积极性和创造性，在提高企业生产效率和竞争力的同时，提高员工的工作生活质量和满意度。

(二) 现代人力资源管理的特点

(1) 以人为本。以人为本就是把人当成组织中最具活力、能动性和创造性的要素。人是组织得以存在和发展的第一的、决定性的资源。人是企业最宝贵的财富。

梅奥先生通过霍桑实验得出三个结论：职工是"社会人"，企业中存在着"非正式组织"；新型的领导能力在于提高职工的满足度，满足工人的社会欲望是提高生产效率的关键；企业应采取新型的管理方法。

(2) 把人力当成资本。把人力当成资本，是对人的一种积极能动的看法，这样就会把注意力放到如何使人力发挥出更大的作用、创造出更大的效益上，就会把提高人力素质、开发人的潜能作为人力资源管理的基本职责。这种管理体现出人力资源管理的基本特征。

（3）把人力资源开发放到首位，但这并不意味着不重视人力资源的使用管理。使用是目的，而开发是手段，开发人力资源的目的是更好、更有效地使用人力资源，是在资源使用过程中获得更大的效益。

（4）人力资源管理被提高到组织战略高度来对待。组织战略是指组织为自己所确定的长远性的主要目标，以及为实现此目标而选择的主要行动路线和方法。组织中的任何战略决策，都需要人力资源战略决策予以支持和保证。

（5）人力资源管理部门被视为生产与效益部门。在各种生产要素中，只有人力这个要素是主动的、积极的、创造性的要素。人力在生产过程中，通过对其他生产要素的加工改造和利用，将它们变成对人类有用的财富。财富的形式和数量，是由人力在生产过程中的使用状况决定的。因此，人力资源的管理是真正的生产管理、效益管理。目前，人力资源管理已成为各高等学校一门重要的管理课程。

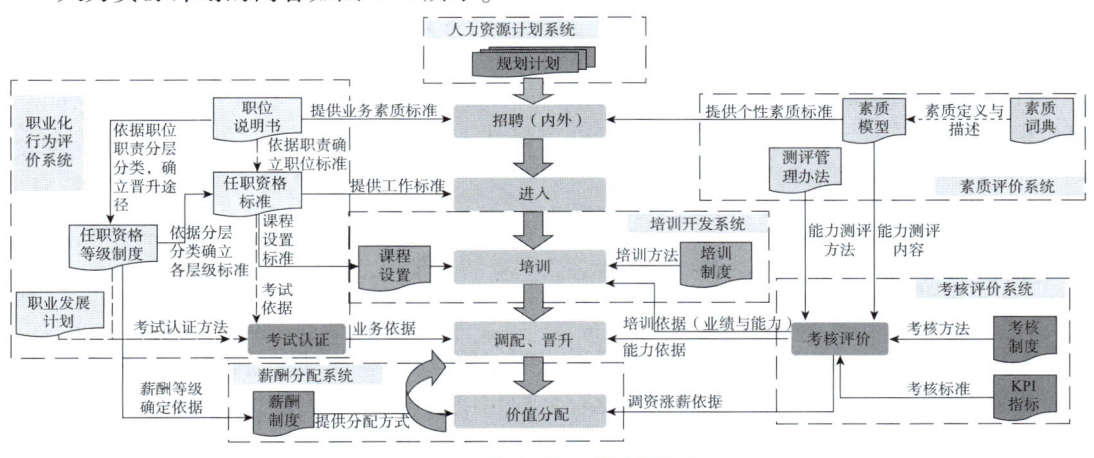

三、人力资源计划的内容

人力资源计划的内容如图 4-1 所示。

图 4-1 人力资源计划的内容

在图 4-1 中，中间为人力资源规划主系统，左上侧为职业化行为测评系统，右上侧为人力资源素质评价系统，中间为人力资源培训开发系统，右下侧为考核评价系统，左下侧为薪酬分配系统。

组织人力资源计划分总体人力资源计划和人力资源计划子系统两个层次。

（一）总体人力资源计划

总体人力资源计划是组织人力资源计划的主干系统。内容包括：计划期内人力资源开发和利用的总的战略目标、总的政策措施、总的筹划安排、总的实施步骤及总的预算。

（二）人力资源计划子系统

人力资源计划子系统是总体人力资源计划的有机组成部分，即组织内具体的人力资源管理计划。其主要内容如下。

1. 人力资源补充更新计划

目标：优化人力资源结构，满足组织对人力资源的数量和质量上的要求。

相关政策与措施：退休政策，冗员解聘，工作分析，新员工招聘。

2. 人力资源使用和调整计划

目标：提高人力使用效率，适人适位，组织内部人力资源流动。

相关政策与措施：岗位轮换制度、岗位责任制度与资格制度、企业内部员工流动制度。

3. 人力资源发展计划

目标：选拔后备人才，形成人才群体，规划员工职业生涯。

相关政策与措施：管理者与技术工作者的岗位选拔制度、提升职位的确定、未提升资深人员的安排、员工职业生涯计划。

4. 评估计划

目标：增强组织凝聚力，改善企业文化，提升员工参与积极性，提高绩效。

相关政策与措施：绩效评估计划奖罚制度、沟通机制。

5. 员工薪酬计划

目标：内外部员工薪酬调查，形成有效的薪酬管理，为员工谋求最大利益。

相关政策与措施：薪酬制度、奖励制度、福利制度。

6. 员工培训计划

目标：确定培训项目、培训系统，评估培训效果。

相关政策与措施：有关普通员工、管理人员、专业技术人员的培训制度。

7. 员工关系计划

目标：协调员工关系，增进员工沟通，完善组织文化，增进员工满意度。

相关政策与措施：员工参与管理制度、合理化建议制度、员工沟通制度。

8. 员工退休解聘计划

目标：做好职工退休工作、解聘工作，职工离岗正常化、规范化。

相关政策与措施：退休政策规定、解聘制度和程序、退休与解聘人选确定与工作实施。

9. 人力费用与控制

目标：控制人力资源成本，提高组织效益。

内容：包括招聘费用预算、培训费用、员工工资预算和员工福利预算等。

四、人力资源管理计划的编制

在图4-2中，左侧表示根据生产经营需要，对比现存人力资源和社会人力资源供给，确定人力资源总规划；中间表示在企业生产经营中，针对人力资源短缺或过剩的情况制定具体招聘、培训、加班、轮休、退休措施；右侧表示人力资源管理工作计划。

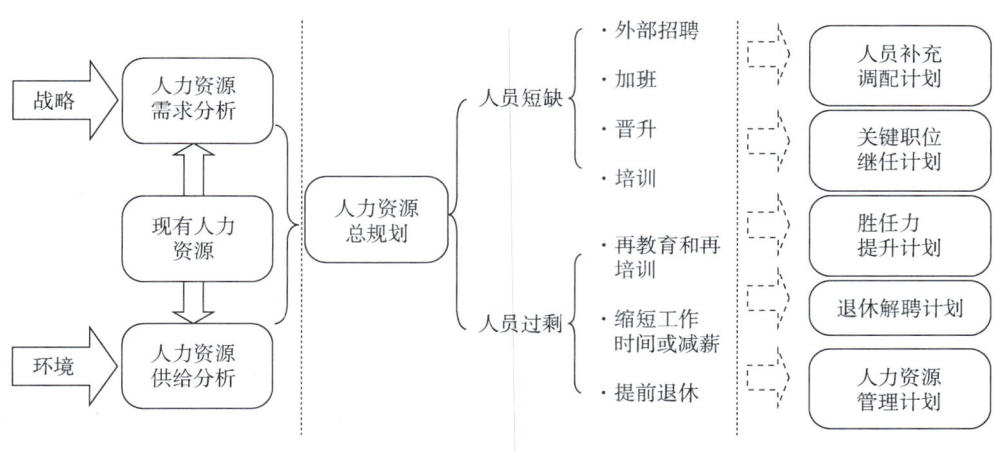

图 4-2　人力资源管理计划的编制

五、人力资源的管理过程

人力资源的管理过程大致可以分为六个步骤。

前三个步骤分别是在组织战略规划框架之下编制人力资源计划、招聘员工、选用员工。这一阶段的结果是发掘有能力的人才并加以选用。后三个步骤分别是职前引导、培训、职业生涯发展。这三项活动是为了确保组织既留住人才，又使员工技能得以更新，符合未来的组织发展要求。上述程序均会受到来自政府政策和法律的约束。人力资源管理的程序如图 4-3 所示。

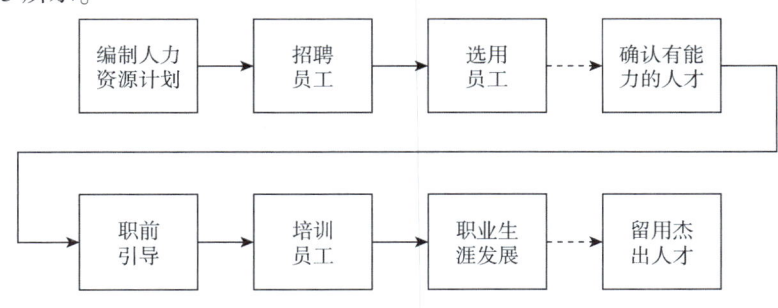

图 4-3　人力资源管理的程序

编制人力资源计划是人力资源管理的第一步，这一步又可以细分为三个具体的步骤：评估现有的人力资源；评估未来所需的人力资源；制订一套相适应的方案计划，以确保未来的人力资源供需的匹配。

1. 评估现有的人力资源状况

这一步是通过工作分析法检查现有人力资源状况并确定工作说明书和工作规范。前者说明了员工应做哪些工作、如何做、为什么这样做，反映出工作的内容、工作环境及工作条件等；后者说明了某种特定工作至少需要具备哪些知识和技能。

2. 评估未来人力资源状况

组织的目标与战略决定了对人力资源的未来需求。要使战略规划转化成具体的、操作性较强的人力资源计划，组织就必须根据组织内外资源的情况对未来人力资源状况进行预测,找出各时期各类人员的余缺分布。

3. 制订一套相适应的人力资源计划

对人力资源现状和未来人力资源需求预测加以评估之后,管理者就可以找出人员的数量和种类,制订一套与组织战略目标及其环境相适应的人力资源计划。当然,组织还必须对此计划进行跟踪、监督和调整,以正确引导当前和未来的人才需求,另外,这种计划还需要与组织中的其他计划相互衔接。

六、人力资源计划编制的原则

(一)充分考虑内部、外部环境的变化

人力资源计划只有充分地考虑了内、外部的变化,才能适应需要,真正地做到为企业发展目标服务。内部变化主要指销售的变化、开发的变化,或者说企业发展战略的变化,还有公司员工的流动变化等;外部变化指社会消费市场的变化、政府有关人力资源政策的变化、人才市场的变化等。为了更好地适应这些变化,在人力资源计划中应该对可能出现的情况进行预测,最好能有风险的应对策略。

(二)确保企业的人力资源保障

企业的人力资源保障是人力资源计划中应解决的核心问题。它包括人员的流入预测、人员的流出预测、人员的内部流动预测、社会人力资源供给状况分析、人员流动的损益分析等。只有有效地保证了对企业的人力资源供给,才可能去进行更深层次的人力资源管理与开发。

(三)使企业和员工都得到长期的利益

人力资源计划不仅是面向企业的计划,也是面向员工的计划。企业的发展和员工的发展是互相依托、互相促进的。如果只考虑企业的发展需要,而忽视了员工的发展,则会阻碍企业发展目标的达成。优秀的人力资源计划,一定是能够使企业和员工达到长期利益的计划,一定是能够使企业和员工共同发展的计划。

七、影响企业人力资源计划编制的因素

(一)影响企业人力资源计划的内部因素

1. 企业目标

知识经济时代,竞争空前激烈,为谋求生存与发展,要随时根据外部环境和自身情况变化,调整目标。例如,企业发展方向调整,必然促使企业改变发展目标,会直接影响人力资源计划,因此必须随之调整,或者吸引并留住更多核心人才,或者培训优秀员工,或者设计有足够吸引力的奖励与报酬等。

2. 员工素质

随着经济与社会发展,以及受教育水平的提高,员工素质有重大变化。白领比重逐步提高,知识工人成为主力军。传统人事管理体制和管理方法已不能适应需要。现代制度和方法受到企业重视,并正在取代传统体制和方法。人力资源计划必须考虑到这一点。

3. 组织形式

现代企业制度要求企业组织形式更趋合理。传统型组织,层次多,信息易失真,人际

关系复杂，效率低下。减少中间层次，减少信息与资源损耗，完善员工关系，增进企业的效率，要通过人力资源计划加以改变，完善组织结构，促进企业制度向现代化方向转化。

4. 企业最高领导层的理念

最高领导层对人力资源管理所持观念，关系到他们对企业人力资源管理活动的作用，也直接影响企业人力资源规划的内容。

(二)影响企业人力资源计划的外部因素

1. 劳动力市场

劳动力市场变化，或供给发生变化，或需求发生变化，或供给与需求同时发生变化。制订计划的依据就是对供给与需求的预测。研究劳动力市场变化特点，才能够有针对性地制订计划。

2. 政府相关政策

政府人才流动政策、户籍政策、大学毕业生就业政策等，会影响企业招聘范围和对象。

3. 行业发展状况

高新技术行业属于"朝阳行业"，发展前途光明，潜力巨大，人力资源计划着重于吸引、激励人才。"夕阳行业"，因调整经营结构、开拓发展渠道，人力资源计划一要引进或培养经济增长点所需人才，二要考虑冗员安置，以降低劳动力成本。

内部、外部因素会同时影响计划，有些因素是积极的，有些因素是消极的。因此在计划之前，要仔细分析各种影响因素，趋利避害，使计划尽可能科学合理，促进组织战略目标的实现。

第二节 员工选聘

一、员工选聘的概念及依据

(一)员工选聘的概念

有一位企业家说过："现代社会中，企业的竞争就是产品的竞争，产品的竞争就是技术的竞争，技术的竞争就是人才的竞争。"

现代企业人力资源管理中的员工选聘是指组织采用一系列科学的方法寻找、吸引那些有能力、有兴趣到本组织来任职的人员，并从中选出适宜人员予以聘用的过程。

(二)员工选聘的依据

员工选聘工作必须依据组织的人力资源计划进行。

二、员工选聘标准

确定适合的员工选聘标准是指确定组织到底需要什么样的人。

(1)诚信品质。诚信品质是衡量一个人是否值得信赖的基石。在选聘中，企业重视候选人的道德品质，包括是否诚实守信、言行一致、遵守职业道德规范等。诚实守信的员工能够维护企业的声誉，建立健康的工作关系，并在面对诱惑或挑战时坚守原则。

（2）团队精神——避免螃蟹效应。团队精神强调的是个体在团队中的协作能力、沟通能力和对共同目标的认同感。企业倾向于选择那些能够积极融入团队、尊重他人意见、乐于分享知识和经验、愿意为团队成功贡献力量的候选人。团队精神有助于提升团队整体效能，促进跨部门合作。

螃蟹效应：钓过螃蟹的人或许都知道，竹篓中放了几只螃蟹，不必盖上盖子，螃蟹是爬不出来的。因为每只螃蟹都争先恐后地朝出口处爬，但篓口很窄，当一只螃蟹爬到篓口时，其余的螃蟹就会用大钳子抓住它，最终把它拖到下层，由另一只螃蟹踩着它向上爬。如此循环往复，无一只螃蟹能够成功爬出。

（3）创新精神。创新精神是企业在竞争激烈的市场环境中保持领先的关键因素。具有创新精神的员工能够提出新颖的想法，勇于尝试新方法，不断寻求改进和优化。他们善于从不同角度思考问题，挑战传统观念，为企业的产品和服务注入新的活力。

（4）发展潜力。发展潜力是企业评估候选人未来成长空间和对企业长期贡献的重要指标。具有发展潜力的员工通常具备较强的学习能力、适应能力和自我驱动力，能够迅速适应新环境、掌握新技能，并在职业生涯中不断取得进步。企业愿意为这样的员工提供培训和发展机会，共同实现个人与组织的双赢。

（5）学习能力。在快速变化的市场环境中，学习能力是员工持续成长和适应变化的基础。学习能力强的员工能够主动学习新知识、掌握新技能，并将所学知识应用于实际工作中。他们善于从失败中吸取教训，从成功中总结经验，不断提升自己的专业素养和综合能力。

（6）融合程度。融合程度指的是候选人与企业文化、工作环境及团队氛围的契合度。企业希望招募的员工能够迅速融入团队，理解并认同企业的价值观、使命和愿景。融合程度高的员工更容易与同事建立良好的关系，遵守企业规章制度，为企业的稳定发展贡献力量。同时，他们也能够从企业文化中汲取养分，激发自身潜能。

美国通用电气公司是 1896 美国道琼斯指数公司中还幸存的唯一的企业。2016 年 10 月，通用电气公司排 2016 年全球 100 大最有价值品牌第十名。通用电气基业长青的原因许多，其总能在不同的时期选拔最合适的领导者，这不能说不是通用电气成功重要因素之一。

三、员工选聘方法

（一）员工选聘的基本原则

1. 宁缺毋滥原则

宁缺毋滥原则强调在招聘过程中，企业应坚持高标准、严要求，不轻易降低招聘门槛以填补岗位空缺。即使某个岗位暂时空缺，也不应让不符合要求或能力不足的候选人入职。这一原则旨在确保企业招聘到的是真正符合岗位需求、能够为企业创造价值的人才，从而维护企业的整体素质和竞争力。

2. 公平竞争原则

公平竞争原则要求企业在招聘过程中对所有应聘者一视同仁，确保每位应聘者都有平等的机会展示自己的能力和才华。企业应制定公平、透明的招聘流程和评价标准，避免任何形式的歧视和偏见。通过公平竞争，企业能够吸引更多优秀人才参与竞争，提高招聘质量，同时有助于树立良好的企业形象和口碑。

3. 少而精原则

少而精原则强调在招聘时应注重质量而非数量。企业应根据实际需求和岗位特点，合理控制招聘规模，避免盲目扩招导致人力成本上升和效率下降。在选拔过程中，企业应严格把关，确保每位入职员工都是经过精心挑选、具备较高素质和能力的优秀人才。这样不仅能够提高团队的整体素质和工作效率，还能降低企业的培训和管理成本。

4. 用人所长原则

用人所长原则要求企业在招聘和用人过程中，应充分了解员工的优势和特长，并将其安排在能够充分发挥其才能的岗位上。这一原则旨在实现人岗匹配、才尽其用，让员工在适合自己的岗位上发挥最大的价值。同时，企业应注重培养员工的综合素质和创新能力，鼓励员工不断学习和成长，以适应企业发展的需要。通过用人所长原则，企业能够激发员工的积极性和创造力，提高整体绩效和竞争力。

（二）员工选聘的渠道

1. 内部招聘

内部招聘应遵循公开、公正、择优的原则，让每一个员工都感到自己有一系列的晋升机会，从而调动员工的工作积极性，提高他们的工作绩效，发挥内部招聘的优势。同时，内部招聘本身存在一些不足：第一，内部员工的竞争结果必然有胜有败，可能影响组织的内部团结；第二，组织内部的"近亲繁殖"现象，可能不利于个体创新；第三，可能在组织中滋生"小集团"，削弱组织效能；第四，如果内部招聘不公正，可能会遭到员工的抵制，挫伤员工的工作积极性。

优点：准确性高；激励性强；适应较快；费用较低。

内部招聘方式：公开招聘、内部选拔、横向调动、岗位轮换、管理层指定等。

2. 外部招聘

优点：有利于选拔到一流人才；新员工带来新思想，有利于营造创新氛围；树立企业良好形象。

缺点：筛选的难度大，费时费力；进入角色较慢；决策风险高；影响内部员工积极性。

外部招聘方法：发布广告，举行招聘会，委托中介机构或者求助于猎头企业，网络招聘，校园招聘，人才交流大会和人才交流中心等。

(三)员工选聘的程序

1. 制订招聘计划

内容：招聘计划是整个招聘活动的起点，它明确了招聘的目标、岗位、人数、时间表和预算等关键要素。这一步骤通常包括对公司现有岗位空缺的评估、未来业务发展的预测及人力资源需求的规划。

目的：确保招聘活动与公司战略和业务需求相匹配，提高招聘效率和效果。

2. 建立专业的招聘小组

内容：组建一支由人力资源专家和相关部门负责人组成的招聘小组，负责整个招聘流程的执行和管理。小组成员应具备丰富的招聘经验和专业知识，能够高效地完成招聘任务。

目的：通过团队协作，确保招聘过程的专业性、公正性和有效性。

3. 确定招聘渠道

内容：根据招聘需求和目标岗位的特点，选择合适的招聘渠道。常见的招聘渠道包括招聘网站、社交媒体、校园招聘、内部推荐、猎头公司等。不同渠道具有不同的优势和适用场景，需要根据实际情况进行选择。

目的：扩大招聘范围，吸引更多符合条件的候选人。

4. 甄别录用

内容：包括简历筛选、初步面试、复试、终面等环节。招聘小组会根据岗位需求和候选人的简历、面试表现进行综合评估，最终确定录用名单。在这一过程中，可能会采用多种评估方法，如笔试、案例分析、情景模拟等。

目的：确保选拔出符合岗位要求、具备良好潜力和综合素质的候选人。

5. 对新员工进行上岗培训

内容：新员工入职后，需要接受一系列的培训，包括公司文化介绍、规章制度学习、岗位技能培训等。培训的目的是帮助新员工快速融入公司环境，了解岗位职责和工作流程，提高工作能力和效率。

目的：促进新员工与企业的融合，提高新员工的工作满意度和忠诚度。

6. 工作评估

内容：在新员工入职一段时间后（如试用期结束后），对其工作表现进行评估。评估内容包括工作绩效、工作态度、团队合作等方面。评估结果将作为员工晋升、调薪或进一步培训的依据。

目的：了解新员工的工作适应性和发展潜力，为员工的职业发展提供指导和支持，同时优化公司的人才管理策略。

以上六个程序共同构成了员工选聘的完整流程，每个程序都至关重要，需要精心策划和执行。

一般招聘程序如图4-4所示。

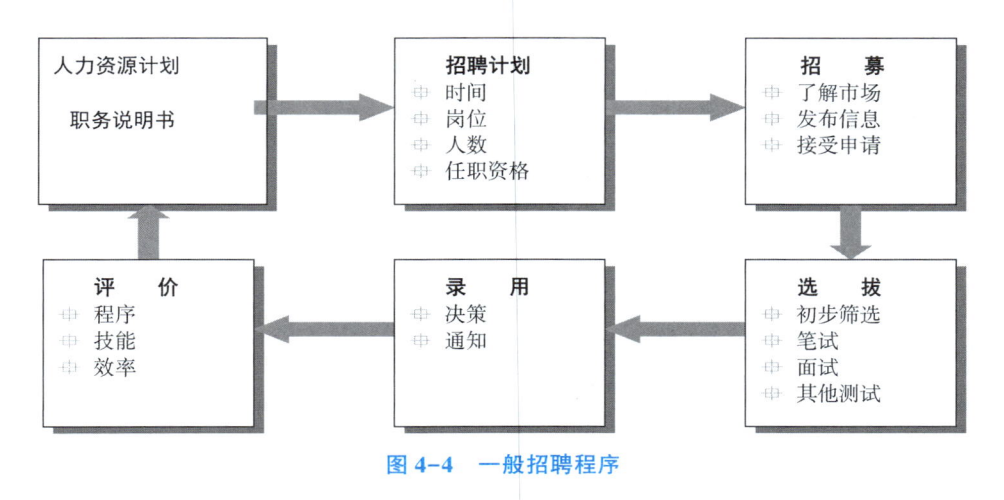

```
┌─────────────┐      ┌─────────────┐      ┌─────────────┐
│ 人力资源计划 │  →   │  招聘计划    │  →   │   招  募     │
│             │      │  ⊕ 时间     │      │  ⊕ 了解市场  │
│  职务说明书 │      │  ⊕ 岗位     │      │  ⊕ 发布信息  │
│             │      │  ⊕ 人数     │      │  ⊕ 接受申请  │
│             │      │  ⊕ 任职资格 │      │             │
└─────────────┘      └─────────────┘      └─────────────┘
       ↑                                          ↓
┌─────────────┐      ┌─────────────┐      ┌─────────────┐
│   评  价    │  ←   │   录  用     │  ←   │   选  拔     │
│  ⊕ 程序    │      │  ⊕ 决策     │      │  ⊕ 初步筛选  │
│  ⊕ 技能    │      │  ⊕ 通知     │      │  ⊕ 笔试     │
│  ⊕ 效率    │      │             │      │  ⊕ 面试     │
│             │      │             │      │  ⊕ 其他测试  │
└─────────────┘      └─────────────┘      └─────────────┘
```

图 4-4　一般招聘程序

（四）人员选聘的方法

1. 利用求职申请表进行筛选

方法说明：求职申请表是候选人向企业展示自己的基本信息、教育背景、工作经历、技能专长及求职意向的重要工具。企业通过对求职申请表的仔细筛选，初步了解候选人的基本素质和是否符合岗位的基本要求。

实施步骤：

评估申请表：首先，对收到的所有求职申请表进行初步评估，关注候选人的基本信息是否完整、准确。

筛选条件匹配度：根据岗位需求，筛选出教育背景、工作经验、技能专长等方面与岗位要求相匹配的候选人。

排除不符合条件者：对于明显不符合岗位要求的候选人，如学历、经验等硬性条件不达标者，进行排除。

深入评估：对于初步筛选出的候选人，进一步评估其求职意向、职业规划等，以确定其是否真正适合该岗位。

2. 笔试

方法说明：笔试是通过书面形式对候选人进行知识和能力的测试。它可以帮助企业快速、客观地评估候选人的专业知识、逻辑思维、问题解决能力等方面的素质。

实施步骤：

设计试卷：根据岗位需求，设计包含专业知识、技能测试、案例分析等内容的试卷。

组织考试：在规定的时间和地点，组织候选人进行笔试。考试过程应严格遵守考试纪律，确保公平公正。

阅卷评分：考试结束后，组织专业人员对试卷进行阅卷评分，根据评分标准确定候选人的成绩。

结果分析：根据笔试成绩，结合岗位需求，对候选人进行排名和筛选。

优势：

笔试具有标准化、客观性强、易于操作等优点，能够有效地评估候选人的专业知识和基本能力。

3. 面试

方法说明：面试是评估候选人综合素质和适应性的重要环节。通过面对面的交流，企业可以深入了解候选人的沟通能力、表达能力、逻辑思维能力、应变能力及个人品质等方面的素质。

实施步骤：

准备阶段：制订面试计划，确定面试时间、地点、面试官和面试流程等。

进行面试：按照计划进行面试，通过提问、讨论等方式与候选人进行交流。面试过程中，应注意观察候选人的言行举止、情绪反应等细节。

评估与反馈：面试结束后，面试官应对候选人的表现进行评估，记录面试结果和反馈意见。

决策阶段：根据面试结果和岗位需求，综合评估候选人的综合素质和适应性，做出是否录用的决策。

优势：

面试具有直观性强、互动性强、能够深入了解候选人特点等优点，是人员选聘过程中不可或缺的一环。

综上所述，利用求职申请表进行筛选、笔试和面试是人员选聘过程中常用的三种方法。它们各有优缺点，企业应根据实际情况和岗位需求选择合适的方法进行组合使用，以确保选拔到合适的人才。

4. 测试

测试主要包括四个方面，即心理测验、人格及兴趣测验、能力测验、知识测验。在具体人员招聘时，企业可能会要求应聘者进行以下测验（其中一种或多种）。

（1）心理测验：心理测验的内容主要有成就测验、倾向测验、智力测验、人格测验和能力测验。

①成就测验：成就测验适用于对专业管理人员、科技人员和熟练工人某一方面实际能力的测验。

②倾向测验：倾向测验重在测试一个人的潜在能力，即可能的发展前景或可能具有的能量。倾向测验的目的，是测量一个人如果经过适当训练，能否成功地掌握某项工作技能。

③智力测验：智力测验是对一个人受智力水平影响而表现出的外在行为的测验。智力测验主要用来测验个人的思维能力、学习能力和适应环境能力。

（2）人格测验：人格测验主要是针对人的体格与生理特质、气质、能力、动机、兴趣、价值观与社会态度等的测验。人格测验的主要方法有自陈量表法和投射法。在自陈量表法中，目前国内盛行的是明尼苏达多项人格测验。在使用投射法时，一般应有心理学家在场进行指导。

（3）能力测验：能力测验是指企业为了测验求职者某方面的能力，而有针对性地设计和实施的测验方案。

（4）知识测验：知识考试简称笔试，常见的有百科知识考试、专业知识考试和相关知识考试等类型。

5. 情景模拟

情景模拟(工作样本测试)实际上是对一个求职者未来可能面临的实际工作场景、工作内容进行抽样和模拟，然后观察和评价其在这种与实际工作背景非常相似的情况下所表现出来的工作绩效。与心理测验相比，情景模拟所产生的结果对于求职者未来的工作绩效的预测效度往往高一些。常用的评价中心技术，如篮中训练法、角色扮演等，都是情景模拟的一种方式。

情景模拟的主要目的是测试员工实际动手能力而不是理论上的学习能力。这种测试可以是操作性的，也可以用口头表达(如对管理人员的情景测试)。

常用的情景模拟包括以下几种。

(1)文件筐作业。文件筐作业又称公文处理，它是一种效度高而又能为多数参加者所接受的面试方法。其操作方法是提供一定数量的备忘录、信函、报告等文字性资料，让应试者阅读完这些资料后，给出处理意见。

(2)无领导小组讨论。无领导小组讨论是指由一组应试者组成一个临时工作小组，讨论给定的问题，并做出决策，通常为6~8人组成一个临时任务小组。由于这个小组是无领导小组讨论临时拼凑的，并不指定谁是负责人，目的就在于考察应试者的表现，尤其看谁会从中脱颖而出，但并不是一定要成为领导者，因为那需要真正的能力与信心，还需有十足的把握。

无领导小组讨论适用于挑选具有领导潜质的人或某些特殊类型的人群(如营销人员)。如今无领导小组讨论的适用对象越来越广，不仅局限于"中高层员工"，大企业的校园招聘、公务员考试也在使用无领导小组讨论的技术。无领导小组讨论适用于招聘那些经常跟"人"打交道的岗位人员，如中高层管理人员、人力资源管理人员、行政人员、营销人员等，但这个方法对于IT人员、生产类员工不适用。

(3)管理游戏。管理游戏又称管理竞赛，是指几组管理人员利用计算机来模拟真实的公司经营，并作出各自的决策来互相竞争的一种开发方法。在管理竞赛中，将受训者分为5~6个公司，每个公司都要在激烈的模拟市场竞争中与其他公司进行各种形式的博弈。每个公司设立一个明确的目标并得知自己可以做出几个决策，每个公司不能看到其他公司的决策情况。

管理游戏中最常用的有两种，即小溪练习和建筑练习。

①小溪练习。在小溪练习中，给被评价人员一个滑轮及铁棒、木板、绳索等工具，要求他们把一根粗大的圆木和一块较大的岩石运到小溪另一边。这样的任务单靠个人的力量是无法完成的，必须通过所有人员的协作努力才能完成。通过这项练习，评价人员可以在客观的情景下，有效地观察评价对象的领导特征、组织协调能力、合作精神、有效的智慧特征和社会关系特征等。

②建筑练习。建筑练习是一项个人练习，包括一名被评价人员和两个测评中心的辅助人员。这项练习要求被评价人员使用木材建造一个很大的木头结构的建筑。在练习中，有两个"农场工人"A和B，帮助被评价人员一起来建造。A和B是测评中心的人员，就像许多社会心理学实验中的假被试一样，他们按照预定的目的和安排行事。A表现出被动和懒惰的特征，如果没有明确的指定命令，他就什么事也不干。B则表现出好斗和鲁莽的特

征，采用不现实的和不正确的建造方法。A 和 B 以各种方式干扰、批评被评价人员的想法和建造方案。该练习的目的不仅是考察个人的领导能力，更重要的是研究被评价人员的情绪稳定状况。研究表明，几乎没有一个被评价人员能圆满地完成建筑任务，其中许多人变得痛苦和心烦意乱，有些人宁愿自己单独工作而不愿使用或理睬助手，有些人则放弃了这个练习，还有一些人在这种环境下则想尽量努力工作，把任务完成得更好。

(4) 角色扮演。

角色扮演在情景模拟测验中，是指让被试者根据预设的情境，扮演特定的职务或角色，并在模拟的、逼真的工作环境中处理各种可能出现的问题和矛盾。这一过程中，评价者会设置一系列与角色相关的任务和挑战，通过观察被试者的行为表现、决策过程以及与他人互动的方式，来全面评估其综合素质和潜能。

通过角色扮演法可以在模拟情景中对受试者的行为进行评价，测评其心理素质及各种潜在能力，可以测出受试者的性格、气质、兴趣爱好等心理素质，也可测出受试者的社会判断能力、决策能力、领导能力等各种潜在能力。

下面是一个 10 分钟的角色扮演实例及要点参考。

指导语：你将与其他两个人共同合作，而且你们三个角色的行为是相互影响的。请快速阅读关于你所扮演角色的描述，然后认真考虑你怎样扮演那个角色。进入角色前，请不要和其他两个被试者讨论即席表演的事情。请运用想象使表演持续 10 分钟。

①图书直销员（角色一）：你是一名大三的学生，你想多赚点钱养活自己，不让家里再寄钱，这个月内你要尽可能多地卖出手头的图书，否则将发生"经济危机"。你刚在党委办公室推销。办公室主任任凭你怎样介绍书的内容，他都不肯买。现在你走进了人事科。

②人事科主管（角色二）：你是人事科的主管，刚才你注意到一位年轻人似乎正在隔壁的党委办公室推销书，你现在正急于拟订一个人事考核计划，需要参考有关资料。你想买一些参考资料，但又怕上当受骗，你知道党办主任走过来了。你一直非常忌讳别人觉得你没有主见。

③党办主任（角色三）：你认为推销书的大学生不安心读书，想利用推销书的办法多赚到一点钱，以使自己的生活过得好一点。推销书的人总是想说服别人买他的书，而根本不考虑买书人的意愿与实际用途。因此你对大学生的推销行为感到恼火。你现在注意到这位大学生马上会利用你的同事想买书的心理。你决定去人事科阻挠那个推销员，但你又意识到你的行为过于明显会使人事科主管不高兴，认为你的好意是多余的，并使他产生无能的感觉。

角色扮演要点参考：

①角色一：应避免党委办公室情形的再度发生，注意强求意识不要太浓；对人事科主管尽量诚恳有礼貌；防止党办主任的不良干扰。

②角色二：应尽量检查鉴别书的内容与适用性；尽量在党办主任说话劝阻前作出决定；党办主任一旦开口，你又想买，则应表明你的观点，说该书不适合党办是正确的，但对你还是有用的。

③角色三：应装着不是故意来搞乱为难大学生的；委婉表明你的意见；注意不要惹恼大学生与人事科主管。

（五）各种测评手段在人事选拔中的使用情况

各种测评手段在人事选拔中的使用情况如表 4-1 所示。

表 4-1　各种测评手段在人事选拔中的使用情况

认知能力	78%	Watson-Glaser 关键性思维技能评价量表	38%
个性纸笔测验	78%	Wesman 人事分类量表	19%
		员工能力倾向成套测验	19%
		韦氏成人智能测验修订版	18%
		卡特尔 16 种人格因素测验	33%
		Guilford-Zimmerman 气质调查表	33%
		加州性格问卷（CPI）	28%
		明尼苏达多项人格问卷（MMPI）	20%
		MB 行为方式问卷（MBTI）	19%
		爱德华个人爱好调查表（EPPS）	18%
个性投射测验	34%		
情景测验	38%	文件筐练习	23%
		角色扮演	8%
		写作练习	5%
		案例分析	4%
面谈	99%	结构化面谈	15%
		半结构化面谈	73%
		非结构化面谈	11%

Ryan & Sackett，1987

四、面试方法与过程

（一）面试的分类

面试可以分为结构化面试和非结构化面试两种，具体内容如图 4-5 所示。

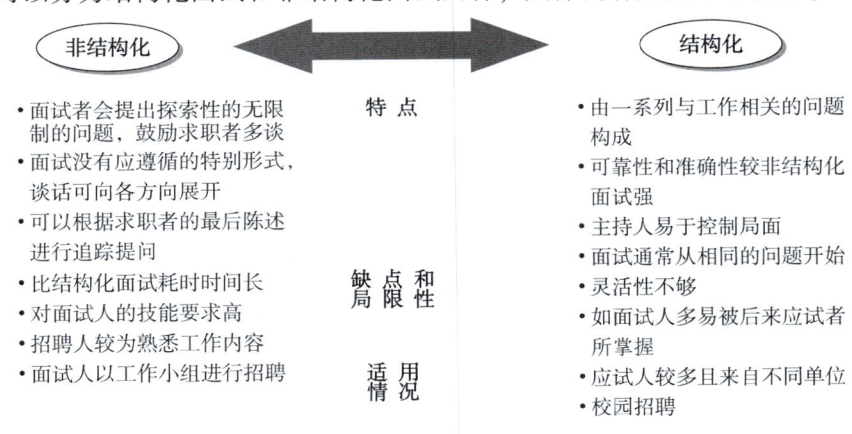

非结构化 ⇔ **结构化**

特点
- 面试者会提出探索性的无限制的问题，鼓励求职者多谈
- 面试没有应遵循的特别形式，谈话可向各方向展开
- 可以根据求职者的最后陈述进行追踪提问

缺点和局限性
- 比结构化面试耗时时间长
- 对面试人的技能要求高
- 招聘人较为熟悉工作内容

适用情况
- 面试人以工作小组进行招聘

特点
- 由一系列与工作相关的问题构成
- 可靠性和准确性较非结构化面试强
- 主持人易于控制局面
- 面试通常从相同的问题开始

缺点和局限性
- 灵活性不够
- 如面试人多易被后来应试者所掌握

适用情况
- 应试人较多且来自不同单位
- 校园招聘

图 4-5　面试的分类

1. 结构化面试

结构化面试也称标准化面试，是根据所制定的评价指标，运用特定的问题、评价方法和评价标准，严格遵循特定程序，通过测评人员与应聘者面对面的言语交流，对应聘者进行评价的标准化过程。其具有以下显著特征。

（1）根据工作分析的结构设计面试问题。这种面试方法需要进行深入的工作分析，以明确在工作中哪些事例体现良好的绩效，哪些事例反映了较差的绩效，由执行人员对这些具体事例进行评价，并建立题库。结构化面试测评的要素涉及知识、能力、品质、动机、气质等，尤其是有关职责和技能方面的具体问题，更能保证筛选的成功率。

（2）向所有的应聘者提出同一类型的问题。问题的内容及其顺序都是事先确定的。结构化面试中常见的两类有效问题为：以经历为基础的问题，与工作要求有关，且求职者所经历过的工作或生活中的行为；以情景为基础的问题，在假设的情况下，与工作有关的求职者的行为表现。提问的秩序结构通常有几种：由简易到复杂的提问，逐渐加深问题的难度，使候选人在心理上逐步适应面试环境，以充分地展示自己；由一般到专业内容的提问。

（3）采用系统化的评分程序。从行为学角度设计一套系统化的具体标尺，每个问题都有确定的评分标准，针对每一个问题的评分标准，建立系统化的评分程序，能够保证评分的一致性，提高结构的有效性。

结构化面试的题型包括背景性题目、知识性题目、情境性题目、智能性题目、行为性题目、意愿性题目，各有各的特点和功能，为面试内容和要素服务。另外，结构化面试一般会限时，多位考官测试1名被试人，一次一次地进行。评价按要素打分，各个要素的分值具有科学的结构比例，成绩汇总采用体操打分法——考官评出的分数，去掉一个最高分，去掉一个最低分，剩余有效考官评定分数的算术平均值，作为考生的面试成绩。

2. 非结构化面试

非结构化面试就是没有既定的模式、框架和程序，主考官可以"随意"向被测者提出问题，而对被测者来说也无固定答题标准的面试形式。主考官提问的内容和顺序都取决于其本身的兴趣和现场应试者的回答。这种方法给谈话双方以充分的自由，主考官可以针对被测者的特点进行有区别的提问。虽然非结构化面试形式给面试考官以自由发挥的空间，但这种形式也有一些问题，它易受主考官主观因素的影响，面试结果无法量化，也无法同其他被测者的评价结果进行横向比较。现在许多大型企事业单位及公务员在人才招聘中均采用此形式的面试。它比较适用于招聘高、中级管理人员。

一般来说，非结构化面试中采用案例分析、脑筋急转弯、情景模拟等方式。

（1）案例分析。案例分析就是让应聘者在有限的时间内模拟分析真实的案例问题。案例分析与其他面试形式的最大区别就是它的实践性。主考官向应聘者提供有关一个特定问题的信息，由应聘者进行分析并给出结论。应聘者可以基于提供的信息进行合理的假设，之后向主考官提出一连串逻辑性良好的问题，进一步收集信息，最后进行总结并提出建议。大多数的案例分析并没有某个特定的正确答案。主考官希望通过观察分析案例的过程，测试应聘者的反应能力和创新能力。如能想到主试官都想不到的解决方案，即使这个方案并不成熟，那么应聘者的表现也将属于最出色的。

（2）脑筋急转弯。脑筋急转弯主要是考察应聘者的逻辑思维能力。随着社会的发展，面试结构的不断完善，脑筋急转弯被越来越多地用到面试中。应聘者是否具备快速的反应能力和逻辑思维能力，通过脑筋急转弯可以很快地检测出来。

（3）情景模拟。情景模拟测试方法是一种非常有效的选择方法。它是将应聘者放在一个模拟的真实环境中，让应聘者解决某方面的一个"现实"问题或达成一个"现实"目标。面试官通过观察应聘者的行为过程和达成的行为结果来鉴别应聘者的处理工作能力、人际交往能力、语言表达能力、组织协调能力、考察事务能力等综合素质能力。

(二)面试中经常使用的十个测评要素

面试中经常使用的十个测评要素包括：①仪表与风度；②工作动机与愿望；③工作经验；④经营意识；⑤知识水平与专业特长；⑥精力与活力、兴趣与爱好；⑦思维力、分析力、语言表达力；⑧反应力与应变力；⑨工作态度、诚实性与纪律性；⑩自知力与自控力。

(三)面试记录评估表的设计

面试记录评估表主要包括以下要素。

(1)姓名和申请职位。

(2)工作兴趣。
- 您认为工作(职位)包含什么？
- 您为什么要申请这一工作？
- 您对薪资的要求是多少？

(3)当前工作状况。
- 您现在工作吗？注：有"是"和"否"的选项。如选择"否"，则有"您不工作多久了？为什么选择在家？"的问题。
- 您什么时候能和我们一起工作呢？

(4)工作经历。
- 当前的工作单位是从何时开始的，单位地址在哪里？
- 您的职责是什么？
- 您当前(或最后)的主管的姓名及联系电话。
- 对那份工作您喜欢什么？最不喜欢什么？
- 您认为您最有成就感的一项工作是什么？

(5)教育背景。
- 您都接受过什么教育和培训？
- 接受过哪些帮助您所申请工作的教育和培训？

(6)业余活动。
- 业余时间您的爱好是什么？能谈谈为什么您喜欢××活动吗？

(7)主试者的特别问题。

(8)个人问题。
- 您能适应公司经常出差的要求吗？
- 您怎样看待加班(包括周末加班问题)？

- 您的优点是什么？缺点是什么？

(9) 回答求职者的提问。
- 准确诚实回答有关影响求职者对工作兴趣的信息。

(10) 主试者的印象及评价。

(四) 面试时间安排

面试的时间安排如表 4-2 所示。

表 4-2 面试的时间安排

第一阶段：礼节性面试（20 分钟） ◇提问获取最关键的信息 ◇决定继续面试还是停止面试 ◇提问应聘者的目标	
第二阶段：正式面试（10 分钟）	第三阶段：结束阶段（5 分钟）
仅对有竞争力的应聘者： ◇推销公司和职位 ◇回答应聘者的问题	◇问问其他信息 ◇问问应聘者是否有需要补充的问题 ◇最后看看还有没有其他问题 ◇问问非工作问题，如业余爱好等

(五) 注意应聘者的非语言行为

面部表情、眼神、姿势、语调等非语言行为，可以反映出对方的一些个性特征，如诚实、自信等。

第三节　员工培训

一、员工培训的目标

(一) 员工培训的概念

员工培训就是向新员工或者现有员工传授其完成本职工作所必需的相关知识、技能、价值观念及行为规范的过程，是由企业安排的对本企业员工进行的有计划、有步骤的培养和训练。

经济学家西奥多·舒尔茨（T. W. Schultz）在 20 世纪 60 年代依据大量的实证分析得出一个结论：在现代社会，人的素质（知识、才能和健康等）的提高，对社会经济增长所起的作用，比（物质）资本和劳动（指非技术性劳动）的增加所起的作用要大得多，而人的知识才能基本上是投资（特别是教育投资）的产物。按照这种理论，不应当把人力资本的再生产仅仅视为一种消费，而应视同为一种投资，这种投资的经济效益远大于物质投资的经济效益。而且人力资本投资不再符合边际收益递减规律，而是边际收益递增的。

(二) 员工培训的目标

1. 补充新知识，提炼新技能

随着科学技术进步速度的加快，人们原先拥有的知识与技能在不断老化。为了防止组

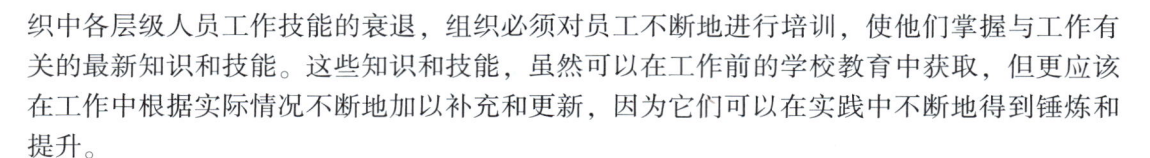

织中各层级人员工作技能的衰退，组织必须对员工不断地进行培训，使他们掌握与工作有关的最新知识和技能。这些知识和技能，虽然可以在工作前的学校教育中获取，但更应该在工作中根据实际情况不断地加以补充和更新，因为它们可以在实践中不断地得到锤炼和提升。

2. 全面发展能力，提高竞争力

员工培训的一个主要目的，便是根据工作的要求，努力提高他们在决策、用人、激励、沟通、创新等各方面的综合能力，特别是随着工作的日益复杂化和非个人行为化，组织内部改进人际关系的能力要求不断提高，这使组织对合作的培训要求变得愈发重要，这也是衡量组织竞争力的重要体现。

3. 转变观念，提高素质

每个组织都有自己的文化、价值观念、基本行为准则。员工培训的重要目标就是要通过对组织中各个成员，特别是对新聘管理人员的培训，使他们能够根据环境和组织的要求转变观念，逐步了解并融于组织文化之中，形成统一的价值观念，按照组织中普遍的行动准则来从事管理工作，与组织目标同步。

4. 交流信息，加强协作

组织培训员工的基本要求是要通过培训，加强员工之间的信息交流，特别是使新员工能够及时了解组织在一定时期内的政策变化、技术发展、经营环境、绩效水平、市场状况等方面的情况，熟悉未来的合作伙伴，准确而及时地定位。

(三) 员工培训的作用

有效的企业培训，其实是提升企业综合竞争力的过程。事实上，培训的效果并不取决于受训者个人，而恰恰相反，企业组织本身作为一个有机体的状态，起着非常关键的作用。良好的培训有以下五点作用。

(1) 培训能增强员工对企业的归属感和主人翁意识。就企业而言，对员工培训得越充分，对员工越具有吸引力，越能发挥人力资源的高增值性，从而为企业创造更多的效益。有资料显示，百事可乐公司对深圳 270 名员工中的 100 名进行一次调查，这些人几乎全部参加过培训，其中 80% 的员工对自己从事的工作表示满意，87% 的员工表示愿意继续留在公司工作。培训不仅提高了职工的技能，而且加深了职工对自身价值的认识，对工作目标有了更好的理解。

(2) 培训能促进企业与员工、管理层与员工层的双向沟通，增强了企业的向心力和凝聚力，塑造了优秀的企业文化。不少企业采取自己培训和委托培训的办法。这样做容易在培训中融入企业文化，因为企业文化是企业的灵魂，它是一种以价值观为核心对全体职工进行企业意识教育的微观文化体系。企业管理人员和员工认同企业文化，不仅会自觉学习掌握科技知识和技能，而且会增强主人翁意识、质量意识、创新意识，从而培养敬业精神、革新精神和社会责任感，形成上上下下自学科技知识、自觉发明创造的良好氛围，企业的科技人才将茁壮成长，企业科技开发能力会明显增强。

(3) 培训能提高员工综合素质，提高生产效率和服务水平，树立企业良好形象，增强企业盈利能力。美国权威机构监测，培训的投资回报率一般在 33% 左右，其中美国大型制造业公司从培训中得到的回报率可达 20%～30%。

（4）适应市场变化、增强竞争优势，培养企业的后备力量，保持企业永续经营的生命力。企业竞争说穿了是人才的竞争。明智的企业家越来越清醒地认识到，培训是企业发展不可忽视的"人本投资"，是提高企业"造血功能"的根本途径。美国的一项研究资料表明，企业技术创新的最佳投资比例是 5∶5，即"人本投资"和硬件投资各占 50%。人本为主的软技术投资，作用于机械设备的硬技术投资后，产出的效益成倍增加。在同样的设备条件下，增加"人本"投资，可达到投 1 产 8 的投入产出比。发达国家在推进技术创新中，不但注意引进、更新改造机械设备等方面的硬件投入，而且更注重以提高人的素质为主要目标的软技术投入。事实证明，人才是企业的第一资源，有了一流的人才，就可以开发一流的产品，创造一流的业绩，企业就可以在市场竞争中立于不败之地。

（5）提高工作绩效。有效的培训和发展能够使员工积累工作中所需要的知识，包括企业和部门的组织结构、经营目标、策略、制度、程序、工作技术和标准、沟通技巧，以及人际关系等相关知识。

二、员工培训的常用方法

（一）在岗培训

在岗培训，又叫不脱产培训。在岗培训有许多优点：能够提供现成经验；与工作的相关性高；边生产边学习，学以致用；可以利用组织内的设施和有关条件；易于与师傅和其他员工交流；实践性强。

正是这些优点使在岗培训得到了很广泛的应用。具体来说，在岗培训可以分为以下几种。

1. 学徒培训

学徒培训是在师傅的指导下，通过实际生产劳动，培养新技术工人的一种传统培训方法。学徒期与工种有关，一般为 1~3 年。学徒培训适用范围广，培训数量大，能利用已有的设备和技术，因此在很多国家流行。学徒培训的缺点在于偏重技术操作方面的训练，而在理论学习上显得不足，因而限制了学习的广度和深度。

2. 工作轮换

工作轮换是近些年发展起来的一种培训方法，就是在两个不同工种的员工间交换工作。这一方法特别适用于管理人员和技术人员，因为这样可以丰富他们的工作内容，使他们获得不同领域的工作经验，形成从不同角度理解问题的思维方式，而且易于理解他人的工作。但是，工作轮换可能会导致员工在新岗位上不那么认真和钻研，因为轮换的时间不长。而且，由于工作轮换在人事和工作安排上比较麻烦，很多企业不太喜欢采用这种方法。

3. 项目指导

项目指导是由指导人员首先讲明工作的要求、内容和程序，并进行示范，然后由学习者实际操作的一种培训方法。如果前一步做得令人满意就可以进入下一步；若出现问题，就立即纠正，直到满意为止。项目指导非常直观且实地操作，对工作中所用的设备和工具有很好的理解，因而被广泛用于操作工和低级职员的培训。

(二)离岗培训

离岗培训，又叫脱产培训。离岗培训有许多优点：学习更专心，不受工作牵制；可以进行更专业和系统化的学习，尤其是理论知识学习；受训者来自不同组织或单位，可以相互交流，了解更多的信息；有利于受训者能力的全面发展。

离岗培训既可以在组织内进行，也可以在组织外进行，具体有以下一些方法。

1. 课堂培训

课堂培训是绝大多数离岗培训所采用的一种方法。这种方法可以在同一时间内培训许多人，而且对于智力活动多的工作，用课堂培训的方式更现实、更有效，因为课堂培训有利于学生独立思考。课堂培训可以采取多种形式，如讲授、试验、看录像、看幻灯、看电影及操作计算机等，学生的学习效果可以通过练习和考试来检查。课堂培训的缺点是：由于培训采取离岗形式，因而学到的东西不能直接运用到实践过程中去；在大部分情况下，课堂培训是单向沟通的，教师讲，学生听，不利于学生了解自己的学习结果，很难说真正掌握。在企业培训中，可结合案例研究和研讨会进行。

2. 管理游戏

管理游戏是一种很受受训人员欢迎并且参与性高、实用性强的培训方法。它精心设计一些类似游戏但其实与员工工作有密切关系的活动，要求受训者对结果进行分析并进行决策。国外很多大学利用管理项目上的游戏来帮助管理者在资源分配、产品价格和生产项目等方面进行决策，有时是在计算机上通过游戏来学习。有效的游戏可以在没有设备的情况下，通过模拟的设备和环境来学习，部分游戏是参与式的，可以提供与真实情况非常相似的"竞争者""市场""经济环境"等，使学生学习如何应对变化了的情况。游戏可以看作是案例研究的动态化。管理游戏可以按一个市场划分，也可以按一家企业、一个职能部门划分。管理游戏效果良好，但是由于设计费用昂贵，因此在某种程度上限制了其推广。

3. 案例研究

案例研究是在培养经营和管理人员时常用的方法。它的步骤是：首先让受训者阅读一则描述完整的经营问题或组织问题，然后要求受训者找出一个适当的解决方法。案例研究的目的是：通过观察和分析找出问题所在的症结，并提出解决问题的可能办法，培养观察问题、分析问题和解决问题的实际能力。案例研究通过口头讨论或书面作业来进行反馈和强化。通过案例分析，受训者可以学习如何把一些原则应用到现实问题的解决中去。

4. 小组讨论

小组讨论很多时候是和案例研究结合在一起使用的。对于有些问题，通过讨论可以集思广益，更容易发现问题的症结。而且小组讨论还有助于学习者练习口头表达能力和与人交流的能力，有利于小组成员间的互相学习。实践证明，在很多时候，讨论的受益大于独自学习的收获。

5. 研讨会

研讨会是以受训者感兴趣的题目为主，进行一些有特色的演讲，并分发一些材料，引导受训者讨论。研讨会一般在宾馆或会议中心举行，对人数有一定的控制。成功的研讨会由于结合了其他方法，因此效果十分理想。

(三)自我培训

自我培训的根本含义是激发员工自我学习、自我追求、自我超越。要想真正实现员工的自我培训，企业必须做好各方面的准备，建立健全培训激励机制，从制度上对员工的自我培训进行激励。例如，对员工的技能改进、学业晋升实施奖励，对技能水平达到一定高度的员工进行晋升，通过各种形式的竞赛、活动，对员工进行确认和表扬等。

三、员工培训的新方法

随着科技的进步和企业对人才发展的日益重视，职工培训的方式也在不断创新与演进。一些最新的员工培训方法如下。

(一)在线与数字化培训

网络培训法：利用计算机网络技术，为员工提供在线课程、视频教程、互动学习平台等。这种方法灵活便捷，符合分散式学习的新趋势，尤其适合时间紧张或地理位置分散的员工。

移动学习：通过手机App、平板电脑等移动设备，员工可以随时随地学习，实现碎片化时间的有效利用。

(二)AI与大数据驱动的个性化培训

AI辅助学习：利用人工智能技术，根据员工的学习习惯、能力水平等，推送个性化的学习内容和建议，提升培训效果。例如，基于大数据分析的智能推荐系统，可以为员工量身定制学习计划。

虚拟现实(VR)与增强现实(AR)：通过VR和AR技术，模拟真实工作场景，让员工在虚拟环境中进行实践操作，提高技能水平和应对能力。

(三)混合式学习

混合式学习是将线上学习与线下实践相结合，通过面授课程、工作坊、研讨会等形式，加强员工之间的互动和交流，促进知识的吸收和应用。

(四)情景模拟与角色扮演

情景模拟：设计逼真的工作场景，让员工在模拟环境中面对实际问题，通过解决问题来提升能力。

角色扮演：让员工扮演不同角色，在模拟情境中处理各种复杂情况，提高沟通、协作和决策能力。

(五)游戏化学习

游戏化学习是将培训内容设计成游戏形式，通过游戏化的方式激发员工的学习兴趣，提高参与度和学习效果。

(六)微学习与微课程

微学习与微课程是针对特定知识点或技能点，设计短小精悍的微课程或学习片段，便于员工在短时间内快速掌握。

(七)社交化学习

社交化学习是利用社交媒体、在线论坛等平台，建立学习社群，鼓励员工之间分享经验、交流心得，形成良好的学习氛围。

（八）绩效支持与即时反馈

在培训过程中，为员工提供即时的绩效反馈和支持，帮助他们及时调整学习策略，提高学习效果。

职工培训的新方法正在不断涌现，这些新方法不仅提高了培训的灵活性和便捷性，还通过个性化、互动化和游戏化的方式，激发了员工的学习兴趣，提高了培训效果。企业应根据自身需求和员工特点，选择合适的培训方法，以提升员工的能力和素质，推动企业持续发展。

四、管理人员的培训方法

（一）工作轮换

工作轮换这种培训方法在前文已讲，此处不再赘述。

（二）设置助理职务

在一些较高的管理层级上设助理职务，不仅可以减轻主要负责人的负担，而且有助于培训一些后备管理人员。这种方式可以使助理接触到较高层次上的管理实务，使他们不断吸收其直接主管处理问题的方法，在特殊环境中积累特殊经验，从而促进助理的成长。

（三）设置临时性职务

设置临时性职务可以使受训者体验和锻炼在空缺职位上的工作情景，充分展示其个人能力，避免"彼得现象"的发生。劳伦斯·彼得曾经发现，在实行等级制度的组织里，每个人都崇尚爬到能力所不逮的层次。他把这种由于组织中有些管理人员被提升之后不能保持原来的成绩，反而可能给组织效率带来大滑坡的现象归结为"彼得原理"。

五、员工培训的内容

员工培训可分为知识培训、技能培训、态度培训。
（1）知识培训。目的是使员工具备完成本职工作的基本知识；了解企业的基本经营情况。
（2）技能培训。目的是使员工掌握完成本职工作必备的技能。
（3）态度培训。目的是建立起企业与员工之间的相互信任，培养员工队企业的忠诚，培养员供应具备的精神准备与态度。

新员工的培训如表4-3所示。

表4-3　新员工的培训

类别	对象	目的	内容
新员工入职培训	新员工	①完成从学生生活到职业生活的过渡； ②实现意识与行动上的转变； ③学习员工必需的基础知识与业务知识	①企业概况：组织机构、劳资关系、企业环境、产品说明、经营机制（市场、开发、制造）； ②基础知识：礼仪举止、目标管理、小集团活动、标准化、安全训练； ③劳动条件与规章制度：就业规则、工资制度、人事制度、生活福利制度； ④自我认识

续表

类别	对象	目的	内容
新员工上岗培训	新员工	①确立正确的社会观、劳动观；②学习生产性理论；③消除生产分配中的不安；④培养协调性、积极性；⑤激发自我提高、自我开发的热情	①讲授生产性理论及其与各种工作的联系；②找出职业生活中的问题与对策；③通过活动，增强与测验体力；④文娱活动

骨干与基层管理人员的培训如表4-4所示。

表4-4　骨干与基层管理人员的培训

类别	对象	目的	内容
骨干员工培训	骨干员工	①对生产性与提高生产率进行再认识；②理解骨干员工的地位与作用；③理解企业经营的经营过程及企业整体生产率与个人作用的关系	①讲授生产性与本企业提高生产率的途径及成果；②讲解骨干员工的工作能力、人事关系及解决问题过程；③通过经营演习，理解企业经营内容内容及动态关系，计划的重要性，外部条件影响，资金流向，经营决策过程等
基层管理人员培训	基层管理人员	①学习在生产现场直接对作业工人进行指导监督的方法；②明确认识担负着生产劳动组织终端功能的基层管理者的地位、作用、职责	①工作指导方法；②工作改善方法；③工作中的人事关系

管理层和经营层人员的培训如表4-5所示。

表4-5　管理层和经营层人员的培训

类别	对象	目的	内容
管理层培训	中层管理人员	①培养管理级干部应有的全局经营观念；②认识企业发展的正确方向与管理级干部的应有作用；③给定课题，编制业务计划与实施计划；④讲授管理级干部应有的管理知识	①通过经营演习，体会企业经营的过程，提高组织效率；②经营者关于经营思想、经营发展的讲解；③讲解业务计划的正确运用；④讲解劳资关系与管理层干部的作用；⑤体力测定与健康管理
经营层培训	企业高层领导	①开阔眼界，吸取社会外界的营养；②培养作为经营者应具有的长远战略眼光与创造精神；③充实其居高临下、统帅全局的领导能力	①讲授经济动向、技术动向；②参加著名经营学者或经营专家的讲座或座谈会

六、培训实例

下面给出了松下公司与海尔的培训实例。

(一)松下公司的"育才"

(1)总公司设有教育训练中心,下辖8个研修所和1所高等职业训练学校。

松下公司教育训练中心培训对象如表4-6所示。

表4-6 松下公司教育训练中心培训对象

各培训部门的名称	主要培训对象
中央社员研修所	主任、课长、部长等领导干部
制造技术研修所	技术人员与技术工人
营业研修所	销售人员与营业管理人员
海外研修所	国外的工作人员与国内的外贸人员
东京研修所	该地区的工作人员
奈良研修所	该地区的工作人员
宇都宫研修所	该地区的工作人员
北大阪研修所	该地区的工作人员
高等职业训练学校	刚招收的高中毕业生与青年员工

(2)松下公司的"育才"培训过程。

①实习培训。新招收的员工,培训8个月。

②个人申请制度。干部工作一段时间后,可以主动向人事部门申请,要求调动与升迁,经考核合格,可以提拔。

③社内招聘制度。

④社内留学制度。技术人员可以自己申请去中心学习专业知识。公司根据发展需要安排。

⑤海外留学制度。定期选拔技术人员、管理人员到国外学习,包括派往欧美、中国(北京大学、复旦大学)等。

(二)海尔的培训

海尔实行全方位、全过程、全员培训,重点培养骨干人才,培训形式多样化。

一是岗前培训。

二是岗位培训。重点是业务能力的培养,集团中高层管理人员都必须接受海尔大学培训部的安排,定期到海尔大学授课,否则要被索赔并不能参加职位升迁。

三是个人生涯培训。个人包括员工、专业人员与管理人员。实行培训与上岗资格相结合。

四是转岗培训。培养复合型人才。

五是半脱产培训。中高层管理人员参加MBA培训,工程骨干人员到高等院校进修。

六是出国考察培训。派员参加各种专题研讨会、专题学术会议、科技博览会,有时还采取让科技人员出国进修的方式对人才进行培训。

七、员工从业的影响因素

(一)环境因素的影响

职业期望也称职业意向,是人们希望从事某项职业的态度倾向,是个人对某项职业的希望、愿望和向往。影响职业期望的因素主要有：

①生理素质、年龄、性别；

②个性：个人的职业价值观、气质等；

③教育背景；

④家庭背景：家庭成员的职业观念与职业类型；

⑤机会；

⑥社会环境：社会职业观念；

⑦个人的职业能力：知识与技能等；

⑧社会的职业岗位等；

⑨从业人数需求；

⑩社会经济发展政策。

(二) 气质类型的影响

根据公元前5世纪古希腊医生希波克拉底的看法，人体内有四种体液，即血液、黏液、黄胆汁、黑胆汁，每种体液所占比例的不同决定了人的气质差异。

(1) 多血质：在血液、黏液、黄胆汁、黑胆汁四种体液中，血液占优势的人就属于多血质。特点：容易形成有朝气、热情、活泼、爱交际、有同情心、思想灵活等品质，也容易出现变化无常、粗枝大叶、浮躁、缺乏一贯性等特点。

多血质的人适合做社交性、文艺性、多样化、要求反应敏捷且均衡的工作，如心理咨询师、导游、推销员、节目主持人、演讲者、外事接待人员、演员、市场调查员、监督员等，不太适合做需要细心钻研的工作。

(2) 黏液质：在血液、黏液、黄胆汁、黑胆汁四种体液中，黏液占优势的人就属于黏液质。特点：稳重，考虑问题全面；安静、沉默，善于克制自己；善于忍耐。情绪不易外露；注意力稳定而不容易转移，外部动作少而缓慢。

黏液质的人适合做有条不紊、刻板平静、耐受性较高的工作，如外科医生、法官、管理人员、出纳员、会计、播音员、话务员、调解员、教师、人事主管等，不太适合从事多变的工作。

(3) 胆汁质：在血液、黏液、黄胆汁、黑胆汁四种体液中，黄胆汁占优势的人就属于胆汁质。特点：坦率热情；精力旺盛，容易冲动；脾气暴躁；思维敏捷；但准确性差；情感外露，但持续时间不长。

胆汁质的人适合做需要反应迅速、动作有力、应急性强、危险性较大、难度较高而费力的工作，适合管理、外交、驾驶员、医生、律师、运动员、冒险家、记者、演员、军人、公安干警、记者、图案设计师、实业家、业务员、营销员等外向型的职业。

(4) 抑郁质：在血液、黏液、黄胆汁、黑胆汁四种体液中，黑胆汁占优势的人就属于抑郁质。特点：抑郁质的人一般表现为行为孤僻、不太合群、观察细致、非常敏感、表情忸怩、多愁善感、行动迟缓、优柔寡断，具有明显的内倾性。

抑郁质的人能够兢兢业业工作，适合从事持久细致的工作，如校对、打字、排版、检察员、雕刻工、刺绣工、保管员、机要秘书、艺术工作者、哲学家、科学家等。

(三) 人格(包括价值观、动机和需要等)的影响

职业咨询专家约翰·霍兰德(John Holland)认为，人格(包括价值观、动机和需要等)

是决定一个人选择何种职业的一个重要因素。他将人格类型分为以下六种。

（1）主要与人打交道的——社会型（S）。这种类型的人喜欢与人交往，从事为他人服务和教育他人的工作，并喜欢参与解决人们共同关心的社会问题，渴望发挥自己的作用，看重社会义务与道德。适合的职业有医疗服务、教育服务等，如教师、医生、管理人员、服务人员等。

（2）主要与物打交道的——实际型（R）。这种类型的人愿意使用工具从事操作性工作，动手能力较强，做事手脚灵活、动作协调，不善言辞、不善交际。适合的职业类型通常是各类工程技术工作、农业工作，如农民、牧民、渔民、安装和维修工人、电工、工程师与技术员等。

（3）既要与人又要与资料打交道的——企业型（E）。这种类型的人大多精力充沛、信心较强、善于交流并具有领导才能，而且喜欢竞争并敢冒风险，喜欢权力、地位与物质财富等。他们常常喜欢从事那些能影响他人的工作，如企业家、政府官员等。

（4）既要与物又要与资料打交道的——常规型（C）。这种类型的人办事情喜欢按部就班，习惯接受他人的领导，自己不喜欢充当领导角色，不喜欢冒险与竞争，做事踏实可靠，遵守纪律。喜欢做与文件档案、统计报表有关的工作，如会计、出纳、图书管理人员、文秘等职业。

（5）既要与人又要与观念打交道的——艺术型（A）。这种类型的人喜欢以各种艺术形式的创作来展现自己的才能，实现自身价值，具有特殊艺术才能和个性并乐于创造新颖的、与众不同的艺术成果，具有较强的表现欲。他们往往喜欢从事艺术创造工作，如艺术家、编导、主持人、设计师等。

（6）既要与物又要与观念打交道的——调研型（I）。这种类型的人抽象能力强，求知欲强，善于思考但不擅长动手；喜欢独立的和富有创造力的工作；知识广博，有学识但不具备领导才能。他们往往愿意选择包含着较多认知活动（思考、理解等）的职业，而不是那些以感知活动（感觉、反应或人际沟通）为主要内容的职业。这些职业有研究人员、专家、大学教授等。

八、员工培训体系建设

进入知识经济时代，企业竞争的焦点不再是资金、技术等传统资源，而是建立在人力资本基础之上的创新能力。

（一）有效员工培训体系的特点

培训体系是否有效的判断标准是该培训体系是否能够增强企业的竞争力，实现企业的战略目标。有效的培训体系应当具备以下特征。

1. 有效的培训体系以企业战略为导向

企业培训体系是源于企业的发展战略、人力资源战略体系的，只有根据企业战略规划，结合人力资源发展战略，才能做出符合自己持续发展的高效培训体系。

2. 有效的培训体系着眼于企业核心需求

有效的培训体系不是"救火工程"，而是深入发掘企业的核心需求，根据企业的战略发展目标预测对人力资本的需求，提前为企业需求做好人才的培养和储备。

3. 有效的培训体系是多层次、全方位的

员工培训说到底是一种成人教育，有效的培训体系应考虑员工教育的特殊性，针对不同的课程采用不同的训练技法，针对具体的条件采用多种培训方式，针对具体个人能力和发展计划制订不同的训练计划。在效益最大化的前提下，多渠道、多层次地构建培训体系，达到全员参与、共同分享培训成果的效果，使培训方法和内容适合被培训者。

4. 有效的培训体系充分考虑了员工自我发展的需要

按照马斯洛的需要层次理论，人的需要是多方面的，而最高需要是自我实现的需要。按照自身的需要接受教育培训，是对自我发展需求的肯定和满足。培训工作的最终目的是为企业的发展战略服务，同时要与员工个人职业生涯发展规划相结合，实现员工素质与企业经营战略的匹配。这个体系将员工个人发展纳入企业发展的轨道，让员工在服务企业推动企业战略目标实现的同时，也能按照明确的职业发展目标，通过参加相应层次的培训，实现个人发展，获取个人成就。另外，激烈的人才市场竞争也使员工认识到，不断提高自己的技能和能力才是其在社会中立足的根本。有效的培训体系应当肯定这一需要的正当性，并给予合理的引导。

（二）建立有效培训体系的基本原则

1. 理论联系实际、学以致用原则

员工培训要坚持针对性和实践性，以工作的实际需要为出发点，与职位的特点紧密结合，与培训对象的年龄、知识结构紧密结合。

2. 全员培训与重点提高原则

有计划、有步骤地对在职的各级各类人员进行培训，提高全员素质。同时，应重点培训一批技术骨干、管理骨干，特别是对中高层管理人员。

3. 因材施教原则

针对每个人的实际技能、岗位和个人发展意愿等开展员工培训，培训方式和方法切合个人的性格特点和学习能力。

4. 讲求实效原则

效果和质量是员工培训成功与否的关键，为此必须制订全面周密的培训计划，采用先进科学的培训方法和手段。

5. 激励的原则

将人员培训与人员任职、晋升、奖惩、工资福利等结合起来，让受训者受到鼓励，同时管理者应当多关心培训人员的学习、工作和生活。

（三）建立有效的培训体系

1. 培训需求分析与评估

拟订培训计划，首先应当确定培训需求。从自然减员因素、现有岗位的需求量、企业规模扩大的需求量和技术发展的需求量等多个方面对培训需求进行预测。对于一般性的培训活动，需求的决定可以通过以下几种方法。

①业务分析：通过探讨公司未来几年内业务发展方向及变革计划，确定业务重点，并

配合公司整体发展策略，运用前瞻性的观点，将新开发的业务，事先纳入培训范畴。

②组织分析：分析培训的必要性和适当性，以及组织文化的配合是极其重要的前提，否则培训后造成公司内更大的认知差异，就得不偿失了。此外，对于组织结构、组织目标及组织优劣等也应该加以分析，以确定训练的范围与重点。

③工作分析：培训的目的之一在于提高工作质量，以工作说明书和工作规范表为依据，确定职位的工作条件、职责及负责人员素质，并界定培训的内涵。

④调查分析：对各级主管和承办人员进行面谈或者问卷调查，询问其工作需求，并据实说明训练的主题或应强化的能力。

⑤绩效考评：合理而公平的绩效考核可以显示员工能力缺陷，在期末绩效考核完成后，反映员工需要改善的计划，能够激发其潜力，因此绩效考核成为确定培训需求的重要来源。

⑥评价中心：员工提升过程中，为了确保选择人选的适当性，利用评价中心测定候选人的能力是一种有效的方法，且可以兼测员工培训需求的重点。

对于特殊性的培训，可以利用自我申请的方式，以符合工作专业的需要和时效。

培训需求反映了员工和企业对培训的期望，但是要将这些需求转化为计划，还需要对需求进行评估。对培训需求的评估通常要从以下几个方面出发。

①培训需求是否和企业的战略目标相一致。只有符合企业发展战略目标的培训需求才会得到满足。培训需求至少应当满足知识的传授、技能的培养和态度的转变中的任何一个目标。

②培训需求是否和企业文化一致。如果某种培训需求与企业文化相冲突，会造成企业文化的混乱，其结果是得不偿失。

③培训需求所涉及的员工数目。不同的员工有不同的培训需求，对于企业大多数员工的培训需求，应当放在优先考虑的地位。

④培训需求对组织目标的重要性。如果培训能给组织带来巨大的效益，就应该得到优先满足。

⑤通过培训，业务水平可以提高的程度。如果通过培训，业务水平能够得到大幅度提高，就应当得到优先满足。培训需求评估可以界定培训需求是否应当得到满足，将需要按轻重缓急组成一个序列，为设计培训体系创造条件。

2. 如何建立有效的培训体系

员工培训体系包括培训机构、培训对象、培训方式、培训计划、培训实施和培训评估等，建立有效的培训体系需要对上述几个方面进行优化设计。

（1）培训机构。企业培训的机构有两类：外部培训机构和企业内部培训机构。外部培训机构包括专业培训公司，大学以及跨公司间的合作（即派该公司的员工到其他企业挂职锻炼等）。企业内部培训机构包括专门的培训实体，或由人力资源部履行其职责。企业从其资金、人员及培训内容等因素考虑，来决定选择外部培训机构还是企业内部培训机构。一般来讲，规模较大的企业可以建立自己的培训机构。规模较小的公司，或者培训内容比较专业，或者参加培训的人员较少缺乏规模经济效益时，可以求助于外部咨询机构。

（2）培训对象。根据参加培训的人员不同，培训可分为高层管理人员培训、中层管理人员培训、普通职员和工人培训。应根据不同的培训对象，设计相应的培训方式和内容。一般而言，对于高层管理人员应以灌输理念为主，参训人数不宜太多，采用短期而密集的方式，运用讨论学习方法；对于中层管理人员，注重人际交往能力的训练和引导，参训规模可以适当扩大，延长培训时间，采用演讲、讨论及报告等交错的方式，利用互动机会提升学习效果；对于普通的职员和工人培训，需要加强其专业技能的培养，可以大班制的方式执行，进行长期性的延伸教育，充实员工的基本理念和提升操作能力。

（3）培训方式。从培训的方式来看，有职内培训和职外培训。职内培训指工作教导、工作轮调、工作见习和工作指派等方式，对于提升员工理念、人际交往和专业技术能力等方面具有良好的效果。职外培训指到专门的培训现场接受履行职务所必要的知识、技能和态度的培训，它的方法很多，可采用传授知识、发展技能训练及改变工作态度的培训等。应将职内培训和职外培训相结合，对不同的培训内容采用不同的方式，灵活进行员工培训。

（4）培训计划。员工培训的管理非常重要，有效的培训体系需要良好的管理作为保障。培训计划涵盖培训依据、培训目的、培训对象、培训时间、课程内容、师资力量、实施进度和培训经费等项目。

有效的培训体系要求在制订培训计划时应当根据拟定的管理程序，先由人力资源管理部门（或者培训主管单位）分发培训需求调查表，经各级单位人员讨论填写完毕并经直属主管核定后，由人力资源管理部门汇总，拟定培训草案，提请上一级主管审定，在年度计划会议上讨论通过。在培训方法方面，应当考虑采用多种方式，对演讲、座谈、讨论、模拟等方法善加运用，增强培训效果。同时在培训内容上，最好能够采用自主管理的方式，由员工与主管或讲师共同确定培训目标、主题，场地开放自由化，从而增强员工的学习意愿，提升学习效果。

（5）培训实施。培训计划确定后，就要有组织计划地加以实施。从实际操作面上讲，应该注意几个问题。

①执行培训时最好与考核相结合，重视过程控制，观察培训过程中参训者的反应及意见。培训是持续性的心智改造过程，所以员工在培训过程中的社会化改变比训练结果更值得关注。

②培训计划执行时应当注重弹性原则和例外管理。对于一般性的训练，可以统筹管理，由人力资源管理部门主要负责；对于特定性的培训，应采用例外管理，由各个单位根据具体情况弹性处理。

③培训活动应注意事前沟通，营造学习气氛，加强学习互动，逐步建立学习性组织。

（6）培训评估。培训的成效评估和反馈是不容忽视的。培训的成效评估一方面是对学习效果的检验，另一方面是对培训工作的总结。成效评估的方法分为过程评估和事后评估。前者重视培训活动的改善，从而达到提升实质培训成效的作用；后者供人力资源管理部门决策参考。从合理化的观点来看，最好将两者结合起来。成效评估的方法有实验设计法、准实验设计法和非实验设计法。具体而言，根据柯克帕特里克的培训目标层次，成效评估可采用以下方法。

①如果培训的目的在于了解参训者的反应，可以利用观察法、面谈或意见调查等方式，了解参训者对培训内容、主题、教材、环境等的满意程度。

②如果培训是为了解参训者的学习效果，可以利用笔试或者心得体会，了解其知识增加程度。

③如果培训是为了解参训者行为的改变，可以对其行为进行观察，同时对其主管或同事进行访谈。

④对工作实绩的测定较为困难，它可能受到多种因素的影响。

第四节 绩效考核

一、绩效与绩效管理

(一)绩效

绩就是业绩,体现企业的利润目标。它包括两部分:目标管理和职责要求。企业要有企业的目标,个人要有个人的目标,目标管理能保证企业向希望的方向前进,实现目标或者超额完成目标可以给予奖励,比如奖金、提成、效益工资等。

效就是效率、效果、态度、品行、行为、方法、方式。效是一种行为,体现的是企业的管理成熟度目标。效包括纪律和品行两方面,纪律包括企业的规章制度、规范等,纪律严明的员工可以得到荣誉和肯定,比如表彰、奖状/奖杯等;品行指个人的行为,只有业绩突出且品行优秀的人员才能够得到晋升和重用。

绩效,单纯从语言学的角度来看,包含业绩和效率的意思。在人力资源管理方面,是指主体行为或者结果中的投入产出比。绩效是一个组织或个人在一定时期内的投入产出情况,投入的是人力、物力、时间等物质资源,产出指工作任务在数量、质量及效率方面的完成情况。

(1)绩效的多因性。

绩效如用 Y 表示,其公式可列为:

$$Y=f(德,勤,绩,能)$$

(2)绩效的多维性。绩效需要从多种维度或方面去分析与考评。绩效通常考评两方面:一方面是员工的工作结果;另一方面是影响员工工作结果的行为、表现及素质等。

(3)绩效的动态性。员工的绩效会随着时间的推移而动态变化。

(二)绩效管理的含义

所谓绩效管理,是指各级管理者和员工为了达到组织目标共同参与的绩效计划制订、绩效沟通与辅导、绩效考核与反馈、绩效诊断与提高的持续循环过程,如图4-6所示。绩效管理的目的是持续提升个人、部门和组织的绩效。

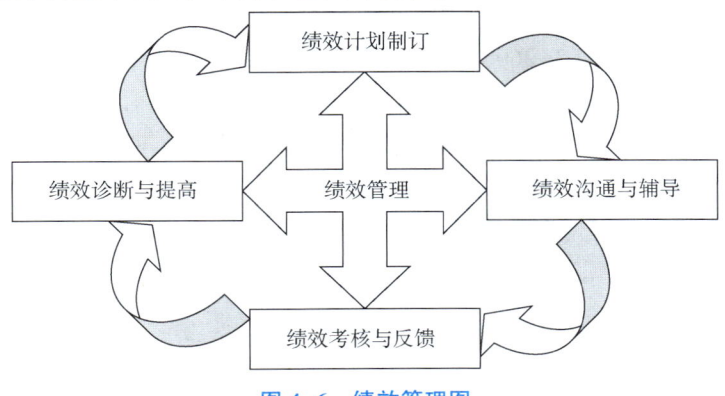

图 4-6 绩效管理图

绩效管理是所有人力资源管理和企业管理中最难做到的，它在实际操作过程中很复杂。绩效管理的对象是人，人和机器最大的区别是，人有思想、有情绪，会产生业绩的波动。所以，对人的投资有两大特征，一是风险大，二是收益高。

(三)绩效考核的含义

绩效考核是企业运用科学方法对员工实际工作效果及其对企业的贡献或价值进行考核和评价的过程，是企业在既定的战略目标下，运用特定的标准和指标，对员工过去的工作行为及取得的工作业绩进行评估，并运用评估的结果对员工将来的工作行为和工作业绩产生正面引导的过程和方法。绩效考核是一项系统工程。

企业在确定发展规划、战略目标时，为了更好地完成这个目标，需要把目标分阶段分解到各部门，最终落实到每一位员工身上，也就是说每个人都有任务。

二、绩效考核的作用

(一)绩效考核的内容

(1)绩效考核。绩效考核是绩效考核的核心部分，它主要关注员工的工作成果和绩效贡献。它通过设定具体的工作目标和指标，对员工在一定时期内完成的工作任务、达成的绩效成果进行量化评价和衡量。绩效考核的结果通常与员工的薪酬、晋升等直接相关，是激励员工努力工作、提升绩效的重要手段。

(2)行为考核。行为考核是绩效考核的另一个重要组成部分，它主要关注员工在工作中的行为表现。行为考核包括对员工的工作态度、工作纪律、团队协作、沟通能力等方面的考核。通过行为考核，企业可以了解员工是否具备积极向上的工作态度、是否遵守公司的规章制度、是否具备良好的团队协作能力等。行为考核的结果对于员工的个人成长和职业发展同样具有重要意义，它有助于员工认识自己的优点和不足，明确改进方向，提升个人素质和能力。

在绩效考核中，绩效考核和行为考核是相互补充、相辅相成的。过分强调绩效而忽略行为考核，可能导致员工只注重短期绩效而忽视长期发展和团队合作；而过分强调行为考核而忽略绩效考核，则可能无法真实反映员工的工作成果和贡献。因此，企业在进行绩效考核时，应综合考虑绩效考核和行为考核两个方面，确保绩效考核的全面性和公正性。

此外，随着企业管理的不断发展和完善，绩效考核的内容和方式也在不断创新和拓展。例如，一些企业开始引入360度反馈、KPI(关键绩效指标)考核、OKR(目标与关键成果)考核等新的绩效考核方法，以更加全面、客观地评价员工的工作表现和绩效成果。这些新的绩效考核方法为企业提供了更加灵活多样的选择，有助于企业更好地适应市场变化和业务发展的需求。

(二)绩效考核的来源

1. 起源与发展

(1)英国文官制度改革。

时间：1854—1870年。

背景：在文官制度初期，英国文官的晋级主要凭资历，这导致工作不分优劣，所有人一起晋级加薪，造成冗员充斥、效率低下的问题。

改革内容：为了解决这一问题，英国进行了文官制度改革，建立了注重表现、看重才能的考核制度。文官开始实行按年度逐人逐项进行考核的方法，根据考核结果的优劣实施奖励与升降。

结果：这一改革充分调动了英国文官的积极性，大大提高了政府行政管理的科学性，增强了政府的效能，确保官员的廉洁。

（2）美国文官制度的建立。

时间：1887年。

内容：美国政府效仿英国，建立了文官考核制度，强调文官的任用、加薪和晋级均以工作考核为依据，论功行赏，称为功绩制。

影响：此后，其他国家纷纷借鉴与效仿，形成各种各样的文官考核制度。

2. 考核内容的发展

最初，绩效考核主要关注文官的才能和日常表现。随着时间的推移，考核内容逐渐丰富，不仅关注工作实绩，还对德、能、勤、绩进行全面考察。

在企业中，绩效考核的目的逐渐明确，主要包括提高生产效率、增强员工技能、推动企业发展等。

3. 现代绩效考核的引入与演变

政府文官制度的考核制度后来被企业引入，对员工进行绩效考核。随着管理理论的发展，绩效考核的形式和方法也不断演变。例如，科学管理之父泰勒提出"差别计件工资制"，法约尔在《工业管理与一般管理》一书中提出奖罚技巧和对组织的定期检查等。

20世纪后半叶，随着员工激励理论的成熟，绩效考核更加注重员工的需求、心理及性格等因素，并开始采用定量分析的方法实施绩效考核。

4. 绩效考核在现代企业的应用

在现代企业中，绩效考核是绩效考核的重要组成部分，它通过对员工工作成果和绩效贡献的量化评价，为企业提供了客观、公正的员工评价依据。

考核结果的应用主要体现在奖惩、培训、职务任用与升降及辞退等方面，对于激发员工工作积极性、提升组织绩效具有重要意义。

（三）绩效考核的作用与原则

1. 绩效考核的作用

（1）达成目标。

绩效考核本质上是一种过程管理，而不仅仅是对结果的考核。它是将中长期的目标分解成年度、季度、月度指标，不断督促员工实现、完成的过程。有效的绩效考核能帮助企业达成目标。

（2）挖掘问题。绩效考核是一个不断制订计划、执行、反馈、改正的PDCA循环过程，体现在整个绩效管理环节，是一个包括绩效目标设定、绩效要求达成、绩效实施修正、绩效面谈、绩效改进、再确定目标的循环，这也是一个不断发现问题、改进问题的过程。

（3）分配利益。与利益不挂钩的考核是没有意义的，员工的工资一般会分为两个部分：

固定工资和绩效工资。绩效工资的分配与员工的绩效考核得分息息相关，所以一说起考核，员工的第一反应往往是绩效工资的发放。

（4）促进成长。绩效考核的最终目的并不是单纯地进行利益分配，而是促进企业与员工的共同成长。通过考核发现问题、改进问题，找到差距进行提升，最后达到双赢。绩效考核的应用重点在薪酬和绩效的结合上。薪酬与绩效在人力资源管理中，是两个密不可分的环节。在设定薪酬时，一般已将薪酬分解为固定工资和绩效工资，绩效工资正是通过绩效体现的，而对员工进行绩效考核也必须要体现在薪酬上，否则绩效和薪酬都失去了激励的作用。

2. 绩效考核的原则

企业的绩效考核一定要做到公平、公开、公正，为达到这一点必须遵循以下原则。

（1）清晰的目标。对员工实行绩效考核的目的是让员工实现企业的目标和要求，所以目标一定要清晰。

（2）量化的管理标准。考核的标准一定要客观，量化是最客观的表述方式。很多时候企业的绩效考核不能推行到位，沦为走过场，都是因为标准太模糊，要求不量化。

（3）良好的职业化的心态。绩效考核的推行要求企业必须具备相应的文化底蕴，要求员工具备一定的职业化的素质。事实上，优秀的员工并不惧怕考核，甚至欢迎考核。

（4）与利益、晋升挂钩。与薪酬不挂钩的绩效考核是没有意义的，考核必须与利益、与薪酬挂钩，才能够引起企业由上至下的重视和认真对待。

（5）具有掌控性、可实现性。绩效考核是企业的一种管理行为，是企业表达要求的方式，其过程必须为企业所掌控。

三、绩效考核内容

考核分为工作业绩、工作能力、工作态度三大部分，不同部门和不同职位的员工，其考核权重也不同，各部门应根据各职位的要求来确定其权重。

绩效考核时可以应用绝对标准—绝对评价（绝对考核），即人与工作比较，也可以应用相对标准—相对评价（相对考核），即人与人比较。

1. 工作业绩

（1）任务绩效：与具体职务的工作内容或任务紧密相连，是对员工本职工作完成情况的体现，主要考核其任务绩效指标的完成情况。

（2）管理绩效：主要是针对行政管理类人员，考核其对部门或下属人员管理的情况。

（3）周边绩效：与组织特征相关联，是对相关部门服务结果的体现。

2. 工作能力

工作能力分为专业技术能力与综合能力。

3. 工作态度

工作态度主要考核员工对待工作的态度和工作作风，其考核指标可以从工作主动性、工作责任感、工作纪律性、协作性、考勤状况等方面设定具体的考核标准。

4. 附加分值

附加分值主要是针对员工日常工作表现的奖惩记录而设立。

四、绩效考核步骤与程序

(一) 绩效考核的步骤

企业的绩效考核,应当分为六个具体的行动步骤组织实施,把每一个步骤列为一个作业单元,在行动前精心组织操作培训和专项辅导,并进行必要的模拟演练。

(1) 确定考核周期。依据企业经营管理的实际情况(包括管理形态、市场周期、销售周期和生产周期),确定合适的考核周期,工作考核一般以月度为考核周期。每个周期进行一次例行的重点工作绩效考核。对需要跨周期才能完成的工作,也应列入工作计划,进行考核。可以实行时段与终端相结合的考核方法,在开展工作的考核周期,考核工作的进展情况,在完成工作的考核周期,考核工作的最终结果。

(2) 编制工作计划。按照考核周期,作为考核对象的职能部门、业务机构和工作责任人,于每一周期期初编制所在部门或岗位的工作计划,对纳入考核的重点工作内容进行简要描述。每一项重点工作都要明确设置工作完成的时间指标和质效指标。同时按照预先设定的计分要求,设置每一项重点工作的考核分值。必要时,附加开展重点工作的保障措施。周期工作计划应按照时间要求编制完成,并报送考核执行人确认,然后付诸实施。

(3) 校正量化指标与效化指标。绩效考核强调要求重点工作的开展和完成必须设置量化指标与效化指标,量化指标是数据指标,效化指标是成效指标。重点工作的量化指标与效化指标,反映了重点工作的效率要求和价值预期。另外,在实际工作的操作中,并不是所有的工作结果或成效,都可以用数据指标进行量化的,而效化指标则比较难以设置和确定,需要一定的专业素质和沟通能力。因此,考核执行人应会同考核对象,对重点工作的量化指标与效化指标进行认真校正并最终确定,保障重点工作的完成质量和效率。

(4) 调控考核过程。在管理运转中,存在着不确定性因素,存在变数,考核也是如此。当工作的变化、进展和预置的计划发生冲突时,首先应该对变化的事物进行分析,准确识别变化的原因和走向,然后对工作计划和考核指标及时、适当地进行调整。

(5) 验收工作成效。每个周期期末,在设定的时间内,考核执行人依据预置或调整的周期工作计划,对考核对象的重点工作完成情况进行成效验收。按照每项工作设置的量(效)化指标和考核分值,逐项核实工作成效,逐项进行评分记分,累计计算考核对象在该考核周期中的重点工作完成情况的实际得分,并就工作的绩效改进加以点评。

(6) 考核结果运用。考核的目的是改进绩效、推进工作、提高效率。考核对象重点工作完成情况的实际得分即为考核结果。如何运用考核结果,会直接影响考核的激励作用。要切实结合企业管理资源的实际情况,充分考虑企业文化的负载能力,在这个基础上选择和确定考核结果的运用方式。在这里简要说明几种考核结果的运用方法。

一是考薪挂钩,就是考核结果与薪资收入并轨,按照考核得分,计算薪资实际收入。这个薪资可能是职能职务薪酬或岗位工资,也可以是独立设立的绩效工资,还可能是效益奖金。

二是考职挂钩,把考核结果与考核对象的职位挂钩。考核对象由于主观因素,在较长时间内不能按计划完成重点工作或者不适于承担所在岗位的工作职责,应合理地调整其岗位或职务,避免重点工作遭受损失。

三是信息整合,通过考核,可以反映、整合并有效利用多个方面的考核信息,包括资源配置信息、岗位设置信息、管理损耗信息、工作问题信息和人才信息等。考核结果能够为企业的工作决策、管理运转和人才培养，提供重要的信息支持。

(二)绩效考核的程序

1. 准备考核阶段

在准备考核阶段应开展以下工作。

(1)确立考核体系，制订考核计划。应明确：考核谁？考核标准是什么？谁来考核？怎样考核？在什么时间考核？

(2)把考核目的、意义和做法告诉被考核人。

(3)对考核人进行必要的培训。

2. 实施考核阶段

在实施考核阶段应开展以下工作。

(1)进行自我考核。

(2)上级、同事、下属等评定。

(3)反馈。

(4)考核结果使用阶段。

将考核结果作为人力资源规划、培训、激励、工资奖励等的依据。

四、绩效考核方法

(一)排序法

1. 简单排序法

简单排序法也称序列法或序列评定法，即对一批考核对象按照一定标准排出"1、2、3、4……"的顺序。简单排序法的操作是：第一步，拟定考核的项目；第二步，就每项内容对被考核人进行评定，并排出序列；第三步，把每个人的考核项目的序数相加，得出各自的排序总分数与名次。

2. 交替排序法(Alternative Ranking Method，ARM)

这是一种较为常用的排序考核法。其原理是：在群体中挑选出最好的或者最差的绩效表现者，较之于对其绩效进行绝对考核要简单易行得多。因此，交替排序的操作方法就是分别挑选出"最好的"与"最差的"，然后挑选出"第二好的"与"第二差的"，这样依次进行，直到将所有的被考核人排完为止，从而以优劣排序作为绩效考核的结果。交替排序法在操作时也可以使用绩效排序表。

(二)配对比较法

配对比较法(Paired Comparison Method，PCM)是一种更为细致的通过排序来考核绩效水平的方法，它的特点是每一个考核要素都要进行人员间的两两比较和排序，使得在每一个考核要素下，每一个人都和其他人进行了比较，所有被考核人在每一个要素下都获得了充分的排序。

(三) 强制分配法

强制分配法是按预先规定的比例将被评价者分配到各个绩效类别上的方法。这种方法根据统计学正态分布原理进行，其特点是两边的最高分、最低分者很少，处于中间者居多，符合"两头小，中间大"的正态分布比例：绩效最高的15%；绩效较高的20%；绩效一般的30%；绩效低于要求水平的20%；绩效很低的15%。

(四) 要素评定法

要素评定法也称功能测评法或测评量表法，是把定性考核和定量考核结合起来的方法。要素评定法的操作步骤如下。

(1) 确定考核项目。
(2) 将指标按优劣程度划分等级。
(3) 对考核人员进行培训。
(4) 进行考核打分。
(5) 对所取得的资料进行分析、调整和汇总。

(五) 工作记录法

工作记录法又叫关键事件法(Critical Incident Method，CIM)，是一种通过员工的关键行为和行为结果来对其水平进行绩效考核的方法，一般由主管人员将其下属员工在工作中表现出的非常优秀的行为事件或者非常糟糕的行为事件记录下来，然后在考核时点上(每季度或者每半年)与该员工进行一次面谈，根据记录共同讨论来对其绩效水平进行考核。工作记录法一般用于对生产工人操作性工作的考核。

(六) 目标管理法

目标管理法(Management by Objectives，MBO)是一种综合性的绩效管理方法。目标管理法由美国著名管理学大师彼得·德鲁克提出。目标管理法是现代企业采用较多的方法，管理者通常很强调利润、销售额和成本等能带来成果的结果指标。在目标管理法下，每个员工都确定若干具体的指标，这些指标是其工作成功开展的关键，它们的完成情况可以作为评价员工的依据。目标管理是一种领导者与下属之间的双向互动过程。彼得·德鲁克认为，并不是有了工作才有目标，恰恰相反，是有了目标才能确定具体工作。当组织最高层确定组织目标后，必须对其进行有效合理的分解，将其转变为各部门以及每位员工的分目标，管理者根据分目标完成情况对下级进行考核、评价、奖惩。

(七) 360度考核法

360度考核法又称交叉考核、360度绩效反馈或全方位评估，由英特尔公司首先提出并加以实施。360度考核法是指由员工自己、上司、直接部属、同事甚至顾客等全方位的角度来了解个人的绩效，包括沟通技巧、人际关系、领导能力、行政能力等。通过这种理想的绩效评估，被评估者不仅可以从自己、上司、部属、同事甚至顾客处获得多种角度的反馈，也可从这些不同的反馈中清楚地知道自己的不足、长处与发展需求，使以后的职业发展更为顺畅。这种方法不仅是绩效评定的依据，更能从中发现问题并进行改正。找出问题原因所在，并着手制订改善工作计划。

(八)平衡计分卡

平衡计分卡(Balanced Score Card, BSC)围绕企业的战略目标,从财务、顾客、内部过程、学习与创新这四个方面对企业进行全面的测评。在使用时对每一个方面建立相应的目标,以及衡量该目标是否实现的指标。平衡计分卡已广泛应用于各个国家。

五、不同单位的绩效考核方法

(一)事业单位

事业单位绩效考核是评估员工工作表现、提高工作效率和质量的重要手段。常见的事业单位绩效考核方法如下。

(1)定性考核方法。定性考核方法主要依据员工的工作表现、工作态度、团队合作能力等进行全面评估,并进行定性的评价。这种方法通常通过主观判断来给出评价等级,如优秀、良好、一般、较差等。这种方法能够较为全面地反映员工的综合素质,但可能受到评价者主观因素的影响。

(2)定量考核方法。定量考核方法则采用具体的指标进行评估和测量,如任务完成率、工作质量、工作效率、工作量等,通过量化数据来得出具体的分数或等级。这种方法具有客观性和可比性,能够更准确地反映员工的工作成果和效率。然而,它可能无法全面反映员工的综合素质和潜力。

(3)综合评价法。综合评价法结合了定性和定量的考核方法,将员工的不同方面进行综合评价,以获取更全面客观的绩效评价结果。这种方法既考虑了员工的工作成果和效率,又兼顾了员工的综合素质和潜力,能够更全面地反映员工的整体表现。

(4)360度反馈评价法。360度反馈评价方法除了由直接上级进行评价外,还引入同事、下属及其他相关人员对被考核人员进行评价。这种方法能够获取来自多个角度的反馈意见,更全面地了解员工的工作表现和优缺点,有助于员工个人成长和职业发展。

(5)自评互评法。自评互评法鼓励员工自己对自己的工作进行评价,并与他人互相评价。这种方法能够促进员工之间的交流和反馈,帮助员工更好地认识自己的优点和不足,从而不断改进和提高。

(6)目标管理法。目标管理法根据事业单位的年度目标和个人工作任务,设定明确的工作目标,并进行定期跟踪和评估。这种方法能够确保员工的工作与组织的整体目标保持一致,提高员工的工作积极性和责任感。

(7)分级分类考核。根据职务层次和工作分工情况,将考核对象划分为不同的类别(如科级干部、内勤工作人员、下村工作人员等),分级分类进行考核。这种方法能够更准确地反映不同岗位和职务层次员工的工作特点和要求。

(8)结合季度考核和年度考核。在采取年度考核时,以季度考核情况为依据,把绩效考核的时间关口前移,做到平时跟踪管理、定时检查评估、及时兑现结果。这种方法能够增强绩效考核的时效性和准确性。

(9)精神激励与物质激励相结合。在运用绩效结果时,除了使用绩效考核奖金等物质激励外,还注重把绩效考核结果与精神激励和政治激励挂钩。这种方法能够更全面激励员工的工作积极性、提高工作效率和质量。

综上所述，事业单位绩效考核方法多种多样，可以根据具体的情况和需求选择适合的方法或组合多种方法进行考核。无论采用哪种方法，都应确保考核过程的公正性、客观性和准确性，以充分发挥绩效考核的激励作用。

(二) 企业

除了上文提到的360度反馈评价法和目标管理法外，企业考核员工时也常用到以下方法。

(1) 关键绩效指标法 (KPI)。

定义：关键绩效指标法 (Key Performance Indicator) 是通过选取关键业务领域的量化指标，来衡量和评估员工工作绩效的方法。这些指标通常与企业战略目标紧密相关，能够反映员工对组织目标的贡献程度。

特点：强调量化指标的重要性，确保评估结果的客观性和准确性；便于管理者了解员工的工作重点和业绩表现，及时调整工作策略；有助于员工明确自己的工作方向和目标，提高工作效率和质量。

(2) 平衡计分卡 (BSC)。

定义：平衡计分卡是一种从财务、客户、内部流程和学习与成长四个维度来评估企业绩效的方法。它强调企业绩效的全面性和平衡性，能够反映企业在不同方面的表现和潜力。

特点：强调多维度评估的重要性，确保企业绩效的全面性和平衡性；有助于企业制定明确的战略目标和行动计划，提高战略执行力和竞争力；促进企业内部各部门之间的协作和沟通，形成共同的工作目标和价值观。

(3) 工作标准法。

定义：工作标准法是将员工的工作表现与预先设定的工作标准进行比较，以评估员工的工作绩效。这种方法通常适用于那些具有明确工作标准和流程的工作岗位。

特点：强调工作标准的重要性，确保评估结果的客观性和准确性；便于管理者了解员工的工作表现是否符合要求，及时调整工作策略；有助于员工明确自己的工作标准和要求，提高工作效率和质量。

(4) 排序法。

定义：排序法是将一定范围内的员工按照某一标准（如工作业绩、能力水平等）进行排序，以评估员工的工作绩效的方法。这种方法通常适用于员工数量较多且需要快速评估的情况。

特点：简便易行，能够快速得出员工的相对排名。但可能存在主观性和片面性，需要谨慎使用。

(5) 硬性分布法。

定义：硬性分布法是将员工按照某一概率分布（如正态分布）进行强制分类的方法。这种方法通常用于将员工划分为不同的绩效等级（如优秀、良好、一般、较差等）。

特点：能够避免趋中效应，确保评估结果的差异性，但可能存在强制分类的不合理性，需要根据实际情况进行调整。

综上所述，企业绩效考核方法多种多样，每种方法都有其独特的优势和适用范围。企业应根据自身的实际情况和需求选择合适的绩效考核方法，以确保评估结果的客观性和准确性，提高员工的工作积极性和组织绩效。

(三) 外资企业

(1) 人格特质类考核方法。人格特质类考核方法关注的是员工在多大程度上具有某些被认为对企业的成功非常有利的人格特质，如品德、工作积极性、团队意识、创新精神、领导力等。如果员工在这些方面表现较好，那么员工绩效分数就较高。人格特质类考核方法中最常用的是图尺度评价法(Graphic Rating Scales，GRS)及其各种变体。

（2）行为类考核方法。行为类考核方法通过考察员工在工作中的行为表现，将员工的行为表现与组织希望员工所表现出的行为进行对比，从而确定绩效水平。其中常用的方法有关键事件法（Critical Incident Approach，CIA）、行为锚定等级评价法（Behaviorally Anchored Rating Scales，BARS）、行为观察评价法（Behavioral Observation Scales，BOS）等。

（3）结果类考核法。伯纳丁等人将绩效定义为"在特定的时间内，由特定的工作职能或活动产生的产出记录，工作绩效的总和相当于关键和必要工作职能中绩效的总和（或平均值）"，这是"绩效为结果"的典型观点。基于这种理解，研究者们认为注重目标与结果的差异是绩效管理的一个好办法。

这三类考核方法都是以组织的目标为基准，用以检验员工的人格特质、工作行为或工作结果是否达到了组织的要求，它将找出其中的差距并缩小差距作为绩效管理的根本目的，这同时也是公司进行员工培训最根本的出发点。

（4）其他方法。其他方法包括直接排序法、对比法、强制分布法（硬性分布法）、书面叙述法、工作计划考核法、标杆对比法、情景模拟法等。

课后练习题

一、填空题

1. 所谓人力资源管理，是指企业对人力资源的取得、开发、保持和利用等方面所进行的计划、组织、指挥和(　　)的活动。

2. 人力资源管理包括人力资源的规划和预测，(　　)，人员招聘、甄选和录用，薪酬设计，绩效考核等方面的工作。

3. 人力资源计划中最为关键的一项任务是(　　)。

4. 人力资源的需求量主要是根据组织中(　　)和类型来确定的。

5. 依据招聘的内外环境不同，组织大致可以通过外部招聘和(　　)两种方式来选择和填补员工的空缺。

二、选择题

1. 下列选项中，(　　)不是外部招聘所具有的优点。

A. 被聘者具有"外部竞争优势"

B. 能够为组织输送新鲜血液

C. 有利于使被聘者迅速开展工作

D. 有利于平息和缓和内部竞争者之间的紧张关系

2. 下列关于工作轮换的说法中，不正确的是(　　)。

A. 工作轮换包括管理工作轮换与非管理工作轮换

B. 工作轮换能培养员工的协作精神和系统观念

C. 工作轮换的主要目的是更新知识

D. 为了有效地实现工作轮换的目的，要对受轮换训练的管理人员提出明确的要求

3. 管理人员选聘时不需要作为主要考虑标准的是(　　)。
   A. 管理的愿望　　　　　　　　　B. 勇于创新的精神
   C. 强健的体魄　　　　　　　　　D. 较高的决策能力
4. 内部招聘的主要弊端是(　　)。
   A. 可能会引起同事之间的矛盾　　B. 要花很长时间重新了解企业状况
   C. 知识水平可能不够高　　　　　D. 选择面狭窄
5. (　　)是人力资源管理程序中的第一步。
   A. 招聘员工　　　　　　　　　　B. 编制人力资源计划
   C. 选用员工　　　　　　　　　　D. 培训员工
6. 工作规范说明了(　　)。
   A. 工作的内容
   B. 工作环境
   C. 从事某种特定工作至少需要具备的知识和技能
   D. 工作条件
7. 内部提升和外部招聘都是非常重要的选拔人才方式，但是二者各有利弊。你认为在(　　)的情况下，应优先采用内部提升的方式。
   A. 选拔高层次管理人才和组织有一个持续发展的既定战略
   B. 需要对公司战略进行重大修改
   C. 外部环境无变化
   D. 外部环境变化剧烈

三、简答题

1. 简述员工培训的目标。
2. 对管理人员的培训可以采用哪些方法？
3. 什么是彼得原理？
4. 简述绩效评估的步骤。
5. 目标管理法与传统的绩效评估方法有什么不同？

课后实践

1. 将学生分成若干小组，以当地某商场为对象，编制该商场当年的人力资源计划。
   提示：
   (1)收集该商场内外部有关信息。
   (2)预测当年人力资源需求。
   (3)预测当年人力资源供给。
   (4)编制当年人力资源计划。
2. 将学生分成若干小组，以小组形式模拟一个招聘现场会。
   提示：
   (1)设置招聘主题。
   (2)招聘岗位说明。

（3）宣读招聘岗位要求。
（4）现场面试及综合评语。
（5）总结。

3. 将学生分成若干小组，以当地某商场为对象，编制该商场的客户经理职务分析调查问卷。

提示：

（1）确认该岗位的工作性质、内容、程序、工作地点、工作时间。
（2）确定该岗位的责任。
（3）该岗位的学历要求、经验、年龄及其他资格和条件。
（4）该岗位工作应知应会的技能。
（5）该岗位与公司内外部的关系。
（6）该岗位所处的工作环境条件。
（7）编制问卷，包括选择题项和开放式题项。

4. 将学生分成若干小组，以当地某商场为对象，编制几个绩效考核方法和考核标准。

提示：

（1）绩效考核方法。
①简单排序法。
②强制分配法。
③要素评定法。
④工作记录法。
⑤目标管理法。
⑥360度考核法。
（2）绩效考核指标。
①工作职责考核指标：包括完成率或完成量，以及完成的质量、时限、成本，每个维度内部再划分出不同的完成程度，如高、中、低（或优秀、良好、一般、及格、不及格）。
②出勤的考核指标。
③工作态度考核指标：包括是否爱岗敬业，是否具有合作性，是否提出管理、生产经营的建议，是否具有责任感，是否具有进取心等。
④业务业绩指标：公司、部门财务任务在本岗位上的分解，例如销售额完成率、采购节约率、费用节约率等。

5. 将学生分成若干小组，以当地某商场为对象，模拟企业培训过程。

提示：

（1）确定员工的培训需求。
（2）确定培训的内容。
（3）确定培训的形式（内部培训还是外部培训）。
（4）确定培训参考资料。
（5）聘请培训师。
（6）确定培训时间和地点。
（7）跟踪培训过程。
（8）评估培训效果。

案例分析

案例一：某市人民医院腹腔外科管理困境

某市人民医院的腹外科在当地享有盛誉，但在科室管理上遇到了难题。科室原主任王兴伟因行政事务繁忙，建议由王晓霞主任医师接任科室主任。然而，王晓霞虽技术过硬，但缺乏上进心和管理能力，导致科室陷入停滞状态，团队氛围恶化，甚至出现互相拆台的现象。随着民营医院的竞争加剧，科室病人量锐减，士气萎靡。

问题：
(1) 用人上的问题：医院在选拔科室主任时存在哪些问题？
(2) 问题根源：这种困境的根源是什么？
(3) 解决方案：医院应如何调整人力资源管理策略以解决当前问题？

提示：
(1) 分析医院在选拔过程中的决策失误，如是否充分考虑了候选人的管理能力。
(2) 探讨医院在人才培养和激励机制上的不足。
(3) 提出具体的改进措施，如引入外部管理人才、加强内部培训或调整组织架构等。

案例二：A公司项目经理选拔难题

A公司是中等规模的软件研发公司，招聘项目经理时面临选拔难题。候选人A已结婚生子，个性内向，专业能力较强；候选人B单身，个性外向，沟通能力强。公司的主要客户为政府部门，需求经常变更、验收过程长。在选拔过程中，部门与业务部门对候选人的看法不一。

问题：
(1) 选拔标准：如何确定项目经理的选拔标准？
(2) 沟通与协调：如何平衡候选人的技术能力与沟通能力？
(3) 客户需求：如何确保项目经理能满足政府部门复杂多变的需求？

提示：
(1) 分析项目经理岗位的职责和要求，明确选拔标准。
(2) 评估候选人的技术能力与沟通能力对岗位的重要性。
(3) 考虑如何建立有效的沟通与协调机制，以满足客户需求。

视频学习资料

4.1 人力资源计划　　4.2 员工选聘　　4.3 员工培训　　4.4 绩效考核

第五章　现代企业生产管理

学习目标

理论学习目标

了解企业生产过程的构成，了解企业生产系统的组成与要素；理解企业生产管理的目标与方法，理解工厂总平面布置设计的基本原则，理解生产管理的概念，理解生产过程空间组织和时间组织的要求；掌握企业生产管理的主要内容，掌握工厂总平面布置设计的方法，掌握产品在工序间的移动方式的管理及其优化。

实践学习目标

在工业4.0时代，感受利用信息化、数字化、智能化的管理思想和管理技术统领生产管理过程的好处，充分体会智慧经济、智能生产、智能建造、数字经济在提升生产效率和经济效益方面的突出优势，以此提升学生现代管理思想、管理理念和管理技术，进而掌握生产过程的空间布置与时间布置的优化方法。

第一节　生产管理相关知识

一、企业生产过程的构成

企业的生产过程是社会物质财富生产过程的组成部分，也是企业最基本的活动过程。从总体来看，生产过程包括劳动过程和自然过程。

劳动过程是人们为社会生产所需要的产品而进行的有目的的活动。劳动过程是生产过程的主题，是劳动力、劳动对象和劳动手段结合的过程，也就是劳动者将劳动手段(设备和工具)作用于劳动对象(零件、部件、半成品、毛坯和原料)，使之成为产品的全部过程。生产过程既是物质财富消耗的过程，又是创造具有新的价值和使用价值的物质财富的过程。

自然过程是指劳动对象借助自然界的力量，产生某种性质的变化的过程。如铸件的自然时效、铸锻件的自然冷却、涂漆的自然干燥等。

企业的生产过程有广义及狭义之分。广义的生产过程是指从生产技术准备开始，直到把产品造出来为止的全部过程；狭义的生产过程是指从原材料投入生产开始，直到产品造出来为止的全部过程。

机械工业企业的生产过程是由基本生产过程、辅助生产过程、生产服务过程及附属生产过程组成的。由于专业化协作水平和技术条件以及企业生产的性质和特点不同，生产过程的这些组成部分，有着很大差别，而且随着生产的发展也会发生变化。

(1) 基本生产过程。基本生产过程是指以销售为目的，为满足社会或市场的需要，与构成企业进本产品实体直接有关的生产过程。机械制造工业企业的装配车间、铸造车间、锻造车间、机械加工车间等所从事的生产作业活动都属于基本的生产过程。基本生产过程是企业的主要活动，它体现企业的基本特征和专业化水平。机械制造的基本生产过程，一般可以划分为三个生产阶段：毛坯制造阶段、加工制造阶段和装备配阶段。

(2) 辅助生产过程。辅助生产过程是指为保证基本生产过程的实现，不直接构成与基本产品实体有关的生产过程。例如，企业不以销售为目的，仅为本企业的需要而进行的动力(电力、蒸汽、煤气、压缩空气等)、工具(夹具、量具、模具、刃具等)、设备修理用备件等的生产。

有些辅助生产的产品，除了供本企业需要之外，还可能外销一部分。这部分外销的辅助产品虽直接计入企业产值之内，但由于主要生产的目的是本企业自己使用，并不代表企业专业生产方向，因此仍属于辅助产品。

(3) 生产服务过程。生产服务过程是指为基本生产过程和辅助生产过程的正常运行而从事的服务性活动。属于生产服务过程的有原材料和半成品的供应、运输、检验、仓库管理等。

(4) 附属生产过程。附属生产过程是指企业根据自身的条件和可能，生产市场多需要的非属企业专业方向的产品而进行的生产过程，如飞机制造厂生产的日用铝制品，锅炉厂生产的石油液化气煤气罐，以及企业利用某些边角废料而制造的产品。图 5-1 为汽车车门生产过程示意图。

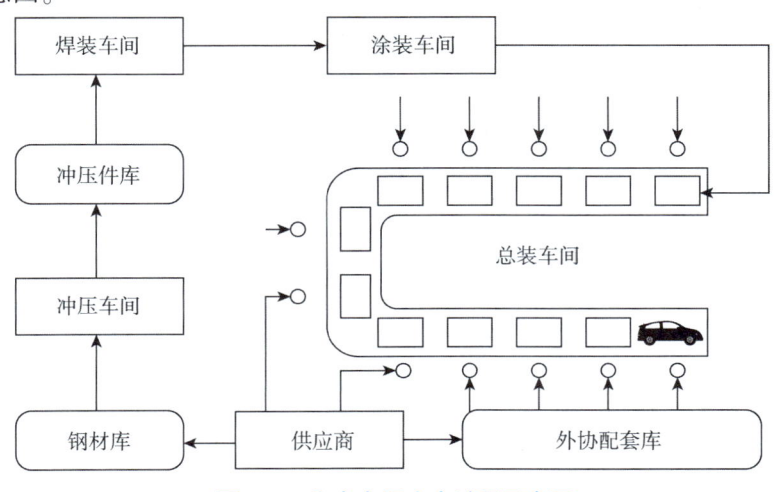

图 5-1 汽车车门生产过程示意图

基本生产过程和辅助生产过程都有工艺过程和非工艺过程组成。工艺过程是指直接与改变加工对象的性质、尺寸、几何形状有关的过程。热处理虽然不改变零件的尺寸和形状，但它改变了材料的内部组织结构，提高了零件性能、强度和使用寿命，经过化学处理的零件(如渗碳、镀锌、镀铬等)具有耐蚀、耐酸、耐磨以及美观装饰的特点。所以说，机械加工、热锻冷冲、铆焊等都是为了获得必要的形状、尺寸和光洁度而进行的作业，都属于工艺过程。

非工艺过程不涉及加工对象的性质、尺寸、形状的改变，而是贯穿于工艺过程之间的一些带有生产服务性的过程，如加工对象的运输、检验、实验、包装等。

二、企业生产系统的组成与要素

(一)企业生产系统的组成

生产系统是通过有效的资源配置实现"投入→变换→产出"功能的综合体；它是企业大系统中的子系统，其载体(或称主体)是各种各样的社会组织。生产系统包括输入、转换、输出和反馈，如图5-2所示。

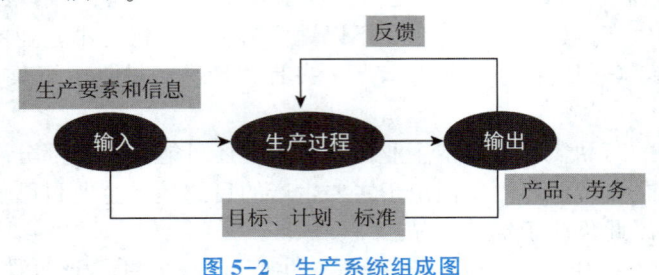

图 5-2　生产系统组成图

生产系统的输入，有两个方面的内容：一是信息，包括生产计划，它具体地规定生产产品的品种、质量、数量、进度和效益等任务要求，此外还有产品图样、工艺文件等生产技术要素及有关标准等；二是生产要素，包括人力、原材料、机器设备、工艺装备和能源。

生产系统的中间转换就是生产制造过程，其主要内容包括：生产过程的合理组织；使生产要素按技术要求、各项标准完成产品的生产过程。这个转换过程也是企业的物流过程。

生产系统的输出，其主要内容包括产品和劳务。产品是指新制造的具有一定使用价值和价值的成品和半成品。劳务是指来料加工和对已有的设备进行修理，恢复其功能。产品由一定的产品要素构成，有品种、质量、数量、交货期和成本等。企业生产什么样的产品和劳务，主要取决于用户和市场的需要。

反馈就是将生产过程输出的信息，如产品产量、质量、进度、消耗和成本等，返回到输入的一端或生产过程中，与输入的信息如计划、标准等进行比较，发现差异，查明原因，采取措施，及时解决，以保证生产过程的正常运行和生产计划的完成。反馈在生产系统中起着对生产过程的控制及提供信息的作用。

(二)生产系统的功能与要素

生产系统的功能是生产产品，这是由生产系统的结构决定的。生产系统的结构则是系统构成要素及其组合关系的表现形式。生产系统的构成要素很多，就其性质和作用来分，可以分为结构化要素和非结构化要素两类。

1. 生产系统的结构化要素

生产系统的结构化要素是指构成生产系统物质形式的那些硬件及其组合关系，主要包含生产技术、生产设施、生产能力和生产系统的集成等要素。结构化要素以生产工艺和生产设备为核心，是形成生产系统构成形式的物质基础。

生产技术是指工艺过程特点、工艺技术水平和生产设备技术性能等。它通过生产设备的构成及技术性能反映生产系统的工艺特征和技术水平。

生产设施就是指生产设备、生产装置的构成及规模，设备的布局等。

生产能力是反映生产系统功能的重要指标，它是由生产设备和技术技能、种类和数量的组合关系决定的。

生产系统的集成是指系统的集成范围、集成的方向、系统和外部的联系等。它是反应生产系统结构形式的重要内容。

为建立企业生产系统，配置结构化要素一般需要较大的投资，且一旦建立并形成一定组合关系，要改变它或进行调整是比较困难的。这是结构化要素的一个重要特点。

2. 生产系统的非结构化要素

生产系统的非结构化要素是指在一定的结构化要素的框架结构基础上，发挥支持和控制系统运行作用的要素。非结构化要素大部分以软件形式出现，主要包含人员组织、生产计划、库存控制、质量管理等要素。

人是支持和控制系统运行的主要力量和决定性因素。人员组织这一要素包含人员的素质特点、人事管理制度和组织机构等内容。

正确的计划是科学组织生产系统有效运行的依据。生产计划要素包含计划的类型、计划的编制方法和计划实施的监控方式等内容。

正确控制库存是保证生产系统正常运行和提高经济效益的有效手段。库存控制要素包含库存系统类型、库存控制方式等内容。

保证产品质量是生产系统运行有效性的保证。质量管理要素包含质量检查、质量控制和建立质量体系等内容。

生产系统投入运行后，随着外部环境的变化，对系统会提出改变原有功能的要求或增加新的要求。此时改变或调整系统的构成要素（包括结构化要素和非结构化要素）及其组合关系，以变革系统的结构形式及其运行机制，就成为调整、改进系统功能的主要手段。

三、合理组织生产过程的基本要求

企业作为社会生产活动的基本单位，不仅要用自己所生产或劳务来满足社会和市场需要，还要通过生产经营活动，取得更多的利润，并向社会提供更多的资金，为扩大再生产创造条件。为实现这个任务，其中一个重要方面就是合理组织生产过程。要合理组织生产过程，就要充分挖掘和利用企业的人力、物力和财力，以最少的劳动消耗，取得最大的经济效益。

合理组织生产过程的基本要求，是使生产过程能经常保持较高的连续性、平行性、比例性、节奏性和适应性。

(一)生产过程的连续性

生产过程的连续性包括在空间上的连续和时间上的连续。空间上的连续是生产过程的各环节在空间布置上紧凑合理，使加工对象所经历的运输路线最短，没有迂回往返的现象。时间上的连续是指生产对象在加工过程中各工序的安排上紧密衔接，消除生产中不应有的中断、停顿和等待的现象。

为了保持生产过程的连续性，需要进行以下调整工作。

(1)应在企业和车间内有一个合理的、符合工艺路线的总体布置，使生产流程所经过的路线最短。

(2)应做到车间之间和车间内部各工序之间作业安排上紧密衔接，减少非加工时间。

(3)提高工艺过程和非工艺过程的机械化和自动化水平，并采用先进的组织形式，如流水线、自动线。

(4)做好生产前的准备工作。

(二)生产过程的平行性

生产过程的平行性是指生产过程的各项活动，实现平行交叉作业。

实现生产过程的平行，实质上是为了让生产过程的连续性得到进一步体现而提出的更高的要求。因此，生产过程的平行性对缩短生产周期，加速资金周转，减少在制品的数量和未使用仓库面积，有重要意义。

(三)生产过程的比例性

生产过程的比例性，是指生产过程中基本生产过程和辅助生产过程之间，基本生产中各车间、各工段、各工序之间，以及各种设备之间，在生产能力上保持适合产品制造数量和质量要求的比例关系。生产过程的比例性，是合理组织生产过程的基本要求，优势发展生产，从企业内部挖掘生产潜力，取得经济效果的重要条件。

(四)生产过程的节奏性

生产过程的节奏性，是指在产品生产的各个阶段，从投料到完工入库，都能按计划有节奏或均衡地进行，要求在相同的时间间隔内生产大致相同数量和递增数量的产品，避免前松后紧，月末完不成任务而加班加点的不正常现象。

生产过程的节奏性体现在产品的投产、生产和出产三个方面。其中，出产的节奏是其他两个方面节奏性的最终结果。只有投产和生产都达到了节奏性的要求，才能真实地反映产品出产的节奏性。因此，现实生产过程的节奏性不应孤立地、单纯地从一个方面考虑，而必须把三个方面联系在一起统一加以安排，使之达到生产过程节奏性的要求。

实现生产过程的节奏性，有利于劳动资源的合理利用，减少工时的浪费和损失，有利于设备的正常运转和维护保养，避免因设备超负荷使用而产生难以修复的问题，有利于安全生产，避免各种事故的发生。

(五)生产过程的适应性

生产过程的适应性，是指企业的生产过程对产品的变动应具有较强的应变能力。当今科学技术的飞速发展，市场对新产品的需求日益增加，迫使企业不断发展新产品，因而不能不考虑产品变动这个因素对合理组织生产过程所带来的问题和产生的影响。

生产过程的连续性、平行性、比例性、节奏性和适应性这五项基本要求之间既有区别，也存在内在的联系和制约关系。企业综合经济效果的改善和提高，必须从合理组织生产过程入手，以达到上述各项基本要求。

四、企业生产类型

将企业生产产品的品种数、每种产品的产量和产品品种变换更新的速度这几项相关性很强的因素结合在一起考虑，其综合效应就体现为生产过程的稳定性和重复性。按生产过程的稳定性、重复性程度进行分析，通常把各类生产过程分为大量生产、单件生产和成批生产三种基本生产类型。

1. 大量生产

所谓大量生产，是指生产的品种很少，每一种产品的产量很大（或单位产品劳动量和年产量的乘积很大），生产能稳定地不断重复进行。一般地，这种产品在一定时期内有相对稳定的社会需求，而且需求量很大，如螺钉、螺母、轴承等标准零部件，电冰箱、电视机等家用电器。

2. 单件生产

单件生产的特点是产品对象基本上为一次性需求的专用产品，一般不重复生产。单件生产的典型代表有重型机器产品、远洋船舶、试制阶段的新产品等。

3. 成批生产

成批生产的对象是通用产品，生产具有重复性。它的特点是生产的品种较多，每种产品的产量不够大，不能维持常年连续生产，所以在生产上形成多种产品轮番生产的局面。机床、机车、民航客机是典型的成批生产类型。成批生产根据其生产品种的多少和生产的重复性程度，还可以细分为大批、中批和小批三个档次。大批生产与大量生产的特点接近，小批生产则与单件生产相近。但是成批生产中的小批生产与单件生产是不同的，前者的生产是重复进行的，而后者一般是不重复的。

各种生产类型的特点如表 5-1 所示。

表 5-1 各种生产类型的特点

比较项目	单件生产	成批生产	大量生产
品种	繁多	较多	较少
产量	很少或单件	较大	很大
工作地专业化程度	无规律加工不同零件	定期轮番加工几种零件	加工一种或几种零件
设备	大多采用通用或富有柔性的设备	既有通用设备又有专业设备	广泛采用专业、高效的设备
生产设备的配置	只能按工艺专业化配置设备	按产品专业化和工艺专业化进行混合配置	可按产品专业化配置
工艺装备	大多采用通用工艺装备	较广泛采用专用工艺设备	采用复杂夹具和自动化专用工具

续表

比较项目	生产类型		
	单件生产	成批生产	大量生产
工人技术水平	高	较高	低
零件互换性	采用钳工装配	部分钳工修理	互换、选配
劳动生产率	低	较高	高
计划安排要求	粗略	比较细致	精确

五、生产管理及其内容

(一)生产管理的定义

生产管理一般是指对企业生产活动的计划、组织和控制，是和产品制造有关的各项管理工作的总称。生产管理是企业管理的重要组成部分，它直接关系企业经营的成败和对社会提供产品的数量和质量。它的定义有狭义和广义之分。狭义的生产管理，是指以产品基本生产过程为对象的管理，也就是企业生产计划、调度部门所负责的那部分工作，包括生产过程组织，生产能力核定，生产计划与生产作业计划的制订、执行，以及生产调度工作等；广义的生产管理，是指以生产系统为对象的全面管理，也就是指从原材料、设备、人力、资金等输入开始，经过生产转换系统，直到产品和劳务输出为止的一系列管理工作。生产过程及其管理如图5-3所示。

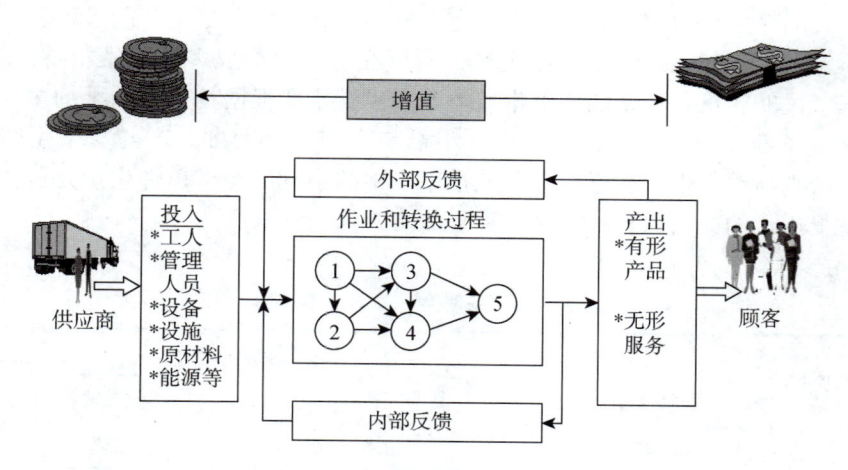

图5-3 生产过程及其管理

(二)生产管理的内容

本书采用广义的生产管理，即生产系统的管理，实质上是对物流和信息流等的管理。其具体内容包括：①生产组织工作，即选择厂址，布置工厂，组织生产线，实行劳动定额和劳动组织，设置生产管理系统等；②生产计划工作，即编制生产计划、生产技术准备计划和生产作业计划等；③生产控制工作，即控制生产进度、生产库存、生产质量和生产成本等。

生产管理的主要模块包括计划管理、采购管理、制造管理、品质管理、效率管理、设备管理、库存管理、士气管理及精益生产管理共九大模块。

生产管理过程如图5-4所示。图中，右下角BOM(Bill of Material)指物料清单，是计算机可以识别的产品结构数据文件，也是ERP的主导文件。BOM使系统识别产品结构，也是联系与沟通企业各项业务的纽带。

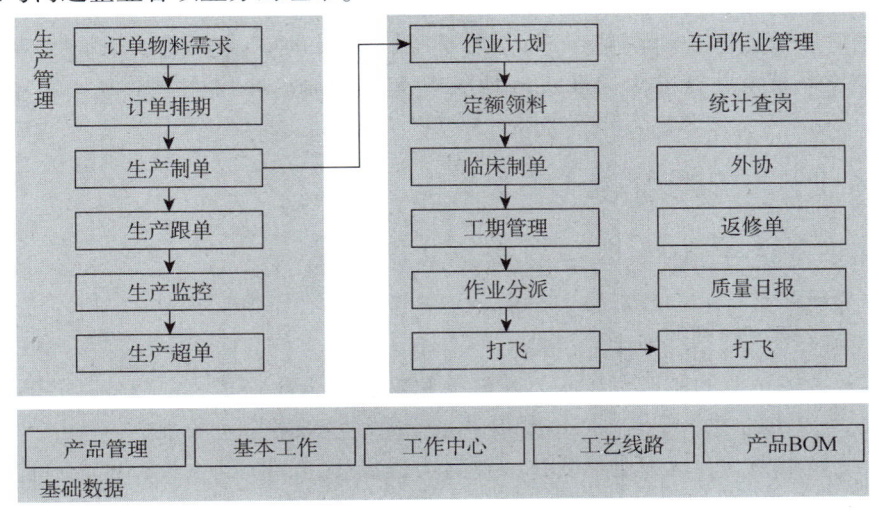

图 5-4 生产管理过程

(三) 生产管理任务

1. 保证和提高质量——质量管理

质量管理的目的是减少或消除缺陷，提高客户满意度，同时可能降低生产成本，因为高质量通常意味着更少的返工和浪费。通过持续的质量改进活动，企业可以不断提升产品和服务的质量水平。

2. 保证适时适量投放市场——进度管理

进度管理是确保项目按时完成的一系列过程。适时适量地投放市场意味着在满足市场需求的同时，避免库存积压或供应短缺，从而优化资金利用和市场响应速度。进度管理对于企业的竞争力至关重要，因为它直接影响到产品进入市场的时间和效率。

3. 产品价格为顾客所接受——成本管理

通过有效的成本控制和成本降低策略，企业可以在保持盈利的同时，制定具有竞争力的价格，吸引更多顾客。此外，成本管理还有助于企业发现成本浪费和效率低下等问题，进而持续改进。

4. 资源要素管理——设备、物料及人力资源管理

资源要素管理涉及对企业运营所需的各种资源的有效管理和配置，包括设备、物料和人力资源。设备管理关注于设备的采购、维护、升级和报废等环节，以确保生产设备的高效运行和低成本维护。物料管理涉及物料的采购、库存控制、供应链管理等，以确保生产所需的原材料和零部件能够及时、准确地供应。人力资源管理则关注员工的招聘、培训、激励和保留等方面，以建立一支高效、忠诚的员工队伍。这些资源要素的有效管理对于提高生产效率、降低成本和提升企业竞争力具有至关重要的作用。

5. 不断提高生产系统柔性(应变能力)

生产系统柔性(或应变能力)是指生产系统能够快速适应市场需求变化、技术更新和生产条件变动等外部环境和内部条件变化的能力。提高生产系统柔性需要企业在生产组织、工艺设计、设备配置、员工技能等方面具备高度的灵活性和可调整性。这样，当市场需求发生变化时，企业能够快速调整生产计划、产品结构和生产规模等，以满足新的市场需求。提高生产系统柔性有助于企业更好地应对市场不确定性和竞争压力，持续保持竞争优势。

六、企业生产管理的目标与方法

(一)生产管理的目标

(1)确保生产系统的有效运作，全面完成产品品种、质量、产量、成本、交易期和环保安全等各项要求。

(2)有效利用企业的制造资源，不断降低物耗，降低生产成本，缩短生产周期，减少在制品，压缩占用的生产资金，以不断提高企业的经济效益和竞争能力。

(3)为适应市场、环境的迅速变化，要努力提高生产系统的柔性，使企业能根据市场需求不断推出新产品，并使生产系统适应多元化生产，能够快速地调整生产，进行品种更换。

(二)生产管理的方法

1. 标准化管理

将企业里有各种各样的规范，如规程、规定、规则、标准、要领等形成文字化的东西，将其统称为标准(或称标准书)。制定标准，而后依标准付诸行动，则称为标准化。那些认为编制或改定了标准即已完成标准化的观点是错误的，只有经过指导、训练才能算是实施了标准化。

管理水平的提升是没有止境的。虽然标准化在国内已开始施行，但许多企业仍在体系、制度、意识上存在障碍，必须坚定实施标准化，才能真正让"中国制造"成为高品质的代名词。

2. 目视管理

所谓目视管理，就是通过视觉导致人的意识变化的一种管理方法。在企业管理中，强调各种管理状态、管理方法清楚明了，"一目了然"，从而容易明白、易于遵守，让员工自主地完全理解、接受、执行各项工作。目视管理实施得如何，在很大程度上反映了一个企业的现场管理水平。无论是在现场，还是在办公室，目视管理均大有用武之地。在领会其要点及水准的基础上，大量使用目视管理将会给企业内部管理带来巨大的好处。

3. 看板管理

看板管理是丰田生产模式中的重要概念，指为了达到准时生产方式(JIT)控制现场生产流程的工具。准时生产方式中的拉式(Pull)生产系统可以使信息的流程缩短，并配合定量、固定装货容器等方式，而使生产过程中的物料流动顺畅。准时生产方式的看板旨在传达信息：何物，何时，生产多少数量，以何方式生产、搬运。看板的信息包括零件号码、品名、制造编号、容器形式、容器容量、发出看板编号、移往地点、零件外观等。准时生产方式的看板在生产线上分为两类：领取看板和生产看板。看板管理示意如图5-5所示。

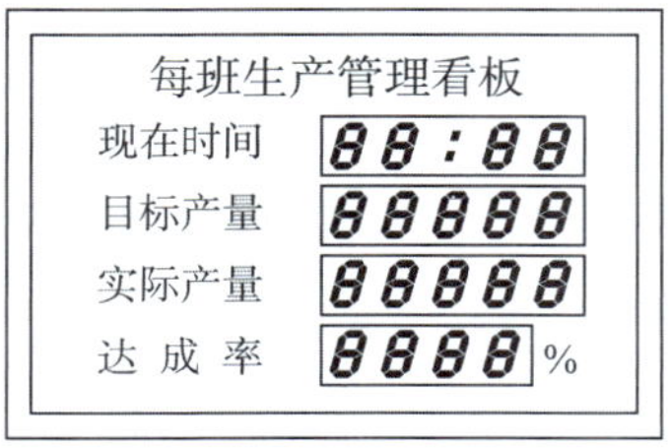

图 5-5 看板管理示意

管理看板是管理可视化的一种表现形式，可以使数据、情报等的状况一目了然，是对管理项目特别是情报进行的透明化管理活动。它通过各种形式如标语、现况板、图表、电子屏等把文件上、脑子里或现场等隐藏的情报揭示出来，以便任何人都可以及时掌握管理现状和必要的情报，从而快速制定并实施应对措施。管理看板是发现问题、解决问题的非常有效且直观的手段，是现场管理必不可少的工具之一。

七、生产管理的绩效考核

生产管理绩效是指生产部所有人员通过不断丰富自己的知识、提高自己的技能、改善自己的工作态度，努力创造良好的工作环境及工作机会，不断提高生产效率、提高产品质量、提升员工士气、降低成本，以及保证交期和安全生产的行为。生产部门的职能就是根据企业的经营目标和经营计划，从产品品种、质量、数量、成本、交货期等市场需求出发，采取有效的方法和措施，对企业的人力、材料、设备、资金等资源进行计划、组织、指挥、协调和控制，生产出满足市场需求的产品。相应地，生产管理绩效主要分为以下六大主要方面。

1. 效率（P：Productivity）

效率是指在既定的资源下实现产出最大，也可理解为相对作业目的所采用的工具及方法，是否最适合并被充分利用。效率提高了，单位时间人均产量就会提高，生产成本就会降低。

2. 品质（Q：Quality）

品质，就是把顾客的要求分解，转化成具体的设计数据，形成预期的目标值，最终生产出成本低、性能稳定、质量可靠、物美价廉的产品。产品品质是一个企业生存的根本。对于生产主管来说，品质管理和控制的效果是评价其生产管理绩效的重要指标之一。所谓品质管理，就是为了充分满足客户要求，企业集合全体的智慧经验等各种管理手段，活用所有组织体系，实施所有管理，从而达到优良品质、短交货期、低成本、优质服务，满足客户的要求。

3. 成本（C：Cost）

成本是产品生产活动中所发生的各种费用。企业效益的好坏在很大程度上取决于相对成本的高低，如果成本所挤占的利润空间很大，相应的，企业的净利润会相对降低。因此，生产主管在进行绩效管理时，必须将成本绩效管理作为其工作的主要内容之一。

4. 交货期（D：Delivery）

交货期是指及时送达所需数量的产品或服务。准时是在用户需要的时间，按用户需要的数量，提供所需的产品和服务。一个企业即便有先进的技术、先进的检测手段，能够确保所生产的产品质量，而且生产的产品成本低、价格便宜，但是没有良好的交货期管理体系，不能按照客户指定的交货期交货，直接影响客户的商业活动，客户也不会购买其产品。因此，交货期管理是直接影响客户商业活动的关键，不能严守交货期也就失去了生存权，这比品质、成本更为重要。

5. 安全（S：Safety）

安全生产管理是为了保护员工的安全与健康，保护财产，安全地进行生产，提高经济效益而进行的计划、组织、指挥、协调和控制等一系列活动。安全生产对于任何一个企业来说都是非常重要的，因为一旦出现工作事故，不仅会影响产品质量、生产效率、交货期，还会给员工个人、企业带来很大的损失，甚至对国家也产生很大的损失。

6. 士气（M：Morale）

员工士气主要表现在三个方面：离职率、出勤率、工作满意度。高昂的士气是企业活力的表现，是企业的宝贵资源。只有不断提振员工士气，才能充分发挥员工的积极性和创造性，让员工发挥最大的潜能，从而为公司的发展做出尽可能大的贡献，使公司尽可能地快速发展。

第二节　生产运作计划

一、生产运作计划体系

企业的生产运作计划按计划期的长短可分为长期、中期和短期生产计划三个层次。它们相互紧密联系，协调配合，构成了企业生产计划的完全体系。图 5-6 揭示了这三层计划的组成及各种计划之间的相互关系。

（一）长期生产计划

长期生产计划是全企业的生产指导计划，其计划长度一般为 3~5 年，甚至还有更长的时间。它是企业在生产、技术、财务等方面重大问题的规划，它提出了企业的长远发展目标及为实现目标所制定的战略计划。

主要任务是：进行产品决策、生产能力决策，以及确立何种竞争优势的决策。

（二）中期生产计划

中期生产计划，又称综合生产计划或生产计划大纲，其计划期一般为 1 年，故很多企业又称为年度生产计划。

主要任务是：在正确预测市场需求的基础上，充分利用现有资源和生产能力，尽可能均衡地组织生产活动和合理地控制库存水平，以及尽可能满足市场需求和获取利润。

图 5-6　生产计划系统结构

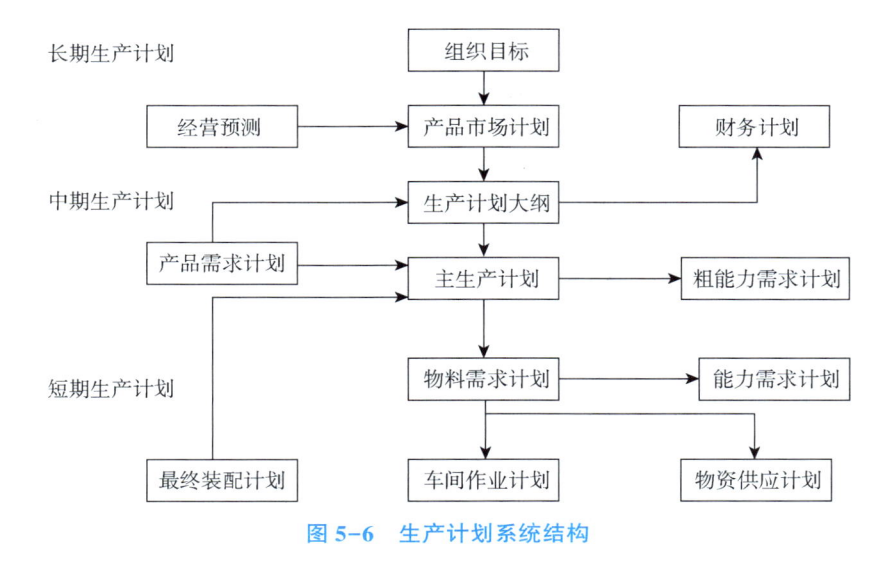

(三) 短期生产计划

短期生产计划，又称生产作业计划，它的计划期在半年以内，一般为月或跨月计划。它包括物料需求计划、生产能力需求计划等。

主要任务是：直接根据顾客的订单，合理地安排生产活动的每一个细节，使它们紧密衔接，以确保按顾客要求的质量、数量和交货期交货。

二、年度生产计划的编制

(一) 年度生产计划的概念

年度生产计划又常常称为生产计划，它是企业在计划期内应完成的产品生产任务和进度的计划。

它具体规定了企业在计划期内应完成的产品品种、质量、产量、产值、出产期限等一系列生产指标。它不仅规定了企业内部各车间的生产任务和生产进度，还规定了企业之间的生产协作任务。

主要任务是：充分挖掘企业潜力、合理调配和利用企业各类资源，不断生产出国内外市场适销对路的商品，以尽可能少的投入获得尽可能大的产出，以提高企业经济效益。

(二) 年度生产计划的主要指标

企业年(季)度生产计划，包括产品产量计划、产值计划、产品出产进度计划、生产协作计划等，这些计划是由一系列生产指标构成的。

生产计划的主要指标有产品品种指标、产品质量指标、产量指标、产值指标等。这些指标各有不同的内容和作用，并从不同的侧面反映对生产的要求。

1. 产品品种指标

产品品种指标是企业在计划期内生产的产品品名和品种数。产品品种按具体产品的用途、型号、规格来划分。

2. 产品质量指标

产品质量指标是指企业在计划期内产品质量应当达到的指标。

3. 产量指标

产量指标，是指企业在计划期内出产的符合质量标准的产品数量。产量指标一般以实物单位计量。

4. 产值指标

产值指标是用货币表示的产量指标。根据产值指标包括的具体内容及作用的不同，产值指标分为商品产值指标、总产值指标及净产值指标三种。

（1）商品产值指标。商品产值指标，是企业在计划期内出产的可供销售的产品价值，它是编制成本计划、销售计划和利润计划的重要依据。

（2）总产值指标。总产值指标是以货币表现的企业在计划期内完成的工业生产活动总成果数量，是用工厂法计算的。总产值包括：①本企业计划期内的全部商品产值，外单位来料加工产品的材料价值；②企业在制品、自制工具、模型等期末与期初结存量差额的价值。

（3）净产值指标。净产值指标是指企业在计划期内新创造的价值，是工业部门创造的国民收入。工业净产值在企业管理中有重要的作用：第一，它反映企业为社会新增加的物质财富，能够比较确切地反映工业生产的发展状况；第二，工业净产值可以综合反映增产和节约两个方面的效果。

在产值指标中，商品产值和净产值一般用现行价格计算，总产值一般采用不变价格计算，可消除各个时期价格变动的影响，以保证不同时期总产值资料的可比性。

（三）年度生产计划的制订

生产计划的制订，一般按以下步骤进行：首先测算总产量指标，然后测算分产量指标，最后安排产品出产进度，编制产品出产进度计划。

测算总产量指标首先需要安排年度内产品需求计划，然后检查企业的生产能力，确定其能否满足计划产量的需要。

测算分产量指标就是确定一个合理而有利的产品品种的构成方案。

确定总产量指标和分产量指标时的生产能力是按全年的生产能力的总量计算的，主要是检查关键设备的能力。

（四）滚动式计划

滚动计划是一种动态编制计划的方法。

传统的计划编制方法是在前一计划执行后期开始编制下一期计划，按日历时间分段。这种计划在执行时，因主客观情况的变化，可能会与发展不相符，使各阶段之间失去连贯性。滚动式，就是在制订计划时，逐年逐月往后滚动，连续编制，包括预定计划和发展计划。滚动计划包括计划期和滚动期。计划期指滚动计划所包含的时间长度；滚动期即修订计划的间隔时间，它通常等于执行计划的时间长度。

滚动式计划有以下优点。

（1）有利于计划的连续性。

（2）有利于发挥计划的指导作用。

（3）把计划的严肃性和灵活性很好地结合起来。

第三节　生产过程的时间组织

一、生产过程时间组织的内容

(一)生产过程的时间组织

合理有序地组织生产，提高劳动生产率，减少资金占用量，不但要求生产过程的各个组成部分在空间上的紧密配合，而且要求在时间上的互相协调。生产过程的时间组织，就是要尽可能地使加工对象在各生产单位之间运动时，在时间上互相配合和衔接，以提高生产过程的连续性，缩短生产周期，加速流动资金的周转，并按时完成计划任务和订货合同。生产过程的时间组织，主要是研究劳动对象在生产过程中各道工序之间的结合与衔接方式。

(二)生产过程时间组织的研究内容

生产过程的时间组织，主要是要正视客观实际，不断寻求科学方法，用最短的生产时间生产出所需的产品。研究生产过程时间组织的内容，主要包括研究产品生产过程的时间构成；研究缩短产品生产周期的途径；研究批量生产零件在加工过程中的移动方式；研究多种零件在多台机床上加工排序优化等。

在生产过程时间组织中，必须科学地、有计划地分配时间、控制时间，杜绝时间浪费，以降低制造单位产品的工时消耗。此外，应该在原有的生产条件下和工人、设备负荷所允许的限度内，尽量提高生产过程的平行性，以缩短零部件和产品的生产周期。

生产周期是从投入到产品生产出来为止所需的全部时间。加工周期是产品在设备上加工所需的全部时间。需要注意的是，有的企业生产的产品品种不是一种，而是许多种，而每种产品又是成批生产的。所以，生产过程的时间组织，不能孤立地使某一种产品的工时消耗降低和生产周期缩短，而应当满足整体最优原则，应用系统分析和其他的科学管理方法，使各种产品、各批产品的工时消耗降低和生产周期缩短。

生产过程的时间组织，主要研究劳动对象在工序间的移动方式。劳动对象的移动方式，是指零部件从一个工作地到另一个工作地之间的运送方式。生产过程时间组织的目标是减少时间损失，缩短生产周期，提高生产效率，降低在制品占用量，提高生产效益。

二、产品在工序间的移动方式

为了缩短生产周期，需要正确选择零件在工序间的移动方式，合理安排零件在设备上的加工顺序。产品在生产中要经过多道工序加工，如果产品仅有一件(简单生产过程)，就只要顺次经过一道道工序，最后实现产品加工的完成，无所谓移动方式问题。

然而，现实生产中的产品不是由单一对象组成，而是由许多零件与部件组成时，生产过程就比较复杂。因为，组成产品的零件与部件各自在不同的工作场地上平行地生产和装配，最后总装为机器。在复杂生产过程的组织管理工作中，保证成套生产和成套供应是一项非常重要的工作原则。成套生产和成套供应，不仅仅有品种和数量方面的要求，而且在时间方面有严格的要求。这里就自然而然地产生了在每道工序上生产的产品如何往下一道工序移动的问题。是生产一件就搬运到下一道工序，还是全部生产完后统一搬运，选择不同的移动方式，会带来在一道工序上加工产品的安排问题；是连续加工，还是间断加工，所产生的结果也会不同，最终导致生产完成时间产生差异。

产品在工序间的移动方式有三种形式：顺序移动方式、平行移动方式、平行顺序移动方式。

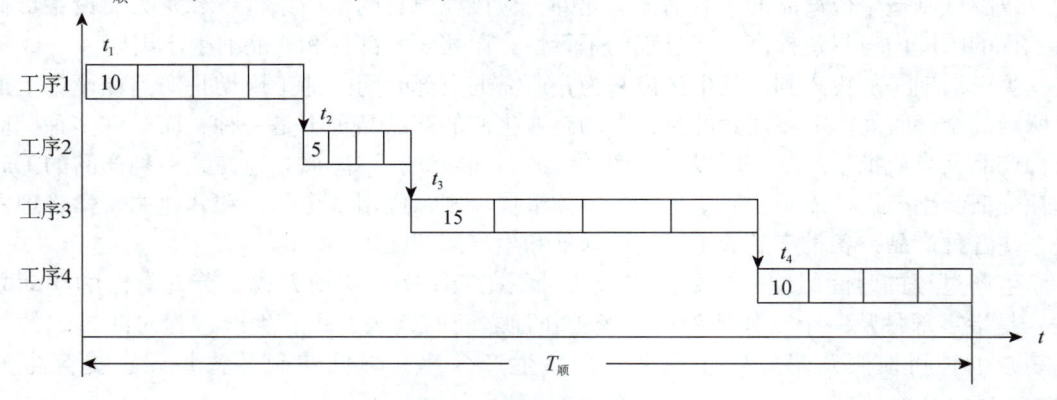

（一）顺序移动方式

顺序移动方式是指一批产品经多道工序加工时，采取整批产品在每道工序全部加工完以后，统一搬运到下一道工序去加工的方式，如图5-7所示。在顺序移动方式下，用 $T_{顺}$ 表示生产周期，产品全部生产完成的生产周期计算公式如下：

$$T_{顺} = nt_1 + nt_2 + nt_3 + nt_4 + \cdots + nt_i = n\sum_{i=1}^{m} t_i$$

式中：

n——零件加工批量；
t_i——第 i 道工序的单件工时；
m——零件加工的工序数。

例题1：汽车车门的加工需要顺序地经过冲压、焊接、打磨、组装4道工序，该批配件批量 $n = 4$，其单件工时 $t_1 = 10$ 分钟，$t_2 = 5$ 分钟，$t_3 = 15$ 分钟，$t_4 = 10$ 分钟，求顺序移动方式下的生产周期。顺序移动方式如图5-7所示。

解：$T_{顺} = 4 \times (10+5+15+10) = 160$（分钟）

图 5-7　顺序移动方式

根据图5-7，在顺序移动方式下，由于零件在各工序间都是整批移动，所以组织工作简单，工序间搬运次数少，而且各工序在加工过程中连续运转，有充分的负荷。但每一零件在各工序上都有长短不同的等待加工或运输时间，因而这种方式生产周期最长。

优点：①组织与计划工作简单；②加工过程设备无停歇，设备加工效率高，提高工效；③运输次数少。

缺点：①生产周期长；②在产品资金周转慢。

适用条件：适宜于在产品批量不大、工序的单件作业时间较短的情况下采用。

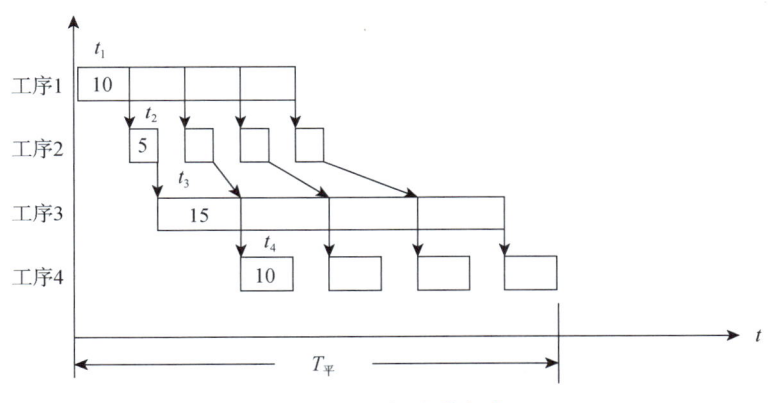

（二）平行移动方式

平行移动方式是指一批产品中的每个产品在某道工序加工完成后，马上转到下一道工序去加工，由此形成一批产品中的每个产品在各道工序上平行地进行加工。显而易见，产品在工序之间是单件移动的。在平行移动方式下，零件批的加工周期最短，但由于前后工序的时间不等，当后道工序时间短于前道工序时，后道工序在每个零件加工完毕后，都会发生设备和工人的停歇。为了充分利用人力和设备，使各工序连续作业，必须使零件在各工序的单件时间相等或成整数倍。

用 $T_\text{平}$ 表示平行移动方式下整批产品的加工周期，其计算公式如下：

$$T_\text{平} = \sum_{i=1}^{m} t_i + (n-1)t_L$$

式中：

t_L——最长的单件工序时间；

其余符号同前。将例题1中的单件工序时间代入，可求得 $T_\text{平}$，具体移动过程如图5-8所示。

图 5-8　平行移动方式

在例题1中，采用平行移动方式的生产周期为：

$$T_\text{平} = (10+5+15+10)+(4-1)\times 15 = 40+45 = 85（分钟）$$

优点：①加工周期最短；②工序间存制品储备减少。

缺点：①零部件移动频繁，计划管理复杂；②前后工序单件时间不等时，会出现零部件等待加工或设备停歇现象。

适用条件：适用于流水生产方式。

（三）平行顺序移动方式

平行顺序移动方式要求每道工序连续进行加工，但又要求各道工序尽可能平行地加工。具体做法是：当 $t_i < t_{i+1}$ 时，零件按平行移动方式转移；当 $t_i \geq t_{i+1}$ 时，以 i 工序最后一个零件的完工时间为基准，其他零件延迟开工。

平行顺序移动方式的特点是，既考虑了相邻工序上零件批加工时间的尽量重合，以缩短加工工期，又保持了该批零件在各个工序的顺序连续加工。

如果用 $T_{\text{平顺}}$ 来表示平行顺序移动方式下整批产品的加工周期，可以采用间接的思路来找出这种方式下的生产周期，$n\sum_{i=1}^{m}t_i$ 是顺序移动方式下的生产周期，减掉的是平行顺序移动方式的生产周期比顺序移动方式周期短的部分，即重复的部分，其计算公式如下：

$$T_{平顺} = n\sum_{i=1}^{m}t_i + (n-1)\sum_{j=1}^{m-1}\min(t_j, t_{j+1})$$

$$= n\sum_{i=1}^{m}t_i + (n-1)\sum_{j=1}^{m-1}t_{短j}$$

式中：

t_j，t_{j+1}——相邻两道工序的工时定额；

$t_{短j}$——每相邻工序单间工时比较出来的较短工时，在 m 个工序的生产线上共比较了 $(m-1)$ 次，总共出现了 $(m-1)$ 个较短工时。

将例题 1 数值代入，可得到平行顺序移动方式下的生产周期，如图 5-9 所示。

$T_{平顺} = (10+5+15+10) + (4-1) \times (5+5+10) = 100 （分钟）$

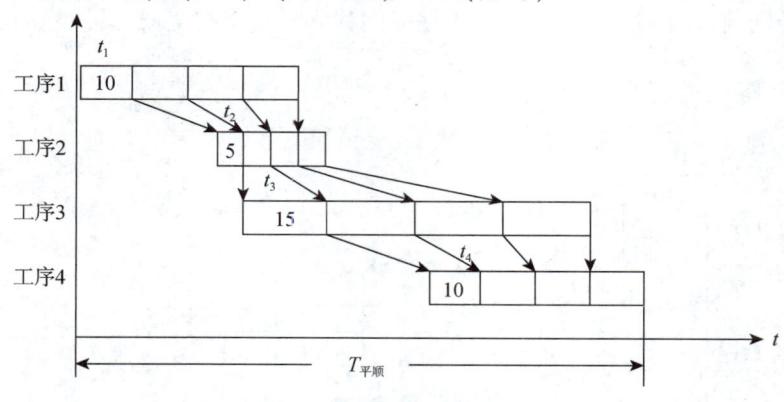

图 5-9 平行顺序移动方式

平行顺序移动方式下的加工周期，可用顺序移动方式的加工周期减去各重合部分的时间求得，当前道工序的单件时间 (t_f) 小于后道工序的单件时间 (t_h) 时，该批零件在两工序上加工时间的重合部分为 $(n-1)t_f$。当前道工序的单件时间大于后道工序的单件时间时，该批零件在两工序上加工时间重合的部分 $(n-1)t_h$。

因为 t_f 与 t_h 在上述两种情况下都是指短工序，如果用 t_{sj} 表示每相邻两工序中较短的工序单件时间，则加工时间的重合部分可以用 $(n-1)t_{sj}$ 表示。在多工序情况下，长短工序会有不同的组合，为了计算零件批的加工周期，此数为 $(m-1)$。

优点：将前两种方式优点集中起来，提高工时与设备利用率。

缺点：有等待运输时间，组织管理作业最复杂。该方法适用于工序间单件加工时间不相协调的情况。

（四）三种移动方式的比较

通过对三种移动方式的介绍可以看到，顺序移动方式，组织生产比较简单，设备在加工产品时不出现停顿现象，工序之间搬运次数少，这是其优点。这种方式最突出的缺点是生产周期长，本来可以利用的平行作业却不去采用。

平行移动方式最突出的优点是充分利用平行作业的可能，使生产周期最短。问题是一些工序在加工产品时，会出现时停时干的情况，对设备的使用不利；同时，运输次数过多，组织生产比较麻烦。

平行顺序移动方式吸取前二者的优点，生产周期较短，每道工序在加工一批产品时不发生停顿现象，给设备的正常运转带来方便。但这种方式运输次数还是较多，组织生产同样比较复杂。三种移动方式各有优缺点，它们之间的比较如表5-2所示。

在实际生产中，具体采取哪一种方式，要结合现实去分析，综合考虑，强调综合效果。具体考虑的因素有企业生产类型、企业内部生产单位的专业化形式、产品需求的轻重缓急、每道工序加工量的大小、产品运输量的大小，以及改变加工产品时，调整设备所需要的工作量大小等方面。

表5-2　三种移动方式的比较

比较项目	顺序移动方式	平行移动方式	平行顺序移动方式
生产周期	长	短	较短
运输次数	少	多	较多
设备利用	好	差	好
组织管理	简单	复杂	复杂

（1）从生产类型角度考虑，单件小批生产宜采用顺序移动方式，而大批大量生产，像流水线生产则采用平行移动方式、平行顺序移动方式为宜。

（2）从企业内部生产单位所采取的专业化形式的角度考虑，采用对象专业化的生产单位，由于其生产产品的批量较大，故宜采用平行移动方式或平行顺序移动方式。而在工艺专业化的生产单位中，由于其设备布置有自身的特点，它的排列组合形式，使生产运输受到很大限制和影响，采用平行移动方式、平行顺序移动方式运输次数多，很不方便，所以宜采用顺序移动方式。

（3）从产品需求的轻重缓急考虑，紧急任务时间要求比较急迫，要想方设法创造一些条件，采用平行移动方式或平行顺序移动方式，缩短产品生产周期，以确保生产任务的按时完成。

（4）考虑工序的加工量大小及产品的重量，加工量大、产品比较重的，应采用平行移动方式或平行顺序移动方式；反之，为了减少在生产现场加工过程中的搬运次数，减少由搬运多产生的混乱现象，可以采取顺序移动方式。

（5）在产品加工中，变换产品加工对象时，如果调整设备的工作量大，不适合采取平行移动方式或平行顺序移动方式。

选择零件移动方式时，需要考虑的因素为：批量的大小，零件加工的单件工序时间长短，零件的质量和价值，车间、工段、生产小组的专业化形式。批量小、单件工序时间短时，可以采用顺序移动方式；批量大、单件工序时间长时，宜采用平行移动方式或平行顺序移动方式；零件质量小、价值小时，可采用顺序移动方式；零件质量大、价值大时宜采用平行移动方式或平行顺序移动方式；工艺专业化车间、工段、小组，宜采用顺序移动方式；对象专业化的车间、工段、小组，宜采用平行移动方式或顺序移动方式。

第四节 生产作业控制

生产作业控制是指在生产作业计划执行过程中,对有关产品(零部件)的数量和生产进度进行控制。生产作业控制是实现生产作业计划的保证。

步骤:第一,确定生产作业控制标准;第二,检查执行结果与标准进行比较;第三,采取措施纠正偏差。

一、生产进度控制

生产进度控制是指对原材料投入生产到成品入库为止的全过程所进行的控制。

生产进度控制是生产作业控制的关键,包括投入进度控制、出产进度控制和工序进度控制等内容。

投入进度控制是指控制产品(零部件)开始投入的日期、数量和品种是否符合生产作业计划的要求。

出产进度控制是指对产品(零部件)的出产日期、出产提前期、出产量、出产均衡性和成套性的控制。做好出产进度控制,是保证按时、按量、均衡、成套完成计划任务的有效手段。

工序进度控制是指对产品(零部件)在生产过程中经过的每道加工工序的进度所进行的控制。

工序进度控制主要用于单件生产、成批生产中。对那些加工周期长、工序多的产品,(零部件)除控制投入和出产进度外,还要对工序进度进行控制。工序进度控制的方法有按工票和加工路线单进行控制。

二、在制品占用量的控制

在制品占用量控制是对生产过程各个环节的在制品实物和账目进行控制。其内容主要包括:控制车间内各工序之间在制品的流转和跨车间协作工序在制品的流转,加强检查站对在制品流转的控制。可以采用看板管理法控制在制品占用量。

采用"看板方式"生产与一般方式生产的一个显著区别是,它不是采用前道工序向后道工序送货,而是实行后道工序在必要的时候向前道工序领取必要的零部件,前道工序只生产被后道工序取走的那部分零部件,严格控制零部件的生产和储备。

三、生产调度工作

生产调度工作,是对执行生产作业计划过程中可能出现的偏差及时预测、了解、掌握和处理,保证整个生产活动协调进行。

(一)生产调度工作的内容

生产调度工作的主要包括如下内容。
(1)控制生产进度和在制品流转。
(2)督促做好生产技术准备和生产服务工作。

(3)检查生产过程中的物资供应和设备运行状况。
(4)合理调配劳动力,调整厂内运输。
(5)组织厂部和车间生产调度会议,监督有关部门贯彻执行调度决议。
(6)做好生产完成情况的检查、记录和统计分析工作。

(二)生产调度工作的原则

(1)计划性。计划性是生产调度的最基本原则。它要求生产调度必须紧密围绕企业的生产计划进行,确保各项生产活动都按照既定的计划进行。生产调度部门需要根据企业的年度、季度、月度乃至周度生产计划,合理安排生产任务、资源配置和进度控制,以保证生产目标的顺利实现。

(2)预见性。预见性是指生产调度应具有前瞻性,能够提前预测并应对可能出现的问题和变化。这要求调度人员不仅要熟悉当前的生产状况,还要具备敏锐的市场洞察力和丰富的经验,以便及时发现并解决潜在的生产瓶颈、物料短缺、设备故障等问题,确保生产过程的连续性和稳定性。

(3)集中性。集中性是指生产调度工作应具有高度的统一性和权威性。在生产过程中,各个生产环节和部门需要紧密配合、协调一致,而生产调度部门则是这一协调工作的核心。它需要对整个生产过程进行统一指挥和调度,确保各项生产活动能够按照既定的计划有序进行。同时,调度指令应具有明确性和权威性,以确保各个生产环节能够迅速响应和执行。

(4)及时性。及时性是指生产调度应迅速、准确地传递信息和指令,以及时解决生产过程中的各种问题。在生产过程中,信息传递的延迟或错误都可能导致生产停滞或浪费。因此,生产调度部门需要建立健全的信息传递机制,确保调度指令和信息迅速、准确地传达给各个生产环节和部门。同时,调度人员需要具备敏锐的洞察力和快速的反应能力,以便在问题出现时迅速采取措施进行解决。

(5)群众性。群众性是指生产调度工作应充分发动和依靠广大职工群众的积极性和创造性。职工群众是生产过程的直接参与者,他们对生产过程最为了解,也最有发言权。因此,在生产调度过程中,应广泛听取职工群众的意见和建议,充分发挥他们的智慧和力量。同时,还应加强对职工群众的培训和教育,提高他们的生产技能和素质,以更好地适应生产调度的需要。通过群众性的参与和支持,企业可以进一步提高生产调度的效率和效果。

(三)生产调度工作的组织

调度工作的组织应与作业计划管理体制相一致。一般采取三级管理,即厂部、车间和工段。

(四)生产调度工作的日常工作制度

生产调度工作的日常工作制度主要包括以下内容。
(1)值班制度。
(2)报告制度。
(3)调度会议。
(4)开好班前班后的小组会。

四、与生产控制有关的文件报表

(一) 票据

与生产控制相关的票据有很多，包括工序工票，加工路线单，零部件(或原材料、工夹具)的进、出库单，检验单，搬运单等。票据所做的记录反映了生产作业活动最原始的信息，是生产控制的基础信息。

(二) 台账

台账是把原始资料按时间顺序(一般是按日)汇集在一起的记录册。一般逐日登账，逐日汇总，以反映整个报告期整个生产单位的作业情况，便于及时掌握生产动态，控制生产进度，为编制统计图表和统计报表提供方便。

(三) 统计图表

1. 生产报表

生产报表主要有生产日报表、生产月报表、生产进度跟踪表等。这些生产报表反映了不同时间段内生产作业的完成情况。

2. 坐标图

为了便于直观了解与掌握投入和产出的进度(计划的和实际的)，还可以利用坐标图来表示计划产量累计与实际产量累计随时间而变动的情况。

3. 甘特图

甘特图是一种反映每项作业时间的条形图，它以亨利·劳伦斯·甘特先生的名字命名。在生产运作管理中，甘特图被广泛应用，常用来反映计划的时间安排，以及检查计划完成的情况。

课后练习题

一、单选题

1. 生产与作业管理在企业管理中处于(　　)。
   A. 决策性地位　　　　　　　　B. 计划性地位
   C. 基础性地位　　　　　　　　D. 主导性地位

2. 汽车、家电是采用(　　)方式生产的。
   A. 成批生产　　　　　　　　　B. 大量生产
   C. 单件小批生产　　　　　　　D. 流程生产

3. 少品种、大批量的生产方式在设置生产单位时宜采用(　　)。
   A. 工艺对象专业化形式　　　　B. 产品对象专业化形式
   C. 混合形式　　　　　　　　　D. 加工专业化形式

4. MRP 中的 BOM，指的是(　　)。
   A. 物料清单　　　　　　　　　B. 加工工艺数据

C. 生产能力资源数据　　　　　　　　D. 工厂日历
5. 生产与运作过程分析是针对(　　)的生产过程进行的系统分析。
A. 客户与市场　　　　　　　　　　B. 资金与商品
C. 人力与物力　　　　　　　　　　D. 产品与服务

二、多选题

1. 常用制订进度计划的方法有(　　)。
A. 关键日期表　　　　　　　　　　B. 甘特图
C. 关键路线法(CPM)　　　　　　　D. 计划评审技术(PERT)
2. 下列搭配正确的是(　　)。
A. 主生产计划 MPS　　　　　　　　B. 制造资源计划 MRPⅡ
C. 企业资源计划 ERP　　　　　　　D. 物料需求计划 BPR
3. 生产与运作管理的第一大类问题是产出要素管理,其中包括(　　)。
A. 质量　　　　B. 时间　　　　C. 成本　　　　D. 服务
4. 按照产品的基本工艺特征分类,产品的生产类型分为(　　)。
A. 流程型　　　B. 离散型　　　C. 大量生产　　D. 成批生产
5. 属于生产运作流程的构成要素的有(　　)。
A. 投入　　　　　　　　　　　　　B. 产出
C. 任务　　　　　　　　　　　　　D. 物流、信息流和库存

三、简答题

1. 简述生产管理的概念。
2. 简述生产管理的基本原则。
3. 什么是流水作业?
4. 简述流水作业的特点。
5. 什么是生产作业控制?

四、计算题

一批零件,批量为3,在4道工序上加工,每道工序上单件加工工时依次为 $t_1=8$ 分, $t_2=6$ 分, $t_3=10$ 分, $t_4=5$ 分,试分别求出这批零件在顺序移动方式、平行移动方式和平行顺序移动方式下的加工周期。

课后实践

1. 带领学生进入某生产企业车间,观摩生产企业流水线生产过程,分析该企业的类型。
提示:
(1)企业陪同人员介绍基本情况。
(2)学生在参观过程中向生产线人员询问。
(3)学生沿着流水线完整参观并记录。
(4)根据已学知识进行判断。
2. 带领学生进入某生产企业车间,观摩生产企业流水线生产过程,通过观察,分析其生产过程的时间组织。

提示：

(1) 顺序移动方式：指一批在制品在上道工序全部加工完，再整批地送到下道工序加工。一般适用于批量较少、工序时间较短的成批在制品生产。

(2) 平行移动方式：指一批在制品，在上道工序加工完一个零件以后，立即转入下道工序加工，而无须等待整批加工完后，才向下道工序移动的一种组织生产方式。

(3) 平行顺序移动方式：是平行移动方式和顺序移动方式混合的组织生产方式。采用这种移动方式，当前道工序加工时间小于或等于后道工序加工时间时，按平行移动的方式移送；当前道工序加工时间大于后道工序时间时，后道工序开始加工第一件在制品的时间，比前道工序加工完第一件制品的时间要往后移。后移时间的长短，以保证该工序能够连续加工该批制品为原则。

3. 带领学生进入某生产企业，观察该工厂的空间布置方式，讨论该企业在选址和布置时考虑的影响因素。

提示：

(1) 劳动力条件。
(2) 与市场的接近程度。
(3) 交通便利程度。
(4) 与供应商和资源的接近程度。
(5) 与其他企业设施的相对位置。

4. 带领学生进入某生产企业，了解企业一般的安全隐患都有哪些。

提示：

(1) 防火：注意工厂消防通道的畅通，灭火设备的准备以及确保能够顺畅使用。
(2) 空气：对于化学物品需统一放置，与其他区域正常隔离，确保工厂的内部卫生，进而保证空气质量。
(3) 电力：定期对电力线路进行检查，预防线路老化及非法用电、裸线等产生严重后果。
(4) 建筑的可使用性：确定工厂外围设施的安全使用年限。

5. 带领学生进入某生产企业，了解该企业的员工安全教育内容。

提示：

(1) 经常性的安全教育，它贯穿于整个生产活动之中。
(2) 对新员工和调动岗位员工进行三级教育，即入厂教育、车间教育和岗位教育。
(3) 对特殊工种员工的教育更应重视。对操作者本人及他人与周围设施有重大安全隐患的作业，如电气、起重、锅炉、易燃易爆、厂内机动车辆、登高作业等接触不安全因素较多的工种，用办培训班等方式进行专门训练，并经考试合格，发给安全操作许可证，才准许上岗作业。

案例分析

案例分析1：新能源汽车整车厂柔性化产线精益生产实例

山西新能源汽车工业有限公司隶属于浙江吉利控股集团，拥有乘用车、商用车生产资质。2011年5月5日成立，占地面积1 450亩(1亩≈667平方米)，建有完整的冲压、焊装、涂装、总装四大工艺生产线及配套设施，建筑面积达46余万平方米，总投资60亿元，产能10万台/年。公司具有1、5、6、7车型的生产资质，可生产载货汽车、专用汽车、客车、轿车等车型。

轿车产线车型有几何A、几何C、帝豪EV PRO、帝豪EV 500、帝豪汽油车、帝豪甲醇车、帝豪GSE 7款车型，用共线生产方式组织生产，在国内汽车主机厂的产线中也是非常少见的，据行业已知的对标数据来看，是国内车型平台最多、配置最丰富的生产线。

丰田汽车从20世纪70年代开始就专注于精益制造的研究，并形成了丰田制造系统(TPS)，通用汽车、大众汽车等国际汽车巨头在丰田精益生产的影响下，也紧随其后，创建了自己的制造体系。

对于精益生产的目标确定，公司参照当前先进企业的做法和目标，当然也需要与自身的实际情况相结合。比如，全球最先进、最精益的总装生产线，编成效率可以做到94%的水平，当然前提是该条生产线只有2个车型。同时，节拍是60 JPH，在车型变化多、节拍低的情况下，对于编成效率的提升是一个极大的挑战，因为车型多会带来各条线体、各个工艺段，甚至各个工位之间的工时不平衡，工艺编排的难度很大。另外，对于不平衡的工艺，工时浪费很难消除，具备7种车型的柔性生产线，在国内也是极其少见的。

再者，工厂的总装生产线节拍设计节拍是24 JPH，在相对低节拍的生产模式下，每个工人所需要装配的零件必定会比高节拍产线的要多得多，在装配过程中，所需要使用的工具、工装也会多，取料的次数、工艺动作切换的频次等会增加，这些都会影响到最终的增值工时占总工时的比率，影响到编成效率。

基于总装生产线在精益变革前开线节拍为18 JPH，一线直产人数定编为209人，编成效率为83.8%的背景，结合产线的设计节拍、订单数量，将目标定为产线开线节拍24 JPH、一线人员定编缩减至189人，由此制订编程效率目标92%。对于如此复杂的生产线，这样的目标应该在国内外都属于较高的目标，是有竞争力的。

该公司工艺的排布遵循以下原则。

(1)遵循工艺流程原则。

工艺流程决定了产品的过程特性满足度，所以工艺的重拍，首当其冲的必须严格遵照工艺流程进行排布，否则工艺过程特性未必能够得到满足，最终影响产品的质量和性能。

(2)依据设备布局的工艺布局定位原则。

工厂的规划是按照工艺设计开展的，一旦工厂投入使用，设备布局锁定，那么主要的工艺布局也必须锁定，虽然对于个别的设备可以调整，对于个别的工艺可以重拍，但主要或者核心的设备在安装完成后是很难移动的，这包括了流水线的物理工位数，一旦产线建设完成，想要增减物理工位，基本上就很难。当然也包括一些辅助设备，如加油/加液设备、机器人涂胶等。

(3)先大后小原则。

就像在一个玻璃瓶里装石块、沙子、水一样，如果先装的是沙子或水，那么最终石块肯定是装不多的。对于工艺排布也是如此，如果排布不合理，最终影响的是编成效率，所以工艺排布先要将一些大件安装的工艺，按照工艺流程图的要求，优先锁定工位，排布工艺。

(4)辅助工时最小原则。

取料、工艺过程的走动、进出舱等都是必要但非增值的工时，在工艺排布过程中应尽量减少这部分工时的产生，比如取料，尽可能一次取料，因为多次取料势必会产生动作上的浪费，又如工艺安排，应避免多点作业，最佳的选择是在一个固定点实施多项工艺操作，那么走动浪费就规避了，如果一项工艺排布，既涉及车头的安装作业，又涉及乘员舱内的操作，还涉及车尾的操作，不能说这种工艺排布是错误的，但肯定是不精益的。

(5) 同类或相似工艺归整原则。

如果一个人始终实践一个或一套动作，那么无论是熟练度也好，质量也好，效率也好，肯定是最佳的。基于此，在工艺排布过程中，应尽可能避免一个员工操作多种工艺，如果是做螺栓紧固工艺的，那么最好最大限度地给他安排螺栓紧固的工作，如果是安装车身线束的，那么最好就安排穿线束的工作，这也印证了"术业有专攻"这句话。

(6) 装备负荷最佳原则。

总装生产线是流水线作业，员工在完成一台车的操作后就需要移动，去操作下一台车，所以在这个过程中，如果手上的装备超负荷，比如电动或气动拧紧工具过多，或者还配备了工装，那么在移动的过程中势必会造成负担，拿不下，取不便，甚至会造成磕碰。当然，也可以通过一些其他装备来解决这些问题，但工艺排布时，装备负荷也是需要考虑的问题，就像行军打仗，每个兵员所配备的装备都是有规定的，如果一个单兵配置了过多的武器，那么会造成行动不便，他的战力也是很难施展的，所以工艺排布也要考虑同样的问题。

案例来源： https://www.sohu.com/a/640792855_121221720

案例分析2：3M 公司的创新经验

3M 公司每年都要新增百种新产品，其中 90% 是直接针对顾客需求的，一家拥有数十亿美元资金和 40 多家分公司的企业如何保持这种发明水平呢？其是通过培养自己的发明家来创造优异产品，公司中的 6 000 名遍布世界各地的科学家，除去定形产品之外，还要用 15% 的时间发展新技术，公司称为"干私活儿"。不经正常渠道从项目中悄悄地抽调资金、设备和人员，也被视为合理。3M 公司对员工干私活的鼓励，就是为员工创造了一个自由的环境，鼓励员工大胆创新。但是，要是创新的想法转化为盈利，需要进一步将想法转化为可实施的商业计划，转化为具有市场潜力的产品，这需要谨慎的决策。3M 公司的经验就是让发明者提出商业计划，并让他就产品的市场可行性进行论证，鼓励员工的事业心。

3M 公司发明上的一个范例就是黄色黏性标注纸。事情是在教堂中唱诗开始的。公司两位员工要为做礼拜的人唱诗，这样就要在不同的页码上加上小纸条，可是有时候纸条难免会掉下来影响礼拜，于是他们想，要是小纸条有一点儿黏性，而且能标出位置就好了，当然还不能把书弄坏。回到实验室以后他们就做了这种书签的样品，然后拿到教堂去试用，还真有用。这项小发明就成了一种新型的标签，用起来十分方便，很受欢迎，每年销售额高达两亿美元。有人为此出力，肯为干私活儿花费一些时间，这样才能成功地把一个产品或一个项目搞出来。公司当年也有过这样的教训。公司成立之初，5 位明尼苏达人买下了一个油田，准备在采矿和制造业上冒险，就简称 3M 公司，可是采油无望，出售计划落空了。绝望之中公司生产出一种改进的砂纸，用于底特律的汽车厂，后来又发明了面罩胶带，今天胶带及其附带产品占公司总销售额(70 亿美元)的 17%。

提示：

3M 公司之所以成功，其秘诀就在于对有杰出才能的人能够人尽其才，通过鼓舞人才去大胆冒险，并在他们成功之后给予客观的奖励，公司才能够不断研制出新产品。

回顾我们在卓越管理中刚刚学到的知识和经验，具有创新精神是企业长久不衰的法宝。创新的源泉来自员工，如何激发和保持员工创新的激情和动力呢？最为重要的一个方面就是要提供有利的创新环境，也就是自由、宽松、向上的环境。3M 公司对员工"干私活"的鼓励，就是为员工创造了一个自由的环境，鼓励员工大胆创新。但是要使创新的想法转化为盈利，需要进一步将想法转化为可实施的商业计划，转化为具有市场潜力的产品，就需要谨慎的决策。3M 公司的经验就是让发明者提出商业计划，并让他就产品的市场可行性进行论证，激励员工的事业心。

案例来源： https://www.docin.com/p-104600250.html

案例分析 3：迪士尼的成功——企业文化的力量

如果你要寻找美国企业中的佼佼者，佛罗里达州的迪士尼世界（也称迪士尼乐园）无疑是有史以来最出色的之一。在忙碌的夏季，一天中最少也有十多万人光临迪士尼世界，乐园在初建之年接待了大约 2 300 万来自世界各地的旅游者，总收入达 7.3 亿美元。到底是什么吸引了这么多游客，并达到如此高的收入呢？一句话，就是乐园的注册商标"米老鼠"具有不可抗拒的魔力。

如何能够维持这一处装扮出来的景色长盛不衰呢？人们见到的是一座巨大的舞台，但是使这座舞台真正活跃起来却需要表演，迪士尼公司优于他人之处就是训练其工作人员在这座舞台上进行逼真的表演。

迪士尼公司中没有人事部门，招聘工作由演员中心负责，每位受雇的人员都必须先在瓦尔特迪士尼大学中接受传统方式的培训。迪士尼公司精心安排训练的每一个细节，目的是要使其工作人员明了，迪士尼世界首先是一个表演企业。

每天的训练总是以赞扬式的回顾开始，当训练人在班上讲述米老鼠、白雪公主等奇妙的形象时，他是在向新来的人敞开瓦尔特迪士尼有关这座梦幻王国的想象，训练人制造一种气氛，似乎瓦尔特本人就在房间里，正欢迎新的工作人员来到他的领地，其目的是使这些新的工作人员感到自己是这位乐园奠基人的合作者，和他共同来创造世界上最美妙的地方。一家大公司向其工作人员灌输本身的价值，恐怕没有再比迪士尼乐园更好的办法了。

员工们首先需要学习的是，要对游客友好、客气、彬彬有礼、有求必应，要让游客觉得来到迪士尼世界所花费的美金是值得的，然后才是学习怎样在生动活泼的表演中充当一名演员。培训本身也是一种演出，或者严格一点说是一种彩排，是由训练人员口传身授的。让每一个员工明确他在表演中扮演的角色，在传统的培训方式完成之后，新的工作人员进入乐园实习三天。

迪士尼被称为完美画面里的活动，但这里的一切并非目力所及，迪士尼世界全部舞台实际是在舞台之下，乐园之下的地面一层是称作地下乐园的隧道网络，设置在这条地下隧道中的是一个控制灯光的计算机中心，一家为工作人员设立的咖啡店和一处更衣室。每天一早干干净净的戏装被提供给演员，由于众多的节目和大量的库存，这里有世界上最大的更衣室。躲在这谢绝一切游人的地下隧道之中，工作人员可以吸烟、进餐、喝水和化妆，一般地说也可以像在真实天地中那样自如的行动，然而他们一旦被送出隧道，穿过僻静角落中不显眼的门洞进入上面的魔幻王国，他们就再次来到舞台之上，进行人们预期的表演。

收获是显而易见的，这一魔幻王国很快就成了一个童话世界。

时间流逝，但这里仍盛况空前，人们被这里的魔幻气氛所吸引，不断涌来，而一旦步入园内就会忘乎所以，仿佛真的回到了童年时代。

提示：

迪士尼公司首先为自己的企业价值进行了准确、清晰的定位，即是表演公司，为游客观众提供最高满意度的娱乐和消遣。如何实施公司的这一定位呢？必须依靠员工。公司最终提供给顾客的产品和服务，必须由员工实施。所以迪士尼强调：将企业价值灌输给工作人员。这种灌输从招聘环节就已经开始，同时体现在员工的训练中，就连整个游乐园的设计也充分显示了这一管理思想。迪士尼的目标就是：不惜一切来确保其每一位工作人员都明白自己角色的信条和重要性，而这些信条又恰好是企业的价值所在。

整个案例体现了企业文化管理的贯彻较之于企业文化的定位更为重要，也更为复杂，是企业实施文化管理的关键所在。

案例来源：https://wenku.baidu.com/view/3d35f52caaea998fcc220ef2.html?_wkts_ = 1724050046839

视频学习资料

5.1 生产管理相关知识　　5.2 生产过程空间组织　　5.3 生产过程时间组织

第六章　现代企业物流管理

学习目标

理论学习目标

了解物流概念、物流分类，了解现代物流管理的发展过程及其趋势，了解物流管理要求及其特点；理解企业供应、生产、销售物流的内涵及特点，理解企业生产物流管理及其要求；掌握物料采购流程管理与采购策略，掌握库存管理的基本控制方法，掌握物料采购策略。同时，学习运用现代技术手段优化物流管理，提升物流运作效率和精准度，以适应现代企业物流管理的需求和发展趋势。

实践学习目标

通过实习实践操作，熟悉现代物流管理流程，提升数字化物流管理运作能力，掌握企业供应、生产与销售物流管理的业务程序和管理痛点。引导学生在现代物流企业管理实践中遵守法律法规、注重社会责任、诚信经营，为社会和企业的可持续发展贡献自己的力量。同时，启发学生从供应链物流管理的基层工作岗位做起，学会和掌握采购、生产和销售物流管理的基本技能，具有精益求精的工作理念，在物流管理的各种职能岗位上培养吃苦耐劳和勤奋执着的精神。

第一节　企业物流管理概述

一、物流及现代物流概述

（一）概念

物流理论起源于第二次世界大战期间的美国后勤管理，英文为"Logistic"。第二次世界大战后美国真正形成并发展了物流理论。其后物流理论传入了日本，产生了物流的词语与概念。而我国是在20世纪80年代改革开放后由大批留日学者带入物流理论并沿用日文"物流"。

我国国家标准《物流术语(GB/T 18354—2021)》将物流定义为："根据实际需要,将运输、储存、装卸、搬运、包装、流通加工、配送、信息处理等基本功能实施有机结合,使物品从供应地向接收地进行实体流动的过程。"

古代镖局押送物品的驮队,就是典型的原始的物流配送方式。

(二)含义理解

(1)物流是物质实体的流动。

(2)物流是物品从供应地向接收地的流动,它是满足社会需求的活动,是一种经济活动。

(3)物流的基本功能包括运输、储存、装卸、搬运、包装、流通加工、配送、信息处理等。

(4)物流可以创造物品的空间效用、时间效用和形状性质效用。

(三)现代物流功能

现代物流具备运输、储存、装卸搬运、包装、流通加工、配送、信息处理等基本功能,此外,还具有采购、客户服务功能。

(1)运输。它是物流的基本功能。运输强调的是"物"的长距离移动,它改变了物体的空间状态,解决了供需双方之间存在的空间上的不一致,辅以搬运、配送,以解决供需双方之间物体在空间上的矛盾。

(2)储存。储存是指物品的存储、保管、养护等活动。它是物流的重要功能,改变了物体的时间状态,解决了供需双方之间存在的时间上的不一致。

(3)装卸搬运。装卸搬运均属于运输的辅助作业,是物的运动过程之间相互转换的桥梁。装卸是指物品在指定地点,以人力或机械设备装入或卸下,是运输的终端作业,强调物品的上下移动。搬运是指同一场所内,对物品进行的以水平移动为主的物流作业,强调的是短途运输。装卸搬运本身不会提高物品的价值,相反会由于破损等原因导致物品的减值,所以应尽量减少装卸搬运环节。

(4)包装。包装是指在流通过程中保护商品、方便储运、促进销售,按一定技术方法而采用的容器、材料及辅助物等的总称,也指为达到上述目的而采用容器、材料、辅助物的过程中施加的一定技术方法等操作活动。在物流环节中,包装的主要功能是保护商品、方便运输,但是包装的寿命相对都较短,大多数到达目的地后被废弃,所以在包装过程中,应尽量节约包装费用,降低包装成本,既满足包装的主要功能,又提高包装的经济效益。

(5)流通加工。流通加工是指在流通中,对物品进行加工,使物品发生物理、化学等变化,从而有利于促进销售,提高物流效率。它是一种低投入、高产出的加工方式,其出发点与生产管理一样,均需按用户需求进行。

(6)配送。配送是指在经济区域范围内,根据用户的要求,对物品进行拣选、加工、包装、分割、组配等作业,并按时送达指定地点的活动。它强调的是物的短距离运输。配送必须以用户为出发点,用户居于主导地位。配与送应有机结合,使送货达到一定规模,以利用规模优势取得较低的送货成本。

(7)信息处理。信息包括物流信息和商流信息两大类。其中，物流信息是指反映物流各种活动内容的知识，是资料、图像、情报、数据、文件、语言、声音等的总称。它贯穿物流活动的始终，并指导物流活动。商流信息是指与供需双方交易有关的信息，如订货、发货等信息，主要借助现代化的信息技术来获得。

(8)采购。广义的采购是指除以购买方式取得货物的使用权或所有权之外，还可以采用租赁、借贷、交换等方式取得货物的使用权或所有权，从而达到满足需求的目的。在物流系统的各要素中，离开了采购，整个系统的运作就失去了前提和基础。采购在物流过程中的地位越来越重要。

(9)客户服务。客户服务是企业通过提供特色服务，保持客户的忠诚，增加销售量、提高利润的一种方法。随着生产营销观念向市场营销观念、社会营销观念、大市场营销观念的转化，客户的重要性日益增强。物流活动中提供各种客户服务十分必要，客户服务的关键在于正确认识、理解、处理客户的期望，其成功与否将直接影响到企业的市场竞争能力。

以上各功能相互紧密联系、互为基础，各项功能的正常发挥，保证整个物流系统的功能得以实现。

(四)现代物流五大要素

现代物流五大要素是指评价物流体系的五个主要要素，它们分别是品质、数量、时间、地点和价格。品质是指物流过程中，物料的品质保持不变；数量是指符合经济性的数量要求和往返运输途中尽可能满载等；时间是指以合理费用、及时送达为原则做到的快速；地点是指选择合理的集运地及仓库，避免两次无效运输及多次转运；价格是指在保证质量及满足时间要求的前提下尽可能降低物流费用。

(五)现代物流的特征

(1)科学化。发达国家拥有专门的物流科学机构和从事物流科学的专业人员，并建立了完整的、系统的、全面的物流科学研究、教育、培训体系。

(2)系统化。物流系统化是系统科学在物流管理中应用的结果。现代物流不再孤立地追求各项功能的效益最大化，而是提倡"供应链管理"的思想。物流管理以整个供应链为单位，追求总成本的最小化。

(3)准时化。准时化是一种生产方式，即通过准时供应，减少生产环节以外的库存，从而降低生产成本。与其相适应的是现代物流管理。物流是准时化生产实现的关键。

(4)专业化。社会分工导致了专业化，导致了物流专业的形成。它包含两个方面的内容：一是在企业中，物流管理作业企业一个专业部门独立存在并承担专门的职能；二是在社会经济领域中，出现了专业化的物流企业。

(5)网络化。社会交通运输网络的建立使企业的公司网络和业务网络的形成成为可能，促进了物流的网络化。

二、现代物流的分类

对于现代物流的分类，至今尚无统一的划分标准。但是为了便于研究，按照物流系统的作用、属性及涉及的空间范围，可以从不同的角度对物流进行分类。

(一)按照物流活动涉及的空间范围划分

按照物流活动涉及的空间范围,物流活动可以分为以下几类。

(1)国际物流。
(2)国内物流。
(3)区域物流。

(二)按照物流考虑的角度不同划分

(1)社会物流。从社会的角度研究与之相关的物流称为社会物流,又称大物流。它属于宏观物流范畴。这种物流面向全社会,具有宏观性、全局性特点,一般由专门的物流承担者承担。社会物流是国民经济的命脉,其顺畅程度直接关系到国家经济的发展态势。

(2)企业物流。从企业的角度研究与之相关的物流称为企业物流,又称小物流。它属于微观物流的范畴。企业物流具有微观性、具体性等特点。按照物流活动发生的先后顺序,企业物流可以分为供应物流、生产物流、销售物流、回收物流、废弃物物流。

①供应物流。供应物流是生产企业、流通企业或消费者购入原材料、零部件及商品的流通过程,也就是物品生产者、持有者至使用者的物流。供应物流不仅要保证供应,还要用最低成本,以最少消耗、最大保证来组织供应,关键是供应的成本、时间、保证、质量、数量等。

②生产物流。生产物流是企业生产过程中原材料、在制品、半成品、产成品等在企业内部的实体流动。这些实体在流动过程中,与企业生产的工艺过程、生产流程及工艺要求有密切的联系。生产物流通常也被称为厂区物流、车间物流等,它是企业物流的重要部分。

③销售物流。销售物流是生产企业、流通企业出售商品时,物品在供方与需方之间的实体流动。销售物流关系到企业产品价值是否得到实现。销售物流带有极强的服务性,而成本与服务具有矛盾性,因此要在二者之间取得平衡,要研究送货方式、包装水平、运输路线、批量、批次、时间等。

④回收物流。回收物流主要是指不合格物品的返修、退货,以及周转使用的包装容器从需方返回到供方所形成的物品实体流动。例如,用户由于产品本身的质量问题或其他各种原因拒收,而使产品返回原工厂或发生节点而形成的物流,即为回收物流,这种物流处理不好会危及企业信誉。

⑤废弃物物流。废弃物物流是指将经济活动中失去原有使用价值的物品,根据实际需要进行收集、分类、加工、包装、搬运、储存等,并分送到专门处理场所时所形成的物品实体流动。废弃物物流的作用是无视对象的价值或对象没有再利用价值,仅从环境保护角度出发将其焚化,进行化学处理或运到指定地点掩埋。

三、物流管理及其特点

(一)物流管理的概念

物流管理(Logistics Management)是指在社会化大生产过程中,根据物质资料实体流动的规律,应用管理的基本原理和科学方法,对物流活动进行计划、组织、指挥、协调、控制和监督,使各项物流活动实现最佳的协调与配合,以降低物流成本,提高物流效率和经济效益。

现代物流管理是建立在系统论、信息论和控制论基础上的。物流管理要解决的基本问题，就是把合适的产品以合适的数量和合适的价格在合适的时间和合适的地点提供给客户。

1953年，日本丰田公司的副总裁大野耐一综合了单件生产和批量生产的特点和优点，创造了一种在多品种、小批量混合生产条件下高质量、低消耗的生产方式，即准时生产。

准时生产方式基本思想可概括为"在需要的时候，按需要的量生产所需的产品"，也就是通过生产的计划和控制及库存的管理，追求一种无库存或库存达到最小的生产系统。

准时生产方式的核心是追求一种无库存的生产系统，或使库存达到最小，并逐渐开发了包括"看板"在内的一系列具体方法，形成了一套独具特色的生产经营体系。

准时生产以准时生产为出发点，暴露出生产过量和其他方面的浪费，要通过对设备、人员等进行淘汰、调整，达到降低成本、简化计划和提高控制的目的。在生产现场控制技术方面，准时制的基本原则是在正确的时间，生产正确数量的零件或产品，即时生产。它将传统生产过程中前道工序向后道工序送货，改为后道工序根据"看板"向前道工序取货，看板系统是准时制生产现场控制技术的核心，但准时制不仅仅是看板管理。准时生产制是一种理想的生产方式，这其中有两个原因。一是因为它设置了一个最高标准，一种极限，就是"零"库存。实际生产可以无限地接近这个极限，却永远不可能达到零库存。二是因为它提供了一个不断改进的途径，即降低库存—暴露问题—解决问题—降低库存，这是一个无限循环的过程。

（二）物流管理的发展历程

物流管理的发展经历了配送管理、现代物流管理和供应链管理三个阶段，每个阶段有不同的特点。

1. 配送管理的特点

当时的物流管理主要针对企业的配送，即在成品生产出来后，快速而高效地经过配送中心把产品送达客户，并尽可能维持低的库存量。美国物流管理协会那时叫作实物配送管理协会，而加拿大供应链与物流管理协会则叫作加拿大实物配送管理协会。在这个阶段，物流管理只是在既定数量的成品生产出来后，被动地去迎合客户需求，将产品运到客户指定的地点，并在运输的领域内去实现资源最优化使用，合理设置各配送中心的库存量。准确地说，这个阶段物流管理并未真正出现，而是运输管理、仓储管理和库存管理。物流经理的职位当时也不存在，而是运输经理或仓库经理。

2. 现代物流管理的特点

现代意义上的物流管理出现在20世纪80年代。当时，人们发现利用跨职能的流程管理的方式去观察、分析和解决企业经营中的问题非常有效，通常分析物料从原材料运到工厂，流经生产线上每个工作站，产出成品，再运送到配送中心，最后交付给客户的整个流通过程。

在这个阶段，物流管理的范围扩展到除运输外的需求预测、采购、生产计划、存货管理、配送与客户服务等，以系统化管理企业的运作，达到整体效益的最大化。艾利·高德拉特所著的《目标》一书风靡全球制造业界，其精髓就是从生产流程的角度来管理生产。相应地，美国实物配送管理协会在20世纪80年代中期改名为美国物流管理协会，而加拿大实物配送管理协会则在1992年改名为加拿大物流管理协会。

一个典型的制造企业，其需求预测、原材料采购和运输环节通常叫作进向物流，原材料在工厂内部工序间的流通环节叫作生产物流，而配送与客户服务环节叫作出向物流。物流管理的关键是系统管理从原材料、在制品到成品的整个流程，以保证在最低的存货条件下，物料畅通地买进、运入、加工、运出并交付到客户手中。对于有着高效物流管理的企业的股东而言，这意味着以最少的资本做最大的生意，产生最大的投资回报。

3. 供应链管理的特点

供应链最早来源于彼得·德鲁克提出的"经济链"，而后经由迈克尔·波特发展成"价值链"，最终逐渐演变为"供应链"。那么什么是"供应链"（Supply Chain）呢？《物流术语》对其的定义为："生产及流通过程中，围绕核心企业的核心产品或服务，由所涉及的结构原材料供应商、制造商、分销商、零售商直到最终用户等形成的网链结构。"所以，一条完整的供应链应包括供应商（原材料供应商或零配件供应商）、制造商（加工厂或装配厂）、分销商（代理商或批发商）、零售商（大卖场、百货商店、超市、专卖店、便利店和杂货店）及消费者。

供应链是一个范围更广的企业机构模式。它不仅是一条连接供应商到用户的物料链、信息链、资金链，更是一条增值链。因为物料在供应链上进行了加工、包装、运输等而提升了其价值，从而给这条链上的相关企业带来了收益。

近年来，中国供应链管理服务行业市场规模不断扩大，中国市场占全球SCM服务的比重不断增加。前瞻根据全球SCM（供应链管理）服务市场规模，结合SCM服务行业中的主要行业——云供应链管理服务行业中对中国市场规模的占比进行统计，再对中国整体SCM服务行业市场规模占比进行了初步统计，最终得到中国供应链管理服务市场规模。2021年中国SCM服务行业市场规模超过190亿元。

供应链管理如图6-1所示。

图6-1 供应链管理

(三)现代物流管理的观念

(1)全球化观念。经济的全球化带动了物流的全球化,产品的销售区域扩大到世界范围,这就意味着企业的物流管理也要实现全球化。

(2)物流管理信息化。信息在现代物流管理担任着重要角色。通过实时把握物流信息,企业可以控制物流系统按照目标进行。

(3)物流管理的社会化。产品的销售和流通是产品生产的一个重要环节,同时是一个会给资金周转带来不利的环节,如果企业同时从事制造和物流,将会使社会的物流能力得不到充分利用。将产品的生产制造与物流服务行业联结起来,是物流管理社会化的体现。

(4)物流管理的一体化。企业的生存与发展、顾客选择商品的结果,都会受到企业物流管理的影响,它是生产商服务顾客的重要能力。在这个高速发展的社会,只有拥有值得让顾客信服的物流管理,才能使产品的销售流通顺利进行。物流管理的一体化不仅仅是指企业内部物流管理的一体化,它包括企业内部和外部的一体化。

(5)以顾客满意为第一观念。让顾客满意是企业进行物流管理的目标之一,是决定企业能否生存下去的关键。社会向多元化、信息化发展,使消费者的需求也呈现出多样化的特征。订货的不确定性增强、批次增多、批量减小,这些都促进了货物的流通,增加物流管理的工作量和烦琐度。企业在进行物流管理时一定要以顾客满意为第一观念,把服务做到位。

四、现代物流管理的目标

企业物流管理旨在以最低的物流成本达到用户满意的服务水平,对企业物流活动进行计划、组织、协调与控制。根据现代物流五大要素,即品质、数量、时间、地点和价格,企业物流管理的目标可概括为以下六点。

1. 快速反应

快速反应就是对顾客的需求反应迅速,快速满足。顾客需要什么产品和服务,企业就提供什么产品和服务。快速反应也是一个企业能否及时满足顾客的服务能力。快速反应能够获得更大市场,从而获得更好的经济效益。

2. 最小变异

变异是指破坏物流系统表现的任何意想不到的事件。最小变异有利于保证企业生产经营活动的稳定性。变异可以产生于任何一个领域的物流作业,如顾客收到订货的期望时间延迟、制造中发生意想不到的损坏、货物到达顾客所在地时发现受损或者把货物运到不正确的地点等。物流系统的所有作业领域都可能遭到潜在的变异,降低变异的可能性直接关系到企业的内部物流作业和外部物流作业的顺利完成。在充分发挥信息作用的前提下,采取积极的物流控制手段可以把这些风险降到最低,可以提高物流的生产率与服务水平。

3. 最低库存

企业物流系统中,在保证供应的前提下提高周转率,就意味着库存占用的资金得到了有效的利用。因此,保持最低库存的目标是把库存减少到和顾客服务目标相一致的最低水平,以实现最低的物流总成本。零库存是企业物流的理想目标。伴随着零库存目标的接近与实现,物流作业的其他缺陷会显露出来。所以,企业物流设计必须把资金占用和库存周转速度当成重点来控制和管理。

4. 可靠的物流质量

企业物流目标是要寻求以尽可能低的物流成本保质保量地完成物流活动。物流质量主要体现在如下方面：物流对象（即产品）质量要满足要求；物流的时间地点要恰当；物流的费用要合理；物流的效率要高；物流的服务质量符合要求等。

5. 提供优质服务

物流系统直接连接着生产与再生产、生产与消费，因此有很强的服务性，这种服务性本身有一定的从属性，要树立用户为中心的理念，不一定以利润为中心，准时供货、柔性供货方式也是服务性的体现。

6. 最低成本

节约时间、节约费用、高效率、高效益，达到成本最低的目的。

五、现代物流管理的发展趋势

（一）第三方物流

1. 定义

相对于自营物流而言，凡是由社会化的专业物流企业按照货主的要求，所从事的物流活动，都可以包含在广义的第三方物流范围内。狭义的第三方物流是指能够提供现代的、系统的物流服务的第三方物流活动。第三方物流是一种高水平、现代化的物流服务方式。

第三方物流应具有的标志是：①提供现代化、系统服务的企业素质。②可以向货主提供包括供应链物流在内的全程物流服务和特定的、定制化服务的活动。③不是货主偶然的、一次性的物流服务，而是采取委托—承包形式的业务外包的长期活动。④不是向货主提供一般性服务，而是提供增值物流服务的现代物流服务。

2. 第三方物流企业的优势

（1）具有专业水平和相应物流网络，设备实施专业化、物流功能全面化、服务多样化个性化、管理水平专业化、物流网络化。

（2）拥有规模经济效益。

（3）有助于生产流通企业减少资本投入。

（4）有利于资源优化配置。

（5）拥有信息技术优势。

（二）供应链管理

1. 供应链

生产及流通中，涉及将产品或服务提供给最终用户活动的上游与下游企业，所形成的网链结构，称为供应链。

供应链结构示意如图 6-2 所示。

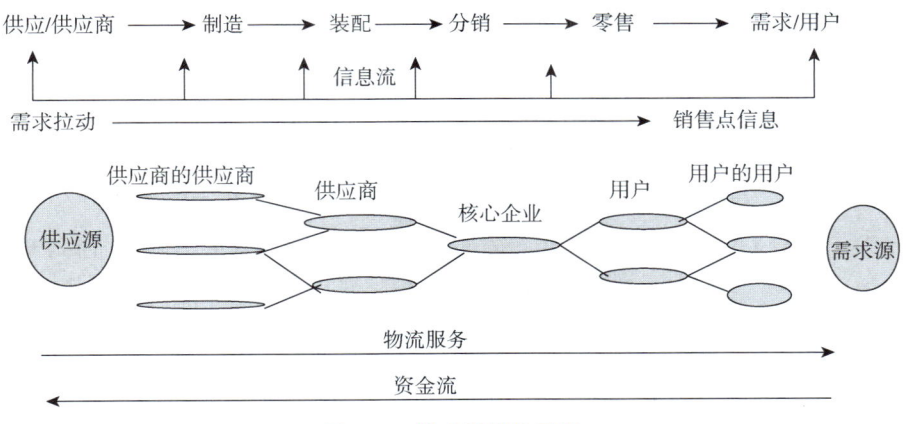

图 6-2 供应链结构示意

供应链的特征：网链相连、需求拉动、复杂性、动态性、交叉性。

供应链管理指利用计算机网络技术全面规划供应链中的商流、物流、信息流、资金流等并进行计划、组织、协调与控制。

2. 供应链管理的必要性

(1) 提高供应链竞争力。当今社会企业竞争白热化，竞争已经从单一企业之间的竞争发展到供应链之间的竞争。因此必须强化供应链的管理，协同作战，提升整个供应链的竞争力，平衡利益关系。供应链管理重点领域为产品开发、产量决策、库存管理、经营战略等方面。其中物流管理是重要方面之一。

(2) 解决供应链需求变异放大问题。供应链需求变异放大问题是指当供应链的各个节点企业只根据来自其相邻的下游企业的需求信息进行生产或供应决策时，需求信息的不真实性会沿着供应链逆流而上，产生逐级放大现象，达到最源头的供应商时，其获得的需求信息和实际消费市场顾客的真实需求信息差异很大。需求信息的不真实性主要是由于各环节企业都要有自己的库存，因此放大了需求，这种需求放大效应往往使上游供应商比下游供应商维持更高的库存，而整个供应链的高库存将给整个供应链带来灭顶之灾。可通过供应链管理强化供应链企业协调经营，互通信息，降低整个供应链库存，从而解决供应链需求变异放大问题。

3. 供应链管理环境下的库存策略

(1) 供应商管理库存。供应商通过与下游客户签订协议，在下游用户的允许下基于下游客户的生产经营和库存信息设立库存，确定库存水平和补给策略，拥有库存控制权。设计合理的供应商管理库存系统，不仅可以降低供应链库存水平，降低成本，而且可以让用户获得高水平的服务，改善资金流，与供应商共享需求变化的透明性和获得更高的用户信任。

(2) 联合库存管理。联合库存管理是指供应商与用户建立协调中心组织，共同参与库存管理，共同确定库存计划及策略，建立库存中心(如建立地区配送中心)。联合库存管理系统部分地消除了由于供应链环节之间的不确定和需求信息的扭曲现象导致的供应链库存波动。通过协调管理中心，供需双方共享信息，提高了供应链运作的稳定性。

(三)物流信息化

高效、快捷、方便、低成本是物流管理的主要目的,而物流信息化正是实现这些目的的重要手段。物流信息化就是要利用现代化的信息手段进行物流管理,主要通过建立和运行如下信息系统进行。

(1) POS(Point of Sales)系统即销售时点信息系统,是指通过自动读取设备(如收银机)在销售商品时直接读取商品销售信息(如商品名、单价、销售数量、销售时间、销售店铺、购买顾客等),并通过通信网络和计算机系统传送至有关部门进行分析加工以提高经营效率的系统。利用POS系统的范围已经从企业内部扩展到了整个供应链。

(2) EOS(Electronic Ordering System)即电子订货系统,是指将批发、零售商场所发生的订货数据输入计算机,即通过计算机通信网络连接的方式将资料传送至总公司、批发商、商品供货商或制造商处。因此,EOS能处理从新商品资料的说明直到会计结算等所有商品交易过程中的作业,可以说EOS涵盖了整个物流过程。在成本高速上涨的情况下,零售业已没有许多空间用于存放货物,在要求供货商及时补足售出商品的数量且不能有缺货的前提下,更必须采用EOS系统。

(3) EDI(Electronic Data Interchange)即电子数据交换系统,是指将商业或行政事务按一个公认的标准,形成结构化的事务处理或文档数据格式,从计算机到计算机的电子传输方法,也就是按照商定的协议,将商业文件(如发票、订单)标准化和格式化,并通过计算机网络,在贸易伙伴的计算机网络系统之间进行数据交换和自动处理。

(四)物流手段现代化

在现代物流中,广泛使用先进的运输、仓储、装卸搬运、包装及流通加工等手段,运输手段大型化、高速化、专用化,装卸搬运机械自动化、包装单元化、仓库立体化。

第二节 企业供应物流管理

一、采购管理

采购,一般是指购买生产和生活资料,其过程包括提出采购需求、选定供应商、谈妥价格、确定交货和相关条件、签订合同并按要求收货付款的过程。采购管理是指管理采购业务单元,为采购活动提供服务和支持,并对采购行为进行监督,管理的对象是计划、认证、订单和合同等环节。

采购管理的主要内容包括研究和规划企业的采购战略,在此基础上建立与企业采购情况相适应的采购流程系统;跟踪国际上先进的理论和技术方法,制定和完善企业的采购管理制度,通过培训提升采购人员的采购技术和能力;收集和研究与企业相关的各种商业信息,为采购活动提供指导。采购管理还具有审核批准采购计划、评价采购活动和供应商的绩效、审查采购部门的行为和流程执行情况等内容。其中比较重要的是采购流程管理、采购成本和价格管理。

(一)采购管理的目标

采购是供应物流活动中的一个重要环节,直接关系到供应物流的成本与质量。在现代企业的经营管理中，采购越来越重要，外购条件和原材料的采购成功与否在一定程度上影响着企业的竞争能力。采购管理往往是企业竞争力的重要源泉。加强采购管理对企业管理有重要的意义。

（1）获取高质量原材料，为生产高质量产品奠定基础。通过不断改进采购过程，加强对供应商的管理，企业可以提高原材料的质量，进而为提高企业产品质量奠定良好的物质基础。

（2）建立、优化原材料供应体系。通过采购管理，企业能够建立可靠的供应配套体系。这样可以减少供应商的数量，使采购活动集中，降低采购成本；同时可以避免依赖某一家供应企业，防止其提高价格。企业的采购还应该利用供应商的专业优势，让供应商参与企业的经营过程，从而与供应商建立良好的合作关系。

（3）降低经营成本。采购成本的高低直接影响到企业经营成本的高低，所以在采购过程中如果能控制和减少直接采购成本和间接采购成本，就能极大地降低企业经营管理的整体成本，提高企业的竞争能力。

（4）树立企业良好的市场形象。通过采购工作，企业可以建立和维护企业的良好形象。采购是企业的对外工作，在很大程度上代表着企业的形象。因此，要求采购人员及部门以公正友好的态度发展同供应商的关系，可以树立良好的企业形象。

（5）确保采购系统能够正常高效运行。根据业务需要建立采购流程，在建立流程的基础上建立采购组织；建设采购工作需要的软件环境（信息系统、规章制度）和硬件环境（办公设施、物流设施）。

（二）采购流程管理

一般一个完整的采购作业流程应该包括以下环节：发现需求、编制采购计划、选择供应商、拟定采购订单、跟催货物、验收货物、支付货款和更新记录。

1. 发现需求

采购的起点是发现需求。对于一般企业而言，采购产生于企业某一个部门的具体需求，例如，办公室需要办公用品、实验室需要实验器材、生产部门需要原材料等。每个部门具体负责业务活动的人员应该很清楚地了解本部门的需求，包括需要什么、需要多少、何时需要等。为此每个具体的部门都要提出自己的采购需求计划，在规定的时间里提供给采购部门，由采购部门进行集中采购，以满足企业发展的需要。

2. 编制采购计划

采购计划，是指企业管理人员在了解市场供求情况、掌握企业物料消耗规律的基础上，对计划期内物料采购活动所进行的部署和安排。它包括认证计划和订单计划两方面的内容。采购计划有广义和狭义之分。广义的采购计划是指为保证供应各项生产经营活动的物料需要而编制的各种采购计划的总称；狭义的采购计划是指年度采购计划，是企业对计划年度内生产经营活动中需要采购的各种物料的数量和时间所做出的安排。采购计划是企业生产计划的一部分，是企业年度计划与目标的组成部分。

3. 选择供应商

供应商的选择是采购管理成功的关键因素。一个合适的供应商能提供合适的、高质量的、足够数量的、合理价格的和准时交货的物资供应，并具有良好的售后服务。供应商的选择要考虑两个问题：一是决定自制还是外购；二是选择外购后，要进行一系列评估来确定供应商。为有效地进行采购，配送中心的采购部门必须考虑供应商履行合同情况的记录、自己所购物料项目的分类表等。选择好物料的供应商后，配送中心的相关采购人员就要发出采购订单。

4. 拟定采购订单

有些情况下，物流配送中心与供应商签有某种商品的销售协议，这样，双方按销售协议供货就可以了。如果没有销售协议，配送中心就要进行采购订单的拟定工作。采购订单必须采用书面形式，即使采购订单是通过电话发出的，随后也要补上书面的订单。

5. 跟催货物

采购订单发给供应商之后，采购部门要对货物订单进行跟踪或催货。在一些企业中甚至还设有专职的跟踪和催货人员。

跟踪是对采购订单所做的例行追踪，以确保供应商能够履行其货物发运的承诺。跟踪也有利于及时发现采购中的问题，如产品质量问题、发运环节问题等。采购部门发现问题后可以及时与供应商沟通，尽早解决。

催货是对供应商施加压力，使其更好地履行发运承诺。如果供应商不能很好地履行采购协议，采购部门应该采取相应的措施，包括威胁取消订单及以后的交易活动。一般来说，供应商是经过严格筛选的，因而其信用是可靠的，催货仅适用于采购订单的一小部分。但是，在物资匮乏或竞争激烈的时候，催货有很重要的意义。

6. 验收货物

许多配送中心设有专门验收货物的职能部门。验收货物的基本目的是确保发出订单采购的货物已经实际到达，检查到达的货物是否完好无损，确保到货的数量与订购数量一致，将货物运送到指定的仓库存储或转运。

在货物验收时，有时会发生货物短缺的现象。这一情况可能是运输过程中丢失造成的，也可能是发运时数量就不足，所有这些情况验收部门都要撰写详细的报告交给供应商。

7. 支付货款和更新记录

货物验收完毕，采购部门将按照采购协议支付供应商的货款，更新采购部门的采购记录以便于下一次采购。

（三）采购策略

企业在运用一些具体控制成本方法的同时，还要注意采购策略的运用。

1. JIT 采购策略

（1）JIT 采购的基本含义。JIT（Just In Time，准时化采购）采购是指只在需要的时候（既不提前也不延迟），按照需要的产品品质和数量，订购企业所需要的物料。

JIT 采购是一种理想的物料采购方式。它设置了一个最高标准，一种极限目标，即物料的库存为零、缺陷为零。同时，为了尽可能实现这样的目标，JIT 采购提供了一个不断改进的有效途径，即降低物料库存、暴露物料采购问题、采取措施解决问题、降低物料库存。

（2）JIT 采购的特点。传统上，企业物料采购的目的是以最低的成本费用来获取所需要的物料。在 JIT 环境下，采购功能与传统采购相比发生了深刻的变化，JIT 采购与传统采购的比较如表 6-1 所示。

第六章　现代企业物流管理

表 6-1　JIT 采购与传统采购的比较

项目	JIT 采购	传统采购
供应商选择	单源供应，长期合作关系	多源供应，短期合作关系
采购批量	小批量，送货频率高	大批量，送货频率低
供应商评价	质量、价格等	价格、质量等
磋商重点	长期合作关系、质量和合理的价格	获取最低的价格
运输	准时送货，采购者负责计划安排	较低的成本，供应商负责计划安排
包装	特定要求	常规包装
检验	开始时逐步减少，最终取消	收货、点数统计、品质鉴定
信息交换	快速、可靠	一般要求

从表 6-1 不难看出，JIT 采购的主要有以下特点。

①单源供应。单源供应指的是对某一物料只从一个供应商那里采购。

②小批量采购。购买的小批量是 JIT 采购的又一基本特征。由于企业生产对物料的需求是不确定的，而 JIT 采购又旨在消除物料库存，为了保证及时、按质按量供应所需的物料，采购必然是小批量的。

③合理选择供应商。由于 JIT 采购采用单源供应，因而对供应商的合理选择就显得尤其重要。可以说，选择合格的供应商是 JIT 采购成功实施的关键。合格的供应商应具有较好的技术、设备条件和较高的管理水平，可以保障采购物料的质量，保证及时按量供货。

④从根源上保障采购质量。实施 JIT 采购后，企业的物料库存很少，甚至为零。因此，为了保障企业生产经营的顺利进行，采购物料的质量必须从根源上抓起。也就是说，购买的物料质量保证应由供应商负责，而不是由企业物料采购部门保证。

⑤可靠的送货和特定的包装要求。可靠的送货是实施 JIT 采购的前提条件。良好的包装不仅可以减少装货、卸货对人力的需求，而且使物料的运输和接收更为便利。

⑥有效的信息交换。只有供需双方进行可靠而快速的双向信息交流，才能保证所需物料的及时按量供应。信息交换的手段包括电报、电传、电话、信函和卫星通信等。现代信息技术的发展，如 EDI、E-mail 等，为信息交换提供了强有力的支持。

2. 网上采购策略

网上采购策略就是利用互联网进行的采购活动。网上采购策略主要依靠网上招标、网上采购等方式进行。网上采购最大的益处是能够大幅度降低订购成本。

网上采购有以下特点。

（1）公开性。由于互联网有公开性的特点，全世界都可以看到采购方的招标公告，只要符合条件，谁都可以前来投标。

（2）广泛性。网络没有边界，所有的供应商都可以向企业投标，企业也可以调查所有的供应商。

（3）交互性。网上采购过程中，企业与供应商的网上联系非常方便，可以通过电子邮件或聊天方式进行信息交流。

（4）低成本。网上操作可以节省大量人工业务环节，省人、省时间、省工作量，使总成本最低。

（5）高速度。网上传输信息和文件的速度非常快。

(6)高效率。把以上几点综合起来，显然会出现高效率。

3. 联合采购策略

联合采购策略就是汇集同行业的共同需求向同一供应商订货。联合采购数量庞大，价格会相对优惠；各企业之间联合采购有利于建立合作关系，提高采购绩效。联合采购的缺点：一是参与企业较多，作业手续复杂，作业效率降低；二是供应商容易利用联合采购实行"联合垄断"操纵供应市场。联合采购适合基础比较薄弱的中小企业。联合采购的基本模式有：由某一地区的中小企业组成的联合采购；由某一供应商牵头组织的联合采购；由某一行业协会组织的联合采购。

二、库存管理

(一)库存的含义与分类

1. 库存的含义

库存(Inventory 或 Stock)是指处于储存状态的物品，主要是作为今后按预定的目的使用而处于闲置或非生产状态的物料。从物流的角度看，物料在各个状态的转化之间不可避免地存在时间差，在这个时间差中，处于闲置状态的物料即为库存。

2. 库存的作用

库存的作用主要有以下几个。
(1)降低经营成本，提高作业效率。
(2)保持生产活动的连续性和稳定性。
(3)应对不确定性、随机性的需求变动。
(4)使企业获得经济规模。
(5)实现区域专业化生产。

3. 库存的分类

从生产过程的角度可分为原材料库存、零部件及半成品库存、成品库存三类。从库存货物所处状态可把库存分为静态库存和动态库存。静态库存指长期或暂时处于储存状态的库存，这是一般意义上的概念。实际上，广义的库存还包括处于制造加工状态或运输状态的库存，即动态库存。从经营过程的角度可将库存分为以下几种类型。

(1)经常库存。经常库存也称周转库存，是指企业在正常的经营环境下，为满足客户日常的需求而建立的库存。设立经常库存的目的是衔接供需，缓冲供需在时间上的矛盾，保障供需双方的经营活动都能顺利进行。这种库存的补充是按照一定的数量界限或时间间隔反复进行的。

(2)安全库存。安全库存也称保险库存，是指为了防止不确定因素(如突发性大量订货或供应商延期交货)的影响而准备的缓冲库存。

(3)季节性库存。季节性库存是指为了满足特定季节中出现的特定需求而建立的库存，或指对季节性货物在出产的季节大量收储所建立的库存。

(4)生产加工和运输过程的库存。生产加工过程的库存是指处于加工或等待加工状态而成暂时仓储状态的货物。运输过程的库存是指处于运输状态(在途)或者为了运输(待运)而暂时处于仓储状态的货物。

(5)促销库存。促销库存是指为了应付企业的促销活动产生的预期销售增加而建立的库存。

(6)增值库存。增值库存也称时间效用库存,是指为了避免货物价格上涨造成损失或者为了从货物价格上涨中获利而建立的库存。

(7)储存库存或积压库存。储存库存或积压库存是指因货物品质变坏或损坏,或者是因没有市场而滞销的货物库存,还包括超额仓储的库存。

(二)库存管理的目的

库存管理控制的目标是在满足顾客服务要求的前提下,通过对企业的库存水平进行控制,尽可能降低库存水平、提高物流系统的效率,以强化企业的竞争力。

具体而言,库存控制的目标是:库存成本最低;零库存或者无库存;库存保证程度最高;不允许缺货;限定资金;快捷。

(三)库存管理方法

1. ABC 分类管理法

一般来说,企业的库存货物种类繁多,每个品种的价格不同,库存数量也不等,有的货物种类不多但价值很大,而有的货物种类很多但价值不高。由于企业的资源有限,因此,对所有库存品种均给予相同程度的重视和管理是不可能的,也是不切实际的。为了使有限的时间、资金、人力和物力等企业资源能得到更有效的利用,应对库存货物进行分类,将管理的重点放在重要的库存货物上,进行分类管理和控制,即依据库存货物重要程度的不同,分别进行不同的管理,这就是 ABC 分类管理法的基本思想。

ABC 分类管理法是根据帕累托法则将库存货物按重要程度分为特别重要的库存(A 类库存)、一般重要的库存(B 类库存)和不重要的库存(C 类库存)三个等级,然后针对不同的级别分别进行管理和控制,如图 6-3 所示。ABC 分类管理法包括两个步骤:一是对库存货物进行分类;二是针对不同类别的库存货物进行管理。

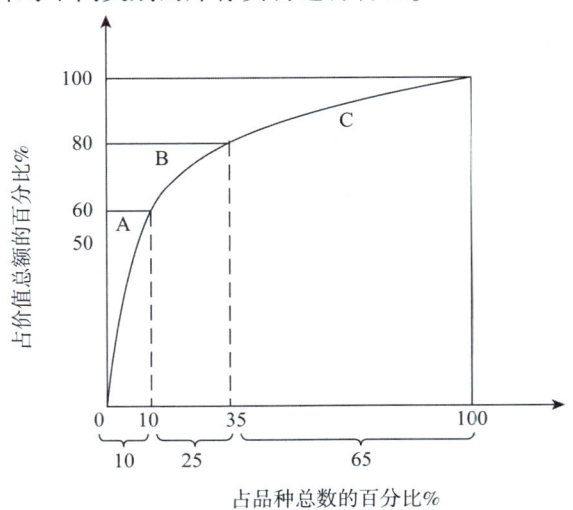

图 6-3　ABC 分类图

(1)如何进行分类。根据帕累托法则,按库存货物所占总库存资金的比例和所占库存总品种数目的比例这两个指标来进行分类。具体地说,A 类库存品种数目少但资金占用大,即 A 类库存品种占库存品种总数的 5%~20%,而其金额占库存资金总额的 60%~

80%。C 类库存品种数目大但资金占用小，即 C 类库存品种占库存品种总数的 60%~70%，其金额占库存资金总额的 15% 以下。B 类库存介于两者之间，B 类库存品种占库存品种总数的 20%~30%，其金额占库存资金总额的 10%~15%。

（2）如何进行管理。在对库存进行 ABC 分类之后，便要根据企业的经营策略对不同级别的库存进行不同的管理和控制。

①A 类库存。这类库存货物数量较少，但其耗用的金额较大，对企业最为重要，是最需要严格管理和控制的库存。企业必须对这类库存定时进行盘点，详细记录和经常检查分析货物使用、存量增减和品质维持等信息，加强进货、发货、运送管理，在满足企业内部需要和顾客需要的前提下，维持尽可能低的经常库存量和安全库存量，加强与供应链上下游企业合作来控制库存水平，既要降低库存水平，又要防止缺货，加快库存周转。对 A 类库存货物，一般采用连续库存管理控制系统。

②B 类库存。这类库存货物属于一般重要的货物，对它的管理强度介于 A 类和 C 类库存之间。通常的做法是将若干货物合并订购，一般需要进行正常的例行管理和控制。

③C 类库存。这类库存货物数量最大，但其耗用的金额较少，对企业的重要性最低，对其管理也最不严格。对于这类库存，一般只需进行简单的管理和控制。例如，实行大量采购、大量库存，减少该类库存的管理人员和设施，库存检查时间间隔长等。对于 C 类库存，通常采用双堆库存管理系统。

2. 经济订货批量法

经济订货批量（Economic Order Quantity，EOQ），是指通过平衡采购进货成本和保管仓储成本核算，以实现总库存成本最低的最佳订货量。

经济订货批量通常是通过建立经济订货批量模型来完成的。根据需要和订货及订货提前期等条件是否处于确定状态，经济订货批量模型可分为确定条件下的经济订货批量模型和概率统计条件下的经济订货批量模型，这里只探讨确定条件下的经济订货批量模型。

企业每次订货的数量多少直接关系到库存的水平和库存总成本的大小，因而企业希望找到一个合适的订货数量使它的库存总成本最小。经济订货批量模型能够解决这一问题。对于订货企业来说，订货批量都会遇到两个相互矛盾的成本因素：储存费（利息、损耗、保管费、保险费等）和订货费（订货手续费、运费、采购费等）。如果订货批量小，则订货次数多，订货费用高，但储存费用低；反之，订货次数少，可以减少订货费，但要增加储存费用。订货批量、储存费用和订货费用的关系如图 6-4 所示。

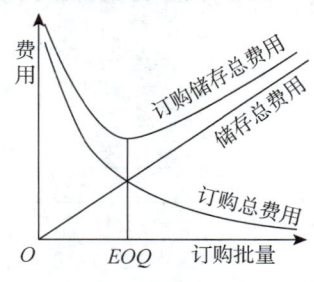

图 6-4　订货批量、储存费用和订货费用的关系

采用经济订货批量采购的假定条件：需求量是已知的和连续的，订货、到货间隔时间是已知的和固定的，以及不发生缺货现象。

假设 TC 代表每年的总库存成本，PC 代表每年的采购进货成本（包括购置价格），HC

代表每年的保管仓储成本，D 代表每年的需求量，P 代表货物的单位购买价格，Q 代表每次的订货数量，S 代表每次订货的成本，H 代表单位货物的保管仓储成本。则每年的平均库存量为 $Q/2$，每年的保管仓储成本为 $(Q/2)\times H$，每年的订货次数为 D/Q，每年的订货成本为 $(D/Q)\times S$，每年的采购进货成本为 $D\times P+(D/Q)\times S$，企业每年的总库存成本 TC 等于采购进货成本 PC 和保管仓储成本 HC 之和，具体方程式如下：

$$TC = PC+HC = D\times P+(D/Q)\times S+(Q/2)\times H$$

将该方程式对 Q 求导后令其等于 0，则得到经济订货批量公式：

$$Q^* = \sqrt{\frac{2DS}{H}}$$

例如，某企业年需某物资 1 800 千克，单价为 20 元/千克，年保管费率为 10%，每次订货成本是 200 元，则经济订购批量计算如下。

$$Q^* = \sqrt{\frac{2\times 1\,800\times 200}{20\times 10\%}} = 600(千克)$$

$TC = 1\,800\times 20+1\,800\times 200/600+600\times 20\times 10\%/2 = 37\,200(元)$

即在每次订购数量为 600 千克时，库存总费用最小，为 37 200 元。

第三节　企业生产物流与销售物流管理

一、企业生产物流管理

(一) 生产物流及其含义

生产物流(Production Logistics)在《物流术语》中的定义是：生产企业内部进行的涉及原材料、在制品、半成品、产成品等的物流活动。

生产物流与信息流如图 6-5 所示。

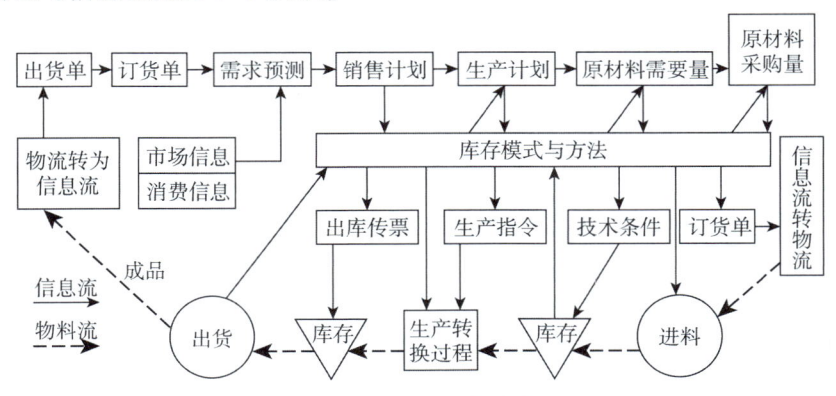

图 6-5　生产物流与信息流

实际上，在一个生产周期内，物流活动所用的时间远多于实际加工的时间。所以，企业生产物流时间节约的潜力、劳动节约的潜力是非常大的。

(1) 从生产工艺角度分析。由于企业生产物流是生产工艺的一个组成部分，物流过程和生产工艺过程几乎是密不可分的,它们之间的关系有许多种:有的是在物流过程中实现生产工艺所要求的加工和制造;有的是在加工制造过程中同时完成物流;有的是通过物流对不同的加工制造环节进行链接。它们之间有非常强的一体化的特点——"工艺是龙头,物流是支柱",所以生产物流是指企业在生产工艺中的物流活动(即物品不断地离开上一工序,进入下一工序,不断发生搬上搬下、向前运动、暂时停滞等活动)。

其过程为:原材料、燃料、外购件等物品从企业仓库或企业的"门口"开始,进入生产线的开始端,再进一步随生产加工过程并借助一定的运输装置,一个一个环节地"流",在"流"的过程中,本身被加工,同时产生一些废料余料,直到生产加工终结,再"流"至制成品仓库。

(2)从物流的范围分析。企业生产系统中物流的边界起于原材料、外购件的投入,止于成品仓库。它贯穿生产全过程,横跨整个企业(车间、工段),其流经的范围是全厂性的、全过程的。物品投入生产后即形成物流,并随着时间进程不断改变自己的实物形态(如加工、装配、储存、搬运、等待状态)和场所位置(各车间、工段、工作地、仓库)。

(3)从物流属性分析。企业生产物流是指生产所需物品在空间和时间上的运动过程,是生产系统的动态表现。换言之,物品(原材料、辅助材料、零配件、在制品、成品)经历生产系统各个生产阶段或工序的全部运动过程就是生产物流。

综上所述,企业生产物流是指伴随企业内部生产过程的物流活动,即按照工厂布局、产品生产过程和工艺流程的要求,实现原材料、配件、半成品等物品在工厂内部供应库与车间、车间与车间、工序与工序、车间与成品库之间流转的物流活动。

(二)企业生产物流的特征

企业生产过程实际上是由每个生产加工过程连接起来所形成的物流活动过程。因此,一个合理的生产物流过程必须具有以下特征,才能保证生产过程始终处于最佳状态。

(1)连续性,即物品处于不断的流动状态,包括空间上的连续性和时间上的连续性。空间上的连续性要求生产过程各个环节在空间布置上合理紧凑,避免迂回往返,尽可能使物品流动的路程最短;时间上的连续性要求物品在生产过程各个环节中始终处于运动状态,避免和减少停顿或等待。生产物流的连续性是提高生产效率、节约空间的要求。

(2)平行性,即物品在生产过程中实行平行交叉流动,也就是与最终产品有关的各种在制品同时在数道工序上加工流动,并且将已经完工的在制品转到下一道工序继续加工。这样可以减少等待时间,并缩短生产周期。

(3)比例性,即生产过程的各个工艺阶段之间、各工序之间在生产能力上保持一定的比例关系,以适应产品制造的要求。如产品构造所决定的各部件、零件的比例,以及由此所产生的生产人员比例、设备比例、生产面积比例、生产速率比例等。比例性是实现连续性的基础。比例是相对的、动态的。

(4)均衡性,即产品从投放到完工都能按预定的节拍、批次有节奏地进行,能够在相等的时间间隔完成预定的、大体相等的工作量或递增的工作量。生产过程的均衡性有利于人力、物力的合理预算和使用,使人力、物力处于良好的状态。

(5)准时性,即生产的各个阶段、各工序都按后续阶段和工序的预期需要进行生产,及时提供后续阶段或工序所需要的零部件品种和数量。准时性的实现,避免了等待或积压。它是连续性、平行性、比例性和均衡性的保证。

(6)适应性,即加工制造的可变性、可调节性,要对市场需求做出快速反应。当企业产品改型换代或品种发生变化时,生产过程应具备在较短的时间内由一种产品迅速转移为另一种产品的生产能力,以适应市场多样化、个性化的要求(也称柔性生产)。与生产过程相适应,物流过程同时应具备相应的应变能力,生产物流的柔性要求物品供应和流动是灵活的。

(三)企业生产物流的类型

(1)从生产专业化程度来看,根据产品在工作地生产的重复程度,可以把生产物流分为单件生产的物流、大量生产的物流、成批生产的物流。单件生产的物流属于项目型,重复度低;大量生产的物流和成批生产的物流属于连续或离散型,重复度高;大量生产的物流与成批生产的物流之间的区别在于:大量生产的物流是单一品种,成批生产的物流品种不单一。

(2)从物品流向的角度来看,根据物品在生产工艺过程中的特点,可以把生产物流分为项目型生产物流、离散型生产物流、连续型生产物流。项目型生产物流的特点是生产过程中物品的流动性不强,物品一进入工作地,要么被固定在工作地形成最终产品,要么在工作地滞留很长时间后才形成最终产品流出,如铁路、机场、厂房或飞机、轮船、机械设备等。因此,管理的重点是根据项目生命周期每个阶段所需物品的质量、数量、时间和费用等进行严格的计划和控制。离散型生产物流的特点是产品由若干零部件组装而成,但各个零部件的加工过程又是独立的,各个生产环节之间要有一定的在制品储备,如各种加工装配式的生产。因此,管理的重点是在保证及时成套供料、零部件加工质量的前提下,尽量缩短生产周期,减少在制品的储备。连续型生产物流的特点是生产必须连续、均匀,不能中断,工序之间几乎没有在制品储备,如冶炼生产。因此,管理的重点是保证物品供应的连续不断,以及每个生产环节的正常进行。

(3)从物品流经的区域和功能角度来看,生产物流可以分为工厂间物流、工序间物流。工厂间物流是指企业在不同工厂之间进行的物料、半成品和成品的流动和管理过程。这一过程涉及原材料从供应商到各个生产工厂的运输、零部件在不同工厂之间的调配、半成品在不同生产阶段工厂间的转移,以及成品从生产工厂到分销中心或最终客户的配送。工序间物流包括车间内各工序、工位之间的物流,以及车间与仓库之间的物流,主要体现为储存和移动两种形态。生产周期中工序间物流所占的时间约为90%,所以,在一定程度上,工序间物流成为生产物流的代名词。因此,管理的重点是合理布置工作地,合理布局仓库,缩短传递路径;合理确定库存量,减少占用;有效组织和控制生产,减少重复作业和窝工。

(四)企业生产物流管理及其要求

1. 企业生产物流管理

企业生产物流管理是指生产企业运用现代管理思想、技术、方法与手段,对企业生产过程中的物流活动进行计划、组织与控制的系列活动。其重点是伴随生产流程而产生的物流作业管理。广义的生产物流管理还包括物品管理、物流系统状态监控及物流信息管理等。

生产物流作为企业在生产中最重要的活动,是企业进行正常生产计划的安排、组织与控制的基础。生产物流管理的关键在于配合企业的生产计划和生产工作的流程安排，使物流的运作效率能与生产效率相配合。要达到生产物流合理运转，必须尽可能使企业的生产物品在需要的时候到达合适的地点，做到"物尽其用、货畅其流"，避免物品停转，造成怠工等料的现象发生。这就需要厂内装卸、搬运作业的配合和采购物流作业的支持，以提高企业生产物流的效率。所以，对于企业的生产物品管理，必须从生产计划的安排出发，配合企业的生产流程和生产计划来做好物品的配置和备用作业，以使企业的生产物流作业能与生产流程同步进行，缩短等待时间，加快生产进度，从而提高企业生产物流的有效程度和及时性。据此，生产物流管理的基本要求就在于按企业的生产计划安排每一生产环节所需要的物品配给数量、品种、规格、型号，然后按照其生产流程，将物品配给一一分配到位，避免有物品停转的现象发生，并利用计算机可视化技术对生产流程的分析，在各作业环节中形成紧凑的衔接，从而缩短流程时间，减少生产物流的等待时间，降低库存。

2. 生产物流管理要求

（1）按企业的生产流程来安排生产物流作业，使物品的配给能适应企业生产所形成的产品流的速度，使物品在生产前到达所需用的部门，尽可能地缩短等待时间，使生产物流及时、有效地完成对生产的支援，从而有效地提高企业的生产效率。

（2）物品采购作业是生产物流运作的基础，厂内装卸、搬运作业则是生产物流运作的方法和手段。生产物流要想运作到位且有效，必须提高采购物流的有效程度，取得采购与搬运作业对生产物流计划的支持。

（3）根据企业所制订的生产计划，在物品采购与厂内装卸、搬运作业安排得当的情况下，通过有效的资源统一规划与能力配置，使生产流程的运作与生产流程同步，提高生产物流与生产流程的配合程度，达到最佳的适配效果。

（4）科学确定在制品定额，严格在制品管理。

（5）利用现代信息手段提高生产物流管理水平。对产品采用条形码管理，对零部件则采用动态物品编码规范管理，避免一物多名称的无序物品管理状态，提高发送货效率。做好车间与仓库之间、各车间之间、车间与生产部门之间、生产系统与财务之间的接口设计，避免冗余信息出现。

二、企业销售物流管理

（一）企业销售物流及其内涵

销售物流是指生产企业、流通企业出售商品时，物品在供方与需方之间的实体流动。

销售物流是企业物流系统的最后一个环节，是企业物流与社会物流的又一个衔接点。它与企业销售系统相配合，共同完成产成品的销售任务。销售活动的作用是企业通过一系列营销手段，出售产品，满足消费者的需求，实现产品的价值和使用价值。

企业销售物流指企业在销售过程中，将产品的所有权转给用户的物流活动，是产品从生产地到用户的时间和空间的转移，是以实现企业销售利润为目的的，是包装、运输和储存等环节的统一。销售物流是企业物流活动的一个重要环节，它以产品离开生产线进入流通领域为起点，以送达用户并完成售后服务为终点。

销售物流关系企业产品价值是否得到实现。销售物流带有极强的服务性，而成本与服务具有矛盾性，因此重要的是在二者之间取得平衡。要研究送货方式、包装水平、运输路线、批量、批次、时间等物流方式达到目的。

企业销售物流示意如图6-6所示。

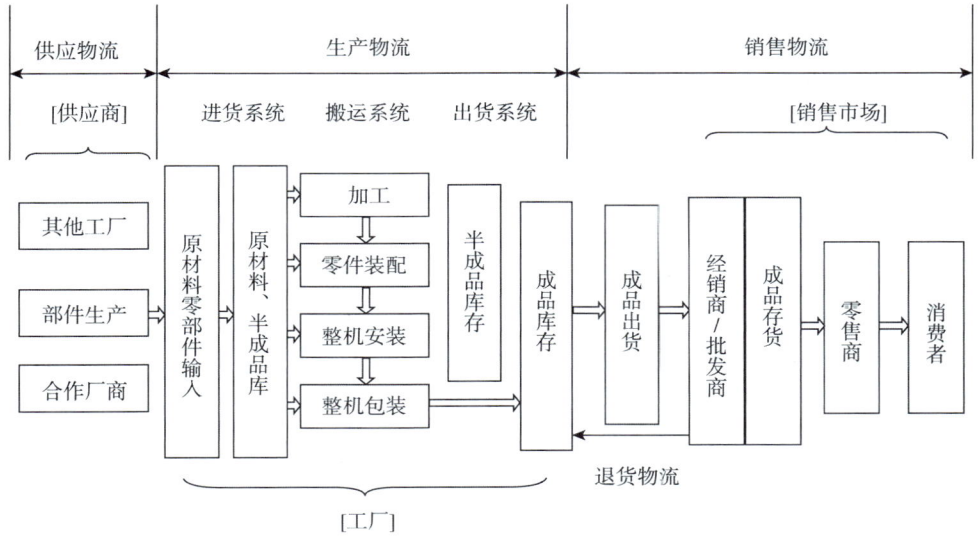

图 6-6 企业销售物流示意

(二)销售物流过程与环节

1. 销售物流过程

销售物流的起点,一般情况下是生产企业的产成品仓库,经过分销物流,完成长距离、干线的物流活动,再经过配送完成市内和区域范围内的物流活动,到达企业、商业用户或最终消费者。销售物流是一个逐渐发散的物流过程,这和供应物流形成了一定程度的镜像对称,通过这种发散的物流,使资源得以广泛配置。

2. 销售物流的主要环节

(1)产品包装。销售包装的目的是向消费者展示、吸引顾客、方便零售;运输包装的目的是保护商品,便于运输、装卸搬运和储存。

(2)产品储存。储存是满足客户对商品可得性的前提。仓储规划、库存管理与控制、仓储机械化等,可提高仓储物流工作效率、降低库存水平、提高客户服务水平。帮助客户管理库存,有利于稳定客源,便于与客户进行长期合作。

(3)货物运输与配送。运输是解决货物在空间位置上的位移。配送是在局部范围内对多个用户实行单一品种或多品种的按时按量送货。通过配送,客户得到更高水平的服务,企业可以降低物流成本,此外,还可以减轻城市的环境污染。要制定配送方案,提高客户服务水平的方法和措施。

(4)装卸搬运。装卸是物品在局部范围内以人或机械装入运输设备或卸下。搬运是对物品进行以水平移动为主的物流作业,主要考虑提高机械化水平、减少无效作业,集装单元化、提高机动性能,利用重力和减少附加重量,各环节均衡、协调,系统效率最大化。

(5)流通加工。根据需要进行分割、计量、分拣、刷标志、贴标签、组装等作业的过程,主要考虑流通加工方式、成本和效益、与配送的结合运用、废物再利用等。

（6）订单及信息处理。客户在考虑批量折扣、订货费用和存货成本的基础上，合理地频繁订货；企业若能为客户提供方便、经济的订货方式，就能引来更多的客户。

（7）销售物流网络规划与设计。销售物流网络，是以配送中心为核心，连接从生产厂出发，经批发中心、配送中心、中转仓库等，一直到客户的各个物流网点的网络系统，主要考虑市场结构、需求分布、市场环境等因素。

(三) 销售物流模式

销售物流有三种主要的模式：生产者企业自己组织销售物流；第三方物流企业组织销售物流；用户自己提货的形式。

1. 生产企业自己组织销售物流

生产企业自己组织销售物流是在买方市场环境下主要的销售物流模式之一。

生产企业自己组织销售物流，实际上把销售物流作为企业生产的一个延伸或者生产的继续。生产企业销售物流成了生产者企业经营的一个环节。而且，这个经营环节是和用户直接联系、直接面向用户提供服务的一个环节。在企业从"以生产为中心"转向以"市场为中心"的情况下，这个环节逐渐变成企业的核心竞争环节，已经逐渐不再是生产过程的继续，而是企业经营的中心。生产过程变成了这个环节的支撑力量。

生产企业自己组织销售物流的好处在于，可以将自己的生产经营和用户直接联系起来，信息反馈速度快、准确度高，信息对于生产经营的指导作用和目的性强。企业往往把销售物流环节看成是开拓市场、进行市场竞争中的一个环节，尤其在买方市场前提下，格外看重这个环节。

生产企业自己组织销售物流，可以对销售物流的成本进行大幅度的调节，充分发挥它的"成本中心"作用，同时能够从整个生产者企业的经营系统角度，合理安排和分配销售物流环节的力量。

在生产企业规模可以达到销售物流的规模效益前提下，采取生产者企业自己组织销售物流的办法是可行的，但不一定是最好的选择。主要原因在于：一是生产者企业的核心竞争力的培育和发展问题，如果生产者企业的核心竞争力在于产品的开发，销售物流可能占用过多的资源和管理力量，对核心竞争力造成影响；二是生产企业销售物流专业化程度有限，自己组织销售物流缺乏优势；三是一个生产企业的规模终归有限，即便是分销物流的规模达到经济规模，延伸到配送物流之后，就很难再达到经济规模，因此可能反过来影响市场更广泛、更深入的开拓。

2. 第三方物流企业组织销售物流

由专门的物流服务企业组织企业的销售物流，实际上是生产者企业将销售物流外包，将销售物流社会化。

由第三方物流企业承担生产企业的销售物流，其最大优点在于，第三方物流企业是社会化的物流企业，它向很多生产企业提供物流服务，因此可以将企业的销售物流和企业的供应物流一体化，可以将很多企业的物流需求集中，采取统一解决的方案。这样有两点好处：第一是专业化，第二是规模化，这两点可以从技术方面和组织方面降低成本和提高服务水平。在网络经济时代，这种模式是一个发展趋势。

3. 用户自己提货的形式

这种形式实际上是将生产企业的销售物流转嫁给用户，变成用户自己组织供应物流的形式。采用这种物流模式，对销售方来讲，已经没有销售物流的职能。这是在计划经济时期广泛采用的模式，将来除非在十分特殊的情况下，这种模式不再具有生命力。

（四）企业销售物流的作用与要求

1. 企业销售物流的作用

（1）影响企业盈利水平。销售物流是企业经营活动的重要部分，约占企业销售总成本的20%。因此，通过降低销售过程中的物流成本，间接或直接增加企业利润。

（2）影响顾客对企业产品和服务的满意度。销售物流是连接生产企业和消费者的桥梁。企业通过销售物流将产品不断运至消费者和用户的手中，顾客对企业产品和服务是否满意在此环节得到集中体现。如果出现一丝纰漏，都有可能严重影响企业形象和顾客的满意度。

（3）影响企业生产经营效率。销售物流包括成品库存、运输、装卸、时间等要素，这些都与企业前期生产经营环节紧密相关，一旦销售物流出现低效、堵塞、断流、高成本，就将使整个企业经营陷入困境。

2. 企业销售物流管理的要求

（1）提高客户满意度。销售物流不仅能给顾客带去满意的商品，也能带去满意的服务。如果送货地点恰当、送货时间合理、送货批量适宜、产品价格合理、产品质量满意、顾客响应及时、文明送货等，将极大提高客户满意度。

（2）提高销售收入。销售物流服务通常是企业物流的重要因素，它直接关系到企业的市场营销。通过物流活动提供时间与空间效用来满足客户需求，是企业物流功能的产出或最终产品。无论是面向生产的物流，还是面向市场的物流，其最终产品都是提供某种满足客户需求的服务。世界上竞争模仿日益增加，服务是产生差异性的主要手段。

目前，存在这样一种不断发展的趋势，即期望通过服务使产品差异化，通过为客户提供增值服务而有效地使自己与竞争对手有所区别。在许多时候，客户对企业所提供的服务水平的变化与对产品价格的变化一样敏感，尤其是与其竞争产品的质量、价格相似或本质相同时，销售物流服务活动可以加深客户对本产品的印象。一般来说，提高客户服务水平，可以增加企业的销售收入，提高市场占有率。

（3）提高顾客忠诚度，留住客户。过去，许多企业把重点过多地放在赢得新客户上，而很少放在留住现有客户上。其实，研究表明，留住现有客户和公司利润率之间有非常高的相关性，这是因为一方面留住现有客户就是留住了业务，另一方面摊销在现有客户中的销售、广告和开办成本比较低，为现有客户的服务成本相对较少，而且满意的现有客户会介绍新的客户，并且更愿意支付溢价。企业需要记住的最重要问题是：一个对服务提供者感到不满的客户将被竞争对手获得。留住客户已成为企业的战略问题。物流领域的高水平客户服务有助于吸引并留住客户，因为对客户来说，频繁地改变供应来源会增加其物流成本及风险。

（4）提高物流效率，及时响应顾客需求，降低物流成本。

在现代社会中，市场环境是一个完全的买方市场，因此，销售物流活动便带有极强的服务性，以满足买方的需求，最终实现销售。在这种市场前提下，销售往往以送达用户并经过售后服务才算终止，因此，销售物流的空间范围很大，这便是销售物流的难度所在。

在这种前提下,企业销售物流的特点,便是通过包装、送货、配送等一系列物流实现销售,这就需要研究送货方式、包装水平、运输路线等并采取各种诸如少批量、多批次,定时、定量配送等特殊的物流方式达到目的。

课后练习题

一、选择题

1. 物流概念最初是由( )提出的。
   A. 日本　　　　B. 美国　　　　C. 德国　　　　D. 荷兰
2. 合理储存的内容有:①合理储存量;②合理储存结构;③合理储存时间;④( )。
   A. 合理储存网络　　　　　　　B. 合理储存时间
   C. 合理储存组织　　　　　　　D. 合理储存管理
3. 议价适用于( )。
   A. 对供应商十分了解的情形　　B. 供应商不明或分布甚广的情形
   C. 长期供应商　　　　　　　　D. 个别有特定条件的供应商
4. 销售物流管理的目标是( )。
   A. 扩大市场,降低成本　　　　B. 提高物流工作效率
   C. 保证销售有效合理地运行　　D. 提高客户服务水平
5. 企业基于客户的不同需求以及自身产品的不同特性、不同销售水平及不同的销售渠道等因素制定不同的客户服务策略,所以企业物流规划具有( )。
   A. 客户需求驱动原则　　　　　B. 系统总成本最优原则
   C. 多样化细分原则　　　　　　D. 延迟原则
6. ( )指在企业内部为保障生产而进行的物流管理,也可以称为在制品物流。
   A. 供应物流　　B. 生产物流　　C. 销售物流　　D. 回收物流
7. 生产物流管理的基本目标是:将正确的产品( )、以正确的方式、按照正确的数量、送到正确的地方、交给正确的人。
   A. 在正确的时间　　　　　　　B. 以最快的时间
   C. 以正确的成本　　　　　　　D. 以最低的价格

二、判断题

1. 生产是一切社会组织将它的输入转化为输出的过程。( )
2. 生产物流的可控性、计划性都很强,一旦进入这一物流过程,选择性及可变性便很大,对物流的改进只能通过对工艺流程的优化加以实现。( )
3. 物流中心的出现使物流与商流得以分离。( )
4. 物流设备分为装卸搬运设备、安全设备。( )
5. 铁路货物运输的"五定"班列适用于零担、整车、集装箱货物。( )
6. 销售物流的管理内容中会涉及网络规划与设计。( )

三、计算题

1. 某公司每年以每个单位30元的价格采购6 000个单位的某种产品。在整个过程中,处理订单和组织送货要产生125元的费用,每个单位的产品所产生的利息费用和存储成本

加起来需要6元。请问：针对这种产品的最佳订货政策是什么？

2. 企业为其合作伙伴提供零配件，货款及各种费用每月结算一次，因此发生的各种费用需要企业先垫付。假设零配件单价20元，预计每年需求量1 000件，每次订购成本为5元，年存储费率为0.2。请问：(1)每单位货物的年储成本为多少？(2)经济订购批量为多少件？(3)订货频率为多少次？(4)年总订购费用为多少？(5)年总存储成本为多少？

四、简答题

1. 企业销售物流中客户服务的重要性主要表现在哪几个方面？
2. 简述衡量客户服务水平的指标。
3. 简述仓储管理的目标。
4. 仓储绩效指标体系是反映仓库生产成果及仓库经营状况的各项指标的总和，主要包括哪些指标？
5. 生产物流管理的目标有哪些？

课后实践

1. 对一个物流公司进行实地考察，分析该公司怎样制定物流管理战略。

提示：

(1)树立正确的战略思想。
(2)进行战略环境分析。
(3)确定物流战略目标。
(4)划分战略阶段，明确战略重点。
(5)制定战略对策。
(6)进行战略评价和选择。

2. 对一个物流公司进行实地考察，熟悉该公司的采购具体流程。

提示：

(1)确认需求。
(2)选择、确认供应商。
(3)洽谈合同。
(4)签发采购订单。
(5)跟踪订单，进行进货控制。
(6)接收、检验货物、入库。
(7)核对发票，划拨货款。

3. 参观某一物流公司，了解销售物流的具体流程。

提示：

(1)对销售订单的处理。
(2)对销售订单中需要物流运作的产品进行分拣及配货。
(3)对货物进行储存。
(4)对销售产品按订单的实际需求进行配送。

4. 参观某一物流公司，了解该公司的物流管理过程，阐述库存管理在该公司物流管理中的作用。

提示：
(1) 维持销售产品的稳定。
(2) 维持生产的稳定。
(3) 平衡企业物流。
(4) 平衡流通资金的占用。

案例分析

案例分析1：亚马逊的物流创新与智能仓储系统

亚马逊作为全球领先的电子商务公司，其物流管理体系是成功的关键因素之一。亚马逊通过构建智能仓储系统、实现自动化的配送中心，以及利用大数据和人工智能技术优化库存管理，显著提升了物流效率和客户体验。

智能仓储系统：亚马逊的仓库配备了大量自动化设备和机器人，从而更高效地搬运和分拣商品。这种自动化不仅减少了人力需求，还大大提高了处理速度和准确性。

大数据驱动的库存管理：亚马逊通过大数据分析预测商品需求，实现精准补货，避免库存积压和缺货现象。这种预测性库存管理策略确保了商品的可得性，同时优化了库存成本。

问题1：如何平衡自动化投入与成本效益？
提示：分析自动化设备的投资回报率，考虑其对企业长期竞争力的影响。
问题2：大数据在库存管理中的具体应用方法有哪些？
提示：探讨如何利用历史销售数据、市场趋势预测和消费者行为分析来优化库存策略。

案例2：京东的物流网络构建与供应链协同

京东作为中国领先的电商平台，通过自建物流体系和构建供应链协同平台，实现了快速响应和高效配送。京东的物流网络覆盖全国，通过智能调度系统和大数据分析，实现了订单的快速处理和精准配送。同时，京东通过供应链协同平台与供应商紧密合作，提高了供应链的透明度和协同效率。

物流网络构建：京东在全国建立了多个大型仓储中心和配送站点，形成了覆盖全国的物流网络。这种布局使京东能够迅速响应订单，实现次日达甚至当日达的服务。

供应链协同平台：京东通过供应链协同平台与供应商共享信息，实现库存的实时监控和协同管理。这种协同机制有助于减少库存积压和降低缺货风险，提高供应链的整体效率。

问题1：如何确保自建物流体系的高效运营和成本控制？
提示：分析物流网络的布局合理性、智能调度系统的优化及成本控制策略。
问题2：供应链协同平台如何促进供应链的透明度和协同效率？
提示：探讨信息共享机制、协同工作流程，以及通过数据分析来优化供应链决策。

案例分析3：日本丰田公司的实时物流战略

日本丰田公司的零部件厂商对整车企业采用实时物流供应。在实时物流中，取消了仓库的概念，例如丰田公司只设"置场"临时堆料，原材料和零配件只在此堆放几个小时，短的只有几分钟，就被领用。在看板制度下，许多零件是等到下一个制造过程需要的几个小时前才上线生产。为使物流跟上生产的步伐不造成缺货或生产延误，丰田公司采用了全新的"拉出方式"，即在需要时由后工序的人员去前工序领取加工品的"领取方式"，此种方式存在于整个生产过程中（包括企业外部的零部件、原材料的供给）。这种方式使主动权掌握在本企业手中，使得在需要时得到物流的实时服务。

实时生产能发挥作用，除了要求"准时化生产"外，还需要零配件厂商的实时物流提供保障。为此，丰田公司采用了CAD/CAM技术生产设计零配件电脑分解画面进行、设计，并根据此资料设计车体的各部分构造，再用CAM生产出样机模型，然后分派给零件厂商，以适应生产需要。零配件厂商大多位于同一个工业园区，这样不仅降低了运输成本，使运送途中的损耗降到最低，而且降低了所需的库存量。

零配件厂商和企业的关系是一种长期的、稳定的合作关系，是一种特殊的契约关系。一个零配件厂商的绝大部分产出供应给一个或两个主机厂，而主机厂一般会在供应商那里拥有一定的股份和指挥权。由于在长期交易关系中居于支配地位，大企业可以要求协作企业采用"最佳时态"供货制，通过适时适量供应零部件来降低库存，提高有效开工率。实时物流的要求者会提供一定的资金、技术援助以推广实时生产和实时物流的概念和方式。同时，供应商多少会建立一定的缓冲库存以备不测，以免失掉长期的合同。这样可使库存数量大大降低。

问题： 日本丰田的实时物流战略对保证生产供应产生了哪些影响？

提示： 从影响企业物流战略的主要因素，以及企业经营环境的改变对企业的物流战略产生了重要影响进行分析。

视频学习资料

6.1 企业物流管理概述　　6.2 企业供应物流管理　　6.3 企业生产与销售物流管理

第七章 现代企业质量管理

学习目标

理论学习目标

了解质量管理及其每个发展阶段的特点,了解全面质量管理的特征,了解 ISO 9000 质量管理系列标准及其产生的背景;理解质量的概念及其发展,理解全面质量管理各种方法的区别与联系;掌握全面质量管理的体系特征,掌握 PDCA 循环的程序和工作步骤,掌握 ISO 9000 质量管理体系的认证过程,掌握调查表法、分层法、因果分析图法、排列图法、直方图法、控制图法和散布图法的原理与方法。

实践学习目标

能够熟练使用常用质量认证的方法,从国计民生的大视角审视产品质量、工作质量和工程质量的重要性与关键点;培养学生关注中国食品安全、运输安全、社会安全,以及全面质量管理的理念和信仰,使学生运用大国工匠精神和人文情怀来指导质量管理过程。同时,启发学生把 PDCA 循环和全面质量管理的理念用于自身价值提升和人生事业管理,进而成为德智体美劳全面发展的高质量优秀人才。

第一节 企业质量管理概述

一、质量的概念及其发展

(一)质量的定义

质量是指客体的一组固有特性满足要求的程度。

(1)特性:特性指可区分的特征。可以有各种类的特性,包括:物的特性,如机械性能;感官的特性,如气味、噪声、色彩等;行为的特性,如礼貌;时间的特性,如准时性；人体工效的特性，如生理的特性或有关人身安全的特性；功能的特性，如飞机的最高速度。

（2）要求：要求指"明示的、通常隐含的或必须履行的需求或期望"。

明示的：可以理解为规定的要求，如在文件中阐明的要求或顾客明确提出的要求。

通常隐含的：指组织、顾客和其他相关方的惯例或一般做法，所考虑的需求或期望是不言而喻的，如化妆品对顾客皮肤的保护性等。一般情况下，顾客或相关方的文件，如标准中不会对这类要求给出明确有规定，组织应根据自身产品的用途和特性进行识别，并明文规定。

必须履行的：指法律法规要求的或有强制性标准要求的。组织在产品的实现过程中必须执行这类标准。

要求要由不同的相关方提出，而不同的相关方对同一产品的要求可能是不相同的。要求可以是多方面的，如需要指出，可以采用修饰词表示，如产品要求、质量管理要求、顾客要求等。

（二）质量的特性

质量具有如下特性。

（1）经济性。价廉物美且反映了人们的价值取向，物有所值则是质量的经济性表征。顾客和组织关注质量的角度不同，但对经济性的考虑是一样的。高质量意味着以最少的投入，获得最大效益的产品。

（2）广义性。在质量管理体系所涉及的范围内，组织的相关方对产品、过程或体系都有可能提出要求，而产品、过程或体系又都具有固有特性，因此质量不仅指产品质量，也可指过程和体系质量。

（3）时效性。顾客和其他相关方对组织和产品、过程和体系的需求和期望是不断变化的，组织应不断调整对质量的要求来满足顾客和其他相关方的需求和期望。

（4）相对性。组织的顾客和其他相关方的多样性使不同的需求对应的质量要求不同，只有满足需求的产品才被认为是质量好的产品。

（三）质量概念的发展

21世纪的质量概念、质量意识、质量文化、质量战略及质量在世界经济与社会发展中的地位和作用都在不断扩大，过去的质量概念是能满足规范的要求，而现在仅仅满足规范的要求是远远不够的，还需要让客户满意，甚至要让客户愉悦，这就是质量不断向更高层次发展的体现。

随着经济的发展和社会的进步，人们对质量的要求不断提高，质量概念也随之深化发展，具有代表性的有符合性质量、适用性质量、广义质量等。

（1）符合性质量的概念。美国质量管理专家克劳斯比认为，质量并不意味着好、卓越、优秀等，谈论质量只有相对于特定的规范或要求才是有意义的，合乎规范即意味着具有了质量，而不合格自然就是缺乏质量。以"符合"现行标准程度作为衡量依据，符合标准就是合格的产品质量，符合的程度反映了产品质量的一致性。但是随着科技的进步，过去认为先进的标准现在可能已经落后，因此，人们所认为的只要符合标准就满足了顾客的需求，已经不能适应新时代的要求，即使百分之百符合落后标准的产品也不能认为是质量好的产品。

(2)适用性质量的概念。美国质量管理专家朱兰(Joseph M. Juran)博士从顾客的角度出发，提出了著名的适用性观点。他指出，适用性就是产品在使用过程中成功地满足顾客要求的程度。

以适合顾客需要的程度作为衡量依据，认为产品的质量就是产品的"适用性"，即"产品在使用时能成功地满足顾客需要的程度"。质量从符合性发展到适用性使人们逐步把顾客的需求放在首位，这意味着组织要从"使用要求"和"满足程度"两方面去理解质量的实质，去更好地满足顾客的需求和期望。

(3)广义性质量的概念。在以上质量观的基础上，国际标准化组织(International Organization for Standardization，ISO)形成了国际社会公认的质量定义。ISO 总结不同的质量概念加以归纳提高，并逐步形成人们公认的名词术语，即"质量是一组固有特性满足要求的程度"。这一含义十分广泛，既反映了要符合标准的要求，也反映了要满足顾客的需要，综合了符合性和适用性的含义。

二、质量管理及其发展

质量管理专家朱兰博士认为，21 世纪是质量世纪。质量的概念已深入人们的日常生活、工作、生产的各个领域。质量水平的高低直接反映了组织、地区乃至国家和民族的素质。质量管理是兴国之道、治国之策。好的质量是低成本、高效率、低损耗、高效益的保证，也是组织长期赢得顾客忠诚度，获得持续发展的基石。

(一)质量管理(Quality Management)的定义

质量管理是在质量方面指挥和控制组织的协调活动。质量管理是以质量管理体系为载体，通过建立质量方针和质量目标，并为达到规定的目标进行质量策划，实施质量控制和质量保证，开展质量改进等活动予以实现的，包括制定质量方针和质量目标及质量策划、质量控制、质量保证和质量改进。

著名的质量管理专家戴明博士认为，质量管理就是为最经济地生产出具有使用价值与商品性的产品，并在生产的各个阶段应用统计学的原理与方法。

(1)质量方针。质量方针是指由组织的最高管理者正式发布的该组织总的质量宗旨和质量方向。质量方针是组织经营总方针的组成部分，是组织管理对质量的指导思想和承诺。质量方针的基本要求应包括供方的组织目标与顾客的期望和需求，也是供方质量行为的准则。

(2)质量目标。质量目标是组织在质量方面所追求的组织质量方针的具体体现。目标既要先进，又要可行，以便实施和检查。通常对组织的相关职能和层次分别规定质量目标。

(3)质量策划。质量策划致力于确定质量目标，并规定必要的运行过程和相关资源，以实现质量目标。它的关键是确定质量目标并设法使其实现。

(4)质量控制。质量控制致力于满足质量要求，质量控制适用于对组织任何质量的控制，除生产外，还包括设计、原料采购、服务、营销、人力资源配置等，其目的在于保证质量满足要求，为此要解决要求或标准是什么、如何实现、需要对哪些进行控制等问题。质量控制是一个设定标准、根据质量要求测量结果、判断是否达到预期要求、对质量问题采取措施进行补救并防止再发生的过程。总之，质量控制是确保生产出来的产品满足要求的过程。

(5)质量保证。质量保证致力于提供质量要求会得到满足的信任。这里指对达到预期质量要求的能力提供足够的信任。保证质量满足要求是质量保证的基础和前提,质量体系的建立和运行是提供信任的重要手段。组织规定的质量要求包括产品的过程和体系的要求,这些必须完全反映顾客的需求,才能给顾客以足够信任。质量保证分为内部保证和外部保证两种,内部质量保证是组织向自己的管理者提供信任,外部质量保证是组织向顾客或其他相关方提供信任。

(6)质量改进。质量改进的目的在于增强满足质量要求的能力。由于要求是多方面的,因此质量改进的对象可能会涉及组织的质量管理体系、过程和产品等方面,同时由于各方面的要求不同,为确保有效性、效率或可追溯性,组织应注意识别需改进的项目和关键质量要求,考虑所需的过程,以增强组织体系或过程实现产品满足要求的能力。

(二)质量管理的发展阶段

19世纪末20世纪初,质量管理发展成一门科学,质量管理的理论、方法和技术大致经历了三个发展阶段,即质量检验阶段、统计质量控制阶段及全面质量管理阶段。

1. 质量检验阶段

20世纪初美国出现了以泰勒为代表的"科学管理运动",泰勒根据大工业生产的管理经验和实践提出了科学管理原理,创立了一套工业管理理论。泰勒提出科学管理后,在生产过程中增加了检验环节,它是以质量检验为基础的质量管理,即在企业内部成立了专职检验机构,将产品的检验从制造过程中分离出来,成为独立的过程,设置检验工序。随着生产规模的不断扩大,对零部件的互换性要求越来越高,大多数组织因此设立了检验部门,配备了专职检验队伍,负责产品质量检验和管理工作,对零件和半成品、成品进行逐件检验,挑出废品、次品以保证出厂产品质量。

这一阶段是以半成品、成品的事后检验把关为主的质量管理阶段,这种事后检验杜绝了不合格品流入下一工序或出厂,对于保护顾客利益有十分重要的意义,但同时应看到,它无法在生产过程中起到预防和控制作用。百分之百检验会增加费用,在大批量生产情况下弊端尤为突出,在一定情况下既不经济也不可能,并且这种方式只注重结果,缺乏系统意识,没有预防能力,一旦出现质量问题容易出现质量推诿现象。因此,这种方法存在两个缺陷:一是"事后把关",不能避免已经造成的损失,缺乏预防控制的作用,不能及时解决生产过程中出现的质量问题;二是"事后检验",要全数检查,需要花费大量的人力、物力、财力。

2. 统计质量控制阶段

1942年,美国贝尔实验室的统计学家休哈特(W. A. Shewhart)博士将数理统计运用到质量管理中来,提出了控制图方法和预防不合格理论。他认为,质量管理是在加强质量检验的同时,不仅要有事后检验,而且在出现有废品生产先兆时就要进行分析改进,从而预防废品的产生;可运用概率论和数理统计方法,找出影响产品质量优劣的各种因素,以防止不合格品的出现。控制图的出现是质量管理从单纯的事后检验进入检验加预防阶段的标志。

这一阶段的特点是检验加控制,由"事后检验"向"预防为主"转变,利用数理统计原理预防制造过程中不合格品的产生。质量管理职能由专职检验人员转移给专职质量控制工程技术人员，它也标志着质量管理由事后检验转到事前预防上来。但统计质量管理也存在两大缺陷：一是依靠质量部门和检验部门，忽视其他部门对产品质量的作用；二是由于其过分强调数理统计方法，忽视了组织管理工作和生产者的能动作用，使人们误认为质量管理是数理统计方法，是少数数理统计学家的事。在当时计算机及数理统计软件应用不广泛的情况下，它使人们感到高不可攀，难度太大。这一阶段也只能按标准要求防止制造过程中产生的不合格品而不能防止产生有缺陷的产品。

3. 全面质量管理阶段

全面质量管理的理论发源于美国，日本等国取得较好的成效。

20世纪60年代初，美国通用电气公司质量经理费根堡姆（A. V. Feigenbaum）和质量管理专家朱兰先后提出了全面质量管理的思想。费根堡姆在1961年出版的《全面质量管理》一书中提出：所谓全面质量管理，是以质量为中心，以全员参与为基础，旨在通过让顾客和相关方受益而达到长期成功的一种管理途径。质量管理是公司全体员工的责任；质量控制不能仅限于制造过程，在产品质量形成全过程均需要进行质量管理；解决问题的方法多种多样，不是仅限于检验和数理统计方法，主张用全面质量管理代替统计质量控制。

日本全面质量管理起步较早，以东京大学教授石川馨（Ishikawa Kaori）为代表的一批专家不是生搬硬套美国的经验，而是在引进后根据本国特点进行研究和实践，形成了有日本特色的质量管理——全公司质量管理（Company-wide Quality Control，CWQC），认为提高产品质量首先要提高全公司的工作质量，要注意产品质量形成过程的早期和建立起防止可能出现不合格品的措施，从而形成了一套自己的全面质量管理理论和实践经验。日本还广泛开展教育培训和群众性质量管理小组（QC）活动，并创造了一些通俗易懂的管理方法，包括归纳整理的新七种管理工具，为全面质量管理充实了大量新鲜内容，质量管理的手段也不再限于数理统计，而是全面运用各种管理技术工具和方法。

三、质量管理的新发展

在质量管理的实践活动中以及质量管理专家所发挥的积极作用下，一些对质量管理的发展和进步产生巨大作用的管理方法出现了。

（一）零缺陷理论

1979年，美国质量管理专家克劳斯比在《质量免费——确定质量的艺术》一书中提出并确立了"第一次就把事情做对"和"零缺陷"理论。"零缺陷"的四项基本原则如下。

（1）明确需求。要了解顾客群体的需求，动态跟进，及时调整，全面分析，及早预测。

（2）做好预防。预防是严密的策划与实践的互动过程，以顾客需求为目标，缩短供给差距。

（3）一次做对。这是管理到位和员工到位的结合。管理到位要求各类管理人员抓住重点、消除弱点、疑点、盲点，做好指导性工作；员工到位指员工应该做到明确标准、条件齐备、动作有序、控制关键、不留隐患。两者结合，做到全过程受控、全方位达标，以消除问题的出现。

（4）科学衡量。选择合适的衡量标准计算因质量问题的出现而造成的损失及浪费，帮助各级人员从教训中查找问题根源以解决根本问题，改善分析思路及管理方法等。

(二) ISO 9000 质量标准

ISO 9000 质量标准是国际标准化组织(ISO)颁布的在全世界范围内通用的关于质量管理和质量保证方面的系列标准。该族标准可帮助组织实施并有效运行质量管理体系，是质量管理体系通用的要求或指南，是买卖双方对质量的一种认可，是贸易活动中建立相互信任关系的基石。它并不受具体的行业或经济部门的限制，可广泛适用于各种类型和规模的组织，在国内和国际贸易中促进相互理解。

(三) 六西格玛管理法

六西格玛管理法是 20 世纪 80 年代由美国摩托罗拉(Motorola)公司为了应对自己的市场被同类日本企业蚕食而创立的一种质量改进方法，在通用电气(GE)、联合信号(Alied-Signal)等一些世界级企业中实施并取得了令人瞩目的成就，广泛被人们接受并应用于实际。六西格玛管理法是一种通过监控过程对质量持续改进，以提高质量水平、提高顾客满意度，降低风险和成本的一种质量改进方法，其目标就是追求完美。六西格玛管理法的控制质量的合格品率为 99.73%。

如今，世界各地的广大顾客正在发出一个清晰而不可否认的信息：企业必须以低成本生产高质量的产品。一个企业要在世界市场上竞争，需要达到很高的质量标准。世界上许多企业，已经把六西格玛标准作为新的质量目标。

(四) 卓越绩效模式

卓越绩效模式是美国于 20 世纪 80 年代后期创建的一种世界级企业成功的管理模式，其核心是强化组织的顾客满意意识和创新活动，追求卓越的经营绩效。卓越绩效模式得到了企业界和管理界的公认，几乎所有经济发达和强劲发展的国家和地区建立了各自的卓越绩效(质量奖)模式，以推动所在国家、地区的经营管理进步和核心竞争力提升。最经典的卓越绩效模式是三大质量奖：美国波多里奇国家质量奖、欧洲质量奖和日本戴明奖。其中，波多里奇国家质量奖的影响最广泛。

第二节　全面质量管理理论

一、全面质量管理

全面质量管理(Total Quality Management，TQM)是以质量为中心，以全员参与为基础，指导和控制组织各方面相互协调的活动，通过让顾客满意、让本组织所有成员及社会受益而达到长期成功的管理途径。

全面质量管理是一种确保企业实现"保持中长期持续稳定发展"的经营管理方法。全面质量管理已经形成系统的管理哲学、管理理论、管理方法，是一种先进的经营管理思想和方法体系。

面对当今及未来供需基本平衡及供过于求的市场环境，全面质量管理是确保实现长期成功的有效管理途径，也是当今企业的必然选择。

全面质量管理的"创造价值""共赢""资源整合""科学管理""全过程管理""源头控制"

"零差错、零缺陷""结果导向""持续改进""可持续性发展"等经营管理理念,不仅适应当今市场和社会环境,也是未来发展的潮流。

二、全面质量管理的特征

全面质量管理的主要特点可以概括为"三全四个一切",即全面质量、全员参与、全过程管理、一切为顾客着想、一切用数据说话、一切以事实为基础、一切工作按 PDCA 循环进行。

1. 全面质量

全面质量管理所追求的"质量"不仅仅是指提供给顾客的产品(产品或服务)质量,而是包含产品质量、工作质量、经营质量三个方面的全面质量。产品质量是目标,工作质量是基础,经营质量是保证。

全面质量管理所追求的质量内涵如下。

(1)产品质量的内涵:用最经济的手段为顾客提供满足顾客要求的产品。具体来讲包括产品的价值性(即产品设计的特性与顾客实际期望的贴合程度)、符合性(即生产制造的产品或提供的服务与设计要求的符合程度)、稳定性(即批量生产的产品或重复提供的服务之间的变异大小)、经济性(即质量成本和收益)等方面的内涵。

(2)工作质量的内涵:主要是指工作结果(即各项局部工作的产品)质量、行为一致性(即不同人员、不同时期重复同样工作活动的一致性)、速度(包括工作过程中对特定激发事件的响应速度和工作周期两个层次的内涵)、成本、风险可控性(即对各种风险的预防、控制和响应能力)等。简单来说,工作质量包括工作结果质量、行为一致性、速度、成本、风险可控性。

(3)经营质量的内涵:经营质量是指企业经营能否确保企业保持中长期持续发展和成功的能力。经营质量包含战略选择能否高瞻远瞩,确保战略落地的计划(包括运营模式和系统的计划,特定项目的计划),展开和贯彻到底的执行力、坚持力,应对变化的速度,自我完善的能力等要素。

2. 全员参与

全员参与和通力协作是全面质量管理贯彻和实施的基础。QC 小组、跨职能合作质量改善团队等,就是全员参与的主要体现之一。

3. 全过程管理

通过对全过程的策划、控制和改进来实现全面质量综合表现最佳(即质量、成本、速度、风险等综合最优),是全面质量管理确保企业长期成功的主要手段。

全面质量管理实现企业最佳绩效的主要切入点就是对过程进行系统的规划、标准化及持续改善。

基于供需链的过程优化和再造是全面质量管理重要关注点之一。

4. 一切为顾客着想

顾客满意是交易发生的前提,是企业实现销售收入的前提,这是当代及未来经济环境的主流大势,全面质量管理强调产品的设计、生产、提供、服务等一切都要围绕着顾客利益最大化来开展,为顾客创造最佳价值。这是全面质量管理的核心经营思想,也是确保企业保持中长期持续成功的关键。

在全面质量管理中，顾客泛指供需链上的上游和下游的关系，比如企业的供应商在供需链上处于企业的上游，这时供应商就称企业为顾客，再如在企业内部上道工序称下道工序为顾客。一切为顾客着想中的顾客，也包括一切处于供需链下游的各类组织和个人，如分销商、消费者及其他利益相关者，同时包括企业内部价值链上下游之间的部门和个人。

5. 一切以预防为主

全面质量管理强调事前预防，事前把所有可能出现的差错和可能遇到的风险等进行系统的识别、评价，并进行防差错设计，将所有的差错、风险消灭在事前。

全面质量管理强调事中预防，事中进行持续的监视、测量、反馈和对问题的及时调整，将所有的差错、风险消灭在萌芽状态。

第一次就把事情做对，永远是成本最低的。差错和事故，给企业带来的成本是巨大的。

6. 一切用数据说话

全面质量管理强调所有的策划、控制、改进活动的开展都要建立在事实的基础上，科学分析，实事求是，严肃决策。靠直觉、猜测、胆量等开展经营和管理活动，是巨大的冒险。

通过五十多年全世界优秀企业的实践，全面质量管理发展出了大量的简单、实用而有效的质量管理工具和方法，如统计技术、六西格玛管理法等。这些质量管理工具和方法的有效运用，可以确保企业在实践中最大限度地通过对数据的分析来挖掘隐藏在表象背后的事实。

7. 一切工作按 PDCA 循环进行

PDCA 循环是策划、执行、测量、分析和总结的完整工作闭环。PDCA 循环的完整运转，可以确保工作的事前策划、事中控制和事后总结提升。PDCA 循环的完美运转是确保企业快速应对变化和持续自我完善能力的重要保证。

PDCA 循环又叫戴明环，是美国质量管理专家戴明博士提出的，它是全面质量管理所应遵循的科学程序。全面质量管理活动的全部过程，就是质量计划的制订和组织实施的过程，这个过程就是按照 PDCA 循环，不停顿地周而复始地运转的。

PDCA 循环是英语 Plan-Do-Check-Action（计划—实施—检查—处理）四个单词首字母的组合。PDCA 循环就是按照这四个阶段的顺序来进行质量管理的。事实上，PDCA 循环不仅是一种质量管理方法，也是一套科学的、合乎认识论的通用办事程序。

（1）PDCA 循环需遵循四阶段八个步骤。

第一阶段是计划，包括分析现状、找出问题，分析产生质量问题的原因，找出主要原因，制订措施计划四个步骤。

第二阶段是实施，即执行贯彻计划和措施，这也是 PDCA 循环的第五个步骤。

第三阶段是检查，即把实际工作结果和预期目标进行对比，检查计划执行情况。这也是 PPCA 循环的第六个步骤。

第四阶段是总结和处理。这一阶段包括两个内容：一是总结教训、巩固成绩、处理差错；二是将未解决的遗留问题转入下一个循环，作为下一个目标的计划目标。这是 PPCA 循环的第七、第八个步骤。

下面以图表示管理循环的工作程序，图7-1是PDCA循环示意图，图7-2是八个步骤示意图。

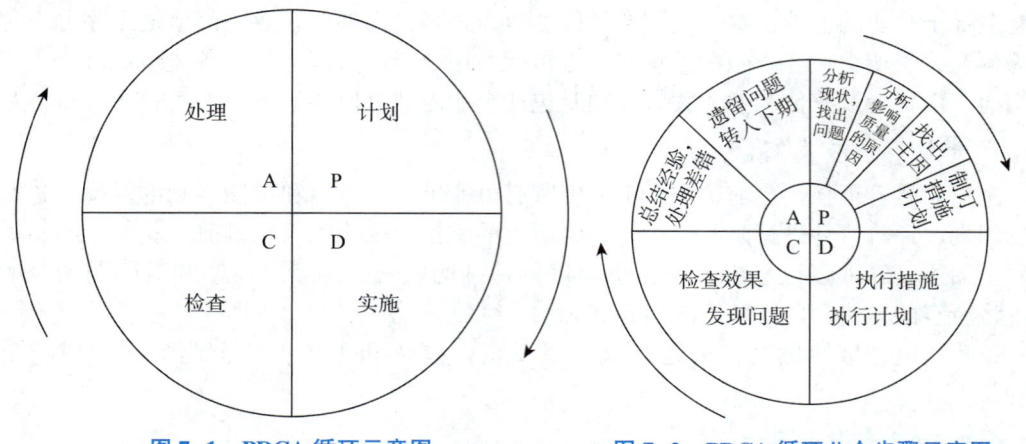

图7-1　PDCA循环示意图

图7-2　PDCA循环八个步骤示意图

（2）PDCA循环的特点。

①大环套小环，一环扣一环；小环保大环，推动大循环。整个企业质量目标计划和实施过程是一个大的PDCA循环，各个车间、科室、班组以至个人要根据企业总的方针和目标，制定自己的工作目标和实施计划，并进行相应的PDCA循环。这样就形成了大环套小环的综合管理体系。上一级PDCA循环是下一级PDCA循环的依据，下一级PDCA循环是上一级PDCA循环的贯彻落实和具体化。大循环是靠内部各个小循环来保证的，小循环又由大循环来带动，如图7-3所示。

②PDCA循环每转动一次，质量就提高一点。它是一个如同爬楼梯般的螺旋上升过程，如图7-4所示。每循环一次，解决一批问题，质量水平就会上升到一个新高度，从而下一次循环就有了新的内容和目标。这样不断解决质量问题，企业的工作质量、产品质量和管理水平就会不断提高。

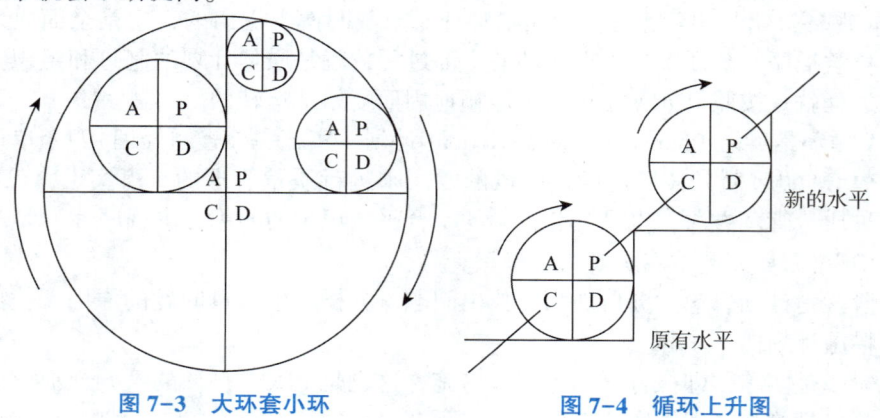

图7-3　大环套小环

图7-4　循环上升图

③A阶段是关键。只有经过总结、处理的A阶段，才能将成功的经验和失败的教训纳入制度和标准，才能进一步指导实践。没有A阶段，就不能防止同类问题的再度发生，PDCA循环也就失去了意义。因此，推动PDCA循环，不断提高质量水平，一定要始终抓好A阶段。

第三节　ISO 9000 质量管理体系与质量认证

一、ISO 9000 质量管理系列标准产生的背景

诞生于 1987 年的 ISO 9000 系列标准，包括质量保证方面的标准和质量管理方面的标准。这些标准的产生绝不是偶然的，而是现代科学技术和生产力发展的必然结果，是国际贸易发展到一定时期的必然要求，也是质量管理发展到一定阶段的产物。

20 世纪初期，由于企业规模的扩大及企业内部分工的细化，大多数企业把检验从生产中分离出来成立了检验部门，质量管理进入了所谓"检验质量管理"阶段。20 世纪 40 年代，为适应大规模生产的要求，美国和欧洲的一些数理统计学家，把概率论和数理统计的原理运用于质量管理，成功地创立了控制图和抽样检查表等体现预防为主的质量控制方法，使质量管理发展到"统计质量管理"阶段。20 世纪 50 年代以后，出现了一大批高安全性、高可靠性技术密集型产品、大型复杂产品。在这种情况下，仅在制造过程实施质量控制，已不足以保证产品质量，必须应用系统原理、行为科学等理论对产品质量形成全过程实施质量管理。20 世纪 60 年代，美国的费根堡姆提出了"全面质量管理"的概念，并首先提出有关质量体系的概念，他指出："全面质量管理是为了能够在最经济的水平上并考虑到充分满足顾客要求的条件下进行市场研究、设计、生产和服务，把企业各部门的研制质量、维持质量和改进质量的活动构成一体的有效体系。"这一新的质量管理理论，较快地被各国所接受，先后在日本等国家的地区取得成功。全面质量管理理论的不断完善、质量管理学的日趋成熟和众多企业的广泛实践，为各国质量管理和质量保证体系的相继产生提供了充分的理论依据和坚实的实践基础。

二、ISO 9000 质量管理体系的发展

英国于 1979 年率先向国际标准化组织（ISO）提出了制定有关质量保证国际标准的建议，得到了 ISO 的响应。ISO 理事会于当年决定，单独建立质量保证技术委员会，即 ISO/TC176，1987 年改名为"质量管理和质量保证技术委员会"。

（一）1987 年版 ISO 9000 族标准

ISO/TC176 成立后，于 1986 年颁布了第一个国际标准 ISO 8402《质量——术语》，1987 年又颁布了举世瞩目的 ISO 9000 族质量管理和质量保证国际标准，即：

ISO 9000《质量管理和质量保证标准——选择和使用指南》。

ISO 9001《质量体系——设计、开发、生产、安装和服务的质量保证模式》。

ISO 9002《质量体系——生产和安装的质量保证模式》。

ISO 9003《质量体系——最终检验和试验的质量保证模式》。

ISO 9004《质量管理和质量体系要素——指南》。

其中，ISO 9000 是为该标准选择和使用提供原则指导，ISO 9001、ISO 9002、ISO 9003 是一组三项质量保证模式，ISO 9004 是指导企业内部建立质量体系的指南。

ISO 9000 族标准是企业进行质量管理的宝贵财富。在订货时，ISO 9000 族标准是需方对

供方质量保证要求的依据，是实行产品质量认证和质量体系认证的基础。在国际贸易中，ISO 9000 族标准进行质量管理的企业，将得到采购商的信任，有利于产品进入国际市场。正是由于上述原因，ISO 9000 族标准一经发布就得到世界工业界的承认，受到各国的普遍重视和欢迎，并被各国标准化机构采纳，成为 ISO 标准中推广最好、最迅速的一个标准。

（二）1994 年版 ISO 9000 族标准

为了保证 ISO 9000 族标准反映的是优秀的实践经验，以便于培训和连续使用，同时为所有的企业使用，无论这些企业的大小、专业或产品有何不同，ISO/TC176 在对 ISO 9000 族标准进行修订时坚持如下原则。

（1）不改变标准的基本结构，因为这一标准总体是成功的。

（2）改进某些要素的表示方法，以利于企业更好地理解和使用。

（3）根据最优秀的实践经验对标准予以更新，特别是在管理责任方面，把重点放在改进上。

（4）保证标准之间的连贯性，保持标准的稳定性，以便于标准的连续使用。

1994 年 7 月 1 日，ISO 正式发布 1994 版 ISO 9000 系列标准，它对 1987 版标准进行了技术性修订，并取代了 1987 版 ISO 9000 系列标准。此后，ISO 陆续发布了一些关于质量管理保证的支持性标准。最终，1994 版 ISO 9000 族标准形成 3 个系列 27 个正式标准。主要标准如下：

ISO 8402：1994《质量管理和质量保证术语》。

ISO 9000-1：1994《质量管理和质量保证标准第 1 部分：选择和使用指南》。

ISO 9000-2：1993《质量管理和质量保证标准第 2 部分：ISO 9001、ISO 9002 和 ISO 9003 实施通用指南》。

ISO 9000-3：1993《质量管理和质量保证标准第 3 部分：ISO 9001 在软件开发、供应和维护中的使用指南》。

ISO 9000-4：1993《质量管理和质量保证标准第 4 部分：可信性大纲管理指南》。

ISO 9001：1994《质量体系设计、开发、生产、安装和服务的质量保证模式》。

ISO 9002：1994《质量体系生产、安装和服务的质量保证模式》。

ISO 9003：1994《质量体系最终检验和试验的质量保证模式》。

ISO 9004-1：1994《质量管理和质量体系要素第 1 部分：指南》。

ISO 9004-2：1991《质量管理和质量体系要素第 2 部分：服务指南》。

ISO 9004-3：1993《质量管理和质量体系要素第 3 部分：流程性材料指南》。

ISO 9004-4：1993《质量管理和质量体系要素第 4 部分：质量改进指南》。

ISO 10011-1：1990《质量体系审核指南》。

ISO 10011-2：1991《质量体系审核指南——质量体系审核员资格准则》。

ISO 10011-3：1991《质量体系审核指南——审核工作管理》。

ISO 10012-1：1992《测量设备的质量保证要求第 1 部分：测量设备的计量确认体系》。

（三）2000 年版 ISO 9000 族标准

为了保持 ISO 9000 族标准的地位，全面满足服务业以及所有组织的需求，ISO/TC176 于 2000 年对 1994 版实施了大范围的整体修订，以消除 1994 版针对制造业的缺陷，同时强化了满足顾客的要求。ISO 组织于 2000 年 12 月 15 日正式发布了最新标准——ISO

9000：2000族国际标准。ISO 9000：2000族标准和文件由以下四部分构成。

第一部分：核心标准。包括ISO 9000：2000《质量管理体系——基础和术语》、ISO 9001：2000《质量管理体系——要求》、ISO 9004：2000《质量管理体系——业绩改进指南》、ISO 19011：2001《质量和(或)环境管理体系审核指南》。

第二部分：其他标准(目前只有一项)，ISO 10012：2001《测量控制系统》。

第三部分：技术报告若干份。

第四部分：小册子若干份。

(四) 2008年版ISO 9000族标准

2008年版ISO 9000族标准在继承以往版本优点的基础上，进一步明确了质量管理体系的要求，增强了标准的通用性和可操作性。

1. 核心标准

2008年版ISO 9000族标准包括四个核心标准，这些标准构成了质量管理体系的基石，为各类组织提供了实施质量管理的基本框架和要求。

GB/T 19000—2008/ISO 9000：2005《质量管理体系——基础和术语》。

GB/T 19000—2008/ISO 9000：2005《质量管理体系——要求》。

GB/T 19004—2011/ISO 9004：2009《追求组织的持续成功质量管理方法》。

GB/T 19011—2013/ISO 19011：2011《管理体系审核指南》。

2. 支持性标准

在2008年版ISO 9000族标准中，支持性标准起着辅助和支撑核心标准实施的作用。其中，GB/T 19022—2003/ISO 10012：2003《测量管理体系测量过程和测量设备的要求》是唯一的支持性标准。该标准对测量过程和测量设备的管理提出了具体要求，确保测量结果的准确性和可靠性，为质量管理体系的有效运行提供了重要保障。

(五) 2015年版ISO 9000族标准

2015年，该系列标准经历了重要修订，旨在进一步提升质量管理体系的有效性和灵活性，帮助组织实现持续成功。

1. 质量管理体系基础

ISO 9000族标准建立在坚实的质量管理体系基础之上，这些基础包括质量管理的基本原理、概念、模型和方法。它们为组织提供了构建和实施质量管理体系所需的理论支持和框架指导。

2. 质量管理原则

ISO 9000：2015及其相关标准强调了七项质量管理原则，这些原则是组织在追求卓越质量管理过程中应遵循的基本准则。它们包括：以顾客为关注焦点、领导作用、全员参与、过程方法、改进、循证决策及与供方的互利关系。这些原则为组织提供了质量管理的核心指导方针。

3. 术语和定义

为了确保全球范围内对质量管理相关术语的一致理解，ISO 9000：2015《质量管理体系——基础和术语》提供了一套标准化的术语和定义。这些术语涵盖了质量管理的各个方面，为组织内部和外部的沟通提供了共同的语言基础。

4. 质量管理体系要求

ISO 9001：2015《质量管理体系——要求》是 ISO 9000 族中的核心标准之一，它规定了组织建立、实施、保持和持续改进其质量管理体系的具体要求。这些要求包括质量方针和质量目标的确定、组织结构的确定、过程的识别和控制、资源的提供、风险的评估和管理、绩效的监测和测量及改进活动的实施等。

5. 持续成功质量管理

ISO 9004：2018 虽然是在 2018 年发布的，但它作为 ISO 9000 族中与持续成功相关的核心标准，为组织提供了超出 ISO 9001 要求的深入指南。该标准强调了质量管理与组织战略目标的紧密关联，鼓励组织采用更加具有前瞻性的方法来管理质量，以实现长期成功和可持续发展。

6. 管理体系审核指南

ISO 19011 提供了对质量管理体系（以及其他类型的管理体系）进行审核的指南。该标准旨在帮助组织、审核员和审核方案管理人员实施有效和一致的审核活动，以评估管理体系的符合性和有效性。ISO 19011 为审核的策划、实施、报告和后续活动提供了全面的指导。

三、2015 版 ISO 9000 族标准的特点

自 2015 年 ISO 9000 族标准修订以来，其在全球范围内的影响力进一步增强，对于我国而言，这一版标准不仅带来了先进的质量管理理念和方法，还紧密结合了我国企业发展的实际情况，展现出诸多独特的特点。以下是 2015 年版 ISO 9000 族标准在我国应用过程中的主要特点。

（一）广泛适用性

ISO 9000 族标准在我国具有广泛的适用性，不仅覆盖了制造业、服务业等传统行业，还逐渐渗透到高新技术、互联网等新兴领域。这为我国不同行业、不同规模的企业提供了统一的质量管理框架，促进了各行业质量管理水平的整体提升。

（二）客户导向

在我国，客户导向已成为企业发展的核心理念之一。2015 年版 ISO 9000 族标准强调以顾客为中心，这与我国市场经济体制下企业追求顾客满意度的需求高度契合。通过实施该标准，我国企业能够更准确地把握客户需求，提升产品和服务的市场竞争力。

（三）领导作用

在我国企业文化中，领导者的作用至关重要。2015 年版 ISO 9000 族标准对领导作用的高度重视，与我国企业管理中的一些理念不谋而合。通过强化领导者的质量意识和责任意识，我国企业能够更有效地推动质量管理体系的建立和完善。

（四）全员参与

全员参与是 ISO 9000 族标准的核心原则之一，也是我国企业在质量管理中一直倡导的理念。该标准鼓励企业员工积极参与到质量管理的各个环节中，形成全员关注质量、参与质量管理的良好氛围。这有助于提升我国企业的整体质量管理水平，增强企业的凝聚力和

向心力。

（五）持续改进

持续改进是 ISO 9000 族标准的核心理念，也是我国企业追求卓越的永恒主题。通过实施该标准，我国企业能够建立起持续改进的机制，不断寻求质量管理的创新点和突破点，推动企业持续向更高水平发展。

（六）兼容性提升

随着我国企业参与国际市场竞争的日益频繁，ISO 9000 族标准的兼容性显得尤为重要。2015 年版标准在兼容性方面进行了显著提升，与我国现有的质量管理体系、环境管理体系等实现了更好的融合。这为我国企业整合管理体系资源、提高管理效率提供了有力支持。

（七）可操作性增强

相较于以往版本，2015 年版 ISO 9000 族标准在可操作性方面有了显著提升。该标准更加注重实践性和可操作性，为企业提供了更为详细、具体的实施指南和工具。这有助于我国企业更加顺利地引入和实施质量管理体系，减少实施过程中的困难和障碍。

（八）国际化促进

ISO 9000 族标准的国际化特性为我国企业参与国际竞争提供了有力支持。通过实施该标准，我国企业能够更好地符合国际质量管理标准的要求，提升产品和服务的国际竞争力。同时，该标准还促进了我国企业与国际市场的接轨和融合，为我国企业的国际化发展奠定了坚实基础。

四、推行 ISO 9000 质量管理体系的作用

（一）强化质量管理，提高企业效益；增强客户信心，扩大市场份额

负责 ISO 9000 质量体系认证的机构都是经过国家认可的权威机构，对企业的质量体系的审核是非常严格的。这样，对于企业内部来说，可按照经过严格审核的国际标准化的质量体系进行质量管理，真正达到法治化、科学化的要求，极大地提高工作效率和产品合格率，迅速提高企业的经济效益和社会效益。对于企业外部来说，当顾客得知供方按照国际标准实行管理，拿到了 ISO 9000 质量体系认证证书，并且有认证机构的严格审核和定期监督，就可以确信该企业是能够稳定地生产合格产品乃至优秀产品的信得过企业，从而放心地与企业订立供销合同。

（二）获得了国际贸易"通行证"，消除了国际贸易壁垒

许多国家为了保护自身的利益，设置了种种贸易壁垒，包括关税壁垒和非关税壁垒。其中非关税壁垒主要是技术壁垒，而技术壁垒中，又主要是产品质量认证和 ISO 9000 质量体系认证的壁垒。特别是在世界贸易组织内，各成员国之间相互排除了关税壁垒，只能设置技术壁垒，所以，获得认证是消除贸易壁垒的主要途径。

（三）节省了第二方审核的精力和费用

在现代贸易实践中，第二方审核早就成为惯例，其存在很大的弊端：一方面，一个供方通常要为许多需方供货，第二方审核无疑会给供方带来沉重的负担；另一方面，需方也需支付相当的费用，同时要考虑派出或雇佣人员的经验和水平问题，否则，花了费用也达

不到预期的目的。ISO 9000 认证可以排除这样的弊端。因为作为第一方的生产企业申请了第三方的 ISO 9000 认证并获得了认证证书以后,众多第二方就不必要再对第一方进行审核了,这样,不管是对第一方还是对第二方都可以节省很多精力或费用。企业在获得 ISO 9000 认证之后,再申请 GS、UL、CE 等产品质量认证,还可以免除认证机构对企业的质量保证体系进行重复认证的开支。

(四)在产品质量竞争中立于不败之地

国际贸易竞争的手段主要是价格竞争和质量竞争。由于低价销售的方法不仅使利润锐减,如果构成倾销,还会受到贸易制裁,所以,价格竞争的手段越来越不可取。20 世纪 70 年代以来,质量竞争已成为国际贸易竞争的主要手段,不少国家把提高进口商品的质量要求作为"限入奖出"的贸易保护主义的重要措施。实行 ISO 9000 国际标准化的质量管理,可以稳定地提高产品质量,使企业在产品质量竞争中立于不败之地。

(五)有效地避免产品责任

各国在执行产品质量法的实践中,对产品质量的投诉越来越频繁,事故原因越来越复杂,追究责任也越来越严格。例如,工人在操作一台机床时受到伤害,按"严格责任"法理,法院不仅要看该机床机件故障之类的质量问题,还要看其有没有安全装置,有没有向操作者发出警告的装置等。法院可以根据上述任何一个问题判定该机床存在缺陷,厂方便要对其后果负责赔偿。但是,按照各国产品责任法,如果厂方能够提供 ISO 9000 质量体系认证证书,便可免赔。

(六)有利于国际间的经济合作和技术交流

按照国际经济合作和技术交流的惯例,合作双方必须在产品(包括服务)质量方面有共同的语言、统一的认识和共守的规范,方能进行合作与交流。ISO 9000 质量体系认证提供了这样的信任,有利于双方迅速达成协议。

五、ISO 9000 质量管理体系的认证

(一)现代质量认证制度的由来

质量认证是随着现代工业的发展作为一种外部质量保证的手段逐步发展起来的。在现代质量认证产生之前,供方为了推销产品,往往采取"合格声明"的方式,以取得买方对产品质量的信任。所谓"合格声明"就是供方单方面通过有关的产品说明或文件或"合格"标记等形式,表明所供产品的全部特性符合买方的要求。这对于质量特性比较简单的产品而言,不失为一种增强买方购买信心的有效手段。随着科学技术的发展,产品的结构和性能日趋复杂,仅凭买方的知识和经验很难判断产品是否符合要求,加之供方的"合格声明"并不总是可信,于是供方单方面的"合格声明"的作用逐渐下降。在这种情况下,顺应供方树立起产品信誉、社会保障、消费者利益及安全和法律的需要,由第三方证实产品质量的现代质量认证制度便应运而生。

为了协调和推动认证工作,国际标准化组织于 1970 年建立了认证委员会,1985 年又改名为合格评定委员会(CASCO),其主要任务是研究评定产品、过程、服务和质量体系适用标准或其他技术规范;制定有关认证方面的国际指南;促进一个国家和各地区合格评定制度的相互承认。

(二)质量认证的概念

质量认证也称合格认证,是指由一个公认的、权威的认证机构(第三方的机构)对产品或服务是否符合规定要求(如标准、技术规范和有关法规)等进行鉴别,以及提供合格证明(认证证书和认证标志,并予以注册登记)的活动。

(三)质量认证的分类

(1)按质量认证对象的不同,分为产品认证、质量体系认证和认证机构的认可。产品认证是指依据产品标准和技术要求,经认证机构确认并提供合格证明,证明某一产品符合相应标准和相应技术要求的活动;质量体系认证是指由公正权威的第三方认证派出经资格认可的审核员,对企业的质量体系依据国际通用的质量管理和质量保证系列标准进行鉴别,并对符合标准要求者给予注册并颁发合格证书的活动,又称质量体系注册;认证机构的认可是由权威性组织依据程序对某一产品从事特定任务的能力予以正式认可。为了确保产品认证和体系认证的客观性、公正性和科学性,应对认证机构的资格进行评价和认可。需认可的认证机构包括产品认证机构、体系认证机构、检验和鉴定机构、培训机构,此外,还包括审核员的资格注册等。

(2)按质量认证作用的不同,分为合格认证和安全认证。前者是判断其是否符合国际标准、国家标准或行业标准要求的认证活动;后者是判断其是否符合规定的强制性标准的认证活动。

目前,大多数认证制度为合格认证,而安全认证越来越受重视,如美国的 UL 认证和欧盟的 CE 认证都是世界著名的产品安全认证,它们作为消除国际贸易技术壁垒的有效手段,为促进国际贸易的发展发挥着积极的作用。欧盟的 CE 认证更是被视为制造商打开并进入欧洲市场的护照。凡是贴有"CE"标志的产品均可在欧盟各成员国内销售,无须符合每个成员国的要求,从而实现了商品在欧盟成员国范围内的自由流通。

(3)按申请要求的不同,分为强制性认证和自愿认证。前者是指企业必须申请的认证活动(如安全认证),未经认证不准销售和进口,销售的产品有指定认证标志,适用于关系人身安全、身心健康和具有重大经济价值的产品;后者又称非强制性认证,是指企业自愿申请的认证活动,并可按规定使用认证证书和标志,适用于一般性产品。

(四)产品质量认证与质量体系认证的区别

产品质量认证与质量体系认证虽然都是由第三方认证机构从事的认证活动,但在许多方面有很大差异,如表 7-1 所示。

表 7-1 产品质量认证与质量体系认证的差异

项目	产品质量认证	质量体系认证
认证对象	特定产品	企业的质量体系
评定依据	① 产品质量符合指定的标准要求 ② 质量体系满足国际通用的质量管理、质量保证系列标准及特定产品的补充要求	质量体系满足认证机构认可的质量保证标准要求和必要的补充要求

续表

项目	产品质量认证	质量体系认证
认证证明方式	产品认证证书和认证标志	质量体系认证证书和认证标志，并予以注册
证明的使用	认证标志能用于产品及其包装上	认证证书和认证标志都不能用于产品或包装上
认证性质	自愿性和强制性都有	一般属于自愿性

（五）质量认证工作程序

（1）提出申请。由企业向认证机构申请，按规定格式填写申请书。

（2）初步审查。认证机构收到申请书后，做出是否接受申请的答复。若接受申请，认证机构派检查人员对企业质量体系进行初步检查，并提出检查报告，把检查结果通知申请企业。

（3）检验评定。认证机构派检查人员在申请企业进行随机取样检验，提出检验报告，把评定结果通知企业。

（4）颁发证书和标志使用许可证。认证机构根据检查员的报告进行研究，对符合认证条件的企业，核准后发给证书和使用认证标志许可证，并在刊物上公布认证企业或产品。

（5）监督检查。凡获准使用认证标志的企业，都要接受认证机构定期或不定期的监督复查。认证有效期为3年，期满后企业应申请复查，复查合格可延长合格证书有效期。

（六）强制性产品认证制度

强制性产品认证制度，是各国政府为保证广大消费者人身和动植物生命安全，保护环境、保护国家安全，依照法律法规实施的一种产品合格评定制度，它要求产品必须符合国家标准和技术法规。强制性产品认证，是通过制定强制性产品认证的产品目录和实施强制性产品认证程序，对列入目录中的产品实施强制性的检测和审核。列入强制性产品认证目录内的产品，没有获得指定认证机构的认证证书，没有按规定施加认证标志，一律不得进口，不得出厂、销售和在经营服务场所使用。

强制性产品认证制度在推动国家各种技术法规和标准的贯彻、规范市场经济秩序、打击假冒伪劣行为、促进产品的质量管理水平和保护消费者权益等方面，具有其他工作不可替代的作用和优势。认证制度由于其科学性和公正性，已被世界大多数国家广泛采用。实行市场经济制度的国家，政府利用强制性产品认证制度作为产品市场准入的手段，正在成为国际通行的做法。

长期以来，我国的强制性产品认证制度存在政出多门、重复评审、重复收费以及认证行为与执法行为不分的问题。尤其突出的是国内产品和进口品存在着对内、对外两套认证管理体系。

原国家质量技术监督局对国内产品和部分进口商品实施安全认证，即长城认证（CCEE），并强制监督管理；原国家出入境检验检疫局对进口商品实施进口商品安全质量许可制度（即CCIB）。这两个制度将一部分进口产品共同列入了强制认证的范畴，因而导致由两个主管部门对同一种进口产品实施两次认证、贴两个标志、执行两种标准与程序。随着我国加入WTO，根据世贸协议和国际通行规则，我国将两种认证制度统一起来，对强制性产品认证制度实施"四个统一",即统一目标,统一标准、技术法规、合格评定程序,统一认证标志,统一收费标准。2001年成立的国家质检总局和国家认监委,建立了新的国家强制性产品认证制度。新的强制性产品认证标志名称为"中国强制认证",英文名称为"China Compulsory Certification",英文缩写为"CCC"。按照新制度的规定,从2003年8月1日起,凡列入目录的产品为获得指定机构的认证证书,未按规定施加认证标志,不得进口、出厂销售和在经营性活动中使用。列入《第一批实施强制性认证产品目录》中的产品包括电线电缆、电路开关及保护或连接用电器装置、低压电器、小功率电动机、电动工具、电焊机、家用和类似用途设备、音视频设备、信息技术设备、照明设备,电信终端设备、机动车辆及安全附件、机动车辆轮胎、安全玻璃、农机产品、乳胶制品、医疗器械产品、消防产品、安全技术防范产品19大类132种。

3C认证替代了原来的CCEE和CCIB认证,还替代了生产许可证。原来的CCEE和CCIB认证只有安全方面的限制,而3C认证除了安全以外,还兼顾了环保和电磁干扰等方面的问题。

(七)我国的质量认证及实施

我国产品质量认证工作启动于1981年,质量体系认证工作始于1992年。根据国际标准化的有关规则和惯例,国际标准需要由各国转化为本国的国家标准加以实施。GB/T 19000实质上就是ISO 9000国际标准的转化。

为了规范认证机构的行为,国家质量技术监督局批准成立了中国质量认证机构——国家认可委员会(CNACR)[①],授权CNACR对认证机构实施国家资格认可和监督管理。

我国的认证标志分为方圆标志、长城标志、PRC标志,是由国务院标准化行政标志认证中心主管部门统一管理、审批、发布的。中国方圆标志认证委员会方圆标志认证中心(CQM),于2001年9月正式成为国际认证联盟成员,标志着方圆认证已经走向世界。我国认证标志样式如图7-5所示。

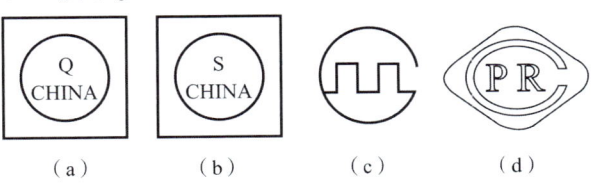

图7-5 认证标志样式

(a)合格认证标志;(b)安全认证标志;(c)电工产品专用(长城)认证标志;(d)电子元器件专用认证标志

中国电工产品认证委员会(China Commission for Conformity Certification of Electrical Equipment,CCEE),由中国国家认证认可监督管理委员会批准成立,是代表中国参加国际电工委员会电工产品安全认证组织(IECEE)的唯一机构,是中国电工产品领域的国家认证组织,其常设办事机构是秘书处。CCEE下设电工设备、电子产品、家用电器、照明设备4个分委员会和25个检测站。

PRC标志为电子元器件专用认证标志,其颜色及其印制必须遵守国务院标准化行政主管部门,以及中国电子元器件质量认证委员会有关认证标志管理办法的规定。

---

① 国家认可委员会今为中国合格评定国家认可委员会(CNAS)。

第四节　工序质量控制与质量改进方法

在开展全面质量管理中，通常将调查表法、分层法、因果分析图法、排列图法、直方图法、散布图法和控制图法称为"老七种工具"（或"七种工具"），而将关联图法、KJ 法、系统图法、矩阵图法、数据矩阵分析法、PDPC 法以及箭条图法统称为"新七种工具"。下面详细介绍"老七种工具"。

一、调查表法

调查表法，又称统计分析表法或检查表法，是指利用统计表来进行数据整理和粗略原因分析的一种方法。常用的调查表形式有以下几种。

1. 不良项目调查表

不良项目是指一个工序或产品不能满足标准要求的质量项目，通常又称为不合格项目。

2. 缺陷位置调查表

当要调查产品各个不同部位的缺陷时，可将该产品的草图或展开图画在调查表上，每当某种缺陷发生时，用不同的符号或颜色在发生缺陷的部位上标出。

3. 不良原因调查表

要分清各种不良项目的发生原因，可按设备、操作者、时间等标志进行分层调查，填写不良原因调查表。

4. 工序分布调查表

它是预制出一张频数分布空白表格。使用时，首先，把可能出现的质量特性值数据填在表上；然后，每测一个数据，就在相应的数值栏内划上一个"／"记号；最后，测量完毕，频数的分布也就显示出来了。

二、分层法

分层法就是将收集到的数据按不同目的加以分类，将性质相同、在同一生产条件下收集的数据归在一起，于是数据反映的事实暴露得更明显，便于找到问题原因。分层的目的不同，分层的标志也不一样。一般来说，可以采用以下标志。

（1）人员：可按年龄、工级和性别等分层。
（2）机器：可按设备类型、新旧程度、不同的生产线和工夹具类型等分层。
（3）材料：可按产地、批号、制造厂、规格成分等分层。
（4）方法：可按不同的工艺要求、操作参数、操作方法、生产速度等分层。
（5）时间：可按不同的班次、日期等分层。
（6）环境：可按照明度、清洁度、温度、湿度等分层。
（7）其他：可按地区、使用条件、缺陷部位、缺陷内容等分层。

三、因果分析图法

因果分析图法又称特征因素图法、"5M1E"法、树枝图或鱼刺图，是日本质量管理专家石川馨发明的分析各种质量问题原因的有效方法，故又称为石川图。此图以要改善的某主要质量问题为结果，画出一个主干线箭线，然后从操作者（Man）、机器（Machine）、材料（Material）、工艺方法（Method）、测量（Measurement）、环境（Environment）六方面（5M1E）分别寻找原因，从大到小，从粗到细，把各种层次的原因都用箭线记录在图上。例如，高压线路埋深不够的因果分析过程如图 7-6 所示。

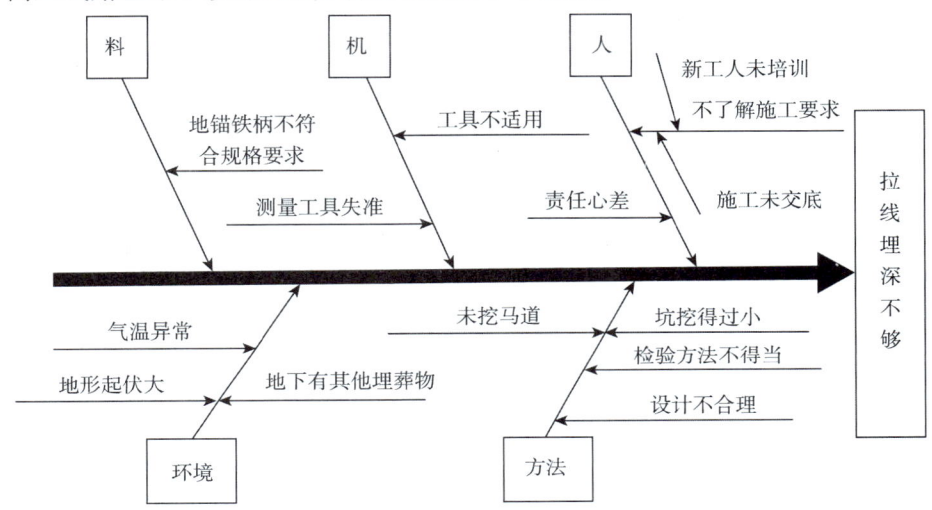

图 7-6　高压线路埋深不够的因果分析过程

四、排列图法

排列图又叫帕累托图或主次因素分析图，因图的发明者意大利经济学家帕累托（Pareto）的名字而得名。排列图法在质量管理中常用于识别众多不良项目中的"关键的少数"，找出"关键的少数"后，再集中精力去解决，即优先解决主要问题，减少花在次要问题上的精力。排列图的形式如图 7-7 所示。

例如，陶瓷厂一批产品中发现次品 250 件，有关质量管理人员整理资料，编制出表 7-2。

表 7-2　陶瓷厂产品的次品统计

原因	次品数（频数）/件	频率	累计频率
烧成	200	80%	80%
成型	25	10%	90%
彩烤	17	6.8%	96.8%
原料	8	3.2%	100%

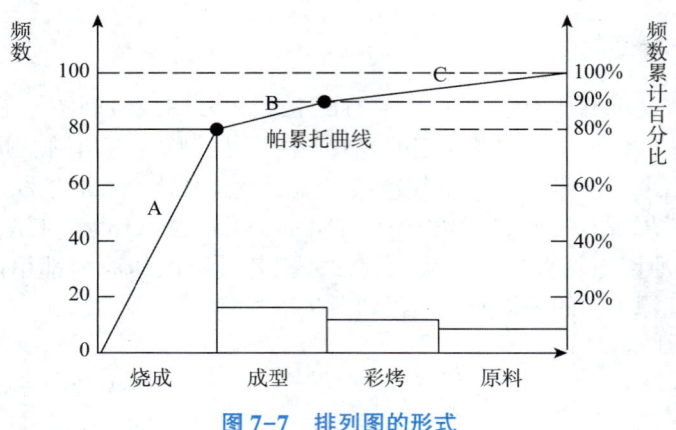

图 7-7 排列图的形式

排列图中，左边的纵坐标表示频数（件数、金额等），右边的纵坐标表示频率（以百分比表示），直方形的高度表示着某个因素对产品质量的影响程度，折线表示累积频率。横坐标表示影响产品质量的各个问题（项目）按其影响程度的大小从左至右排列。通常把排列图中的折线分为三个区域：从 0~80% 为 A 类区，对应的问题一般称为主要问题；累计百分数从 80%~90% 为 B 类区，对应的问题为次要问题；从 90%~100% 为 C 类区，对应的问题为更次要的问题。

五、直方图法

直方图又称质量分布图、柱状图，是表示资料变化情况的一种主要工具，直方图标准形状如图 7-8 所示。用直方图可以解析出资料的规则性，比较直观地看出产品质量特性的分布状态，对于资料分布状况一目了然，便于判断其总体质量分布情况。在制作直方图时，首先要对资料进行分组，因此如何合理分组是其中的关键问题。按组距相等的原则进行的两个关键数位是分组数和组距。

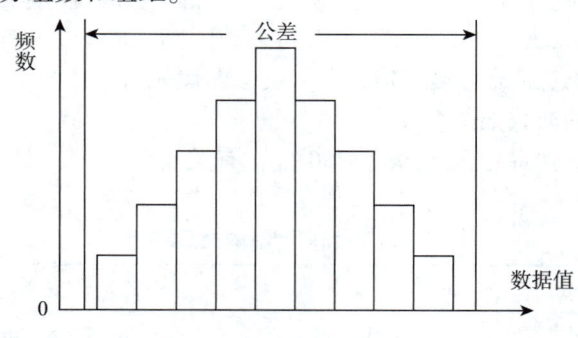

图 7-8 直方图标准形状

制作直方图的目的就是通过观察图的形状，判断生产过程是否稳定，预测生产过程的质量。具体来说，制作直方图的目的有：①判断一批已加工完毕的产品；②验证工序的稳定性；③为计算工序能力搜集有关数据。

直方图将数据根据差异进行分类，有利于发现差异。

(一)直方图的绘制

绘制直方图的步骤如下。

(1)收集数据。绘制直方图的数据一般应大于50个。

(2)确定数据的极差(R)。用数据的最大值减去最小值求得。

(3)确定组距(h)。先确定直方图的组数,然后以此组数去除极差,可得直方图每组的宽度,即组距。组数的确定要适当。组数太少,会引起较大计算误差;组数太多,会影响数据分组规律的明显性,且计算工作量加大。

(4)确定各组的界限值。为避免出现数据值与组界限值重合而造成频数计算困难,组的界限值单位应取最小测量单位的1/2。

(5)编制频数分布表。把多个组上下界限值分别填入频数分布表内,并把数据表中的各个数据列入相应的组,统计各组频数据(f)。

(6)按数据值比例画出横坐标。

(7)按频数值比例画纵坐标。以观测值数目或百分数表示。

(8)画直方图。按纵坐标画出每个长方形的高度,它代表落在此长方形中的数据数。每个长方形的宽度都是相等的。在直方图上应标注出公差范围(T)、样本大小(n)、样本平均值(x)、样本标准偏差值(s)和x的位置等。

(二)直方图的观察分析

绘制直方图的目的,是通过对直方图形状的观察来分析、判断生产过程的质量状况。一般可从以下方面进行观察分析。

(1)看直方图的整体形状是正常型还是异常型。正常型的直方图,以中间为顶峰,左右大体对称,呈"山"形。异常型的直方图,通常有以下几种:①折齿型,又称锯齿型,如图7-9(a)所示。它往往是由数据分组过多或测量读数有误等造成的。②孤岛型,如图7-9(b)所示。它往往是由加工条件一时变动较大造成的。③偏向型,如图7-9(c)所示。它往往是由经全数检查剔除不合格品后造成的。④平顶型,如图7-9(d)所示。它往往是由加工习惯造成的,如加工孔往往偏小得多,加工轴往往偏大得多。⑤双峰型,如图7-9(e)所示。它往往是由对数据没有适当分层造成的。

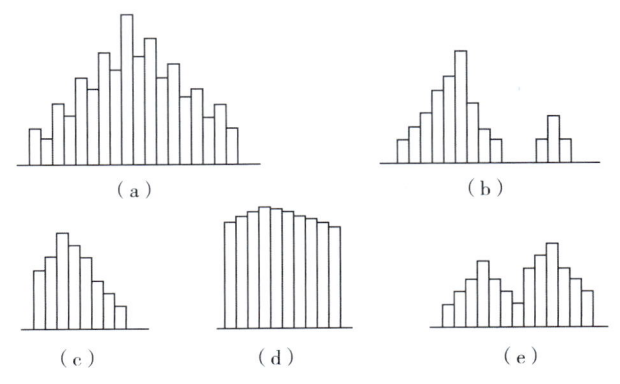

图 7-9 异常型的直方图

(a)折齿型;(b)孤岛型;(c)偏向型;(d)平顶型;(e)双峰型

(2)把实际质量分布(直方图)与质量规格界限(公差界限)相比较,看生产过程满足质量要求的情况。主要通过观察直方图的分布中心及范围与公差要求是否相符,来判断该工序是否合格,并据此计算工序能力指数。

工序能力是指工序在一定生产技术条件下所具有加工精度,即工序处于正常和稳定的状态下,所表现出的保证生产合格产品的能力,工序能力也可以理解为工序质量。

质量分布中心 μ 与公差中心 M 重合时,工序能力指数计算公式为:

$$Cp = T/6\sigma = (T_u - T_L)/6\sigma$$

式中:

T_u——公差上限;

T_L——公差下限。

质量分布中心 μ 与公差中心 M 不重时,工序能力指数计算公式为:

$$C_{pk} = Cp(1-k)$$

式中:

k——相对偏移系数,$k = |M-u|/T/2$。

工序能力指数评价表如表7-3所示。

表7-3 工序能力指数评价表

工序能力指数	工序能力等级	工序能力评价
$Cp>1.67(10/6)$	特级	工序能力过高
$1.33<Cp<1.67(10/6)$	一级	工序能力充足
$1.00<Cp<1.33(8/6)$	二级	工序能力尚可
$0.67<Cp<1.00(6/6)$	三级	工序能力不充足
$Cp<0.67(4/6)$	四级	工序能力太低

如:$1.33<Cp<1.67$,是指实际公差为 $8\sigma \sim 10\sigma$ 时,与 6σ 之比后而得到的结果。

六、散布图法

散布图(Scatter Diagram)是研究成对出现,每对为一个点的两组相关数据之间关系的简单示图。在散布图中,成对的数据形成点子云。研究点子云的分布状态,便可推断成对数据之间的相关程度。当 x 值增加时,相应地 y 值也增加时,就称 x 和 y 之间是正相关;当 x 值增加,相应的 y 值减少,则称 x 和 y 之间是负相关。散布图可以用来发现、显示和确认两组相关数据之间的相关程度,常在质量改进活动中加以应用。

七、控制图法

(一)控制图的基本概念

控制图法又称管理图法,它是由休哈特于1924年首先提出,用于分析和判断工序是否处于稳定状态,且带有控制界限的图形,如图7-10所示。它是控制生产过程状态,保证工序加工产品质量的重要工具。控制图作为工序质量控制的主要手段,可以对工序过程进行分析、预测、判断、监控和改进，预防废品产生。

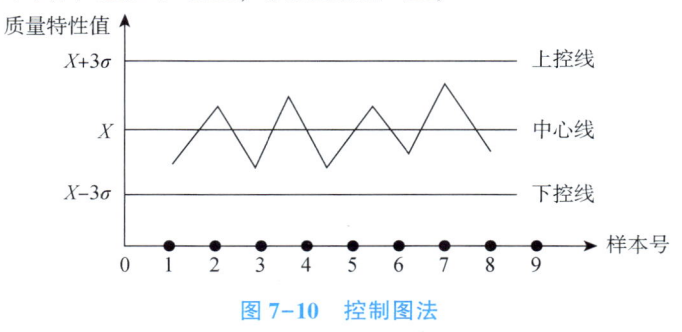

图 7-10 控制图法

（二）控制图的制作原理

先根据需要确定作为研究和控制对象的样本质量特性值。根据样本质量特性值的数据类型不同，可以分为计量值控制图和计数值控制图。计量值控制图控制的样本质量特性值主要是质量中心位置和质量分布的离散差异程度，如样本平均数和样本极差 R；计数值控制图则将样本不合格品数、不合格率、缺陷数等样本质量特性值作为研究和控制对象。

（三）控制图制作过程

以最常用的计量值控制图为例，其研究和控制的样本质量特性值（统计量）为样本平均数和样本极差 R。样本极差可以反映质量数据分布的离散程度，但是计算方法比标准差简单。

在工序处于稳定状态的情况下，产品质量的特性值服从正态分布，即以期望值（理想质量目标）X 为中心线，以 $X \pm 3\sigma$ 为上下限，99.7%的质量数据值应落在界限内。所以，在实际生产过程中，产品质量在上下限之间围绕中心波动属正常波动；一旦超出这一界限，则属系统性波动，说明工序运行发生了变化，出现了异常情况，应及时查明原因，采取措施予以纠正，以防不合格产品的发生。

（四）观察与分析

当控制图同时满足两个条件，一是点子几乎全部落在控制界限之内，二是控制界限内的点子排列没有缺陷，我们就可以认为生产过程基本上处于稳定状态。

（1）点子全部落在公差界线内，但不满足其中任何一条，都应将生产过程认定为异常：连续 25 点以上处于控制界限内；连续 35 点中仅有 1 点超出控制界限；连续 100 点中不多于 2 点超出控制界限。

（2）点子排列没有缺陷，是指点子的排列是随机的，而没有出现异常现象。这里的异常现象是指点子排列出现了"链""多次同侧""趋势或倾向""周期性变动""接近控制界限"等情况。

①链。链是指点子连续出现在中心线一侧的现象。连续 5 点在中心线一侧，应注意生产过程发展状况；连续 6 点在中心线一侧，应开始调查原因；连续 7 点在中心线一侧，如图 7-11 所示，应判定工序异常，需采取处理措施。

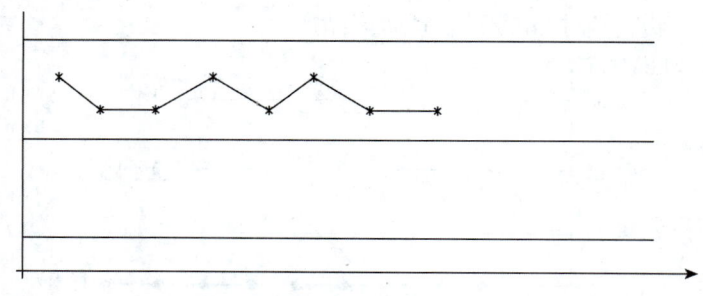

图 7-11　连续 7 点在控制中心线一侧

②多次同侧。多次同侧是指点子在中心线一侧多次出现的现象，或称偏离。下列情况说明生产过程已出现异常：在连续 11 点中有 10 点在同侧；在连续 14 点中有 12 点在同侧；在连续 17 点中有 14 点在同侧；在连续 20 点中有 16 点在同侧。

③趋势或倾向。趋势或倾向是指点子连续上升或连续下降的现象。连续 7 点或 7 点以上上升或下降（见图 7-12）排列，就应判定生产过程有异常因素影响，要立即采取措施。

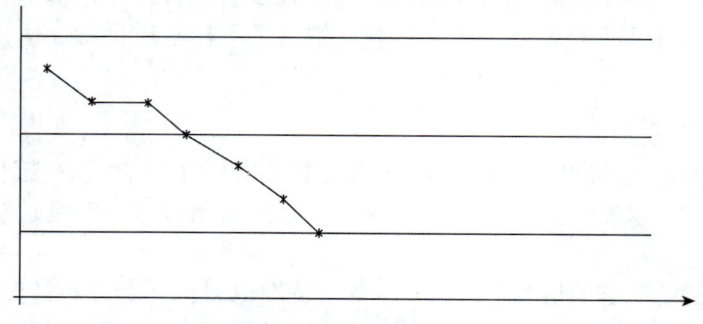

图 7-12　连续 7 点下降

④周期性变动。周期性变动即点子的排列显示周期性变化的现象，如图 7-13 所示。这样即使所有点子都在控制界限内，也应认为生产过程为异常。

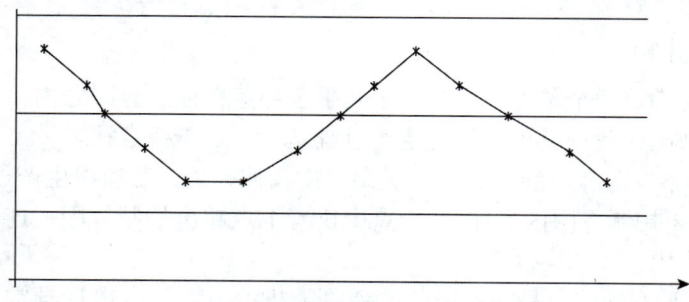

图 7-13　点的排列为周期性变化

⑤点子排列接近控制界限。点子排列接近控制界限是指点子落在了 $X±2\sigma$ 以外和 $X±3\sigma$ 以内。如属下列情况，应判定为异常：连续 3 点至少有 2 点接近控制界限；连续 5 点至少有 3 点接近控制界限，如图 7-14 所示；连续 10 点至少有 4 点接近控制界限。

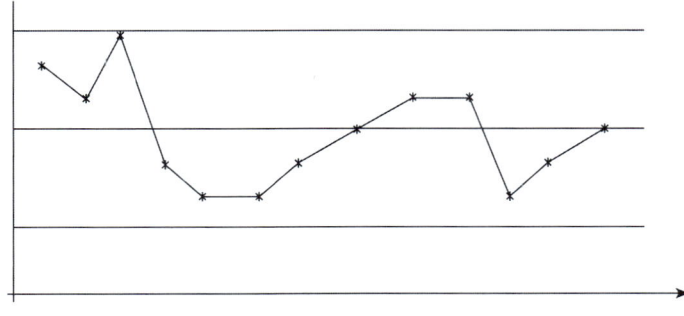

图 7-14　连续 5 点至少有 3 点接近控制界限

课后练习题

一、填空题

1. 质量是指一组（　　）满足（　　）的程度。
2. 质量的特性包括（　　）、广义性、（　　）和经济性。
3. 过程是一组将（　　）转化为（　　）的相互关联或相互作用的（　　）。
4. 质量职能是指为了使产品具有满足（　　）需要的质量而进行的（　　）的总和。
5. 质量方针是由组织的（　　）正式发布的关于质量方面的（　　）和（　　）。

二、选择题

1. 质量概念涵盖的对象是_____。
   A. 产品   B. 服务
   C. 过程   D. 一切可单独描述和研究的事物
2. "适用性"的观点是由_____提出来的。
   A. 戴明   B. 费根堡姆   C. 朱兰   D. 休哈特
3. ISO 9000 族的核心标准是_____。
   A. ISO 9000   B. ISO 9001 和 ISO 9004
   C. ISO 19011   D. 以上全部
4. 组织建立、实施、保持和持续改进质量管理体系的目的是_____。
   A. 提高组织的知名度
   B. 证实组织有能力稳定地提供满足要求的产品
   C. 增进顾客满意
   D. B+C
5. PDCA 循环的方法适用于_____。
   A. 产品实现过程
   B. 产品实现的生产和服务提供过程
   C. 质量改进过程
   D. 构成组织质量管理体系的所有过程

三、简答题

1. 简述质量管理的定义。

2. 什么是质量控制？
3. PDCA 的四阶段是什么？

课后实践

1. 海尔公司在企业初创时期，曾对其不合格产品强制销毁，通过你的了解，指出其质量管理体系。

提示：

(1) 以 ISO 9000 质量管理系列标准为尺度。

(2) 建立总经理质量监控制度。

(3) 以生产车间为质量监管主责方。

(4) 责任到人，确立每个人的质量职责。

(5) 事后反馈。

2. 设计一套电器产品的质量调查表，了解居民对产品质量的关注内容。

提示：

(1) 产品寿命。

(2) 产品保修范围。

(3) 产品的节能降耗。

(4) 产品售后服务。

3. 参观当地的一家企业，了解其产品质量监控的方法。

提示：

调查表法、分层法、因果分析图法、排列图法、直方图法、控制图法和散布图法的原理与方法。

4. 组织学生对某生产企业的质量管理过程进行实地调研，调查在该生产企业中哪些方面体现了质量管理的内容。

提示：

(1) 质量监控标准。

(2) 产品质量控制方法。

5. 组织学生对某生产企业的质量管理过程进行实地调研，确定在该企业是否采用了全面质量管理理论。

提示：

全面质量管理主要特点可以概括为"三全四个一切"，即全面质量、全员参与、全过程管理、一切为顾客着想、一切以预防为主、一切以事实为基础、一切工作按 PDCA 循环进行。

案例分析

案例分析 1：比亚迪的低成本领先策略

比亚迪主要从事二次充电电池的研究、开发、制造和销售，主要产品包括锂离子、镍镉、镍氢充电电池。在前些年，充电电池市场全部是日本企业的天下，三洋、东芝、松下等日系电池制造商占据全球近90%的市场。但比亚迪奉行独特的成本领先策略，成就了一个奇迹。迄今为止，比亚迪的生产规模已经超过松下、东芝和索尼，和三洋的差距正不断缩小。

比亚迪的低成本策略与其低成本的生产模式是分不开的。和中国大多数初创企业一样，比亚迪一开始就采用了手工为主的生产模式，即自己动手做一些关键设备，然后把生产线分解成若干个人工完成的工序，以尽可能地代替机器，对抗自动化程度极高的日本生产线。从表面上看，这种落后的生产模式毫无优势可言，但实际上它能大幅度地降低成本。因为自动化程度越高，初次投入的成本越大，更新换代的成本也大，而手工作业的模式却具备无可比拟的灵活性。日本企业一条电池自动生产线的投入超过千万元，比亚迪自创的以人力为主的生产线，一次投入小，灵活性大。当一个新产品推出的时候，原有的生产线只需进行关键环节的局部调整，再对员工作相应的技术培训就可以了。

除了以低成本的生产模式取胜，比亚迪还依靠技术研发来降低成本。比亚迪的研发中心专门改造电池溶液的化学成分，仅这一项，就曾缩短了比亚迪的电池生产工艺流程，并将每月的花费从500元~600万元降至几十万元。为了寻求新工艺，比亚迪甚至和上游材料供应商共同研发，共同制定降低成本的方案。

之后，比亚迪在更大的领域复制它的低成本模式。现在，比亚迪已经在汽车电池的制造技术上有重大突破，电动汽车市场化、实用化的目标已实现。

问题：
1. 讨论比亚迪公司低成本战略设计和执行的关键所在。
2. 探讨比亚迪公司复制其低成本模式过程中所需注意的关键问题。

提示：
1. 本题应结合企业价值链分析工具，就比亚迪公司低成本战略和其外部市场和内部条件的匹配性进行讨论。
2. 本题应结合行业分析的观点，对比亚迪公司低成本模式的可移植性进行分析。

案例分析2：丰田式生产管理原则

杜绝浪费任何一点材料、人力、时间、空间、能量和运输等资源，是丰田生产方式最基本的概念。那么，丰田生产管理的关键原则是什么呢？可以归纳如下。

1. 提高整体竞争力。丰田提出了UMR计划（United Manufacturing Reform Plan），用来强化汽车基干零件的设计开发能力，提高效率。由于丰田追求高效率的制造和汽车开发能力，其零件成本只占汽车总成本的1/20，而销售一台5 000美元的汽车，成本只需2 000美元，无形中大大提升了利润。

2. 建立看板体系。重新改造流程，改变由经营者主导生产数量的传统，转而重视顾客的需求，由后面的工程人员借看板告诉前一项工程人员的需求（比方需要多少零件、何时补货等），即逆向控制生产数量的供应链模式。这种方式不仅能节省库存成本（达到零库存），更重要的是能提高流程的效率。比如，丰田曾投入百亿日元预算开发引擎设计软件，目的是使生产引擎设备小型化、作业工程简单化，并且贯彻生产一体化，在工厂通过中心看板就可以掌握所有汽车制造流程的进度。

3. 强调实时存货。依据顾客的需求生产必要的东西，在必要的时候生产必要的量，这种丰田独创的生产管理概念，在此之前就已经为美国企业所用，并有很多成功案例。

4. 标准作业彻底化。丰田对生产的内容、顺序、时间控制和结果等所有工作细节都制定了严格的规范，比如装轮胎和引擎需要几分钟等。但这并不是说标准是一成不变的，只要工作人员发现了更有效率的方法，就可以变更标准作业。

5. 杜绝浪费和模糊。杜绝浪费任何一点材料、人力、时间、空间、能量、运输等资源，是丰田生产方式最基本的概念。丰田要求每个员工在每一项作业环节里，都要重复问为什么（Why），然后想如何做（How），并确认自己以严谨的态度打造完美的制造任务。

6. 生产平准化。平准化指的是取量均值性，丰田要求各生产工程的取量尽可能达到平均值，也就是前后一致，为的是将需求与供应达成平准，降低库存与生产浪费。在对流程不断进行改善的过程中，丰田发现，在生产量不变的情况下，生产空间可精简许多，而这些剩余的空间可以灵活地运用。人员也是一样，假如一个生产线上有6个人，在组装时抽掉1个人，则那个人的工作空间自动缩小，工作由6个人变成5个人，原来那个人的工作被其他5人取代。这样灵活的工作体系，丰田称呼为活人、活空间，即鼓励员工都成为多能工，以创造最高价值。

7. 养成自动化习惯。这里的自动化不仅仅包括机器，还包括人的自动化，也就是养成良好的工作习惯，不断学习创新。借生产现场教育训练的不断改进与激励，成立丰田学院（Toyota Institute），让人员的素质越来越高，反应速度越来越快，动作越来越精确。丰田汽车在日益激烈的竞争中继续保持利润增长。

问题：
1. 讨论丰田公司标准作业模式。
2. 探讨丰田公司生产管理整体框架执行的支持平台。

提示：
1. 运用企业生产管理的各类分析工具进行讨论。
2. 从技术资源、人员素质、企业文化、外部经济环境特点等方面进行研究。

案例分析3：杜邦的本土化生产和研发

过去，杜邦一直在中国坚持小步快跑的投资战略，然而，自中国市场成为杜邦全球第二的高增长市场后，中国成为杜邦未来全球策略的关键，也使杜邦开始在中国实行本土化之道。

据此，杜邦决定将在山东省东营经济开发区投入10亿美元建立世界级的钛白粉生产基地。这一项目创造了三项纪录——是杜邦成立多年以来最大的一次海外投资，也是杜邦进入中国以来最大的一个投资项目；对于山东省来说，则是历史上一次性吸引外资最多的项目。杜邦钛白科技一直是全球最大的钛白粉制造商，而这次在山东进行这样世界级工厂的建设说明杜邦意在维持其在钛白粉市场的龙头地位。

此后，杜邦宣称为了响应当地客户的需要，并与当地的科研界更好地合作，准备将建设了3年、投资1 500万美元的杜邦中国研发中心在上海张江高科技园区正式开幕。而在数年前，上海、苏州和深圳等地就曾经邀请杜邦将研发放在本地，但杜邦总部当时没有积极回应。直到对中国市场大进军后，杜邦主动找到了上海市政府，提出在张江高科技园设立研发中心。该研究中心是杜邦公司在海外设立的第三大公司级、综合性科学研究机构。

这样一个研究中心，将促使杜邦加强高分子聚合物研究，因为很多本地客户在这方面比较活跃，生物技术的研究也会在上海中心开展。

问题：

讨论杜邦公司本土化战略设计和实施的技巧在其他行业中的适用性。

提示：

结合相对比较优势分析方法和行业特征的分析结果。

视频学习资料

7.1 企业质量管理概述　　7.2 全面质量管理概述　　7.3 质量管理体系与质量认证　　7.4 工序质量控制

第八章 现代企业财务管理

学习目标

理论学习目标

了解企业财务管理的概念、内容与原则,了解企业财务管理的目标与任务;理解财务管理中资本筹集、资产管理及成本与利润管理的知识,理解成本与费用的构成,理解财务控制方法与过程;掌握财务报表分析的基本方法,掌握会计要素与会计恒等式原理,掌握财务预测与决策方法,掌握存货管理的 ABC 管理方法,掌握降低成本费用的途径;使学生可以运用财务相关理论,建立现代经营思想和现代理财观念,运用价值规律来提升学生理财理念和效益理念,将有限的资金用于国家重点工程和重点项目,以提升国家实力与大国地位。

实践学习目标

掌握成本构成要素,学会节约成本和降低成本的管理技术,培养学生分析现代企业财务管理的综合能力,树立运用财务杠杆提升资金投入产出效率的现代理财理念。同时,从时间成本和经济成本两个视角来审视大学生活,运用财务杠杆和价值规律来评价大学生的培养成本与效益状况,进而设计、规划和实施有效的大学生成长和成才之路。

第一节 企业财务管理的内容与原则

一、企业财务管理的含义

企业财务管理是指依据国家的政策、法规,根据资金运动的特点和规律,科学地组织企业资金运动,正确地处理企业财务关系,以提高资金使用效率与企业经济效益的管理活动。企业财务管理主要包括对企业在生产经营活动中的资金筹集、使用、耗费、回收、分配等活动的计划、组织与控制，以及对企业在财务活动中所涉及的各种经济关系的处理。

二、财务管理的作用

财务管理是对企业生产经营活动所进行的一种综合性的价值管理，在企业经营管理中具有举足轻重、不可替代的重要作用。

（1）企业的财务管理能综合反映与影响控制企业的生产经营活动。在整个企业生产经营的过程中，企业财务管理能借助价值形式，全面反映企业生产经营活动的情况，而且能够影响，甚至是控制生产经营活动的进行。

（2）财务管理是企业正常开展生产经营活动的重要保证。资金是保证企业生产经营的基本条件。通过财务管理，企业能经济地筹措资金，科学地运用资金，及时回收资金，合理分配资金，使资金运动得以顺利循环，从而保证生产经营活动正常而富有成效地进行。

（3）财务管理是提高企业经济效益的关键性手段。通过科学地组织资金运动，富有成效地支持与保证企业生产经营活动高效、经济地进行，提高资金的使用效率，以达到增收节支、提高经济效益的目的。

（4）财务管理是实现国家宏观调控，规范市场经济秩序的有力机制。国家为了规范市场经济秩序，维护国家的经济利益和使企业间经济活动有可比性，制定了有关法律规章，对费用与成本的开支范围与标准、税金的缴纳、盈利的分配等加以规定。企业通过财务制度、体制、计划、组织、分析、控制等财务管理手段，保证上述目标的实现。

三、资金运动

企业资金运动的过程是企业生产经营活动的价值体现，它构成了企业财务管理的基本对象与内容。

企业资金运动是生产经营过程、资金形态转换过程和资金运动的不同阶段与职能的复合体。

（1）企业的生产经营过程可以划分为三个大的阶段：供应过程、生产过程和销售过程。企业的资金运动是围绕这三大过程展开的，为这三大过程服务。

（2）与三大过程相适应，资金运动经历一个由货币资金到实物形态的资金再到货币资金的资金形态变换过程。生产经营的起点是企业要筹措到一定数量的资金，即企业资本，包括投资者投入的权益资本和通过各种渠道从外部借入的债务资本。在供应过程中，用货币资金购买原材料，使货币资金转变成储备资金。原材料在生产过程中被生产加工，形成在制品，使储备资金转变为生产资金。与此同时，要用货币资金支付工资及其他费用，并购买固定资产，形成固定资金。当生产加工过程结束之后，产成品被生产出来，生产资金又被转换为成品资金。在销售过程中，产品被销售出去，企业取得销售收入，实物形态的资金又被转化为货币资金。收回的资金再进行分配，可以用于生产补偿、偿还外债、弥补亏损、提取公积金与公益金、利润分配等。

（3）上述企业资金运动过程可以归纳为以下五个阶段。

①资金筹集，指企业向企业内外部筹措和集中生产经营所需资金的财务活动。

②资金使用，即企业为维持生产经营的正常进行，用资金购买原材料，购置厂房与机器设备，支付工资及有关费用。

③资金耗费，即在生产过程中由于耗费原材料、磨损固定资产与支付人员工资等形成

的生产成本与费用。

④资金回收,即将产品销售出去,获得销售收入。

⑤资金分配,即将所取得的销售收入,用于生产补偿、纳税、提取公积金与公益金、向所有者分配股利等。

(4)企业资金运动过程模型。工业企业资金运动状态如图 8-1 所示。

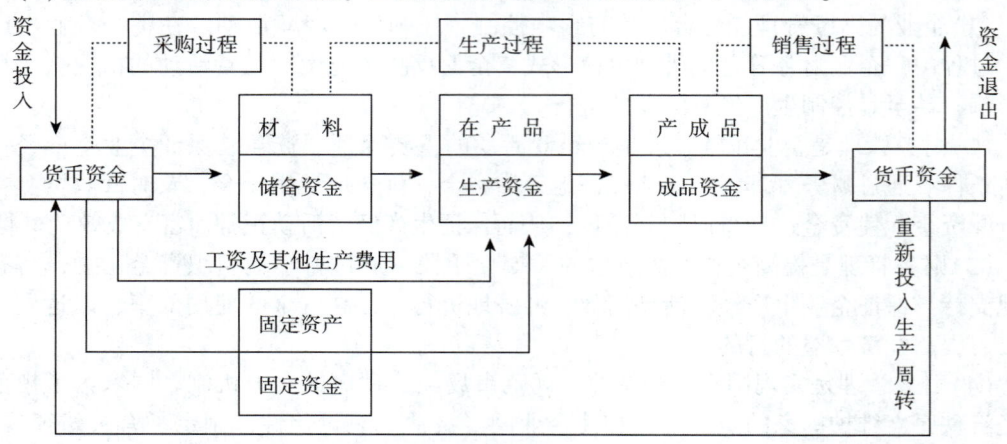

图 8-1 工业企业资金运动状态

四、会计要素与会计恒等式

会计是企业财务管理的重要工具。认识会计的基本要素与基本数量关系等基本概念,对于理解企业财务管理的原理具有一定意义。

(一)会计要素

我国的《企业会计制度》将会计要素分为六类:资产、负债、所有者权益、收入、成本和费用、利润。

1. 资产

资产是指由过去的交易事项形成并交由企业使用或控制的资源,该资源预期会给企业带来经济利益。按照资产变现或耗用时间的长短,企业的资产主要分为流动资产、固定资产、长期投资和无形资产等。

2. 负债

负债是指过去的交易事项所形成的现实义务,履行该义务预期导致经济利益流出企业。按照债务偿还期的长短,负债可以划分为流动负债和长期负债。

3. 所有者权益

所有者权益是指企业投资者对企业净资产所拥有的所有权。其数额为企业全部资产扣除全部负债后的余额。所有者权益主要包括投入资本、资本公积金、盈余公积金、未分配利润。

4. 收入

收入是指企业在销售商品、提供劳务及让渡资产使用权等日常活动中所形成的经济利益的总流入。它表明了企业的经营成果,是企业经济效益的主要来源。收入包括基本业务收入(主营业务收入)和其他业务收入。

5. 成本和费用

成本和费用是指企业在生产和销售商品、提供劳务等日常活动中所发生的各种耗费。它是会计期间内企业经济利益的减少。成本和费用可分为制造成本和期间费用。制造成本是指能予以对象化的费用;而期间费用是指不能对象化的费用。

6. 利润

利润是指企业在一定期间内生产经营活动的最终财务成果。它等于收入减去费用后的余额。收入大于费用,企业盈利;收入小于费用,企业亏损。所有者权益随着利润的增加而增加,随着利润的减少而减少。

(二)会计恒等式

会计恒等式是对各项会计要素之间数量关系的一种概括。它主要反映资产、负债和所有者权益三要素之间的内在联系和数量关系。资产表明企业所拥有的经济资源;权益表明谁对这些资产拥有所有权;两者在性质上是相对应的、在数量上是相等的,即企业的所有资产必定等于其所有权益。而资产的提供者又可分为两类:一类是从债权人借入的、需要偿还的,属债权人权益,企业将其称之为负债;另一类是投资者投入的,一般不需要偿还的,称为所有者权益。于是,这三者之间的数量关系就可以概括为以下会计恒等式:

$$资产=权益=负债+所有者权益$$

这一公式是建立资产负债表的理论基础,被视为现代会计的基石。

五、财务管理的内容

企业财务管理的对象就是企业的资金运动及其所反映的财务关系。企业财务管理的基本内容主要包括资金筹集管理、资金运用管理和资金回收与分配管理。

1. 资金筹集管理

资金筹集管理是指企业为保证生产经营活动的正常进行,对多种渠道筹措与集中资金所进行的管理活动。资金筹集管理包括筹资量的确定、筹资渠道与方式的选择、资金的实际取得等。

2. 资金运用管理

资金运用管理是指为保证生产经营目标的实现,对生产经营中及时而有效地运用企业资金所进行的管理活动。资金运用管理包括以下两方面。

(1)对资金占用和耗费进行管理。企业筹集的资金一部分用于购建厂房、设备等,需要进行固定资产管理;另一部分用于购买原材料等劳动对象和支付工资等费用,要进行流动资产管理。

(2)对外投资的管理。企业可以对外进行直接或间接投资,这就要进行科学的投资决策。

3. 资金回收与分配管理

资金回收与分配管理指企业对有效回收资金与合理分配资金所进行的管理活动。企业要加强产品销售管理，最大限度地回收货币资金，并对回收资金进行合理分配，用来补偿生产经营中的耗费，纳税，按规定提取公积金、公益金，最后在投资者之间进行分配。

六、企业财务管理的目标与任务

（一）企业财务管理的目标

企业财务管理的目标是在国家法规政策的指导下，通过科学地组织财务活动，正确地处理财务关系，以尽可能少的资金，追求利润最大化和所有者权益扩大化。

（二）企业财务管理的任务

财务管理要实现利润最大化和所有者权益扩大化，重点应抓好以下财务管理的任务。

（1）在对企业生产经营所需资金进行预测的基础上，科学地制定财务规划与资金计划。

（2）正确地进行筹资决策，选择适宜的筹资渠道，形成合理的资金结构，以较低的资金成本筹措企业生产经营所需资金。

（3）加强资金运用的管理与控制，促使生产要素优化配置和对外投资组合结构的优化，努力降低成本费用。

（4）抓好对资金回收的管理，采取得力措施，尽快实现营业收入，广泛拓展创收渠道，努力增加企业收入。

（5）搞好利润分配，正确处理财务关系，在兼顾各方利益的前提下，努力实现所有者权益最大化。

（6）加强财务监督，使企业的生产经营活动和财务活动符合国家制度和企业管理制度的要求，确保资金运营的安全与合理使用。

七、财务管理的基本职能

企业财务管理的基本职能有财务预测与决策、财务计划（或预算）、财务控制和财务分析。

（一）财务预测与决策

财务预测与决策指根据生产经营需要，对企业未来财务活动和财务成果进行科学预计和测算，从提高经济效益、获取最大利润和扩大资本金的总目标出发，确定财务目标，并选择最佳财务方案的行为。

1. 财务预测

财务预测的主要内容包括流动资产需要量与短期投资预测、固定资产需要量与长期投资预测、成本费用预测、商品价格与销售收入预测、利润总额与分配指标预测等。进行财务预测所采用的方法通常有定性与定量之分，前者如经验推算法，后者如时间序列法、量本利分析法、回归分析法等。

2. 财务决策

财务决策的内容包括筹资决策、利润决策、成本费用决策、资金占用决策、投资决策等。财务决策采用的方法有综合平衡法、决策表法、决策树法等。

（二）财务计划（或预算）

财务计划是指在科学的财务预测基础上，将财务决策所确定的最佳财务目标和方案全

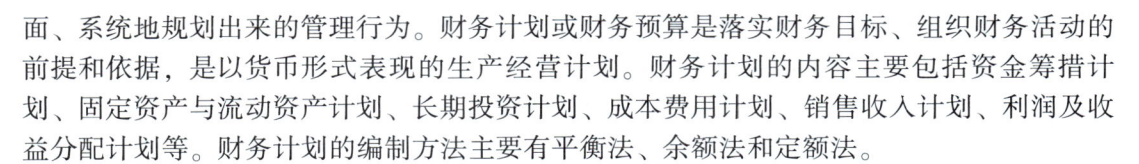

面、系统地规划出来的管理行为。财务计划或财务预算是落实财务目标、组织财务活动的前提和依据，是以货币形式表现的生产经营计划。财务计划的内容主要包括资金筹措计划、固定资产与流动资产计划、长期投资计划、成本费用计划、销售收入计划、利润及收益分配计划等。财务计划的编制方法主要有平衡法、余额法和定额法。

(三) 财务控制

财务控制是指根据企业财务计划目标(或定额、预算等)、财务制度和国家的财经法规，对实际(或预计)的财务活动开展情况进行对比、检查，发现偏差并及时纠正，使之符合财务目标与制度要求的管理行为。这是保证财务目标和有关计划指标实现的重要职能。财务控制的方法多种多样，有事前控制、事中控制和事后控制，有定额控制、预算控制和开支标准控制，有绝对数控制和相对数控制等。

(四) 财务分析

财务分析是指以企业实际资料为依据，对企业的财务活动过程和结果进行系统的分析与评价，肯定成绩，查明问题，提出改进措施，挖掘财务活动的潜力等管理行为。企业财务分析的形式多种多样，有定期分析与不定期分析，有全面分析与专题分析等。

第二节　资金筹集与资产管理

一、资金筹集的原则与来源

(一) 资金筹集的原则

在运作资金筹集的过程中，要坚持如下原则。

1. 满足需要原则

筹资要在正确预测和科学规划的基础上进行，要以满足生产经营需要为最首要的原则。

(1) 筹资的数额要能保证生产经营的需要。
(2) 筹资的期限要与生产经营或建设周期相吻合。
(3) 筹资时间配比要及时，使资金的投放与运用同生产经营的具体需要紧密衔接。

2. 低成本原则

筹资管理的重要内容就是在筹资的过程中进行筹资成本与效益的比较分析，选择低成本、高效益的筹资渠道与筹资方式，最大限度地降低资金的使用成本和筹资过程中的费用。

3. 合法性原则

在企业筹资的过程中，树立法律意识，坚持按国家政策法规办事，采取合法手段，通过合法渠道，取得合法资金，投入合法用途。

4. 稳定性原则

筹资是企业的一项重大而经常性的财务管理工作，必须坚持稳定性原则。

(1)所筹集资金的稳定性，即尽可能取得期限较长的借款。
(2)筹资方式的稳定性，即要选择股票、债券等方式，并且不要频繁变更筹资方式。
(3)要同提供资金的金融机构建立长期稳定的业务合作关系。

(二)资金筹集的来源

企业的资金基本来源于投入资金和借入资金两个渠道。

(1)投入资金。投入资金指企业的所有者以各种投资形式注入企业的资金。投入资金长期存在于企业的生产经营过程中，一般是不能抽走的。这部分形成企业的权益资本，如股票、保留盈余等。

(2)借入资金。借入资金指企业以各种形式从企业外部借入，用于企业生产经营的资金。借入资金的所有权在债权人，企业只能或长或短地占用，是必须归还的。这部分资金形成企业的负债资本，如银行贷款、债券等。

(三)筹资渠道

筹资渠道是指企业取得资金的来源途径。我国企业筹资主要有以下渠道。
(1)国家财政资金。
(2)银行信贷资金。
(3)非银行金融机构的资金。
(4)其他企业资金。
(5)公共团体资金。
(6)家庭或个人资金。
(7)外商资金。
(8)其他资金。

(四)筹资方式

筹资方式是指企业取得资金的具体形式。我国企业的筹资主要有以下方式。
(1)吸收直接投资。
(2)发行股票。
(3)利用留存收益。
(4)向银行借款。
(5)利用商业信用。
(6)发行公司债券。
(7)融资租赁。
(8)杠杆收购。

其中，前三种方式筹措的资金为权益资金，其他方式筹措的资金是负债资金。

二、权益资本的筹集

(一)权益资本与资本金

1. 资本金的含义

企业的资本金是指企业在设立时由投资人投入的资本，是企业在工商行政管理部门登记注册的资金。

2. 权益资本的主要来源和表现形式

按照资金提供者来划分，企业资本金可分为国家资本金、法人资本金、个人资本金及外商资本金。

3. 权益资本的含义

权益资本是企业依法筹集并长期拥有、自主支配的资本。它代表了投资者对企业净资产的所有权，是企业总资产中扣除负债后的部分。

4. 权益资本的构成

企业权益资本主要包括两大来源。

(1)企业资本金。它是企业设立时由投资人投入的。其筹资方式主要有国家投资、法人或个人集资、发行股票等。

(2)企业保留盈余。它是企业靠自身税后利润积累的。

(二)资本金的筹集

按照国家有关法律法规的规定，企业的资本金筹集主要可以采取以下方式。

1. 发行股票

发行股票是组建股份公司、筹集权益资本的基本方式，即经国家有关部门批准，向社会发行股票，通过集中社会自由资金的方式筹集企业的资本金。股票是指股份公司为筹集资金而发行的一种代表等额股份的有价证券，是投资人入股并取得股息、红利的凭证。股票一经认购，持股者即成为企业的股东，享有相应的股东权益与义务。持股人不能要求退股，但股票可以在证券市场上进行有偿转让。为了组建股份公司并发行股票，国家必须设定一定的发行条件与法定程序。

2. 国家投资

国家投资是指国家政府部门或机构以财政资金或国有资产向企业投资而形成企业资本金。原有国有企业筹集资本金的方式主要有国家投资的固定基金、国家流动基金、专用拨款的各种基金和企业在生产经营中形成的各种内部基金。改革后，国有企业的资本金也实现了筹资渠道的多元化。

3. 法人或个人集资

法人或个人集资是指企业通过多种方式，向社会法人或个人，乃至国外企业或个人，集资组成企业的资本金。

(1)法人投资是指其他企业或社会法人将其可以支配的资产投入企业，组成企业资本金。

(2)个人投资是指企业内部员工或社会个人将其个人合法财产投入企业而组成企业资本金。

(3)外商投资是指国外企业或个人依法向中国企业投资而组成企业资本金。

(三)保留盈余

1. 利润分配与保留盈余

股份公司的税后利润要在股东和企业之间进行分配。税后利润分配给股东的部分称为股息,是对股东投资的现期回报;税后利润分配给企业的部分,称为保留盈余,用于企业投资,扩大再生产。保留盈余是企业资本金的重要来源。

2. 保留盈余筹集方式的优势

通过保留盈余的方式筹集资本金,具有明显的优势。

(1)利用保留盈余来筹资,无须支付任何筹资费用,可以大大降低筹资成本。

(2)保留盈余的资金属于主权资金,可以增加企业的信用度。

(3)采用保留盈余方式筹资,也使股东得益。一方面,多留盈余,少分股利,可以减少股东收取股利而缴纳的个人所得税;另一方面,多留盈余,可增加企业的资本金,使企业获得发展,从长期看也有利于股东。

三、负债资本的筹措

(一)负债资本的含义

负债资本是指企业从外部借入,用于生产经营的资金。负债资本的所有权属于债权人;在一定时期内交由企业使用的资金,到期后要归还给债权人。按照资金借入时间的长短,负债资本可分为长期负债与流动负债。

(二)负债资本的筹措方式

企业负债资本的主要有以下筹措方式。

(1)债券。

(2)银行借款。

(3)商业信用。

(4)预收货款。

(5)应付费用。

(三)融资租赁

融资租赁是指企业(承租人)在契约或合同规定的期限内,租用出租人的财产,并付给出租人相应的报酬。它是一种特殊的筹资方式。

四、资金成本

资金成本是指企业为使用资金和筹集资金而支付的各种费用。资金成本主要包括资金占用费和资金筹集费。

(1)资金占用费,是指由于使用资金而要付出的代价,包括因资金时间价值和投资风险报酬而支付的费用,如为银行借款所支付的利息、为发行股票而支付的股息。

(2)资金筹集费,是指企业在筹集资金的过程中所发生的各种费用,如在发行股票、债券过程中发生的各种印刷费、手续费等。

五、筹资风险

(一)筹资风险的含义

筹资风险是指企业因筹集借入资金而导致的丧失偿债能力和减少企业利润的可能性。

筹集资金可以满足企业生产经营需要，同时也可能带来风险。影响筹资风险的主要因素有以下两个。

(1) 经营风险。由于企业经营上的不确定性，可能引起经营上的失败，进而导致筹资风险的出现。

(2) 资本结构的比例。不同的筹资渠道与方式，形成不同的资本结构，会带来程度不同的筹资风险。

(二) 资金结构与筹资风险的回避

企业筹集的资金可归结为所有者权益和负债两大类，形成了企业的自有资本和借入资本。自有资本和借入资本之间的比例关系，称为资金来源结构。企业的筹资风险主要源于企业投资收益率与借入资本利息率的不确定性。当企业投资收益率高于借入资本利息率时，企业使用一部分借入资本，可以提高自有资本利润率；当企业投资收益率低于借入资本利息率时，企业使用借入资本，反而会使自有资本利润率降低，甚至发生亏损。这就给企业负债经营带来了风险。要有效回避筹资风险，除加强经营，努力争取经营上的成功外，最重要的措施就是选择最佳筹资渠道，合理确定企业的资本结构。

六、资产管理

(一) 流动资产管理

1. 流动资产的含义

流动资产是指在生产经营中参与循环、周转，资产形态不断变化，价值一次性转移到成本费用中，并通过产品销售收入得到补偿的资产。

2. 流动资产的内容

流动资产主要包括以下几类。

(1) 货币资金。货币资金是指企业在生产经营中停留在货币形态的资金。其具体项目包括现金、银行存款和其他货币资金。

(2) 应收或预付款项。这是指在生产经营中，由于资金结算的原因或市场经济活动的需要而占用的各种应收、预付等款项。应收款是指企业因对外销售产品、材料，提供劳务而应向购货方收取的款项。预付款则指预先支付给供货单位的货款。

(3) 存货。存货是指在生产经营过程中，为销售或耗费而储备的物资。这是在流动资产中占用比例最大的部分，主要包括产成品、在制品、原材料、包装物、低值易耗品等。

(4) 其他。其他包括短期投资、待摊费用、一年内到期的债券投资等。

3. 流动资产的特点

流动资产主要有以下特点。

(1) 流动资产的流动性大，周转期短。

(2) 在参与循环、周转的过程中，不断地改变资产的形态。

(3) 流动资产的价值一次性地转移到产品中，并一次性收回补偿。

(二) 货币资金管理

货币资金管理主要是对现金的管理。这里说的现金包括企业库存现金、银行存款等。

1. 现金管理的目标

现金是企业可以立即作为支付手段的资产，是维持企业生产经营的极为重要的必备条件，但是，现金存置过多，又会增加资金占用成本。因此，企业现金管理的目标是：现金的数量必须保证生产经营的需要；尽可能地降低企业闲置现金的数量，以降低资金成本。

2. 最佳现金余额

现金管理的核心的问题是合理控制现金的余额。因为余额过高，会降低资产收益率；而余额过低，导致企业丧失支付能力，加大企业财务风险。这个合理的现金余额就是最佳现金余额。最佳现金余额是指既能保证企业经营对现金的需要，又能使持有现金成本最低的现金数量。确定最佳现金余额的方法很多。在现金需要量确定的情况下，可以根据存货管理中的经济批量模型的原理确定最佳现金余额。而当现金支出量不确定时，要采用随机模式确定最佳现金余额。

3. 现金管理的要求

现金管理的要求主要有以下三个。

（1）科学编制现金收支预算。为了有计划地管理现金，企业要有计划地逐期编制现金预算。现金预算包括现金收入、现金支出、现金余额和现金筹集等内容。

（2）采取恰当的收账方法，加速现金的回收，在不影响信用的前提下适当延缓现金的支付。

（3）加强对现金开支的控制。严格遵守现金管理的有关规定，合理控制现金开支的范围和支出数量。

（三）应收账款的管理

1. 应收账款管理的目标

应收账款相当于企业向顾客提供的贷款，其目的是扩大产品销售，增加企业收益，而这种商业信用的提供必然会增加资金成本，并存在无法收回账款的风险。因此，企业对应收账款管理的目标是：在对应收账款的收益与风险进行分析权衡的基础上，追求企业综合效益的最大化。

2. 正确制定信用政策

正确制定信用政策，是指通过信用收益与风险的比较，对最佳应收账款水平进行规划与控制。信用政策包括信用标准与信用条件。信用标准就是企业同意给予顾客信用所要求的最低标准，它常用企业可允许的坏账损失率来表示。信用条件是企业所规定的顾客支付赊销货款的条件，包括信用期限和顾客提前付款的现金折扣。

例如，"2/10；1/20；$N/30$"表示在10天之内付款的话，就有2%的折扣；在20天之内付款，就可以享受1%的现金折扣；在20～30天之内付款的话就不能够享受现金折扣；如果在30天之外付款的话，要罚款。

3. 加强收账管理

收账是指企业向顾客收回到期的应收款项。企业要对收账费用、坏账损失和应收账款机会成本三者进行权衡，并在此基础上选择适宜的收账费用水平，确定合理的收账政策，并加强对收账的管理。

(四)存货管理

存货是流动资产占用比例最大的项目,存货管理对企业财务状况影响很大。存货管理的目标就是既要充分保证生产经营的需要,又要最大限度地减少库存,降低存货成本。存货管理的要求主要有以下三个。

(1)原材料存货管理。要运用经济订购批量模型,科学确定材料采购数量,并加强库存及消耗的管理,努力降低原材料库存。

(2)在制品存货管理。运用准时生产等先进生产技术,科学控制投产的时间及批量,实现生产的成套性及均衡性,最大限度地降低在制品存货。

(3)产成品存货管理。企业要大力开展市场营销,促进产品销售,尽量降低库存产成品。

(五)固定资产管理

1. 固定资产的含义

固定资产是指为生产商品提供劳务出租或经营管理而持有的,使用寿命超过一个会计年度的资产,多是使用年限较长并在使用中始终保持其原有物质形态的资产。

2. 固定资产的形成

固定资产的形成是常住单位在核算期内购置、转入和为自用而生产的固定资产,扣除销售和转出的固定资产后的价值。这些固定资产的实物形态丰富多样,包括各类房屋、建筑物、机器设备、役种役畜、多年生经济林木,以及在建工程等。

3. 固定资产的特点

固定资产主要有以下特点。

(1)固定资产使用时间长。

(2)固定资产在使用中,实物形态不变,但其价值逐步转移,其价值补偿与实物更新期不一致。

(3)固定资产的使用年限决定其资金周转期。

4. 固定资产的分类

固定资产可按不同的标志进行分类。

(1)按固定资产的经济用途,可以分为经营性固定资产和非经营性固定资产。

(2)按固定资产的产权,可分为自有固定资产、接受投资固定资产和租入固定资产。

(3)按固定资产的实物形态,可分为房屋及建筑、机器设备、电子设备、运输设备及其他设备。

5. 固定资产的计价

(1)固定资产计价的原则。按我国现行财务制度的规定,计算企业固定资产的价值,应按取得时的实际支出入账。例如,购入固定资产,要以购入价加上应由企业负担的运输费、装卸费、安装调试费、保险费和税金来计价。

(2)固定资产计价的方法。根据企业管理固定资产的不同需要,对固定资产有三种计价方法。

①原始价值。原始价值又称原值，指按建造或购置固定资产时的实际全部支出计算的固定资产的价值。固定资产的原始价值反映了固定资产投资的规模和设备能力。

②折余价值。折余价值又称净值，指按固定资产原值减去固定资产在使用中的损耗价值（累计折旧）后的余额来计算的固定资产的价值。这主要可以了解固定资产的使用情况与新旧程度。

③重置价值。重置价值又称经济价值，指按现实市场条件下重新购置或建造该项固定资产所需全部支出来计算的固定资产的价值。这真实地反映了该项固定资产当前的实际价值。

6. 固定资产的折旧

固定资产折旧是指在固定资产使用过程中，通过固定资产逐步磨损（有形磨损与无形磨损）而转移到产品成本中去的那部分价值。固定资产在整个使用期间，逐期提取折旧，直到报废前将其全部价值提取折旧完毕，然后进行固定资产的更新。

固定资产折旧是以原值为基础，按照固定资产磨损与使用期限的情况进行计算的，主要有三种计算方法。

（1）平均年限法。这种方法又称为直线法。这是按照固定资产的使用年限来平均计算折旧额的一种方法，其计算公式为：

固定资产年折旧额=（固定资产原值-预计残值）/固定资产预计使用年限

（2）工作量法。这种方法也称作业法。它是以固定资产的工作量或使用时间来计算折旧额的一种方法，如汽车按行驶里程计算，机器设备按工作小时或台班来计算折旧。

（3）加速折旧法。它指在固定资产使用早期多提折旧，使用后期少提折旧，以加快其折旧速度的一种方法。这种方法有利于固定资产的快速更新。

第三节　成本、费用与利润管理

一、成本、费用与利润管理

（一）成本和费用的概念

成本和费用的概念，就一般意义而言，泛指企业在生产经营中所发生的各种资金耗费；而在严格的意义上讲，成本和费用及其相关的概念有以下三个。

（1）支出，指企业生产经营中的一切开支与耗费，是企业资产的流出。

（2）费用，指企业为销售商品、提供劳务等日常活动所发生的经济利益的流出。费用是一种支出，但如果不是"为销售商品、提供劳务等日常活动所发生"的支出，则不构成费用。

（3）成本，也称"产品成本"，是一种被对象化了的费用，是指在一定时期内某种产品应承担的费用。例如，一家生产汽车的工厂，在一定期间内该厂所发生的一切开支和消耗费用中可以按具体汽车产品归集和汇总的费用，则属该种汽车的成本。在这里，我们把各种费用和成本统称为成本和费用。

(二)成本和费用的作用

成本和费用是企业生产经营的一个极为重要的变量与指标,是加强管理的重要领域,其主要作用体现在以下几个方面。

(1)成本和费用是生产消耗及其补偿的尺度。成本和费用能较为真实地衡量出产品的消耗,并反映出相应补偿的数量。

(2)成本和费用是制定价格的基础。产品价格是产品价值的货币表现,产品定价总是要以成本为基础,并结合市场供求来决定的。

(3)成本和费用是提高经济效益的重要领域。企业要提高效益,一是扩大销售,二是降低成本。只有降低成本和费用,才能有效提高企业的经济效益。

(4)成本和费用是企业决策的重要依据。企业的生产经营决策,无不涉及决策对象的投入产出效益,这样,成本和费用则成为评价投入产出效益的重要指标,成为企业决策的重要依据。

(三)成本和费用的分类

1. 制造成本与期间费用

成本和费用可以划分为两大类,一是直接成本和费用,二是间接成本和费用。以工业企业为例,直接成本和费用构成产品的制造成本,间接成本和费用则构成期间费用。

(1)制造成本。它指按产品分摊的、与生产产品直接相关的费用。主要构成项目有直接材料、直接工资、其他直接支出和制造费用。这构成了通常所讲的产品成本。

(2)期间费用。它指在一定会计期间内所发生的与生产经营没有直接关系或关系不大的各种费用,主要包括管理费用、财务费用和销售费用等。

2. 固定成本与变动成本

不同的产品成本项目,具有不同的习性。有的成本项目随着产量的变化而不断变化,有的则不受产量大小的影响,不管产量怎样变化,其大小是不变的。这样,按照成本的习性,可以把成本划分为变动成本和固定成本。

(1)变动成本。变动成本指随着产量的变化而变化的成本。例如,产品成本中的直接材料,就是随着产品产量的变化而同比例变化的。

(2)固定成本。固定成本指不随产量的变化而变化的成本。例如,厂房等固定资产的投资形成的成本,数额是固定的,并不由于生产数量出现变化而发生变化。

3. 总成本与单位成本

产品成本又可以划分为总成本与单位成本。

(1)总成本,指企业在一定期间内,生产的所有产品的成本总和。

(2)单位成本,也称平均成本,是指企业在一定期间内,平均每生产一件产品的成本。总成本是成本的总值,而单位成本则是总成本的平均值,两者存在下列关系:

$$总成本 = 单位成本 \times 产品数量$$
$$单位成本 = 总成本 / 产品数量$$

二、降低成本和费用的途径与举措

成本和费用管理的最基本目标就是降低成本费用水平,以提高企业效益。企业降低成本和费用的主要途径与举措如下。

（一）节约材料消耗，降低直接材料费用

在工业产品成本中，直接材料费用一般占有相当大的比重，控制与降低直接材料费用是成本控制的关键。降低直接材料费用主要包括以下两个方面。

（1）实行定额控制，加强领料管理，降低材料的消耗量。

（2）优选价廉材料的供货商，节约运输费用，最大限度地降低材料采购成本。

（二）提高劳动生产率，降低直接人工费用

直接人工费用也是构成成本和费用的重要组成部分。

（1）进行科学的分工与配置，搞好劳动定员和劳动定额，提高工时利用率。

（2）建立有效的激励机制，使劳动者的收入与其劳动成果和企业的经济效益挂钩，最大限度地调动工人的生产劳动积极性。

（3）通过人员培训，全面提高员工的业务技能与素质。

（三）推行定额管理，降低制造费用

制造费用是在各基层生产单位发生的与生产相关的费用。应视其构成内容的不同，分别采用不同的方法。一般可采取定额管理或预算控制的办法来加强管理。

（四）加强预算控制，降低期间费用

大部分期间费用是间接支出，往往与产品产量无直接关系。企业可以采用编制费用预算的办法来加以控制。预算与控制的基本目标是提高工作效率，降低费用。

（五）实行全面成本管理，全面降低成本费用水平

全面成本管理是指实行全企业、全员、全过程的成本管理。成本综合地反映企业整个生产经营过程的资金耗费。因此，要全面降低成本，就必须实行全面成本管理。全面的成本管理，应包括从企业的不同层面、单位的所有组织到生产、技术、经营、后勤等所有领域，从领导者到包括员工的全体人员，从产品开发设计、生产制造到销售的所有阶段统一规划，系统实施，全方位地降低成本费用。

三、成本控制与分析的方法

在对成本和费用进行具体控制与分析的过程中，通常采用标准成本控制和目标成本控制两种方法。

（一）标准成本控制

标准成本控制是指运用标准成本系统来实现成本控制的一种管理方法。所谓标准成本系统，是指在科学分析与计算的基础上，制定标准成本并加以控制的体系。标准成本分为单位标准成本与产品总标准成本。两者计算公式分别为：

$$产品单位标准成本 = 单位产品标准消耗量 \times 标准单价$$
$$产品总标准成本 = 实际产量 \times 单位产品标准成本$$

标准成本按其所反映的生产经营技术水平，可以分为以下两种。

（1）理想标准成本，指在最优的条件下所能达到的最低成本。

（2）正常成本，指在正常的条件下，企业经过努力实际上可以达到的较低成本。

在工作中，一般采用正常成本进行控制，它必须是经过努力才能达到的，其标准应大于理想标准、小于历史实际水平。标准成本控制有利于有效实现降低成本的目标，提高企业的经济效益。

(二)目标成本控制

目标成本控制是指企业在分析预计可实现收入与目标利润的基础上，确定目标成本、目标管理的思想，依据目标成本进行管理与控制的方法。

企业的目标成本是根据预计可实现的销售收入扣除目标利润的方法计算出来的。其计算公式为：

$$目标成本 = 预计销售收入 - 目标利润$$

而目标利润的确定有以下两种方法。

(1)目标利润率法，即按照同类企业的平均销售利润率来计算目标利润的方法。其计算公式为：

$$目标利润 = 预计销售收入 \times 同类企业平均销售利润率$$

(2)上年利润基数法。这是一种以上年实际利润额为基础，结合利润的增长率来确定本年利润的方法。其计算公式为：

$$目标利润 = 上年利润额 \times 年利润增长率$$

目标成本控制的要点有如下几个。

(1)在充分调研、分析与测算的基础上，科学制定目标利润与目标成本。这是实施这一方法的前提与基础。

(2)按照科学的程序进行运作。首先要在最高层设置目标，并以此为中心，层层分解，反复协商，确定目标成本，并不断总结提高，完善对策措施。

(3)加强达标过程的管理与控制。要切实加强成本目标的预先控制、同步控制和反馈控制，确保目标的实现。

四、利润管理

(一)利润及其构成

1. 利润的含义

利润是企业在一定时期生产经营的最终成果。利润是收入扣除成本费用后的余额，是企业的净收益。利润的基本公式为：

$$利润 = 收入 - 成本$$

利润是企业生产经营管理各方面工作的综合反映，是企业生产经营活动最终效益的集中表现。利润最大化是企业生存的目的与追求的目标。

2. 利润的构成与计算

企业的利润总额是由三部分构成的：营业利润、对外投资净收益和营业外净收益。其计算公式为：

$$利润总额 = 营业利润 + 投资净收益 + 营业外收入 - 营业外支出$$

(1)营业利润。营业利润是指企业从事生产经营活动所取得的利润，是企业利润的主要来源。在工业企业中，将营业利润称为销售利润，其计算公式为：

销售利润=产品销售利润+其他销售利润-管理费用-财务费用

(2)投资净收益。投资净收益是指企业对外投资收益扣除对外投资损失后的数额，主要指企业对外投资分得的利润、股利、债券利息等。

(3)营业外净收入。营业外净收入是指与企业生产经营无直接关系的各项收入。营业外净收入是营业外收入总额扣除营业外支出后的余额。其计算公式为：

营业外净收入=营业外收入-营业外支出

(二)实现利润最大化的途径

实现利润最大化，是企业经营活动的基本目标。要实现利润最大化，主要有以下途径。

1. 开拓市场，扩大销售

按照利润的基本公式，增加利润的基本途径有两个，一是增加收入，二是降低成本，从而使两者相抵的余额变大。要增加销售收入：一是扩大销售数量；二是提高产品价格。这就需要企业努力适应市场的需要开发新产品，大力开展市场营销，增加产品销量；同时，推行差异化战略，优质优价，增加单位产品的边际贡献。

2. 提高效率，降低成本

推进技术革新，加强管理，提高劳动效率，建设有效的全面成本管理体系与机制。通过最大限度地降低成本来增加企业的利润。

3. 运用最佳化分析，实行科学决策

要推行科学化、现代化、模型化决策。要运用各种最佳化数学模型、量本利分析法（如图8-2所示）、边际贡献分析等最佳化决策手段，科学配置生产要素，正确进行投资、生产与销售决策，努力实现利润最大化。

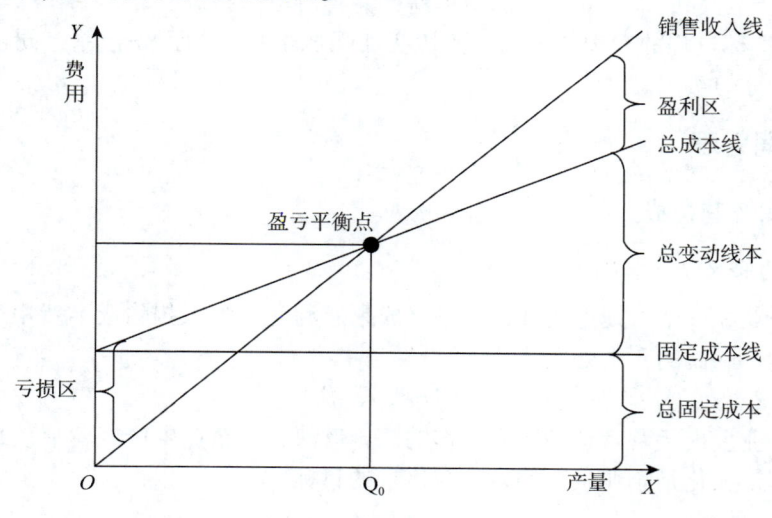

图8-2 量本利分析法
（超过盈亏平衡点的产量计划是盈利方案）

(三)利润分配

1. 利润分配的含义

企业的利润分配，是指企业根据国家有关法规和企业章程的规定，将所获利润在国家

及企业的各权益主体之间所进行的分配。企业所获得的利润，先要向国家纳税，然后在企业、所有者和员工之间进行分配。

2. 缴纳所得税

按照税法的规定，企业取得利润后，必须先向国家缴纳所得税，然后才能进行企业内的分配。企业要计算应缴纳的所有税，必须先将利润总额按国家规定调整为应纳税所得额。如所得税前弥补亏损，对投资所得的已纳税项目的调整，会计计算利润总额与税法规定的纳税所得间的差异调整等。经调整后，将应纳税所得额乘以规定的所得税税率，即为应缴纳的所得税额。

3. 利润分配的原则

（1）严格遵守国家有关政策法规，认真执行企业章程的有关规定，绝不可以违规操作。

（2）要协调好企业长远发展和企业权益主体近期利益的矛盾。要优先考虑企业积累，以提高企业的自我发展和抗风险能力。

（3）要兼顾企业所有者、经营者和员工的利益，充分考虑所有者的权益，并努力调动经营者和员工的积极性。

4. 利润分配的顺序

利润分配的顺序如下。

（1）弥补五年内亏损。

（2）按照税法规定，缴纳所得税。

（3）超过规定五年时限，用税后利润抵补。

（4）提取法定盈余公积。

（5）提取法定公益金（已取消提取）。

（6）支付优先股股利。

（7）提取任意盈余公积金。

（8）支付普通股股利。

五、利润分析

（一）利润总额分析

利润总额分析包括以下内容。

（1）利润总额大小分析。

（2）利润总额构成分析。通过计算利润总额各部分的比重来研究利润总额各组成部分的合理性。在工业企业中，产品销售利润一般占主要部分。

（3）利润总额变动分析。通常采用本年的利润与上年相比较、实际利润与计划利润相比较、本企业与同行先进企业的利润相比较等方法，分析企业利润变化的方向、幅度及趋势。

（二）利润率分析

利润额只反映企业盈利的绝对水平，而利润率可以反映企业盈利的相对水平，更有利于分析与比较。企业利润率分析最主要的指标有以下三个。

（1）销售利润率。销售利润率是企业所实现的利润总额同销售（营业）收入总额的比率。销售利润率主要反映企业生产经营活动的效益。它是企业分析与衡量盈利水平的最基本指标。其计算公式为：

$$销售利润率 = 利润总额 / 销售（营业）收入总额 \times 100\%$$

（2）成本费用利润率。成本费用利润率是利润总额与成本费用总额的比率。成本费用利润率主要反映企业投入或耗费所带来的效益。其计算公式为：

$$成本费用利润率 = 利润总额 / 成本费用总额 \times 100\%$$

（3）资本金利润率。资本金利润率是企业利润总额与企业资本金总额的比率。资本金利润率主要反映企业自身投资所带来的效益水平。其计算公式为：

$$资本金利润率 = 利润总额 / 资本金总额 \times 100\%$$

第四节　财务报表分析

一、企业财务报表

企业财务报表是反映企业一定时期内财务状况、经营成果和现金流量的重要工具，主要包括资产负债表、利润表（或称损益表）、现金流量表及所有者权益变动表（部分国家要求）等。这些报表遵循会计准则编制，为企业的利益相关者（如投资者、债权人、管理层、政府等）提供决策所需的信息。财务报表分析旨在通过运用一系列方法和技巧，解读这些报表数据背后的经济含义，评估企业的财务状况、经营绩效及未来发展趋势。

二、企业财务报表的组成

1. 资产负债表

资产负债表是反映企业在某一特定日期（如年末、季末）的资产、负债和所有者权益状况的静态报表。资产表示企业拥有的经济资源，负债代表企业应偿付的债务，所有者权益则是资产减去负债后的余额，反映企业所有者对企业的权益。资产负债表分析关注于资产结构、负债结构及所有者权益的变动情况，评估企业的资本实力、偿债能力及经营稳健性。

2. 利润表

利润表（或损益表）展示了企业在一定会计期间内（如一年）的经营成果，包括营业收入、营业成本、税金、各项费用及最终的净利润等信息。利润表分析旨在揭示企业盈利能力的变化、成本控制的有效性、收入结构的合理性及利润增长的持续性。通过分析毛利率、净利率等指标，可以评估企业的盈利水平和运营效率。

3. 现金流量表

现金流量表反映了企业在一定会计期间内现金及现金等价物的流入和流出情况，包括经营活动、投资活动和筹资活动产生的现金流量。现金流量表分析强调现金为王的理念，关注企业现金流量的充足性、稳定性及结构合理性，评估企业是否具备足够的现金来支持日常运营、偿还债务及未来投资。

4. 附表

这里的附表,是指那些对基本财务报表的某些重大的项目进行补充说明的报表。

从我国目前的情况看,资产负债表的附表主要包括资产减值准备明细表、股东权益增减变动表和应缴增值税明细表等,利润表的附表包括利润分配表和分部报表(业务分部和地区分部)等。

5. 财务报表附注与财务情况说明书

财务报表附注主要是以文字和数字形式对基本财务报表的内容以及其他有助于理解财务报表的有关事项进行必要的说明,包括基本的会计政策以及运用的主要会计方法等内容。

财务情况说明书则是对企业当期财务分析结果进行总结的文字说明,主要包括企业的生产经营情况、利润实现和分配情况、资金运用情况等内容。

三、企业财务报表分析方法

1. 比较分析法

对两个或几个有关的可比数据进行对比,揭示财务指标的差异和变动关系,是财务报表分析中最基本、最常见的方法。最常用的有单个年度的财务比率分析、不同时期的财务报表比较分析、与同行业其他企业之间的财务指标比较分析三种。

2. 比率分析法

比较分析法相对简单,往往不能满足各个有关利益相关方的需要。例如,管理者想了解企业的债务情况、盈利情况,比较分析法就会显得力不从心,特别是当会计核算方法发生变更或者两家企业的会计核算上存在差异时,可比性会大大降低。这时候就要用到比率分析法,将财务报表中彼此相关而性质不同的项目进行对比,求出比率,从而为相应的决策提供信息。

3. 因素分析法

因素分析法也叫因素替代法,它以一定的财务指标为对象,分析测算各个影响因素变化和财务指标变动之间的关系,从数量上确定各因素对财务指标的影响程度。在企业经济活动中,财务指标具有高度的综合性,一种财务指标的变动往往是受多种因素共同影响的结果,管理者常常需要了解财务指标的变动是受哪些因素影响及其影响的程度。

四、企业财务分析种类

企业财务分析有很多种类,这里主要介绍五种:经营效率分析、短期偿债能力分析、长期偿债能力分析、盈利能力分析、投资收益分析。

(一)经营效率分析

经营效率即企业经营管理中资金运营的能力,一般通过企业资产管理比率来衡量,主要表现为资产管理及资产利用的效率。经营效率通常通过以下指标体现。

(1)存货周转率(存货周转次数)和存货周转天数。二者计算公式分别为:

$$存货周转率 = 主营业务成本 \div 平均存货$$

$$存货周转天数 = 360 \text{ 天} \div 存货周转率$$

(2)应收账款周转率和应收账款周转天数。二者计算公式分别为：
$$应收账款周转率=主营业务收入÷平均应收账款$$
$$应收账款周转天数=360天÷应收账款周转率$$

影响应收账款周转率的因素包括季节性经营、大量使用分期付款结算方式、大量使用现金结算、年末销售的大幅度增加或下降。

(3)流动资产周转率。其计算公式为：
$$流动资产周转率=主营业务收入÷平均流动资产$$

(4)总资产周转率。其计算公式为：
$$总资产周转率=主营业务收入÷平均资产总额$$

(二)短期偿债能力分析

短期偿债能力，也称企业产生现金的能力，取决于近期可转变为现金的流动资产的多少。换句话说，流动资产的多少是考察企业短期偿债能力的关键。短期偿债能力通常通过以下指标体现。

(1)流动比率：一般认为，生产型企业合理的最低流动比率是2。影响流动比率的主要因素有营业周期、流动资产中的应收账款数额、存货的周转速度。其计算公式为：
$$流动比率=流动资产÷流动负债$$

(2)速动比率：通常认为正常的速动比率为1。用速动比率来判断企业短期偿债能力比用流动比率更能说明问题，因为它撇开了变现力较差的存货。一般认为速动比率维持在100%的水平比较好。在不同的行业，这个指标所应达到的标准也是不同的。影响速动比率可信度的重要因素是应收账款的偿债能力。其计算公式为：
$$速动比率=(流动资产-存货)÷流动负债$$
$$速动资产=流动资产-存货-预付账款-待摊费用$$

(3)保守速动比率(超速动比率)。保守速动比率中考虑的是转变为现金能力最强的流动资产。
$$保守速动比率=(现金+短期证券+应收账款净额)÷流动负债$$

(三)长期偿债能力分析

长期偿债能力是指企业偿付到期长期债务的能力，通常以反映债务与资产、净资产的关系的负债比率来衡量。长期偿债能力通常通过以下指标体现。

(1)资产负债率(举债经营比率)。其计算公式为：
$$资产负债率=负债总额÷资产总额$$

(2)产权比率(债务股权比率)。产权比率高，是高风险、高报酬的财务结构；产权比率低，是低风险、低报酬的财务结构。其计算公式为：
$$产权比率=负债总额÷股东权益×10\%$$

资产负债率与产权比率具有相同的经济意义，两个指标可以相互补充。

(3)有形资产净值债务率。其计算公式为：
$$有形资产净值债务率=负债总额÷(股东权益-无形资产净值)$$

有形资产净值债务率指标的实质是产权比率指标的延伸，更谨慎、保守地反映了企业清算时债权人投入的资本受到股东权益的保障程度。该指标不考虑无形资产(商誉、商标、专利权及非专利技术等)价值，表现出谨慎和保守的原则。从长期偿债能力来讲，有形资产净值债务率越低越好。

(4) 已获利息倍数(利息保障倍数)。只要已获利息倍数足够大，企业就有充足的能力偿付利息，否则相反。其计算公式为：

$$已获利息倍数=含税息利润\div利息费用$$

(5) 长期债务与营运资金比率。一般情况下，长期债务不应超过营运资金。其计算公式为：

$$长期债务与营运资金比率=长期负债\div(流动资产-流动负债)$$

(四) 盈利能力分析

盈利能力是指企业的获利能力，是衡量企业财务成果的重要尺度，投资者借以反映、判断企业的投资价值。投资者常用如下指标分析盈利能力。

(1) 毛利率：是销售毛利与销售收入的比率，反映企业的定价策略。毛利率与产品的性质有密切关系，高档名牌产品往往有较高的毛利率，而大众产品的毛利率比较低。毛利率不直接反映企业的盈利能力。其计算公式为：

$$毛利率=(销售收入-销售成本)\div销售收入$$

(2) 净利率：比较准确地反映企业通过销售获取利润的能力。其计算公式为：

$$净利率=税后利润\div销售收入$$

(3) 资产收益率：用以衡量企业运用所有投资资源所获的经营成效的指标，该比率越高，表明企业越善于运用资产。其计算公式为：

$$资产收益率=税后利润\div平均资产总额$$

(4) 股东权益收益率：该指标反映普通股资本的净盈利能力，用以说明投资者委托企业管理人员应用其资金进行经营活动所能获得的投资回报率。其计算公式为：

$$股东权益收益率=(税后利润-优先股股息)\div股东权益$$

(5) 主营业务利润率：该指标反映企业获利的稳定程度，主营业务利润率高，表明企业盈利稳定，反之则表明企业盈利不稳定，投资风险大。其计算公式为：

$$主营业务利润率=主营业务利润\div销售收入$$

(五) 投资收益分析

投资收益是用以衡量投资者的收益、报酬的指标，这是投资者的最终目标，也是测试企业获利能力的指标之一。常用如下指标进行投资收益分析。

(1) 普通股每股净收益：也称作每股盈利。通过该指标，投资者不仅可以了解企业的获利能力，还可以通过每股净收益的大小来预测每股股息和股息增长率，以此来判断股票的内在价值，进而预测股价的走势。其计算公式为：

$$普通股每股净收益=(税后利润-优先股股息)\div普通股股数$$

(2) 股息发放率：股息发放率指分派的现金股利与普通股应得收益之比，反映企业的股利政策。其计算公式为：

$$股息发放率=普通股每股现金股利\div普通股每股净收益$$

(3) 股利报酬率：股利报酬率是普通股每股现金股利与每股市价的比率。一般来说，股票投资的股利报酬率受银行利率水平变动的影响较大，利率高，股利报酬率亦高；利率低，股利报酬率亦低。因此，以谋利为目的的投资者应该关心该指标。其计算公式为：

$$股利报酬率=普通股每股现金股利\div普通股每股市价$$

(4)本利比、获利率：本利比是获利率的倒数。本利比和获利率表明单位股票投资额所能带来的投资利润水平。当股利不变时，本利比与股价同方向变动，获利率与股价反方向变动，因此可以判断股价走势。其计算公式为：

$$本利比 = 普通股每股市价 \div 普通股每股现金股利$$

$$获利率 = 普通股每股现金股利 \div 普通股每股市价$$

(5)市盈率：市盈率又称为本益比或价格盈利比。市盈率是投资分析中极为重要的指标，可以反映投资者预期企业未来盈利成长的状况与股票价格的对应关系。其计算公式为：

$$市盈率 = 普通股每股市价 / 普通股每股净收益$$

市盈率含义是用现有的股票市价当作投资的本钱，按企业现有盈利水平，需要积累多少年才能赚回本钱，所以也称"回本期"。由于股价每天都波动，因此股票的市盈率也经常处在波动之中。股价越高，该股票的市盈率就越高；相反，股价回落，市盈率也跟着变小。从投资者的角度来看，当然希望"回本期"越短越好，即希望买入市盈率低的股票。但是仅仅以市盈率为投资决策的依据是不充分的，由于受不同行业、不同区域因素的影响，同样市盈率股票的价值高低不同，可能出现 A 企业市盈率高达 50 倍，但其投资价值高于市盈率仅 30 倍的 B 企业。目前，国际公认的安全的市盈率标准为 15 倍。

(6)投资收益比率：该指标反映投入的资本所能赚到净利润的能力。其计算公式为：

$$投资收益比率 = 净收入 / 资产总值$$

(7)每股净资产：该指标又称普通股账面价值，它反映了普通股股东所拥有的资产价值，是股票市场价格中有实物资产作为支持的部分。每股净资产逐年提高，表明该企业的资本结构越来越健全，资产质量越来越好。其计算公式为：

$$每股净资产 = (股东权益 - 优先股股本) \div 普通股股数$$

(8)净资产倍率：该指标指上市企业股票每股市场价格与其发行企业每股自有资本额的比率。该指标可以衡量股票价格水平的合理性及股票实际价值的高低。其计算公式为：

$$净资产倍率 = 该股票当日市场平均价格 \div 每股净资产$$

课后练习题

一、判断题

1. 企业财务活动的内容包括筹资管理、投资管理、股利分配管理三个过程。（　　）
2. 不管是跨国企业，还是乡镇企业，财务管理都是企业管理的中心。（　　）
3. 财务管理与会计具有相互依存的关系，他们的共同点均是对资本（资金）实施价值管理和实物管理。（　　）
4. 财务管理是研究资本运作效率的科学，企业资本的主要来源有权益资本与债务资本。（　　）
5. 购买其他企业发行的债券是直接投资。（　　）

二、选择题

1. 长期借款筹资与长期债券筹资相比，其特点是（　　）。

　　A. 利息能节税　　　　　　　　　　B. 筹资弹性大

　　C. 筹资费用大　　　　　　　　　　D. 债务利息高

2. 相对于发行股票而言，发行公司债券筹资的优点为( )。
A. 筹资风险小　　　　　　　　　　B. 限制条款少
C. 筹资额度大　　　　　　　　　　D. 资本成本低
3. 商业信用筹资的最大优越性在于( )。
A. 无实际成本　　　　　　　　　　B. 期限较短
C. 容易取得　　　　　　　　　　　D. 是一种长期资金筹资形式
4. 某企业按年利率4.5%向银行借款500万元，银行要求保留10%的补偿性余额，则该项借款实际利率为( )。
A. 4.95%　　　　B. 5%　　　　C. 5.5%　　　　D. 9.5%
5. 在下列各项中，能够引起主权资本增加的筹资方式是( )。
A. 吸收投资者直接投资　　　　　　B. 发行公司债券
C. 利用商业信用　　　　　　　　　D. 留存收益转增资本

三、计算题

1. 某企业2023年1月的部分费用发生情况如下：

（1）生产A、B两种产品，共同耗用甲材料21万元。单件产品原材料消耗定额分别为A产品15千克、B产品12千克，产量分别为A产品1 000件、B产品500件。

（2）耗电80万度，电价每度0.4元，此款未付。该企业基本生产车间耗电66万度，其中车间照明用电6万度，企业行政管理部门耗用14万度。企业基本生产车间生产A、B两种产品，A产品生产工时3.6万小时，B产品生产工时2.4万小时。

（3）本月仅生产A、B两种产品，本月工资结算凭证汇总的工资费用为：基本生产车间生产产品的生产工人工资6万元，车间管理人员工资1万元，企业行政管理人员工资1.2万元，专设销售机构人员工资1万元。

要求：

1) 按原材料定额消耗量比例分配，计算A、B产品的实际材料费用，并作会计分录。
2) 按所耗电度数分配电力费用，A、B产品按生产工时分配电费，并作会计分录。
3) 按生产工时分配工资费用，并作会计分录。

2. 某企业生产A、B两种产品，本月两种产品共同领用主要材料12 375公斤，单价20元，共计247 500元。本月投产的A产品为425件，B产品为525件，A产品的材料消耗定额为50千克，B产品的材料消耗定额为25千克。要求：按材料定额消耗量比例分配材料费用并编制会计分录。

四、简答题

1. 简述成本和费用的作用。
2. 简述降低成本和费用的途径与举措。
3. 简述利润的含义。

课后实践

1. 了解企业的资金来源渠道，并比较其成本状况。

提示：

（1）吸收直接投资：国家财政资金、非银行机构的资金、外商资金。

(2)发行股票。
(3)利用留存收益：本企业公积金和未分配利润。
(4)向银行借款：银行信贷资金。
(5)利用商业信用：预收款、应付款。
(6)发行公司债券：其他企业资金、公共团体资金、家庭或个人资金。
(7)融资租赁：分期付款而购入设备。
(8)杠杆收购：将自己的资产作为债务抵押，收购另一家公司的策略。

2. 通过调查了解一个正在兴建的项目的可行性分析，分析其投资回报情况。

提示：
(1)从技术上分析是否可行。
(2)从经济上可根据内部收益率来判定其项目的可行性。
(3)从管理上判定其可行性。

3. 走访当地一个知名集团公司，针对其财务管理状况写出访谈录。

提示：
(1)企业基本情况。
(2)企业财务报表分析。

4. 目前，面对就业压力越来越大，很多大学生毕业之后选择自主创业。假设你是一名刚毕业的大学生，你会以什么样的方式筹集资金呢？

提示：
(1)向银行借款。
(2)利用商业信用。
(3)融资租赁。
(4)政府扶持。

5. 举例分析企业如何进行成本控制。

提示：
(1)节约材料消耗，降低直接材料费用。
(2)提高劳动生产率，降低直接人工费用。
(3)推行定额管理，降低制造费用。
(4)加强预算控制，降低期间费用。
(5)实行全面成本管理，全面降低成本费用水平。

案例分析

案例分析1：泸天化集团以"十个统一"为内容的财务集权管理

泸天化(集团)有限责任公司(以下简称集团公司)是我国特大型化工企业。集团公司形成了以"十个统一"为内容的财务管理机制和会计核算体系。

(1)统一资产管理。集团公司拥有的资产由公司统一管理，各单位受托经营本单位资产，受托经营限额以内的部分资产处置必须报集团公司批准并备案，集团公司内任何单位和个人不具备资产处置权。

(2) 统一资金管理。集团公司财务部成立了资金结算中心，取消了二级财务机构在各专业银行的账户，在成立资金结算中心当年，集团公司年度财务费用比上年同期减少了 1 500 多万元。具体措施主要有：①集团公司内所有资金应由公司集中统一管理，通过资金结算中心对内部各单位统一结算和收付。②各二级单位在资金结算中心开立内部结算账户，并执行资金的有偿占用。③统一包括营业外收入在内的所有财务收支，各单位通过资金结算中心统一结算。

(3) 统一银行账户管理。各二级单位开立的账户均予以注销，二级单位确因生产经营、科研开发、基本建设等需要，在各专业银行或非银行金融机构开立账户时，需报经集团公司批准。集团公司有权调用各单位的结余，并实行有偿占用。

(4) 统一信贷管理。集团公司作为一级法人，统一向各专业银行、非银行金融机构和有关单位办理各种资金信贷事项，各二级单位向集团公司申请内部贷款，有偿使用。

(5) 统一税费征纳管理。

(6) 统一物资采购管理。集团公司内主要原材料、燃料、设备、备品备件、辅助材料由公司统一采购，各项物资采购必须编制采购计划，严格物资进出库的计量和检验制度。集团公司内有部分采购权的二级单位，其采购业务在供应部门指导下进行，并优先使用公司内各级库存物资。

(7) 统一财务收入管理。集团公司各种主营业务收入和营业外收入都归入财务部门管理，各单位和部门的非财务机构不得截留公司的各项收入。各单位财务部门必须将所实现的收入通过资金结算中心的内部结算制度集中统一到集团公司。

(8) 统一发票管理。集团公司实施了由财务部统一购领发票、统一解缴税金等一系列发票管理制度。

(9) 统一会计核算和管理。①各单位财务负责人对所设会计科目和会计账簿的真实性和准确性负责，并全面及时地反映资产、负债、权益的现实状况和收入、成本(费用)、利润及其分配的经营成果，各内部报表编制单位必须及时、定期向集团公司财务部报送内部报表。②集团公司各单位必须建立财产清查制度，保证公司财产物资的账实、账账和账证相符。③各单位审核报销各种费用，必须按照集团公司的有关规定执行。④集团公司内各财务部门应当建立健全稽核制度，严格执行出纳人员不得兼管稽核、会计档案保管，以及有关收入、费用、债权债务等账务的登记。坚持出纳和会计核算岗位分开的内控原则。

(10) 统一财会人员管理。集团公司财务实行月度例会制，由财务部负责人主持，负责总结和布置集团公司财务工作。集团公司会计人员的业务接受财务部监督和指导。集团公司逐步实施对二级单位的会计主管和会计人员的集中管理。另外，集团公司实施了基本建设三项管理制度——投资计划管理制度、项目在建管理制度、工程预决算管理制度。

资料来源：付春雨. 现代企业管理[M]. 北京：化学工业出版社，2007.

问题：泸天化集团以"十个统一"为内容的财务集权管理的成功经验对我们有什么启示？

提示：从企业财务管理的基本内容和作用等角度进行分析。

案例分析2：中海油上市的一波三折

中国海洋石油股份有限公司(简称"中海油")的母公司是中国海洋石油总公司(今中国

海洋石油集团有限公司），是我国三家主要的石油和天然气公司之一。中海油全面负责中国海洋石油及天然气的勘探、开发作业管理。在国有石油企业的三巨头里，中海油可谓有独特魅力：体型最佳（包袱最轻，资产质量最好）、容貌最美（管理层的国际化程度最高，能够和国际投资者直接沟通）、魅力最大（独家拥有中国海洋石油勘探开发的专营权，盈利能力最强，而且拥有独立定价权，产品可以直接销往海外）。中海油的诸多优势使其决心去国际市场融资。

1999年9月，中海油雄心勃勃地进军海外资本市场，聘请所罗门美邦、第一波士顿、中银国际三家著名投资银行，拟定了一项发行20亿新股、招股价介于8.46~9.61港元、集资25.6亿美元的发行计划，如果一切顺利的话，这家中国石油行业里的"袖珍航母"将以25.6亿美元的筹资总额成为当年国企海外上市之最。中海油从1999年9月底开始全球路演，没料到的是，10月12日公司开始路演后，遇上美股下跌和国际市场油价下跌两个极为不利的因素，投资者对公司反应冷淡。10月14日，公司宣布将集资规模缩减为10亿美元，每股招股价则降低为6.98港元。然而，一直到路演结束仍不能达致最低目标，中海油决定暂停其上市计划。

2001年元旦刚过，中海油就对外宣布了该公司雄心勃勃的新筹资计划，同时向美国证券及交易委员会和香港联合证券交易所提交了上市申请。中海油此次上市计划发行16.4亿股，每股发行价初步定为0.825美元，预计筹资总额约为13.5亿美元。

在上市过程中，中海油遇到的最大困难是，国外的投资商对中国市场不了解，中海油在上市之前也没有机会做很多海外的宣传工作。2001年1月8日，万博宣伟组织了新闻吹风会，安排了许多香港媒体出席。针对此种情况，2001年2月27日，路透社等国外媒体对中海油董事长卫留成进行了专访。2月28日，即中海油在香港上市的当天，万博宣伟安排了新华社、CCTV和《中国证券周刊》等国内影响较大的媒体进行专访。

此外，万博宣伟还对中海油的发言人进行了两次媒体培训。由于对国内外的各大媒体都比较熟悉，万博宣伟在培训中向发言人介绍各个媒体的背景及这些媒体的倾向性。通过观摩国外知名人士的演讲等多种方式，教授一些必要的应答技巧。同时，他们设计了一些投资商可能会提到的问题。在万博宣伟的精心策划下，中海油再次踏上了海外路演、上市筹资的历程。

在这次路演中，中海油的诉求点不再是海上石油专营权，而是海油的自营部分。中海油设计了三个宣传重点：一是石油工业在中国的发展前景；二是中海油管理的国际化程度最高，效率也最高；三是强调投资中海油比投资其他公司获益更高。中海油还运用各种数据和官方证言来支持自己的论点。

为确保招股成功，中海油重新制订了股票发行计划。在招股价方面，中海油压低底线，以求必成。中海油此次计划发行16.4亿股，缩水了近4亿股，是上次的60%左右；上市价格定在了5.19到6.47港元之间，比首次上市降低了近40个百分点。市盈率为7~8倍，还不到上次的1/3。另外，由于中石油和中石化已经先期上市，因此作为后来者的中海油要吸引投资者的注意，就要使用奇招。在三大石化企业中，中海油是唯一以500股作为买卖单位的。做此安排是因为中海油招股价区间最低价为5.19港元，而中石油和中石化2月2日收盘价仅为1.33港元和1.13港元，相比之下中海油变成高价股，恐难吸引散户。为增加吸引力，中海油决定向港交所申请以500股为一手的买卖单位，由于中石油和中石化每手为2 000股，因此，中海油上市后就缩短了同两家公司之间的差距。

第二次海外筹资，中海油表现得比较务实，低调出击，确保成功率，确定了一个比较符合市场现状与自身情况的价格，结果大获成功，几经周折的中海油终于在纽约和香港两地同时上市，股票认购平均超额5倍。上市当日红盘高挂，其中仅香港一地每股收盘涨幅就高达16%，纽约则为4.68%。距离第一次招股16个月之后，这个被誉为"体型最佳""容貌最美""魅力最大"的大型国企终于拿到登陆纽约交易所和香港联交所的通行证，中海油终于可以如愿地登陆境外资本市场。

中国海油坚持高质量发展，追求有效益的储量产量增长，把成本管控贯穿于勘探、开发、生产的全过程，并积极推动技术和管理创新，增强成本竞争优势。公司的毛利率高于境内同行业平均水平，2019—2021年，中国海油的毛利率分别为44.52%、37.32%、50.6%，体现出较强的盈利能力。

丰富的勘探开采经验和行业领先的盈利水平，是中国海油业绩表现的重要基础。2021年，中国海油实现油气销售收入2 221亿元，同比增长59.1%；净利润703亿元，同比增长181.7%；每股基本盈利1.57元人民币，创下历史最好水平。中国海油未来的发展前景广阔，在A股发行认购中，网上申购倍数达234.21倍。

近年来，在"碳达峰、碳中和"背景下，中国海油顺应全球能源行业发展的趋势，积极推动低碳转型步伐，探索发展"以海为主"的差异化新能源业务，稳妥有序推进海上风电，探索开展前沿技术研究。

一方面，在气候变化日益严峻和低碳环保日益严格的情形下，中国天然气市场规模快速增长，中国海油持续加大天然气领域内的投资力度，加强天然气田的勘探、开发和生产活动。2021年，中国海油首个大型深水自营气田"深海一号"投产，将在连续10年内提供30亿立方米天然气/年，并助力实现南海天然气资源的规模、高效动用。公司计划将天然气占比进一步提升。

另一方面，中国海油设立了新能源部门，择优发展新能源业务，加快发展海上风电，择优发展陆上风光一体化项目。根据规划，到2025年，中国海油计划获取500万~1 000万千瓦的海上风电资源，实现装机150万千瓦，以及500万千瓦的陆上风电及光伏资源，投产50万~100万千瓦。预计到2025年，中国海油对新能源业务的投入将达到全年资本开支的5%~10%。

业内人士认为，中国海油开展海上风电等新能源业务以及加大天然气开发力度，是加快中国海油低碳转型的有效方式。在全球低碳经济发展的大环境下，海上风电成为未来中国海油能源转型的重要探索，一旦形成规模优势，或成为公司新的盈利增长点。

资料来源：https：//baijiahao.baidu.com/s？id＝1730788187773234793&wfr＝spider&for＝pc

问题：中海油一波三折的上市过程中的反思。

提示：从企业战略、企业文化、企业形象和财务政策多视角来分析中海油一波三折的上市过程。

案例分析3：时代电脑公司财务状况分析

时代电脑公司成立之初主要生产小型及微型处理电脑，其市场目标主要定位于小规模公司和个人使用。该公司生产的产品质量优良，价格合理，在市场上颇受欢迎，销路很好，因此该公司也迅速发展壮大起来，由起初只有几十万资金的公司发展到上亿元资金的公司。但是经过了十几年的发展，该公司有些问题开始暴露，过去为了扩大销售，占领市场，公司一直采用比较宽松的信用政策，客户拖欠的款项数额越来越大，时间越来越长，严重影响了资金的周转循环，公司不得不依靠长期负债及短期负债筹集资金。最近，主要贷款人开始不同意进一步扩大债务，所以公司经理非常忧虑。假如现在该公司请你做财务顾问，协助他们改善财务问题。

财务人员将有关资料整理如下。

(1) 公司的销售条件为"2/10，n/90"，约半数的顾客享受折扣，但有许多未享受折扣的顾客延期付款，使平均收账期约60天。上年的坏账损失为500万元，信贷部门的成本（分析及收账费用）为50万元。

(2) 如果改变信用条件为"2/10，n/30"，那么很可能引起下列变化。

①销售额由原来的1亿元降为9 000万元。

②坏账损失减少为90万元。

③信贷部门成本增加至100万元。

④享受折扣的顾客由50%增加到70%（假定未享受折扣的顾客也能在信用期内付款）。

⑤由于销售规模下降，公司存货资金占用将减少1 000万元。

⑥公司销售的变动成本率为60%。

⑦资金成本率为10%。

资料来源： 百度文库http：//wenku.baidu.com/

问题： 作为财务顾问，为当下公司应采用的信用政策提出意见。

提示： (1) 为改善公司目前的财务状况，公司应采取什么措施？

(2) 改变信用政策后，预期相关资金变动额。

(3) 改变信用政策后，预期利润变动额。

(4) 该公司当下是否应该改变其信用政策？

视频学习资料

| 8.1 企业财务管理的内容与原则 | 8.2 资金筹集与资产管理 | 8.3 成本与利润管理 | 8.4 财务分析 |

第九章　现代企业信息管理

学习目标

理论学习目标

全面了解企业信息管理在工业 4.0 以及智能化、信息化、数字化背景下的新特点和新要求，了解信息概念和信息特征，了解信息系统的构成要素，了解企业信息的构成与作用，了解企业信息管理任务及其内容；理解信息的成本与效益管理要求，理解信息及其产生过程，理解信息传递过程的特点，理解企业信息化发展的过程与特点；掌握信息管理含义及其内容，掌握企业信息资源管理的内容，掌握企业信息化的内容，掌握企业信息化管理的 ERP 与 ERPⅡ工作原理与方法，培养跨学科融合的能力和创新思维。

实践学习目标

掌握企业信息化管理的 ERP 与 ERPⅡ工作原理与方法。能够利用这些工具进行数据采集、处理、分析和可视化，为企业的决策提供数据支持。在实践过程中，结合计算机科学、管理科学、信息技术等多学科的知识和技能，解决实际问题。提升自己在企业信息管理领域的实际操作能力、问题解决能力和创新能力，为未来的职业发展奠定坚实的基础。

第一节　企业信息构成与作用

一、信息及其产生过程

信息是事物的存在状态和运动状态的表现形式。"事物"泛指人类社会、思维活动和自然界一切可能的对象。"存在状态"指事物的内部结构和外部联系。"运动"泛指一切意义上的变化，包括机械的、物理的、化学的、生物的、思维的和社会的运动。"运动状态"是指事物在时间和空间上变化所展示的特征、态势和规律。

信息一般经由两种方式从信息产生者向信息利用者传递：一种是由信息产生者直接流向信息利用者，称为非正规信息流；另一种是信息在信息系统的控制下流向信息利用者，称为正规信息流。

信息在不同的学科中有不同的定义。在管理学科中，通常把信息定义为数据经过加工处理而得到的结果。为了准确理解信息的这一定义，我们需要比较信息和数据。

信息和数据是两个既有密切联系又有重要区别的概念。数据是记录客观事物的性质、形态和数量特征的抽象符号，如文字、数字、图形和曲线等。数据不能直接为管理者所用，因为其确切含义往往不明显。信息由数据生成，是数据经过加工处理而得到的，如报表、账册和图纸等。信息被用来反映客观事物的规律，从而为管理工作提供依据。

为了更好地理解信息和数据之间的联系和区别，举例如下：会计做账时，要有各种发票和单据，这些发票和单据对会计来说就是原始数据。会计要对这些数据进行分类登录、汇总和其他的处理，制成满足不同需要的账册、报表和分析资料，而这些就是对管理者有用的信息。

信息的生成过程如图9-1所示。从图9-1中可看出，信息是数据经过加工处理后得到的结果。

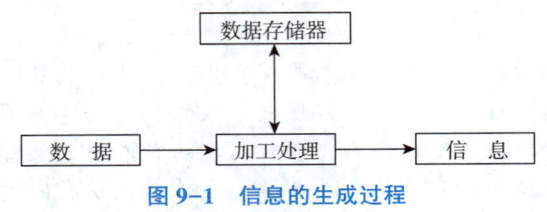

图9-1 信息的生成过程

认识新事物产生原始数据，评价原始数据产生了信息，即"数据+背景=信息"，成熟的信息构成知识，即"信息+经验=知识"。知识是信息接收者通过对信息的提炼和推理而获得的正确结论，是人类已经认识的、具有一定的系统性的信息。

需要注意的是，信息和数据的区别不是绝对的。有时，同样的东西对一个人来说是信息，而对另一个人来说则是数据。例如，某零售企业在某地区开设了若干家连锁店。当顾客在连锁店购货时，连锁店的存货就要发生变化。由顾客购货产生的交易数据对连锁店负责人至关重要。从这些原始数据中，负责人可以得到有关连锁店的销售额、需要补充的存货等的信息。而负责这些连锁店的地区负责人则对每笔交易的细枝末节不感兴趣。相反，地区负责人关心的是较宽泛的问题，例如，所有这些连锁店作为一个整体，其经营情况如何；其中一家连锁店的业绩是否比另一家好；不同的货物陈列是否对销售量产生影响；等等。由于地区负责人感兴趣的是这些连锁店作为一个整体的情况，而不是单个的连锁店或单个的顾客，所以对信息的需要是不同的。总之，对连锁店负责人来说是信息的东西，在地区负责人那里只是数据。

二、信息的成本与效益评估

当今很多组织对信息的重要性认识不够，并没有充分利用可以得到的机会去收集数据并利用由数据产生的信息。但收集和处理数据需要支付成本，这种成本要与信息所带来的收益进行权衡。所以管理者在决定获取信息前，要对所要获取的信息进行评估，以判断获取这样的信息是否值得。有两类信息不值得管理者去获取：一类信息的收益较高，但其获取成本更高；另一类信息的获取成本较低，但其收益更低。信息评估的关键在于对信息的收益和获取成本进行预先估计，即进行成本—收益分析。

先来考察一下与数据收集和信息产生有关的成本。可把这种成本划分为两部分：第一部分是有形成本，是指可被精确量化的成本。例如，一个数据收集系统的硬件和软件的成本（包括系统维护和升级成本、折旧成本，以及系统运行和监督成本等）就是有形成本。第二部分是无形成本，是指很难或不能被量化的成本，这是因为很难或不能准确预期结果。无形成本的例子包括因组织业绩下降而使信誉受损、员工士气不振，以及因工作程序变动而造成的工作瘫痪等。

再来看一下因利用信息而产生的收益。收益也包括有形收益和无形收益两部分。有形收益包括销售额的上升、存货成本的下降及可度量的劳动生产率的提高等。无形收益可能包括信息获取能力的提高、士气大振及更好的顾客服务等。

决定是否收集更多的数据以产生更多和更准确的信息是比较困难的。在很多情况下，由于信息对组织来说是新的，确定可能发生的成本要比预测潜在的收益容易。实际上，新信息的最重要收益通常是无法预期的，只是在员工对新信息比较熟悉时才可能出现。很多组织在引入信息技术时会遇到此类问题，不仅所预期的收益是不切实际的，而且真实收益通常是不可预见的，从而无法量化。

三、信息有效性的特征

对管理者有用的信息必须具备以下特征：首先，必须是质量较高的；其次，必须是及时的，当管理者需要时就能获得；最后，必须是完全的和相关的。有效信息的特征如表9-1所示。

表 9-1 有效信息的特征

特征	高质量	及时	完全和相关
表现	精确	时间敏感性	范围
	清楚	例外报告	简洁
	有序	当前	详细
	媒介	频繁	相关

1. 高质量

质量是信息的最重要特征。我们很难设想质量不高的信息会有多大用处。质量的要求又可细分为以下几方面的要求。首先，高质量的信息必须是精确的。如果信息未能精确反映现状，则利用这种信息进行决策或控制，肯定收不到良好的效果。其次清楚是高质量信息的另一要求，信息的含义和内容对管理者来说必须是清楚的。再次，高质量的信息是排列有序的，而不是杂乱无章的。最后，信息传递的媒介对质量有重要影响。例如，交给管理者一大摞书面材料而不是几页总结性报告，是一种不恰当的传递方式。

2. 及时

多数管理工作需要及时的信息。及时的信息有以下几方面的要求。在管理者需要的时候提供信息是对及时的信息的首要要求。例如，管理者可以要求下属呈交例外报告，这种报告是在事情超出常规时产生的。这样，如果生产线上的生产因某种原因（如发生故障）而低于一定水平，例外报告就会产生并通知那些需要了解情况的人，以便让他们能采取恰当的行动，如进行维修和调整，从而排除故障。及时的信息的另一个要求是信息要反映当前的情况。提供给管理者的信息应该是当前的，而不是过去某个时候的。及时的信息的最后一个要求是信息要频繁地提供给管理者。例如，应该建立定期报告制度，如每日、每周、每月或每季产生并提交报告。

3. 完全和相关

有助于管理工作有效完成的信息必须是完全的。完全的信息也有几个方面的具体要求。首先，信息的范围必须足够广泛，从而可以使管理者较全面地了解现状，并采取切实有效的措施。在条件许可的情况下，管理者不仅要获取当前的信息，还要了解组织过去的历史和未来的计划。其次，简洁和详细是完全的信息的另外两个要求。这似乎有点矛盾，因为简洁和详细是相互对立的。但仔细分析起来，却不是这样，可以在简洁和详细之间找到平衡点。信息应该以尽可能简洁的方式呈送给管理者，同时应该尽可能详细，使管理者对现状有一定深度和广度的了解。但过于详细又会分散管理者的注意力，使其忽略重要信息。最后，只有那些与手头上的管理工作有关的信息才需要提供，信息提供过多反而不好。

四、信息传递

（一）信息传递的作用

信息传递是指人们通过声音、文字、图像或者动作相互沟通消息。

信息传递研究的是什么人，向谁说什么，用什么方式说，通过什么途径说，要达到什么目的。在销售管理中传达商品信息就是用特定的方式去影响人们的购买行为，使它在市场上产生反应。

信息在人们的社会生活中具有十分重要的作用。例如：科学研究，既要及时获得别人研究的成果，又要及时把自己研究的成果发表、告诉别人，只有通过这样相互交流信息，才能不断发展；日常生活，必须及时获得有关天气、商品、文体活动、亲朋好友工作生活情况的信息，并经常把自己的工作、生活情况告诉亲朋好友。总之，人们只有不断交流信息，才能使生产、生活等活动正常进行，人们一时一刻也离不开信息。

因为信息有价值，对人们有用的东西，就会在人们之间相互传递。专业术语上称信息的价值为信息量，单位是 bit。

（二）信息传递过程

信息传递过程中有三个基本环节。第一个环节是传达人，必须把信息"译出"，成为接收人所能懂得的语言或图像等。第二个环节是接收人要把信息转化为自己所能理解的解释，称为"译进"。第三个环节是接收人对信息的反应，要再传递给传达人，称为"反馈"。以销售商品为例，其信息传递过程的重要因素如下。

（1）传达人：在商品信息传递过程中，传达人的代表是销售经理，由他选择信息机传达渠道，去影响、说服消费者。信息效果到底好不好，一般取决于三个因素：专门性、可信性和可视性。专门性是指信息要具有专门性知识，例如通过有声望的医生传递有关医药方面的信息，它的专门性就高。可信性是指报道要真实，使人感到可靠，如由第三者写新闻或专题报道商品，就比推销员宣传更能使人相信。可视性是指信息要吸引人、容易看懂，而且不至于引起消费者的错误理解。这些都是促销的技巧问题。销售经理要十分注意寻求效果较好的信息和传递方式。

（2）"译出"：传达人要把信息传达给预期的对象，就要考虑运用什么方式才能吸引接收人，并且使接收人得到正确的理解，这就是"译出"。比如：使用人员推销，传达信息主要是用语言表达，推销员还可以随机应变，使自己的语言、口吻、态度更符合顾客的要求；同时，人员推销可以使用样品示范，这样更能准确地"译出"信息。在出口贸易促销中，由于买卖双方的文化、语言和生活方式不同，"译出"的方法和技巧更为复杂，这不仅是文字翻译的问题。

（3）传达途径：这是传递信息的手段。运用人员促销的途径，既可以采用推销员或公司代表与顾客直接面谈，也可以由顾问、专家以自己的专门知识来影响顾客，或者由买主的朋友、邻居、同事、家属在日常来往中影响买主。这类方式是口头影响。运用非人员促销的途径，可以通过报刊、电视、广播、信件等媒体。如果同时使用多种方式，就成为媒体组合。一般来说，人员推销针对性较强，但影响面较窄；非人员促销针对性虽弱，但影响面较宽。因此，二者同时运用，才能相得益彰，发挥更大的作用。

（4）"译进"：企业将信息传递给接收人以后，接收人有一个理解问题，这就是"译进"。信息传递是否有良好的效果，关键在于"译进"是否与"译出"相符。假如消费者听到或看到某种商品的宣传后，他的理解与企业想要宣传的意图基本相符，那么，这种信息传递就是成功的。

（5）反馈：企业把产品信息传出以后，还必须通过市场研究，了解信息对于消费者的影响，了解潜在消费者对这一产品的态度和购买行为发生的变化，这就是反馈。企业应当根据信息反馈，决定今后的销售策略是否调整。

这是有效沟通的主要因素。传达人必须清楚要把信息传递给什么样的接收者和自身想得到什么样的反应，必须熟悉如何译出并考虑接收者通常会如何解译。信息源必须通过可以到达接收者的有效媒体传递信息。传达人为了解接收者的反应，还必须广开反馈渠道。

五、企业信息

（一）企业信息的构成

企业信息按其来源可分为内部信息和外部信息。

（1）企业内部信息。企业内部信息指企业内部产生的各种信息。它是反映企业当前的基本状况和企业经济活动的信息，具体包括以下几项。

①生产信息，即反映生产过程的信息。

②会计信息，主要是资金流动信息。

③营销信息，主要包括订单、装运、应收款账和销售报告等一系列销售信息。

④技术信息，指有关企业产品的技术基础信息，是一种竞争能力信息，一般属于商业秘密。

⑤人才信息，反映企业各种人才的基本情况信息。

（2）企业外部信息。企业外部信息指企业以外产生但与企业运行环境相关的各种信息。它主要包括以下内容。

①宏观社会环境信息。

②科学技术发展信息。这些信息往往展示了产品发展的方向，在新产品研发中发挥重要作用。

③生产资源分布与生产信息。主要包括企业正常生产所需物资的供应和来源分布信息。

④市场信息。集中反映商品供需关系和发展趋势，是营销信息的主体。

(二)企业信息的特征

对管理者和决策者有价值的信息应具有以下特征。

(1)准确性：准确信息，没有错误。

(2)完整性：包含所有重要事实。

(3)经济性：获取信息的成本低于信息价值。

(4)可靠性：可靠性依赖于信息来源和数据处理方法。

(5)相关性：信息对决策者很重要。

(6)及时性：过时的信息毫无价值。

(7)共享性：共享性体现在两方面，一是在企业内部，许多信息可以被各个部门使用，从而保证决策的一致性和行为的可协调性；二是企业与外部之间的信息能够互相交换、共同利用。

(8)时效性：企业信息资源有生命周期。在生命周期内，信息资源有效，否则信息资源无效。

(9)有序性：相关信息发生的先后在时间上具有连贯性、相关性和动态性。

(三)企业信息作用

(1)信息是决策与计划的基本依据和重要基础。正确的决策与计划，只能建立在对客观实际情况全面准确了解的基础上。各级领导，尤其是高层领导，除了深入实际调查研究以获得这种了解外，主要还是依据来自各方面的信息作出决策和制订计划。

(2)信息是控制和监督决策与计划执行情况的重要手段。决策与计划确定以后，必须依据在执行中不断产生的信息和信息反馈，对执行过程进行监督、控制和调节，以保证决策目标和计划任务的实现。

(3)信息已成为当今社会的核心资源。信息时代的到来，使包括资料、数据、技术、消息、信誉、形象等在内的信息资源作为一种重要的生产要素和无形资产，在财富创造中的作用越来越大、地位越来越重要。

(4)信息为实现供需双方的有效对接搭建了平台。企业通过互联网获得全球的市场信息，包括技术、产品、需求等，使新产品的开发从掌握市场信息、确定产品概念到开发、设计、制造同步进行，大大缩短了开发周期，提高了企业的竞争力。

(5)信息是整合其他资源的资源。在信息时代，人们的经济活动基本上是围绕信息展开的，信息流引导物流和资金流朝着合理的方向运动，使物流和资金流变得更加精准，使社会资源得到最大限度的节约和合理运用。企业可直接在互联网的虚拟市场上获得用户需求的信息，再进行规模化定制，减少库存甚至保持零库存，满足用户多样化、个性化的需求。通过信息资源的利用，企业还可降低市场调研成本，避免或降低由信息不对称所造成的预测失误风险，使企业和消费者都从中受益。

第二节　企业信息管理过程

一、信息管理及其内容

(一)信息管理

信息管理，是指对人类社会信息活动的各种相关因素(主要是人、信息、技术和机构)进行科学的计划、组织、控制和协调，以实现信息资源的合理开发与有效利用的过程。它既包括微观上对信息内容的管理，即信息的组织、检索、加工、服务等，又包括宏观上对信息机构和信息系统的管理。

管理活动的基本职能"计划、组织、指挥、控制和协调"，仍然是信息管理活动的基本职能，只不过信息管理的基本职能更有针对性。

(二)信息管理内容

信息管理是一种社会规模的活动，具有普遍性和社会性。它涉及广泛的社会个体、群体、国家参与的普遍性的信息获取、控制和利用活动，具体可分为以下三个内容。

(1)信息产品管理(微观)：信息采集、整序、分析，信息产品的流通。

(2)信息系统管理(中观)：设计、实施与评价，安全管理，信息资源配置等。

(3)信息产业管理(宏观)：产业结构和测试，信息服务业的机制与管理模式，产业政策和信息立法，社会信息化。

信息管理是企业通过制定完善的信息管理制度，采用现代化的信息技术，保证信息系统有效运转的工作过程。它既有静态管理，又有动态管理，但更重要的是动态管理。它不仅仅要保证信息资料的完整状态，还要保证信息系统在"信息输入—信息输出"的循环中正常运行。

信息管理是人类为了收集、处理和利用信息而进行的社会活动。它是科学技术的发展、社会环境的变迁、人类思想的进步所造成的必然结果和必然趋势。

计算机、全球通信和互联网等信息技术的飞速发展及广泛应用，使科技、经济、文化和社会正在经历一场深刻的变化。20世纪90年代以来，人类已经进入以信息化、网络化和全球化为主要特征的经济发展新时期，信息成为支撑社会经济发展的继物质和能量之后的重要资源，它正在改变社会资源的配置方式，改变人们的价值观念及工作与生活方式。了解信息、信息科学、信息技术和信息社会，把握信息资源和信息管理，对于当代管理者来说，就像把握企业财务管理、人力资源管理和物流管理等一样重要。

(三)信息管理的对象

1. 信息资源

信息资源是信息生产者、信息、信息技术的有机体。信息管理的根本目的是控制信息流向，实现信息的效用与价值。但是，信息并不都是资源，要使其成为资源并实现其效用和价值，就必须借助人的智力和信息技术等手段。因此，人是控制信息资源、协调信息活动的主体，是主体要素，而信息的收集、存储、传递、处理和利用等信息活动过程都离不开信息技术的支持。没有信息技术的强有力作用，要实现有效的信息管理是不可能的。由于信息活动本质上是为了生产、传递和利用信息资源，信息资源是信息活动的对象与结果之一。信息生产者、信息、信息技术三个要素形成一个有机整体——信息资源。信息资源是构成任何一个信息系统的基本要素，是信息管理的研究对象之一。

2. 信息活动

信息活动是指人类社会围绕信息资源的形成、传递和利用而开展的管理活动与服务活动。信息资源的形成阶段以信息的产生、记录、收集、传递、存储、处理等活动为特征，目的是形成可以利用的信息资源。信息资源的开发利用阶段以信息资源的传递、检索、分析、选择、吸收、评价、利用等活动为特征，目的是实现信息资源的价值，达到信息管理的目的。如果只是单纯地对信息资源进行管理而忽略与信息资源紧密联系的信息活动，信息管理的研究对象就是不全面的。

二、信息管理的过程

实际上，任何一个组织要形成统一的意志、统一的步调，各要素之间必须能够准确快速地相互传递信息。管理者对组织的有效控制，都必须依靠来自组织内外的各种信息。信息，被视为组织生存发展的一种重要资源，成了管理活动赖以展开的前提。一切管理活动都离不开信息，一切有效的管理都离不开信息的管理。

信息管理是在整个管理过程中，人们收集、加工和输入、输出信息的活动的总称。信息管理的过程包括信息的收集、信息的加工、信息的存储、信息的传播、信息的利用和信息的反馈。

（一）信息的收集

信息的采集是指管理者根据一定的目的，通过各种不同的方式搜寻并占有各类信息的过程。信息的采集是信息管理工作的第一步，是做好信息管理工作的基础与前提。信息的加工、存储、传播、利用和反馈都是信息采集的后续工作。信息采集工作的好坏将直接决定信息管理工作的成败。衡量信息采集工作质量的唯一标准是所采集的信息是否对组织及其管理者有用，而判断信息是否有用则要看信息是否具有有效信息的各种特征。

（二）信息的加工

信息的加工是指对采集来的通常显得杂乱无章的大量信息进行鉴别和筛选，使信息条理化、规范化、准确化的过程。加工过的信息便于存储、传播和利用。只有经过加工，信息的价值才真正得以体现。

（三）信息的存储

信息的存储是指对加工后的信息进行记录、存放、保管以便使用的过程。信息存储具有三层含义：第一，用文字、声音、图像等形式将加工后的信息记录在相应的载体上；第二，对这些载体进行归类，形成方便人们检索的数据库；第三，对数据库进行日常维护，确保信息及时更新。

（四）信息的传播

信息的传播是指信息在不同主体之间的传递。它具有与大众传播不同的特点。

(1)目的更加具体。大众传播的目的是向社会公众传播各类信息。组织中的信息传播是管理者为了完成具体的工作任务而进行的有意行为。信息接收者必须按信息的内容去行动或不行动，以保证传播目的的实现。

(2)控制更加严密。大众传播只对传播过程进行控制，对受传者的控制是间接的。主要的控制工作体现在提高传播信号的质量，分析受传者的心理，按受传者的心理与需求进行信息编码等。组织中的信息传播除进行以上这些控制之外，还要直接、严密地控制受传者的行为，以保证传播目的的实现。

(3)时效更加显著。大众传播虽然强调传播时效，但如果传播不及时，传播者所受的负面影响是有限的。对组织中的信息传播来说，如果在被管理者需要按某种信息去行动或不行动时，或者在决策过程中需要某种信息时，该信息没有传播到位，就会造成直接损失。

(五)信息的利用

信息的利用是指有意识地运用存储的信息去解决管理中具体问题的过程。它是信息采集、加工、存储和传播的最终目的。信息的利用程度与效果是衡量一个组织信息管理水平的重要尺度。

信息的利用过程通常分为以下步骤。

(1)管理者在认清问题性质的前提下，判断什么样的信息有助于问题的解决。

(2)对组织目前拥有的信息资源进行梳理，在此基础上，判断所需的信息是否存在。

(3)如果组织中存在所需的信息，则可直接利用。如果不存在，则要考虑是否能够通过对现有信息进行开发、整合来满足管理者对信息的需要。如果不能，则要考虑重新采集信息，回到信息管理的源头。

(六)信息的反馈

信息的反馈是信息管理工作的重要环节，其目的是提高信息的利用效果，使信息按照管理者的意愿被使用，它是指对信息利用的实际效果与预期效果进行比较，找出发生偏差的原因，采取相应的控制措施以保证信息的利用符合预期的过程。

作为一个过程，信息的反馈包括反馈信息的获取、传递和控制措施的制定与实施三个环节。

由此可见，信息的内容处理是指对原始信息进行加工整理，深入揭示信息的内容。经过信息内容的处理，输入的信息才能变成所需的信息，才能被适时有效地利用。信息传送到使用者手中，有的并非使用完后就无用了，还需保留作为事后的参考和保留，这就是信息储存。通过储存的信息，可以揭示规律性的东西，也可以重复使用。

随着科学技术特别是信息工程、计算机技术等高科技技术的飞速发展和普及，当今世界进入了信息时代。企业和组织要进行信息处理的数量越来越大，速度越来越快。为了让管理者及时掌握准确、可靠的信息，以及执行之后构成真实的反馈，必须建立一个功能齐全和高效率的信息管理系统。信息管理系统采用以电子计算机为主的技术设备，通过自动化通信网络，与各种信息终端相连，利用完善的通信网，沟通各方面的联系，以保证迅速、准确、及时地收集情况和下达命令。

三、企业信息管理

(一)企业信息管理及其管理对象

1. 企业信息管理

企业信息管理是指为企业的经营、战略、管理、生产等服务而进行的有关信息的收集、加工、处理、传递、存储、交换、检索、利用、反馈等活动的总称。

企业以先进的信息技术为手段,对信息进行采集、整理、加工、传播、存储和利用,对企业的信息活动过程进行战略规划,对信息活动中的要素进行计划、组织、领导、控制和决策,力求资源有效配置、共享管理、协调运作,以最少的消耗创造最大的效益。

2. 企业信息管理对象

在企业信息管理中,信息和信息活动是企业信息管理的主要对象。企业所有活动的情况都要转变成信息,以"信息流"的形式在企业信息系统中运行,以便实现信息传播、存储、共享、创新和利用。此外,传统管理中企业的信息流、物质流、资金流、价值流等,也要转变成各种"信息流"并入信息管理中。企业信息管理必须遵循信息活动的固有规律,并建立相应的管理方法和管理制度,只有这样,企业才能完成各项管理职能。

企业信息管理过程是一个信息采集、整理、传播、存储、共享、创新和利用的过程。信息活动的管理过程和管理意图力求创新,不断满足信息管理者依靠信息进行学习、创新和决策的迫切需要。企业信息管理过程如图9-2所示。

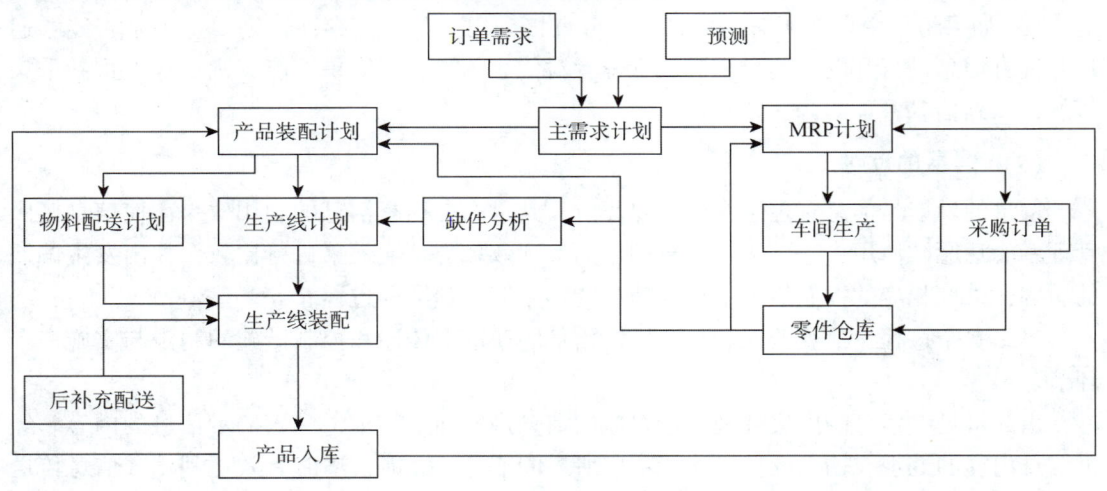

图9-2 企业信息管理过程

(二)企业信息管理的基本任务及内容

1. 企业信息管理的基本任务

企业信息管理的基本任务如下。

(1)有效组织企业现有信息资源,围绕企业战略、经营、管理、生产等开展信息处理工作,为企业各层次提供所需的信息。

(2)不断收集最新的经济信息,提高信息产品和信息服务的质量,努力提高信息工作的系统性、时效性、科学性，积极创造条件，实现信息管理的计算机化。

2. 企业信息管理内容

企业信息管理内容包括企业信息化建设、企业信息开放与保护、企业信息开发与利用。

(1)企业信息化建设。企业信息化建设是企业实现信息管理的必要条件。大致任务包括计算机网络基础设施建设(企业计算机设备的普及、企业内部网 Intranet/企业外部网 Extranet 的建立与互联网的连接等)；生产制造管理系统的信息化(计算机辅助设计 CAD、计算机辅助制造 CAM 等的运用)；企业内部管理业务的信息化(管理信息系统 MIS、决策支持系统 DSS、企业资源计划管理 ERP、客户关系管理 CRM、供应链管理 SCM、知识管理 KM 等)；企业信息化资源的开发与利用(企业内外信息资源的利用，企业信息化人才队伍的培训，企业信息化标准、规范及规章制度的建立)；企业信息资源建设(信息技术资源的开发、信息内容资源的开发等)。

(2)企业信息开放与保护。信息开放有两层含义，即信息公开和信息共享。信息公开包括向上级主管公开信息、向监督部门公开信息、向社会公开信息、向上下游企业公开信息和向消费者公开信息、向投资者公开信息等。企业信息按照一定的使用权限在企业内部部门之间、员工之间，以及企业与合作伙伴之间进行资源共享。企业信息保护的手段很多，如专利保护、商标保护、知识产权保护、合同保护、公平竞争保护等。

(3)企业信息开发与利用。从信息资源类型出发，企业信息资源有记录型信息资源、实物型信息资源和智力型信息资源之分。其中，智力型信息资源是一类存储在人脑中的信息、知识和经验，这类信息需要人们不断开发并加以利用。企业信息开发与利用的内容，包括市场信息、科技信息、生产信息、销售信息、政策信息、金融信息和法律信息等。

3. 企业信息管理系统类型

(1)按企业信息处理所应用的技术来划分，可分为人工操作系统、机械操作系统和计算机操作系统。

(2)按照企业管理信息系统的功能来划分，可分为单一功能的企业信息系统和综合功能的企业信息系统。

(3)按系统对外界环境变化的适应度、灵敏度来划分，可分为开放型信息系统和封闭型信息系统。

(4)按企业内部设置形式上来划分，企业信息系统可分为职能型信息系统、综合型信息系统和系统型信息系统。

四、企业信息资源管理

(一)企业信息资源的概念

企业是在与外部环境的相互作用中得以生存、取得发展的，企业与外部环境的相互作用是通过资源的交换实现的。企业资源从外部环境进入企业，通过企业的转换，之后又输出到外部环境。企业资源包括四种资源，即人力资源、资金资源、物质资源(材料、设备和能源)以及包括数据在内的信息资源。前三种资源称为物理资源，因为人员、资金、物质资源是物理存在的，是有形的。第四种资源称为概念资源，因为信息的价值不在于它们的物理存在，而在于它们所表现的内容。在企业中，管理者利用概念资源来管理物理资源，最大限度地优化企业资源。

企业信息资源是相对于企业的人员、资金、物质资源而言的一种非物质形态的社会财富。从狭义上讲，企业信息资源就是企业收集、开发、加工、利用的文献资料和数据。在这个层面上，信息就是信息资源。从广义上讲，企业信息资源是企业信息的收集、加工、整理、存储、处理、传递、利用及相关的技术设施、资金和人才。广义的企业信息资源是把信息系统的所有投入作为一种资源。一般而言，企业信息资源采用的是广义的定义。

由广义的定义可知，企业信息资源不仅限于企业信息本身，而且包括用以产生企业信息的资源。一个企业信息系统由输入部分、信息处理部分和输出部分组成。数据经信息处理器处理后输出信息，信息处理器是进行概念资源转换的核心，其中既包括系统的硬件、软件、网络及安置这些资源的设施，还包括开发和使用系统的人员。从以上观点出发，可以认为企业信息资源由以下三要素组成。

（1）具有经济价值的信息，包括数据资源。
（2）信息基础设施，如计算机硬件、软件及网络系统。
（3）人的因素，如系统开发人员、系统使用人员。

（二）企业信息资源的特点

企业信息资源除具有信息资源的有用性、可扩散性、增值性、能动性等特征外，还具有以下特点。

1. 企业信息资源的专业性

企业是经济运行的微观主体和基本单元，企业信息资源和其他信息资源有较大的差异，表现出很强的专业性。企业信息资源主要是根据企业的自身特点和行业需求，开发、收集、加工整理的本企业生产经营及有关的政策、法规、技术创新、行业发展动态、新产品开发、竞争对手状况等方面的资料。其信息载体包括图书、报刊、软盘、光盘等。

2. 企业信息资源的共享性

企业信息可以被企业内部多个部门和个人使用，具有共享性。企业信息资源管理要打破部门之间信息资源管理的限制，进行集成管理。这样一方面可以避免信息开发、收集的重复和交叉，提高采集效率，降低管理费用；另一方面可以相互协调，分工协作，发挥整体优势，便于信息的综合利用。

3. 企业信息资源的及时性

由于企业所处的市场环境瞬息万变，对信息的及时性要求较其他单位更高，对信息的需求呈现出很强的动态性。为此，企业要及时掌握市场各方面的变化和本企业的生产、经营、管理等状况，及时更新信息，及时进行分析、判断。只有这样，才能为企业发展提供准确的决策依据。信息失去及时性就失去了有用性，这要求企业利用先进的技术对信息资源进行管理。

（三）企业信息资源管理的内容

企业信息资源管理是指在企业范围内，利用计算机和网络等先进的信息技术来研究信息资源在企业生产经营活动中被开发利用的规律，并依据这些规律来科学地对信息资源进行组织、规划、协调和调控的活动。

信息资源管理是对信息资源开发利用的全局管理，是将信息技术与管理科学结合起来，从经济学的角度来管理信息、人和社会因素，追求一种将技术因素与人文因素结合起来协调解决问题的方法，形成独立的管理领域，把信息当作一种资源进行优化配置和使用。企业信息资源管理是微观层次的信息资源管理，它是企业管理工作中非常重要的内容。

企业信息资源管理的任务是要有效地获取、处理和应用企业内部和外部信息，最大限度地提高企业信息资源的质量、可用性和价值，并使企业内各个部门都能够有选择地共享、利用这些信息，从而从整体上提高企业的竞争力和现代化水平。

具体来说，企业信息资源管理的内容主要包括以下几方面。

(1) 加深企业全体人员对信息价值的认识，并促进企业活动对信息的需求。

(2) 建立适合企业特点的信息组织和信息结构，合理配置信息人员。

(3) 扩大企业获取信息的途径和能力，提高企业获取有效信息的数量和质量。

(4) 对企业信息进行统一的标准化，提高信息的可检索性，保护企业机密信息，避免高价值信息泄露，加强企业信息资源的集成管理。

(5) 提升信息在企业不同部门和不同群体之间的共享水平，提高企业信息对企业决策的支持度，通过广告、信息发布等手段改善企业形象、提高品牌价值等。

信息资源管理活动至少有三个重点：一是对未知信息的获取；二是对已知信息的处理与管理；三是对有效信息的共享利用。

信息的获取就是努力改善企业内部交换和传递信息的速度与效率，提高企业从外界获取所需信息的数量、质量和速度等。首先，企业组织管理人员对各个层次的需求信息进行界定，明确各领域的信息范围，其次，对信息收集的可行性进行分析，明确可收集信息和将来可收集信息的范围和途径，最后，通过恰当的途径有针对性地收集信息。收集到的信息形式可能是多种多样的，专门人员应把握信息的实质内容。合理的人员配置可使收集到的信息准确实用。

信息的处理与管理的实质就是通过一定的信息技术、策略和制度提高企业信息管理的效率，进而为信息利用营造良好的技术和人文环境。在处理过程中应遵循逻辑规则，掌握信息的内在逻辑结构关系，注意信息的时序关系。在分析过程中应使用科学的方法，充分发挥信息人员的主观能动性，提高他们的信息分析能力。

信息的共享利用就是挖掘信息资源的价值，提高企业从信息中获取价值和知识的能力，进而吸收有效信息，借以实现其他资源的升值，共同增加企业收益，促进企业的成长。

(四) 企业信息资源管理的地位与作用

企业信息资源管理是企业整个管理工作的重要组成部分，也是实现企业信息化的关键，加强企业信息资源建设和管理，对于企业的生存和发展具有特殊的作用和意义。

1. 企业信息资源管理是增强企业竞争能力的重要途径

现代企业的竞争是企业经济能力的竞争，在很大程度上取决于信息管理的能力。任何一个企业要想开拓市场、占有市场，首先要熟知市场情况，选准企业的目标市场，并根据企业优势，采取相应促销策略，从而达到巩固既有市场、开拓新市场的目的。加强企业信息资源的管理，有助于企业及时、准确地收集、掌握信息，并开发、利用信息。现代企业的信息资源管理中心是企业内外信息系统的交汇中心，是企业的神经网络和导航系统，它能使企业资产重组、机构调整易于实现，能使企业各层次的决策更民主、科学，能使企业不断进行技术革新，改进生产技术，开发新产品，提高企业的市场竞争力。

2. 企业信息资源管理是企业科学化管理和正确决策的需要

企业的重大决策，无论是生产经营目标、方针的确定，还是管理体制的改革，除了企业领导的胆识、经验、才能和智慧外，更重要的是进行形势分析、方案比较和决策优选，而这些都需要企业信息系统提供及时、准确、有价值的信息作为科学化管理和正确决策的依据。

3. 企业信息资源管理是提高企业经济效益的根本措施和保障

企业的生产活动是人、财、物、信息四大要素结合的过程，而通过企业信息资源的科学化管理，能使生产经营活动过程中的人流、物流、资金流、信息流处于最佳状态，以最少的投入获得最大的产出，从而大大提高生产经营效率。借助信息资源管理，企业可以实现对传统组织形式的重建，以全新的方式运作，扩大生产能力，提高产品质量，节约费用，提高经济效益。

第三节 企业信息化管理

一、企业信息化的含义

企业信息化是指企业利用现代信息技术，通过对信息资源的深度开发和广泛利用，不断提高生产、经营、管理、决策的效率和水平，进而提高经济效益和市场竞争力的过程。

企业信息化以业务流程（优化）重组为基础，在一定深度和广度上利用计算机技术、网络技术和数据库技术，控制和集成化管理企业生产经营活动中的所有信息，实现企业内、外部信息的共享和有效利用，提高企业的经济效益和市场竞争能力。

从企业信息化的定义可以看出，企业信息化的最终目的是提高企业的经济效益和市场竞争力。因此，企业在实施信息化工程时应将提高经济效益和市场竞争力放在首位。

企业信息化建设中，最核心的要素是数据平台的建设和数据的深挖掘。企业应利用现代的技术手段来寻找潜在客户、制定销售策略，以提高企业生产效率，增强市场竞争力。

二、企业信息化发展的层次

根据企业信息化的应用水平，企业信息化的发展大致划分为如下三个层次。

第一层：企业数据的电子化。通过库存管理、财务管理软件的应用，将采购单、入库单、出库单等数据录入计算机，并保存在数据库中，供统计汇总与查询使用，在此层次上的计算机应用主体是企业的基层员工。计算机的使用将大大提高基层工作人员的工作效率，减轻工作量，但信息系统的使用也会导致裁员。

第二层：业务流程的计算机化。根据信息的传输特点，数据一旦录入，通过网络可及时传输到任何需要它的地方。通过数据库的管理，数据的共享非常方便，在此层次上的信息系统是根据规范的企业业务流程设计的，它的使用使企业业务流程更加通畅，打破了业务部门间的分割，企业各部门数据较好地实现了共享，使业务流程所涉及岗位员工的工作规范化，减少人为控制因素，并提升客户的满意度。

第三层：企业信息管理延伸到企业外。例如，通过企业与供应链上合作伙伴之间的数据往来，企业与顾客之间的业务往来等信息的管理，增强企业的竞争力。这一层次信息系统的应用即为电子商务。电子商务实际上是企业信息化发展到一定时期的产物。

信息系统最终所要达成的目标是为管理层提供决策支持，即通过对存储在计算机中的企业数据的加工整理，为管理和决策提供有效支持。

三、企业信息化的内容

1. 产品设计的信息化

采用计算机辅助设计（CAD）、计算机辅助制造（CAM）技术，实现产品设计自动化、智能化，缩短研究开发、试制周期，提高产品质量，增加产品品种。

2. 生产过程的信息化

生产过程的信息化即实现生产过程的智能化。一方面，要利用计算机技术对老设备进行改造，使生产技术装备智能化；另一方面，要采用智能仪表和计算机等对生产过程进行检测、处理、控制，实现生产自动化。这是确保产品质量、增加产量、降低成本的关键环节，是企业获得高效益的技术途径。

3. 产品/服务销售的信息化

利用现代信息技术和全新的方法、概念（如电子商务、网络销售等）实现企业产品/服务销售的信息化，扩大销售，降低成本，提升客户满意度。

4. 管理的信息化

学习和运用先进的管理理论，借助现代信息技术把对企业全过程生产经营活动的管理转变为对信息的管理，减少管理层次，削掉不增值的环节，建立起科学的管理体制，实现物资流、资金流、信息流的最佳结合。

5. 决策的信息化

利用现代信息技术获取、处理企业内外部信息并进行科学决策，提高决策水平和速度。此外，企业信息化人才队伍的培养包括企业领导和职工信息化意识与信息利用能力的提高、专业人才队伍的培养与稳定等，更是企业信息化建设中非常重要的任务。

企业信息化建设不仅仅是简单地买些计算机，然后联网。由于每个企业所处的行业不同，企业经营方向不同，所以信息化建设的重点也不同。但总体来说，都是以围绕企业的核心业务、提高企业核心竞争力为目的的。

四、企业信息化的意义和作用

企业信息化的意义可以从国家的角度去讨论，也可以从企业的角度来讨论。从国家的角度讲，企业信息化是国民经济信息化的基础，没有这个基础，国民经济信息化就是一句空话。因此，西方国家特别强调企业信息化，认为只有各类企业的信息化搞好了，有了一定的应用基础，企业才会有对外交易"电子化"的要求，才能谈到金融电子化、电子商务等内容，才能促进网上银行、网上商店及信息产业和信息服务业的发展。在此，我们侧重于从企业的角度讨论企业信息化的意义和作用。

1. 促进企业管理模式的变革

早期信息系统的工作方式大多是现行系统业务处理方式的翻版，可以认为是现行管理模式的计算机化。这样的信息系统被动地适应旧的管理模式，只能在一定程度上提高业务处理的效率，但是往往会造成信息的冗余和不一致，难以真正发挥计算机系统应有的效率。20世纪90年代中期以来，人们充分意识到信息系统和企业管理模式之间的相互作用，即有效的管理离不开信息系统的支持，信息系统效能的充分发挥有赖于对管理模式和业务流程的改革。因此，人们在进行信息系统的规划和建设时，首先强调的是应用并行工程。企业流程重组等新理论对企业旧有的管理模式和业务流程进行改革，使之具有简单性、平面性、并行性等特点，以满足信息系统的要求。

2. 提高员工素质

如前所述，企业信息化的主要特征就是计算机技术广泛和深入的应用。为了做到这一步，就要求企业必须制定严格的操作规程和工作规范，要求实现文明生产，也要求经常性地对员工进行培训和教育。久而久之，员工就会摒弃随心所欲的旧工作方式，处处按操作规程进行操作，从而提高全体员工的整体素质。

3. 加快信息流动，提高信息资源的利用率

在建设企业信息系统的过程中，对企业的信息资源进行总体规划，同时采用企业重组理论对业务流程和组织机构进行改革和简化，使信息流动的过程大为缩短，也使信息流动更为顺畅，从而提高信息资源的利用率。信息资源利用率的提高会给企业带来巨大的经济效益。

4. 加强对外交流，创造更多的商机

企业信息化工程的实施，特别是Intranet和Extranet网络环境的建立，为企业在网上做广告，利用网络宣传自己提供了物质基础。网络环境的建立还方便了企业的对外交流，不仅可以改善企业的形象，还可以创造更多的商机。事实上，随着整个国际社会普遍采用信息技术，电子数据交换、E-mail、电子商务等技术得到普遍采用，企业如不实现信息化，就无法实现对外交流，这无疑是自己关闭了通往国内外市场的大门。

5. 提高企业的市场竞争能力

企业的市场竞争能力主要体现在六个方面，称为竞争力六要素。

(1) 产品的功能应简单、实用、无冗余，花色品种多。

(2) 产品的质量要好，包括精确满足要求、精度保持性好、可靠性高、动态特性好、可维护性好等。

(3) 产品的成本要低，即不仅产品在上市前的设计制造成本要低，而且产品在上市后的运行成本也应是最低的，甚至连报废后回收处理成本也是最低的。成本对于像汽车这样的产品尤其重要。

(4) 产品在寿命周期内服务要好，要为顾客提供良好、周到的售前、售中和售后服务。

（5）新产品上市时间应尽可能短。由于顾客追求产品的个性，造成制造过程的单件、小批量化，产品快速上市的难度加大。但目前占领国际市场最为强调的是缩短交货期，交货期被认为是企业占领市场的瓶颈环节。目前国际市场上流行"三个三"，即产品的设计周期三周、上市周期三个月、市场寿命周期三年。这"三个三"充分反映了缩短交货期的重要性。

（6）产品绿色特性要好，即产品应是所谓的绿色商品，制造过程应是绿色环保的。绿色特性好意味着产品的生产过程、运输过程、使用过程、用后处理过程均是节约资源和能源、保护环境和人性化的。

采用信息化技术后，企业竞争力六要素的水平会有较大的提高。例如，虚拟制造技术和面向功能设计技术的采用，可以使产品更实用，外观造型更能满足用户的审美要求；又如，借助于计算机网络组建动态联盟，采用异地设计和制造技术可以大大缩短产品的上市周期；再如，采用信息技术可以实现无纸设计和制造，可以大大节省这方面的开支，采用虚拟制造技术可省去昂贵的样机试制费用，从而有效降低成本。

6. 提高企业的经济效益

企业建立信息系统需要投入一定的资金，包括硬件的购置、软件的购买或开发、系统的运行及维护等费用。企业投资者关心的是：这些投资能否在预定的期限内收回？能否产生几倍，甚至几十倍的利润？一般认为，信息系统的建设是关系到企业生死存亡的长远大计，它的效益更主要体现在战略效益方面。但这并不意味着企业信息化就不会产生直接的经济效益。它的直接经济效益主要体现在以下几个方面。

（1）机构和业务流程的精简在使工作效率提高的同时，可以大量节省劳动力。国外某大型企业，其财务部门原有400多人，但工作效率很低，后来借助信息技术进行业务流程重组，使总人数一下子减少到50多人，工作效率也提高不少，由此节省的工资、福利、办公费用是十分可观的。

（2）实现无纸化办公和无纸化设计与制造，可以节省大量的纸张和相应的费用，效益也是很显著的。

（3）采用信息技术可以大量压缩库存，减少库存流动资金的占用，由此还可带来人员、设备和库房面积的减少，这也是一笔不小的费用。

（4）可以降低废品率。

总之，企业信息化工程的实施不仅可以给企业带来巨额直接经济效益，而且对企业的长远发展起十分重要的作用。

五、企业信息系统的要素

信息系统是企业信息化管理的基础。信息系统为管理者提供了一种在组织内收集、处理、维持和分配信息的系统方法。早在计算机出现前，信息系统就存在了。随着计算机的普及与网络的高度发展，企业信息系统越来越电子化、网络化，企业管理也越来越信息化。从20世纪40—60年代物料需求计划的提出和实现，经过20世纪70年代的发展完善成为制造资源计划，到20世纪90年代提出企业资源计划，这一过程反映了人们对资源管理的认识不断深化,反映了企业管理利用信息技术进步的成果适应时代进步和市场竞争。

一般信息系统包括五个基本要素:输入、处理、输出、反馈和控制。其中,输入是系统所要处理的原始数据(或提供原始数据的设备);处理是把原始数据加工或转换成有意义和有用的信息的过程;输出是系统处理后的结果,即有意义和有用的信息;反馈是指当管理者对输出的结果不太满意或希望得到更好的结果时,对输入进行调整;控制是对输入、处理、输出、反馈和控制等过程进行监视,使这些过程保持正常。信息输入、处理、输出和反馈过程如图9-3所示。

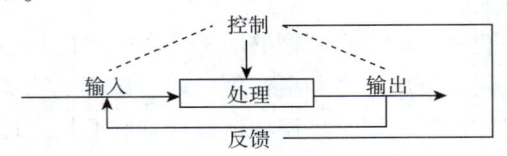

图9-3 信息输入、处理、输出、反馈和控制过程

对以计算机为基础的信息系统来说,除了以上五个要素外,还包括硬件、软件和数据库。其中,硬件是信息系统的有形部分,如主机、终端、显示器和打印机等,另外,存储设备(如硬盘、软盘驱动器和光盘驱动器等)也属于硬件;软件是各种程序,这些程序用来指示硬件的运行,数据怎样处理是由软件控制的;数据库是组织保存下来的各种数据和信息。

六、企业信息化管理各个发展阶段特点

(一)20世纪60年代的物料需求计划(Material Requirement Planning,MRP)

随着管理现代化的进程,管理者认识到:真正的需求是订单的交货日期,由此产生了对物料清单(Bill of Material,BOM)的管理和利用,形成了物料需求计划——MRP(Material Requirement Planning),即开环MRP。

按需求的来源不同,企业内部的物料可分为独立需求和相关需求两种类型。独立需求是指需求量和需求时间由企业外部的需求来决定,例如,客户订购的产品、科研试制需要的样品、售后维修需要的备品备件等;相关需求是指根据物料之间的结构组成关系,由独立需求的物料所产生的需求,例如,半成品、零部件、原材料等的需求。MRP的基本任务,一是从最终产品的生产计划(独立需求)导出相关物料(原材料、零部件等)的需求量和需求时间(相关需求);二是根据物料的需求时间和生产(订货)周期确定其开始生产(订货)的时间。

MRP的基本内容是编制零件的生产计划和采购计划。然而,要正确编制零件计划,首先,必须落实最终产品(在MRP中称为成品)的出产进度计划,即主生产计划(Master Production Schedule,MPS),这是MRP开展的依据。其次,需要知道产品的零件结构,即物料清单(BOM),把主生产计划展开成零件计划;最后,需要知道库存数量才能准确计算出零件的采购数量。因此,基本MRP的依据是:①主生产计划(MPS);②物料清单(BOM);③库存信息。MRP的基本构成及其逻辑关系如图9-4所示。

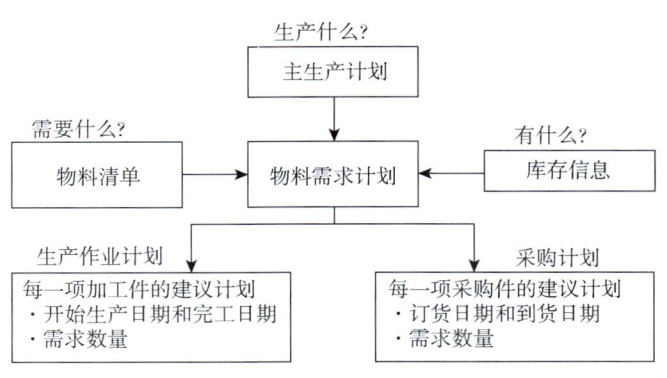

图 9-4　MRP 的基本构成及其逻辑关系

（二）20 世纪 70 年代的物料需求计划（Material Requirement Planning，MRP）

20 世纪 60 年代开环的 MRP 能根据有关数据计算出相关物料需求的准确时间与数量，但没有考虑到生产企业现有的生产能力和采购能力的有关约束条件，因此，计算出来的物料需求的数量和日期有可能因设备和工时的不足而无法满足，或者因原料的不足而无法满足。同时，它缺乏根据计划实施情况的反馈信息对计划进行调整的功能。为解决以上问题，MRP 系统在 20 世纪 70 年代发展为闭环 MRP 系统。管理者认为，制造业要有一个集成的计划，以解决生产中的各种问题，如产能限制，进而产生闭环 MRP。

MRP 系统的正常运行，需要有一个切实可行的主生产计划。它除了要反映市场需求和合同订单外，还必须满足企业的生产能力约束条件。因此，除了要编制资源需求计划外，还要制订能力需求计划（Capacity Requirement Planning，CRP），同各个工作中心的能力进行平衡。只有在采取了措施做到能力与资源均满足负荷需求时，才能开始执行计划。在能力需求计划中，生产通知单是按照它们对设备产生的负荷进行评估的，采购通知单的过程与之类似，检查它们对分包商和经销商所产生的工作量。执行 MRP 时要用生产通知单来控制加工的优先级，用采购通知单来控制采购的优先级。这样，开环 MRP 系统进一步发展，把能力需求计划和执行及控制计划的功能也包括进来，形成一个环形回路，称为闭环 MRP，闭环的物料需求计划流程如图 9-5 所示。

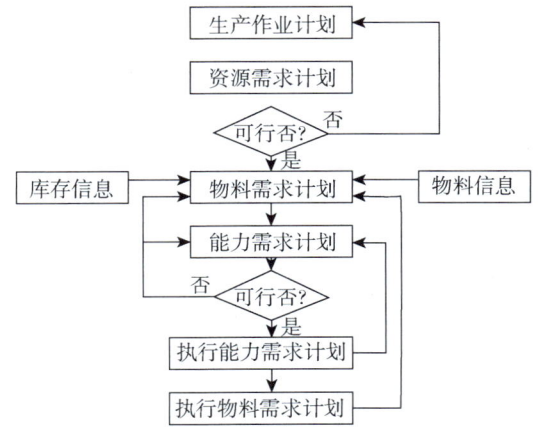

图 9-5　闭环的物料需求计划流程

(三)20世纪80年代的制造资源计划

闭环 MRP 的出现，使生产活动方面的各种子系统得到了统一，但是企业管理是人、财、物和信息、供产销等子系统组成的综合系统，生产管理只是一个方面，它所涉及的仅仅是物流，而与物流密切相关的还有资金流和信息流。

1977 年 9 月，美国著名管理专家奥利弗·怀特（Oliver Wight）提出"制造资源计划"的概念，其简称也是 MRP（Manufacturing Resource Planning），是广义的 MRP。为了和传统的 MRP 区别，其名称改为 MRP Ⅱ。MRP Ⅱ 的主要特征是以生产和库存控制的集成方法来解决问题，而不是以库存来弥补或以缓冲的方法去补偿。其工作流程如图 9-6 所示。

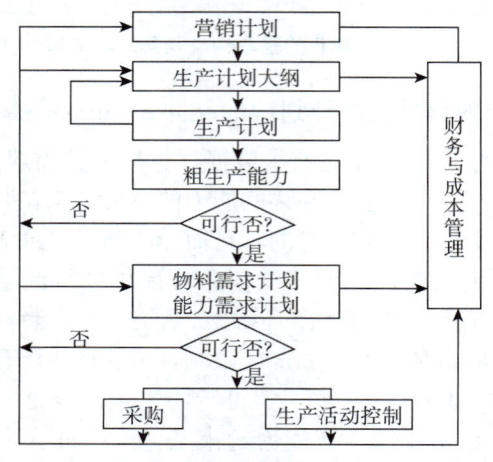

图 9-6　MRP Ⅱ 的工作流程

由于信息技术的发展，计算机强大的信息存储和处理能力，使人们对生产经营的管理能力加强了。企业由原来以产品为对象的管理进入以零部件为对象的管理。MRP Ⅱ 最大的成就在于把企业经营的主要信息进行集成。

（1）在物料需求计划的基础上向物料管理延伸，实施对物料的采购管理，包括采购计划、进货计划、供应商账务和档案管理、库存账务管理等。

（2）系统记录了大量的制造信息，包括物料消耗、加工工时等，利用这些数据就可以进行产品成本核算、成本分析。

（3）主要生产计划和生产计划大纲的依据是客户订单，因此向前又可以扩展到销售管理业务。因此不能从字面意义上来理解"制造资源计划"（MRP Ⅱ）的含义。

MRP Ⅱ 在企业实践中取得了显著的效果。据对美国成功实施 MRP Ⅱ 的企业的调查，有以下统计结果：库存减少 25%～30%；库存周转率提高 50%；准时交货率提高 55%；装配车间劳动生产率提高 20%～40%；采购资金节约 5%；成品库存降低 30%～40%；生产周期缩短 10%～15%；生产率提高 10%～15%；突击加工减少 25%。我国成功实施 MRP Ⅱ 的企业也效果显著，如徐州工程机械制造厂于 1996 年选择美国四班公司 MSS for Objects 管理系统，系统运行后，该厂的企业管理水平大大提高了，企业的生产能力也得到了极大提高，配套率、产品按时交货率、年库存周转数、库存资金占用、产品生产周期、报废/返工率等各项指标得到显著改善，为企业创造了可观的经济效益。

(四)20世纪90年代的企业资源计划(Enterprise Resource Planning，ERP)

随着市场竞争的进一步加剧，企业竞争空间与范围的进一步扩大，20世纪80年代的MRP Ⅱ主要面向企业内部资源全面计划管理的思想逐步发展为20世纪90年代怎样有效利用和管理整体资源的管理思想，在MRP Ⅱ的基础上发展出ERP系统。

信息技术不断向制造业管理渗透，为了实现产能、质量和交期的完美统一，合理库存、生产控制问题需要处理大量的、复杂的企业资源信息，这要求信息处理的效率更高，而传统的管理方法和理论已经无法满足系统的需要，新一代的管理理论与计算机信息系统由此产生。企业资源计划(Enterprise Resource Planning，ERP)的概念由美国嘉德集团(Garter Group Inc.)咨询公司1993年首次提出。它扩展了管理范围，给出了新的结构，企业ERP业务流程如图9-7所示。

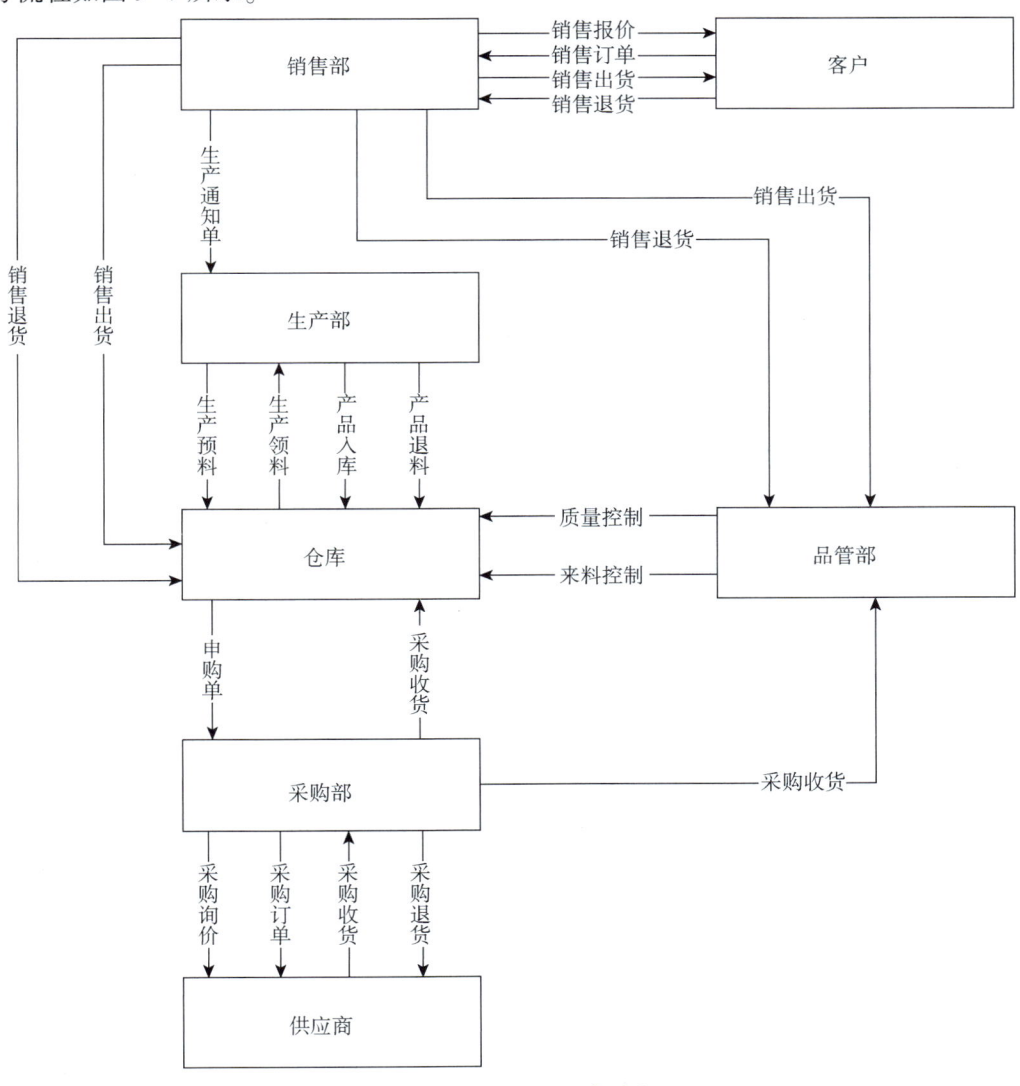

图9-7 企业ERP业务流程

最初嘉德集团是通过一系列的功能来对ERP进行界定的。

（1）超越 MRPⅡ范围的集成功能：包括质量管理、试验管理、流程作业管理、配方管理、产品数据管理、维护管理、管制报告和仓库管理。

（2）支持混合方式的制造环境：包括既可支持离散又可支持流程的制造环境，按照面向对象的业务模型组合业务过程的能力和国际范围内的应用。

（3）支持能动的监控能力，提高业务绩效：包括在整个企业内采用控制和工程方法、模拟功能，以及决策支持和用于生产及分析的图形能力。

（4）支持开放的客户机/服务器计算环境：包括客户机/服务器体系结构，图形用户界面（Graphical User Interface，GUI），计算机辅助设计工程（Computer Aided Design Engineering，CADE）；面向对象设计技术（Object-Oriented Design，OOD）；使用结构化查询语言（Structural Query Ianguage，SQI.）对关系数据库查询；内部集成的工程系统、商业系统、数据采集和外部集成（ELECTRONIC DATA INTERCHANGE，EDI）。

上述四个方面分别是从软件功能范围、软件应用环境、软件功能增强和软件支持技术上对 ERP 的评价。但仅从功能上衡量并不足以把握 ERP 的实质，还需把握其功能特点。可以从管理思想、软件产品、管理系统三个层次理解 ERP。

（1）ERP 是一整套企业管理系统体系标准，其实质是在 MRPⅡ基础上进一步发展而成的面向供应链的管理思想。

（2）ERP 是综合应用了客户机/服务器体系、关系数据库结构、面向对象技术、图形用户界面、第四代语言、网络通信等信息产业成果，以管理企业整体资源的管理思想为灵魂的软件产品。

（3）ERP 是整合了企业管理理念、业务流程、基础数据、人力物力、计算机硬件和软件的企业资源管理系统。

（五）20 世纪末的企业资源计划 ERPⅡ

ERPⅡ（Enterprise Resource PlanningⅡ）是 2000 年由美国调查咨询公司——嘉德集团（Garter Group Inc.）在原有 ERP 的基础上提出的新概念。ERPⅡ是通过支持和优化企业内部和企业之间的协同运作和财务过程，以创造客户和股东价值的一种商务战略和一套面向具体行业领域的应用系统。为了区别 ERP 对企业内部管理的关注，嘉德集团在描述 ERPⅡ时，引入了"协同商务"的概念。协同商务（Collaborative Commerce 或 C-Commerce）是指企业内部人员、企业与业务伙伴、企业与客户之间的电子化业务的交互过程。

ERPⅡ定义是一种新的商业战略，它由一组行业专业化的应用组成，通过它们建立和优化企业内部和企业之间流程、协作运营和财务运作流程，从而将客户和股东价值优化。

传统 ERP 系统注重制造业企业的资源计划和库存准确率，同时也注意企业的业务可见度。后续扩展的 ERP 需求使一些非制造业企业也采用 ERP 系统作为后台财务处理系统。但由于企业客户对供应链管理 SCM、客户关系管理 CRM 和电子商务功能等新功能的要求不断出现，一些 ERP 厂商为应对这方面的需求而推崇所谓的 EAS 企业应用套件。但是 EAS 那种在企业内对全部的人提供全部的事的方式并不适用未来的企业对专注和外部联结性的强烈需求。

ERPⅡ的定义强调未来的企业注重深度行业专业分工和企业之间的交流，而不仅仅是企业业务过程管理。

ERPⅡ与 ERP 的主要区别是强调了协同商务的作用。下面从 ERPⅡ的特点来说明其相对于 ERP 的优势。ERP Ⅱ 系统包含六个基本特征，分别从作用、领域、功能、业务、系统结构和数据处理方式方面定义了其战略取向。

(1) ERP Ⅱ 的作用：从传统 ERP 的资源优化和业务处理扩展到利用企业间协作运营的资源信息，并且不仅仅是电子商务模式的销售和采购。

(2) 领域：ERP Ⅱ 的领域已经扩展到非制造业。

(3) 功能性：超越传统通用的制造、分销和财务部分，而扩展到那些针对特定行业或行业段业务。

(4) 业务处理：从注重企业内部流程管理发展到外部联结。

(5) 系统结构：与 ERP 系统结构不同，ERP Ⅱ 系统结构是面向 Web 和面向集成设计的，同时是开放的、组件化的。

(6) 数据处理方式：与 ERP 系统将所有数据存储在企业内部不同，ERP Ⅱ 面向分布在整个商业社区的业务数据进行处理。

可以看出，除了系统结构的不同之外，ERP Ⅱ 的这些特征是对传统 ERP 的扩展。

(六) 政府资源规划 (Government Resources Planning，GRP)

政府资源规划是指在特定的行政环境下，根据现代行政管理的特点和规律，利用现代信息技术，整合政府资源、优化政府结构及规范政务行为的行政管理系统工程。政府资源规划的目的就是改善科学决策的手段和环境、提高行政管理效率和效益、提升公众服务的质量和扩大公众服务的范围，是政府部门实现管理信息化的主要途径，是从信息化角度提升政府管理效能的重要手段。

GRP 的概念来源于 ERP，即面向政府领域，提供政府资源规划。有些学者为了强调 GRP 与 ERP 的紧密关系，甚至将 GRP 称为 GERP。从最宽泛的管理系统角度，GRP 是指建立在现在通信技术之上，以优化政府管理和服务、合理配置政府资源为目标的管理系统。政府管理和服务的优化取决于政务流程的优化程度，政府资源的合理配置源于政务信息的共享程度和政务资源的整合程度。

GRP 的两个最为重要的思想为政务流程管理和信息集成。政务流程管理不但需要涵盖政府机构内部的政务工作流程，还需要包括本单位上下级管理机构的相关流程，在这点上，它与 ERP 的供应链的全过程管理思想是非常相似的。信息集成包括了应用集成、数据共享、资源整合。首先，GRP 需要集成政府部门已经存在的应用系统，消除应用碎片和信息孤岛；其次，GRP 要求在整个政务流程中实现数据共享，减少政务工作复杂度，同时实现政府信息资源的市场价值和信息增值；最后，资源整合是指要打破各级政府和部门对资源的垄断和封闭，强化政府资源的开发、更新和维护，使政府资源真正服务于社会，创造社会效益和经济效益。

作为一项行政管理的系统工程，GRP 的内容主要体现在下述四个方面。

(1) 行政管理与公众服务。行政管理与公众服务是 GRP 的起点，也是 GRP 的终点。GRP 的基础任务就是在政府资源明确的基础上，整合政府行政业务流程，精兵简政，在现有机构设置基础上，提出改进意见，优化业务流程。GRP 以政府的行政为基本的研究对象，不是简单地通过 IT 技术映射政府行为，而是在优化、整合政府资源的基础上，以信息技术为手段，规范政府行为，优化政府结构，提升服务质量。

(2) 政府资源规划和管理。政府资源是 GRP 分析、研究、规划和管理的对象。

政府资源包括物质资源管理(如土地资源、海洋资源、空间资源、矿产资源、淡水资源等)、人力资源(包括民族宗教、教育与培训、就业与失业、福利与社保、医疗卫生、文化娱乐、体育健身等涉及人的社会事务)、金融资源(包括财政税收、期货证券、储蓄国债等)、公共安全(包括国家安全、社会治安、行为规范)、信息资源(包括法律法规、政策制度、公众舆论、外事新闻等)。

(3)信息技术的支持和保障。完整的GRP系统是以集成功能的信息系统为标志的。信息技术的支持包括通信技术、网络技术、数据库技术、计算机技术及安全保障技术。从软件工程角度,GRP包括网络平台、安全管理平台、应用系统平台。

GRP在政府资源规划和管理基础上,能够提出更加全面的整体解决方案和更加完善的行政管理需求。GRP不是单纯地从个别业务的需要,提出技术要求,而是全面考虑广义的政府行为而提出的整体解决方案。GRP使过去电子政务建设中"头痛医头,脚痛医脚"的解决模式,转变为"全面诊断,综合医治"的系统工程的方法。

(4)GRP工程管理与评估。作为系统工程,GRP在实践过程中必须采用现代科学的工程管理方法,既要注重目标管理,又要兼顾过程控制。不论是硬件的建设施工,还是软件开发设计,都要有效控制质量,规范操作规程,把握建设工期。作为完整的GRP体系的一部分,GRP还包括GRP建设项目的评价体系。

课后练习题

一、选择题

1. 企业信息不包括( )。
   A. 沉淀信息　　　　B. 积累信息　　　　C. 随机信息　　　　D. 即时信息
2. ( )是事物本身固有的一个特征量,与认识主体因素无关。
   A. 先验信息　　　　B. 实在信息　　　　C. 偶发信息　　　　D. 实得信息
3. 信息技术最主要包括四个方面技术,下面的( )不在其中。
   A. 计算机技术　　　　　　　　　　　B. 数字媒体处理技术
   C. 传感技术　　　　　　　　　　　　D. 控制技术
4. 下列部门中,不是信息化组织机构的主要部门的是( )。
   A. 系统研发与管理部　　　　　　　　B. 系统外包部
   C. 系统运行维护与管理部　　　　　　D. 信息资源管理与服务部
5. 以下选项中,( )不属于系统的特征。
   A. 整体性　　　　B. 关联性　　　　C. 及时性　　　　D. 层次性
6. 从信息系统的作用来看,下列选项中,不属于信息系统部件的是( )。
   A. 信息员　　　　B. 系统分析员　　　C. 信息用户　　　D. 信息管理者
7. 信息系统对产品质量的影响包括( )。
   A. 利用信息产品软件,简化产品的设计与生产过程
   B. 有助于建成高标准的质量体系
   C. 缩短运行周期
   D. 改进设计质量和精度

二、判断题

1. 共享性是信息资源的一种本质特性，是指信息资源的利用不受人为干扰。（　　）
2. 信息社会中，信息爆炸，因此信息资源已经不具备稀缺性。（　　）
3. 具备信息需求又具有信息行为的人，称为信息用户。信息用户包括企业用户和团体用户。（　　）
4. 信息、物质和能源是现代社会发展的三大支柱性资源，它们都属于经济资源，具有人类需求性、稀缺性、可选择性等一般特性。（　　）
5. SWOT分析是在对企业的市场环境和企业资源的综合分析基础上，分析企业的优势与劣势、面临的机会和威胁的一种方法。（　　）

三、简答题

1. 简述一般信息系统的要素。
2. 比较ERP与MRP、MRPⅡ。
3. 简述信息与数据的区别。
4. 简述信息的加工一般步骤。

课后实践

1. 信息系统的开发策略有哪些？企业如何根据自身实际情况，实施信息系统开发？

提示：

（1）"自下而上"的开发策略是从现行系统的业务状况出发，先实现一个个具体的功能，逐步由低级到高级建立MIS。

（2）"自上而下"的开发策略强调从整体上协调和规划，由全面到局部，由长远到近期，从探索合理的信息流出发来设计信息系统。

2. 了解ERP、ERPⅡ的区别，判断企业更适合采用哪种方式来提高信息管理效率水平。

提示：

ERP关注企业内部管理，是根据当时计算机信息、IT技术发展及企业对供应链管理的需求，结合对今后企业管理信息系统的发展趋势和即将发生的变革的预测而形成的系统。ERP是将物资资源管理(物流)、人力资源管理(人流)、财务资源管理(财流)、信息资源管理(信息流)集成一体化的企业管理软件。它包含客户/服务架构，使用图形用户接口，应用开放系统制作。除了已有的标准功能，它还包括其他特性，如品质、过程运作管理，以及调整报告等。

ERPⅡ是一种新的商业战略，它由一组行业专业化的应用组成。企业通过它们建立和优化企业内部和企业之间流程、协作运营和财务运作流程，从而将客户和股东价值优化。ERPⅡ在一定意义上是ERP的升级，可提高管理效率。

3. ERP系统对企业生产模式产生的影响有哪些？

提示：

（1）管理思想：传统的管理模式强调事前预计、事中控制、事后审核，业务的发生人为分为几个环节，而ERP的思想是实时的跟踪，管理者可以跟踪到业务的每一步操作，随时发现存在的问题。

（2）管理方式：决策支持、智能化管理、灵活性与适应性。

（3）管理流程：流程标准化，信息共享与协同，实时监控与预警。

4. 调查了解现代信息技术对我国制造业的影响。

提示：

（1）生产过程的数字化和智能化，例如，通过引入工业物联网，实现了生产设备的互联互通，使生产过程的数据能够实时传输和分析，从而提高生产效率，降低生产成本。

（2）供应链的透明化和优化，云计算、大数据等技术的应用，使制造业能够实时跟踪物流和预测需求，改变产品和服务的存在形式和流通方式。

（3）产品创新，产品的定制化和个性化。

（4）（ERP）系统使企业能够实时了解生产进度、库存情况、销售数据等信息，有利于企业面对激烈的市场竞争，做出更准确的决策。

（5）降低成本和提高效率。

（6）绿色环保和可持续发展。

5. 设计一套调查问卷，了解信息技术对企业生产成本的影响。

提示：

信息技术对企业生产成本有双重影响：一方面，可以帮助企业降低生产成本；另一方面，由于加剧信息不对称，企业生产监督困难，从而生产成本上升。

案例分析

案例分析1：烟草行业专卖管理提升与信息化

随着市场化的进程，烟草行业正在进行组织机构调整、业务流程再造等影响深远的改革，对烟草专卖管理工作提出了更高的要求，专卖已经不仅仅体现在"管制""查处""打假"等方面，烟草专卖工作逐渐从"管理服务型"向"服务管理型"转变，诚信等级全国推广工作顺利开展，服务意识深入人心。

近些年，为规范自身的执法办案行为，全面推进依法行政，各地烟草专卖管理部门做了大量工作，出台了一系列的规章和制度，采取了积极措施，取得了明显的成效，监管执法由过去简单的粗放式逐步转向系统化、规范化、科学化和法制化。为了适应规范化办案的要求，加大管理力度，提升办案水平，强化办案规范，在原来的基础上，重新开发新的智能化案件管理系统。新的智能化案件管理系统主要是通过软件控制办案程序，规范办案流程，提高办案效率，力求达到在案件定性后自动检索适用条款、自动计算罚没金额、自动生成办案文书，从而达到统一处罚标准、严格办案程序、规范罚没管理的目的，逐步减少自由裁量权使用不当现象。信息系统应该成为专卖规范执法、文明执法的有力工具。为建设数字烟草，烟草专卖管理部门提出"用信息化带动烟草现代化建设"的指导思想，各地专卖管理工作依托信息化建设，信息化范围已涵盖专卖管理工作的方方面面，不同层次的专卖人员均充分意识到专卖信息工作的重要性，进一步规范了专卖程序，创新了管理模式，提高了管理水平，为市场信息动态化、考核评价数字化、管理服务规范化提供了有力的支撑。在专卖管理工作提升后，我们的信息化建设也要与时俱进，做好服务和业务支撑工作，以软件反映管理、规范管理、提升管理。

问题：
1. 烟草专卖管理部门如何实施其信息化建设？
2. 各地烟草专卖实现信息化为其带来哪些好处？

提示： 从信息化的优点、好处角度分析。

案例分析 2：玫德集团的数字化转型

在《中国制造 2025》总体规划的引领下，玫德集团全面开展数字化转型建设工作。通过利用数字化技术，将信息化和工业化建设进行了深度融合，实现了企业的快速发展。玫德集团作为全球行业龙头企业，从大口径管到小口径管，从管件到阀门，始终坚持产品创新。这就源于数字化的支撑。公司管理手段采用了 IPD 集成产品研发方式，并利用 PLM、CAD、CAM 数字化软件作为支撑，形成了多产品协同联动能力。产品发展的整个方向是管件规模化，管件、阀门产品多样化、轻量化，同时通过提高熔炼技术，在把产品做到高强度、低壁厚的同时，既保证质量，也符合低碳发展的要求。20 世纪 90 年代，为了便于进行工资计件管理，玫德开始建设自己的 ERP 系统。后来随着全球订单数量激增，从人工调度到工艺流程，到日后的成本考核，每天都要及时更新计算大量数据，必须通过 ERP 解决，实现办公自动化。公司通过全面数字化建设提升管理水平，实现营销的数字化，利用企业自身电商平台，进行系统管理。进行数字化需要大量的资源来实现。通过做智能制造到管理数字化，玫德总结了很多经验，并自主研发了大量的设备及软件。

2021 年玫德成立了科德智能，它代表的是最优质的流体系统五金制造数字化解决技术能力，在解决环保问题的同时，解决流水线的问题，整个自动化流水线再加上数字化，努力打造高科技的传统制造业。

问题： 结合案例谈谈企业怎样实现信息的有效集成，如何在企业中建立起一个合理高效的信息流。

提示： 从信息管理的工作角度进行分析。
(1) 通过实施 ERP(企业资源规划) 系统实现了信息的有效集成。
(2) 建立合理高效的信息流。

企业需要结合自身实际情况和需求选择合适的方法和工具来实现信息的有效集成和处理，并建立完善的信息管理制度来确保数据和信息的安全性和可靠性。

案例分析 3：京东的智能供应链系统

京东的所有信息化建设，从商城网站到物流配送，客服售后内部系统都是自主研发的软件系统提供的支持。京东的信息系统共分为外部网站、内部系统、物流仓储三大部分。提供给商家、消费者、供应商及用户的主要购买业务使用的是外部网站系统；京东内部各个部门主要使用的是内部系统，其功能主要包括财务、采购、报表等；配合销售业务、入库保存、配送的功能，主要是依靠仓储物流系统来完成的。

京东作为中国著名的电商平台，其智能供应链系统通过运用区块链、物联网和大数据等技术，实现了供应链的数字化和智能化。该系统能够实时监控库存、预测需求并自动调整采购和配送计划。

在"618"大促等高峰期，京东的智能供应链系统发挥了重要作用。系统通过实时监控库存状态和销售数据，预测未来需求趋势，并自动调整采购和配送计划。这不仅确保了商品的及时配送，还减少了库存积压和缺货的风险。此外，该系统具备强大的数据分析能力，能够为企业提供精准的决策支持。

问题： 企业是如何运用信息管理手段提升运营效率的？

提示： 企业可以通过引入智能供应链系统，提升供应链的透明度和可控性。通过实时数据监控和智能分析，实现供应链的精准管理和优化调整，提升整体运营效率和市场响应速度。

视频学习资料

- 9.1 企业信息构成与作用
- 9.2 企业信息管理过程
- 9.3 企业信息化管理

第十章　现代企业管理前沿专题

学习目标

理论学习目标

全面了解企业管理在工业4.0以及智能化、信息化、数字化背景下的新特点和新要求，了解危机事件概念及其特征，了解学习型组织的起源、构成要素及其意义，了解知识及其分类，了解知识管理及其必要性；理解危机管理的作用及基本原则，理解学习型组织及其内涵，理解学习型组织的特征，理解知识管理的原则；掌握危机管理内容及体系，掌握创造学习型组织的方法，掌握实施知识管理的步骤，掌握知识管理的评估方法。培养创新思维和跨界合作能力，以适应企业管理的发展趋势。

实践学习目标

掌握危机管理体系的建立，学习型组织的构建，实施知识管理的具体步骤，能运用智能制造和数字经济的理论与方法，实践项目化管理过程。通过调研并分析最新研究成果和案例，将理论知识应用到课程实践和管理实践中。能够全面理解学习型组织、知识管理、智能制造、数字经济等企业管理的前沿理论和方法，能前瞻性地分析和解决管理实践问题。

第一节　危机管理

一、危机事件概念及其特征

（一）危机事件概念

荷兰学者罗森豪尔特指出，危机是对一个社会系统的基本价值和行为准则架构构成严重威胁，并且在时间压力和不确定性极高的情况下必须对其进行关键决策的事件。

(二)危机事件的特点

(1)意外性：危机事件爆发的具体时间、实际规模、具体态势和影响深度，是始料未及的。

(2)聚焦性：进入信息时代后，危机的信息传播比危机本身发展要快得多。媒体对危机来说，就像大火借了东风一样。

(3)破坏性：由于危机常具有"出其不意，攻其不备"的特点，不论什么性质和规模的危机，都必然不同程度地给企业造成破坏，带来混乱和恐慌，而且决策的时间及信息有限，往往会导致决策失误，从而带来不可估量的损失。

(4)紧迫性：对企业来说，危机事件一旦爆发，其破坏性的能量就会被迅速释放，并呈快速蔓延之势，如果不能及时控制，危机会急剧恶化，使企业遭受更大的损失。

二、危机管理概述

(一)危机管理的概念

危机管理是企业为应对各种危机所进行的规划决策、动态调整、化解处理及员工培训等活动过程，其目的在于消除或降低危机所带来的威胁和损失。

危机管理通常可分为两大部分：危机爆发前的预防管理和危机爆发后的应急善后管理。危机管理是专门的管理科学，它是为了应对突发的危机事件，对抗突发的灾难事变，尽量使损害降至最低而事先建立的防范、处理体系和应对措施。对一个企业而言，可以称为危机的事项多是与社会大众或顾客有密切关系且后果严重的重大事故；而为了应对危机，企业应预先建立防范和处理这些重大事故的机制和措施。

(二)危机管理的作用

1. 提高企业管理层的危机意识

危机意识缺失是造成危机发生、危机事态扩大的主要原因。没有危机意识，就难以产生危机应对计划；没有危机应对计划，就难以判断危机征兆，难以有效防止危机扩散。企业危机管理理论是揭示企业危机管理基本规律的管理理论，对培育管理者的危机预防意识，树立正确的危机应对状态，形成长久危机战略理念有积极推动作用。

2. 可以有效减轻危机造成的损害

作为管理学的基本理论，危机管理基本理论和方法是管理者必须具备的企业管理理论知识体系不可或缺的重要内容。它帮助提高管理者危机决策技能、沟通技能、协调技能和解决危机能力，最终有利于减轻企业各类危机的损害程度。

3. 建立企业"整体安全装置"

随着企业经营全球化，竞争压力不断加大，企业危机发生概率不断提高，危害也随之增大，这就需要企业管理者建立完善的危机应对计划和反应机制，使企业建立健全"整体安全装置"，预防危机事件的发生。

4. 建立新型企业学习型组织

要避免危机事件的发生及造成的危害，就要不断学习企业管理的新理论，使企业建立学习型组织和团队，不断观察、检测企业经营的各个环节是否有缺陷，如发现缺陷及时采取措施纠正。

(三) 危机管理的基本原则

1. 制度化原则

危机发生的具体时间、实际规模、具体态势和影响深度，是难以完全预测的。这种突发事件往往会在很短时间内对企业或品牌产生恶劣影响。因此，企业内部应该有制度化、系统化的有关危机管理和灾难恢复方面的业务流程和组织机构。这些流程在业务正常时不起作用，但是危机发生时会及时启动并有效运转，对危机的处理发挥重要作用。国际上一些大公司在危机发生时往往能够应付自如，其关键之一是建立了制度化的危机处理机制，从而在发生危机时可以快速启动相应机制，全面而井然有序地开展工作。因此，企业应建立成文的危机管理制度、有效的组织管理机制、成熟的危机管理培训制度，逐步提高危机管理的快速反应能力。

大白兔奶糖被披露的所谓食品添加成分甲醛是公认的高致癌物，这条官方信息一经公开马上引发连锁反响，大白兔奶糖的食品安全在全球各国受到广泛质疑，产品出口和销售受到严重影响。大白兔奶糖风波远不是中国出口商品碰到的第一次信誉危机。多年来，中国商品质量问题成为西方媒体竞相报道的题材。大白兔奶糖遭遇"甲醛事件"，可谓危机公关方面一个教科书式的生动案例。一系列的危机公关行动，让我们看到了冠生园企业应对危机的丰富智慧、良好素质、有序管理和层层递进。在忽然遭遇"甲醛门"事件后，冠生园企业主动应对，在4天时间内便成功"突围"，专业人士认为，此危机事件的处理说明，应对危机公关必须主动、统一、立即、诚恳、权威。

2. 诚信形象原则

企业的诚信形象，是企业的生命线。危机的发生必然会给企业诚信形象造成损失，甚至危及企业的生存。矫正形象、塑造形象是企业危机管理的基本思路。在危机管理的全过程中，企业要努力减少危机对企业诚信形象带来的损失，争取公众的谅解和信任。只要顾客或社会公众是由于使用了本企业的产品而受到伤害，企业就应该在第一时间公开道歉以示诚意，并且给受害者相应的物质补偿。对于那些确实存在问题的产品应该不惜代价迅速收回，立即改进企业的产品或服务，以尽力消除影响，赢得消费者的信任，维护企业的诚信形象。

3. 信息应用原则

随着信息技术日益广泛地被应用于政府和企业管理，良好的管理信息系统对企业危机管理的作用也日益明显。信息社会中，企业只有持续获得准确、及时、新鲜的信息资料，才能保证自己的生存和发展。预防危机必须建立高度灵敏、准确的信息监测系统，随时搜集各方面的信息，及时加以分析和处理，从而把隐患消灭在萌芽状态。在危机处理时，信息系统有助于有效诊断危机原因、及时汇总和传达相关信息，并有助于企业各部门统一口径、协调作业，及时采取补救的措施。

4. 预防原则

防患于未然永远是危机管理最基本和最重要的要求。危机管理的重点应放在危机发生前的预防，预防与控制是成本最低、最简便的方法。为此，建立一套规范、全面的危机管理预警系统是必要的。现实中，危机的发生具有多种前兆，几乎所有的危机都可以通过预防来化解。危机的前兆主要表现在产品、服务等存在缺陷，企业高层管理人员大量流失，企业负债过高、长期依赖银行贷款，企业销售额连续下降和企业连续多年亏损等。因此，企业要从危机征兆中透视企业存在的危机，企业越早认识到存在的威胁，越早采取适当的行动，越可能控制住危机的发展。

海尔集团总裁张瑞敏当着全体员工的面，将 76 台带有轻微质量问题的电冰箱当众砸毁，力求消除质量危机的隐患，创造出了"永远战战兢兢，永远如履薄冰"的独具特色的海尔生存理念，从而成为海尔集团打开成功之门的钥匙。

5. 企业领导重视与参与原则

企业高层的直接参与和领导是有效解决危机的重要措施。危机处理工作对内涉及从后勤、生产、营销到财务、法律、人事等各个部门，对外不仅需要与政府与媒体打交道，还要与消费者、客户、供应商、渠道商、股东、债权银行、工会等方方面面进行沟通。如果没有企业高层领导的统一指挥协调，很难想象这么多部门能做到口径一致、步调一致、协作支持并快速行动。企业应组建企业危机管理领导小组，担任危机领导小组组长的一般是企业一把手，或者是具备足够决策权的高层领导。

6. 快速反应原则

事件发生后的 24 小时，是处理危机最重要的黄金时间，企业应该把握第一时间，迅速对危机事件作出反应。因为最初的 24 小时非常关键，一旦人们的认知形成就很难动摇。企业在处理该危机时切忌沉默，要第一时间取得解释空间，防止危机期间谣言滋生，扩大危机的杀伤力，损坏企业形象。

危机的解决，速度是关键。危机降临时，当事人应当冷静下来，采取有效的措施，隔离危机，要在第一时间查出原因，找准危机的根源，以便迅速、快捷地消除公众的疑虑。同时，企业必须以最快的速度启动危机应变计划并立刻制定相应的对策。如果是内因就要下狠心处置相应的责任人，给舆论和受害者一个合理的交代；如果是外因就要及时调整企业战略目标，重新考虑企业发展方向；在危机发生后要时刻同新闻媒体保持密切的联系，借助公证、权威性的机构来帮助解决危机，承担起给予公众的精神和物质的补偿责任，做好事后管理，从而迅速有效地解决企业危机。

雷厉风行本身就是主动的信号，等到危机事件出现以后，不要拖，不要满不在意，应该主动响应，这是很重要的。中美史克在 2021 年因为 PPA 事件，受到的冲击很大，之前它在我国感冒药市场上有近 6 亿元的销售额，占了市场份额的 80% 以上。在感冒药不许可有 PPA 的情况下，这家企业很可能面临灭顶之灾，不过，这家企业处理得很成功。

7. 创新性原则

知识经济时代，创新已日益成为企业发展的核心因素。危机处理既要充分借鉴成功的处理经验，也要根据危机的实际情况，尤其要借助新技术、新信息和新思维，进行大胆创新。企业危机具有意外性、破坏性、紧迫性的特点，更需要企业采取超常规的创新手段处理。

8. 沟通原则

沟通是危机管理的中心内容。与企业员工、媒体、相关企业组织、股东、消费者、产品销售商、政府部门等利益相关者进行沟通，是企业不可或缺的工作。沟通对危机带来的负面影响有极佳的化解作用。企业必须树立沟通意识，及时将事件发生的真相、处理进展传达给公众，以正视听，杜绝谣言、流言，稳定公众情绪，争取社会舆论的支持。

由第三方权威部门公布的、含有普遍公信力的数据和对数据的客观解释性分析是应对国际危机事件中很重要的一步棋。

9. 承担责任原则

例如，企业的裁员危机不仅损害了企业形象，而且造成社会失业人口增加，给政府带来负担。但无论危机给企业造成多么严重的影响，企业都应对被裁员工的补偿与安置采取恰当措施，对员工进行再就业培训，支持员工内部创业，优先录用本公司被裁员工。国外知名企业在裁员时无不准备巨额的赔偿资金，比如××企业裁员8万人，花费80亿美元来处理善后，人均10万美元；××公司公布的盈余季报中称，公司计划在全球的78 000名员工中裁员3 500名，并为此支出3.75亿~4.5亿美元的开支，人均超过10万美元。企业在裁员之后应及时公布裁员支出，让员工与社会了解企业的努力，展现企业勇于承担社会责任的形象，缓和企业与员工的社会矛盾，恢复企业形象，变危机处理为争取消费者的推销广告，重新赢得公众的谅解和好感。

三、危机管理内容

危机管理是企业在探讨危机发生规律、总结处理危机经验的基础上形成的新型管理，是企业对危机处理的深化和对危机的超前反映。企业危机管理的内容包括危机出现前的预防与管理、危机中的应急处理及危机的善后总结。在我国，危机管理具有特殊性。

（一）危机出现前的预防与管理

危机管理的重点就在于预防危机。正所谓"冰冻三尺非一日之寒"，几乎每次危机的发生都有预兆性。如果企业管理人员有敏锐的洞察力，能根据日常收集到的各方面信息，对可能面临的危机进行预测，及时做好预警工作，并采取有效的防范措施，就完全可以避免危机发生，或将危机造成的损害和影响减少。出色的危机预防管理不仅能够预测可能发生的危机情境，积极采取预防措施，而且能为可能发生的危机做好准备，制订计划，从而从容地应对危机。危机预防要注意以下几方面问题。

（1）树立正确的危机意识。生于忧患，死于安乐；要居安思危，未雨绸缪。这是正确的危机管理理念。预防危机要伴随着企业经营和发展坚持不懈；把危机管理当作一种临时性措施和权宜之计的做法是不可取的。在企业生产经营中，要重视与公众沟通，与社会各界保持良好关系；同时，企业内部要沟通顺畅，消除隐患。企业的全体员工，从高层管理者到基层员工，都应居安思危，将危机预防作为日常工作的组成部分。全员的危机意识能提高企业抵御危机的能力，有效地防止危机产生。

（2）建立危机预警系统。现代企业是与外界环境有密切联系的开放系统，不是孤立封闭体系。预防危机必须建立高度灵敏准确的危机预警系统，随时收集产品的反馈信息。一旦出现问题，要立即跟踪调查，加以解决；要及时掌握政策决策信息，研究和调整企业的发展战略和经营方针；要准确了解企业产品和服务在用户心目中的形象，分析掌握公众对本企业的组织机构、管理水平、人员素质和服务的评价，从而发现公众对企业的态度及变化趋势；要认真研究竞争对手的现状、实力、潜力、策略和发展趋势，经常进行优劣对比，做到知己知彼；要重视收集和分析企业内部的信息，进行自我诊断和评价，找出薄弱环节，采取相应措施。

(3) 成立危机管理小组，制订危机处理计划。成立危机管理小组，是顺利处理危机、协调各方面关系的组织保障。危机管理小组的成员应尽可能选择熟知企业和本行业内外部环境、有较高职位的公关、生产、人事、销售等部门的管理人员和专业人士。他们应具有富于创新、善于沟通、严谨细致、处变不惊、富有亲和力等素质，以便于总揽全局，迅速作出决策。小组的领导人不一定非公司总裁担任不可，但必须在公司内部有影响力，能够有效控制和推动小组工作。危机管理小组要根据危机发生的可能性，制订防范和处理危机的计划，包括主导计划和不同管理层次的部门行动计划。危机处理计划可以使企业各级管理人员做到心中有数，一旦发生危机，可以根据计划行动，掌握主动权，对危机迅速加以反应。

(4) 进行危机管理的模拟训练。企业应根据危机应变计划进行定期的模拟训练。模拟训练应包括心理训练、危机处理知识培训和危机处理基本功演练等内容。定期模拟训练不仅可以提高危机管理小组的快速反应能力，强化危机管理意识，还可以检测已拟定的危机应变计划是否切实可行。

(5) 广结善缘，广交朋友。运用公关手段来确立和维系与公众的关系，以获得更多的支持者。

(二) 危机中的应急处理

危机事件往往时间紧，影响面大，处理难度高。因此，危机处理过程中要注意以下事项。

(1) 沉着镇静。危机发生后，当事人要保持镇静，采取有效的处理措施，不让事态蔓延，并迅速找出危机发生的原因。

(2) 策略得当。选择适当的危机处理策略。危机处理主要有以下策略。

①危机中止策略。企业要根据危机发展的趋势，审时度势，主动承担某种危机损失。例如，关闭亏损工厂、部门，停止生产滞销产品。

②危机隔离策略。由于危机发生往往具有关联效应，一种危机处理不当，就会引发另一种危机，因此，当某一危机产生之后，企业应迅速采取措施，切断危机同企业其他经营领域的联系，及时将爆发的危机予以隔离，以防扩散。

③危机利用策略。在综合考虑危机的危害程度之后，造成有利于企业某方面利益的结果。例如，在市场疲软的情况下，有些企业不是忙着推销、降价，而是利用危机造成的危机感，发动职工提合理化建议，搞技术革新，降低生产成本，开发新产品。

④危机排除策略。采取措施，消除危机。消除危机的措施按其性质有工程物理法和员工行为法。工程物理法是以物质措施排除危机，如投资建新工厂，购置新设备，改变生产

经营方向，提高生产效益。员工行为法是通过公司文化、行为规范来提高士气，激发员工创造性。

⑤危机分担策略。将危机承受主体由企业单一承受变为由多个主体共同承受。如采用合资经营、合作经营、发行股票等办法，由合作者和股东来分担企业危机。

⑥避强就弱策略。由于危机损害程度强弱有别，在危机一时不能根除的情况下，要选择危机损害小的策略。

(3) 应变迅速。以最快的速度启动危机应变计划。应刻不容缓，果断行动，力求在危机损害扩大之前控制住危机。如果初期反应滞后，就会造成危机蔓延和扩大。

(4) 着眼长远。在危机处理中，应更多地关注公众和消费者的利益，关注公司的长远利益，而不仅仅是短期利益。应设身处地地、尽量为受到危机影响的公众减少或弥补损失，维护企业良好的公众形象。20世纪90年代曾经红极一时的三株口服液，就是因为不重视公众利益，最终导致公司难以为继。

(5) 信息通畅。建立有效的信息传播系统，做好危机发生后的传播沟通工作，争取新闻界的理解与合作，这也是妥善处理危机的关键环节，主要应做好以下工作。

①掌握宣传报道的主动权，通过召开新闻发布会，以及使用互联网、电话、传真等多种媒介，向社会公众和其他利益相关人及时、具体、准确地告知危机发生的时间、地点、原因、现状，公司的应对措施等相关的和可以公开的信息，以避免小道消息满天飞和谣言四起而引起误导和恐慌。

②统一信息传播的口径，对技术性、专业性较强的问题，在传播中尽量使用清晰和不产生歧义的语言，以避免出现猜忌和流言。

③设立24小时开通的危机处理信息中心，随时接受媒体和公众访问。

④要慎重选择新闻发言人。正式发言人一般可以安排主要负责人担任，因为他们能够准确回答有关企业危机的各方面情况。如果危机涉及技术问题，就应当由分管技术的负责人来回答。如果涉及法律，那么，企业法律顾问可能就是最好的发言人。新闻发言人应遵循公开、坦诚、负责的原则，以低姿态、富有同情心和亲和力的态度来表达歉意，表明立场，说明公司的应对措施。对于不清楚的问题，应主动表示会尽早提供答案。对无法提供的信息，应礼貌地表示无法告之并说明原因。

(6) 要善于利用权威机构在公众心目中的良好形象。为增强公众对企业的信赖感，可邀请权威机构(如政府主管部门、质检部门、公关公司)和新闻媒体参与调查和处理危机。

(三) 危机的善后总结

危机的善后总结是整个危机管理的最后环节。危机会造成巨大损失，企业必须总结教训，所以，对危机管理进行认真系统的总结十分必要。危机总结可分为以下三个步骤。

(1) 调查：指对危机发生原因和相关预防处理的全部措施进行系统调查。

(2) 评价：指对危机管理工作进行全面的评价，包括对预警系统的组织和工作内容、危机应变计划、危机决策和处理等各方面的评价，要详尽地列出危机管理工作中存在的各种问题。

(3) 整改：指对危机管理中存在的各种问题综合归类，分别提出整改措施，并责成有关部门逐项落实。

四、危机管理 6C 原则

游昌乔先生所创的危机管理 6C 原则，包括全面化（Comprehensive）、价值观的一致性（Consistent Values）、关联化（Correlative）、集权化（Centralized）、互通化（Communicating）、创新化（Creative），危机管理 6C 示意如图 10-1 所示。

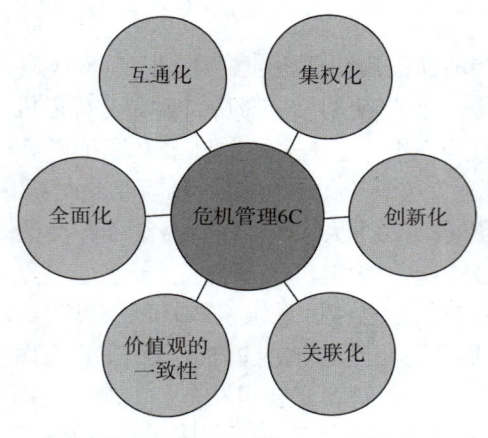

图 10-1　危机管理 6C 示意

（一）全面化（Comprehensive）

危机管理的目标不仅仅是"使公司免遭损失"，而是"能在危机中发展"。

很多企业将危机管理与业务发展看成是一对相互对立的矛盾，认为危机管理必然阻碍业务发展，业务发展必定排斥危机管理，从而导致危机管理与业务发展被割裂开来，形成"两张皮"。危机管理机构在制定规章制度时往往不考虑其对业务发展的可能影响；而业务部门在开拓业务时则是盲目地扩张，根本不顾及危机问题。

全面化可归纳为三个"确保"，一是确保企业危机管理目标与业务发展目标相一致；二是确保企业危机管理能够涵盖所有业务和所有环节中的一切危机，即所有危机都有专门的、对应的岗位来负责；三是确保危机管理能够识别企业面临的一切危机。

（二）价值观的一致性（Consistent Values）

危机管理有道亦有术。危机管理的"道"是根植于企业的价值观与社会责任感，是企业得到社会尊敬的根基。危机管理的"术"是危机管理的操作技术与方法，是需要通过学习和训练来掌握的。危机管理之"道"是企业危机之"术"的纲。

芝加哥地区有人因服用"泰诺"止痛胶囊而死于氰中毒。开始报道死亡 3 人，后增至 7 人。经过调查，虽然只有极少量药物受到污染，但公司决策人毅然决定在全国范围内立即收回全部"泰诺"止痛胶囊（在五天内完成），价值近亿美元。同时，还花费 50 万美元通知医生、医院、经销商停止使用。这一决策表明约翰逊公司坚守自己的信条，即"公众和顾客的利益第一"。

（三）关联化（Correlative）

有效的危机管理体系是一个由不同的子系统组成的有机体系，如信息系统、沟通系统、决策系统、指挥系统、后勤保障系统、财物支持系统等。因而，企业危机管理有效与否，除了取决于危机管理体系本身，在很大程度上还取决于它所包含的各个子系统是否健全和有效。任何一个子系统的失灵都有可能导致整个危机管理体系的失效。

（四）集权化（Centralized）

集权化的实质就是要在企业内部建立起一个职责清晰、权责明确的危机管理机构。因为清晰的职责划分是确保危机管理体系有效运作的前提。同时，企业应确保危机管理机构具有高度权威性，并尽可能不受外部因素的干扰，以保持其客观性和公正性。

危机的集权管理有利于从整体上把握企业面临的全部危机，从而将危机策略与经营策略统一起来。危机发生的时候，需要有人站出来领导，需要有人给出指示和命令。值得注意的是，为了提高危机管理的效率和水平，不同领域的危机应由不同的部门来负责，即危机的分散管理。危机的分散管理有利于各相关部门集中力量将各类危机控制好，但不同的危机管理部门最终都应直接由高层的首席风险官负责，即实现危机的集中管理。某矿泉水老板不承认水质有问题，被迫从北京市场退出，是一个集权化相反的例子。

（五）互通化（Communicating）

从某种意义上讲，危机战略的出台在很大程度上依赖于其所获得的信息是否充分，而危机战略能否被正确执行受制于企业内部是否有一个充分的信息沟通渠道。如果信息传达渠道不畅通，执行部门很可能会曲解上面的意图，进而做出与危机战略背道而驰的行为。

有效的信息沟通可以确保所有的工作人员都充分理解其工作职责与责任，并保证相关信息能够传递给对应的工作人员，从而使危机管理的各个环节正常运行。企业内部信息的顺畅流通在很大程度上取决于企业信息系统是否完善。因此企业应加强危机管理的信息化建设。以任何理由瞒报、迟报，甚至不报的行为都是致命的。

多年前，比利时和法国的一些中小学生饮用美国饮料可口可乐后中毒了。比利时政府颁布禁令，禁止本国销售可口可乐公司生产的各种品牌的饮料。可口可乐公司宣布，将比利时国内同期上市的可乐全部收回，尽快宣布调查化验结果，说明事故的影响范围，并向消费者退赔。可口可乐在危机发生时几小时内就可以联系到总裁，这是可口可乐严密高效的组织协作的体现。

（六）创新化（Creative）

危机管理既要充分借鉴成功的经验，也要根据危机的实际情况，尤其要借助新技术、新信息和新思维，进行大胆创新，切不可墨守成规、故步自封。

五、危机管理五力模型

危机管理五力模型是由约翰·伯内特（John J. Burnett）在1998年提出的。该模型不仅关注危机管理的过程，还深入探讨了危机管理过程中的动力机制以及各影响因素之间的相互关系，如图10-2所示。

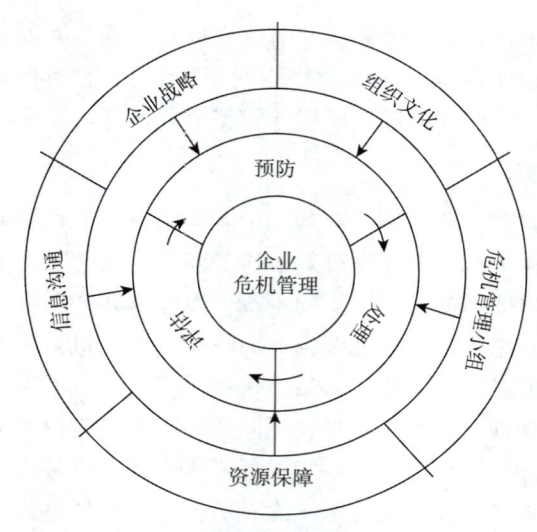

图 10-2　企业危机管理五力模型

（一）模型概述

危机管理五力模型将危机管理视为企业战略管理的组成部分，提出了危机管理的战略方法。该模型认为，企业危机管理包括预防、处理和评估三个过程，这三个过程构成了一个不断循环的圆圈，意味着企业的不断进步及其危机管理系统的不断完善。同时，模型的外围表明企业危机管理需要企业战略、危机管理小组、信息沟通、资源保障、组织文化这五种力量共同作用，共同构成企业危机管理的动力机制。

（二）模型内容

危机管理有以下三个内容。

（1）危机预防：预测可能发生的危机情境，积极采取预防控制措施，并为可能发生的危机做好准备，拟好计划，以便危机来临时能够从容应对。

（2）危机处理：以速度致胜，迅速启动危机处理计划，并充分发挥公证或机构对危机处理的重要作用。

（3）危机评估：作为危机管理的最后一个重要环节，危机评估对制定新一轮的危机预防措施具有重要的参考价值。

（三）危机管理的五种力量

（1）企业战略：危机管理是战略设计问题，错误的企业战略设计必定导致危机后果。因此，企业战略是企业危机管理中的核心力量，它引导着危机管理小组、信息沟通、资源保障和组织文化的运作。

（2）危机管理小组：团队在危机管理中比个人更容易成功。危机管理小组成员应包括多种角色定位的人员，如 CEO、财务部经理、人力资源经理、市场和公关人员、法律顾问、安全顾问及相关部门经理。他们处于信息管理的中枢位置，担当重要的沟通角色，发挥领导和协调作用。

（3）信息沟通：有效的信息沟通渠道是危机管理成功的关键。企业需要建立畅通的信息沟通渠道，确保危机信息快速到达相关部门，避免危机的发生或扩大。同时，在危机发生时，要明确传播所需要的媒介，抢占信息源，避免错误信息的发布，并及时更正与事实不符的信息。

(4) 资源保障：企业危机管理中的有效资源保障包括充足的物资准备、人力资源、公共关系及信息资源准备，这些资源是危机管理顺利进行的基础。

(5) 组织文化：组织文化对危机管理具有深远的影响。一个具有危机意识、勇于面对挑战、善于学习和创新的组织文化能够激发员工的积极性和创造力，为危机管理提供强大的精神动力。

(四) 模型的作用力分析

企业战略、危机管理小组、信息沟通、资源保障和组织文化这五种力量必须共同作用于企业危机管理，才能促进企业危机管理的顺利进行。它们之间相互依存、相互支持，共同构成了企业危机管理的动力机制。

(五) 模型的应用价值

危机管理五力模型为企业提供了一套系统的危机管理框架和思路。通过运用该模型，企业可以更加全面地认识和理解危机管理的本质和规律，制定更加科学、合理的危机管理策略和措施，提高企业的危机应对能力和管理水平。同时，该模型有助于企业建立更加完善的危机管理机制和体系，为企业的可持续发展提供有力保障。

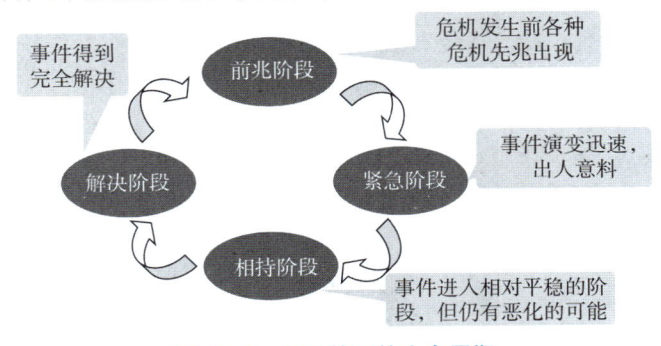

(六) 危机管理的生命周期理论

1986年，管理学者斯蒂文·芬克(Steven Fink)出版了《危机管理：对付突发事件的计划》一书，首次提出了危机管理的生命周期理论。危机管理的生命周期理论是指危机因子从出现到处理结束的过程中，有不同的生命特征。

企业危机生命周期理论认为，危机如人的生命周期一样，从诞生、成长、成熟到死亡等不同的阶段，具有不同的生命特征。危机管理的生命周期如图10-3所示。

图 10-3 危机管理的生命周期

关于企业危机的阶段性划分，有四种代表性的观点，分别是危机的三阶段模型、四阶段模型、五阶段模型和六阶段模型。伯奇和古斯把企业危机分为危机前、危机和危机后三个大阶段，每一阶段又分为若干小阶段；史蒂文·芬克(Fink)把危机分为潜伏期、爆发期、扩散期和解决期四个阶段；米特罗夫(Mitroff)把危机分为信号侦察阶段、探测和预防阶段、控制损害阶段、恢复阶段和学习阶段共五个阶段；诺曼·R.奥古斯丁提出危机管理六阶段模型，把危机管理分为危机的预防、危机管理的准备、危机的确认、危机的控制、危机的解决及从危机中获利六个阶段。

第二节 学习型组织

一、学习型组织的起源

当今世界上所有的企业，不论遵循什么理论进行管理，主要有两种类型，一类是等级权力控制型，另一类是非等级权力控制型，即学习型企业。

等级权力控制是以等级为基础，以权力为特征，对上级负责的垂直型单向线性系统。它强调"制度+控制"，使人"更勤奋地工作"，从而达到提高企业生产效率、增加利润的目的。权力控制型企业管理在工业经济时代前期发挥了有效作用，它对生产、工作和有效指挥具有积极意义。但在工业经济后期，尤其是进入信息时代、知识时代以后，这种管理模式越来越不能适应企业在科技迅速发展、市场瞬息万变的竞争中取胜的需要。企业家、经济学家和管理学家们都在探寻一种更有效的能顺应发展需要的管理模式，即另一类非等级权力控制型管理模式，学习型组织理论就是在这样一个大背景下产生的。

学习型组织最初的构想源于美国麻省理工学院佛瑞斯特教授。他是一位杰出的技术专家，是20世纪50年代早期世界第一部通用电脑"旋风"创制小组的领导者。他开创的系统动力学是提供研究人类动态性复杂的方法。所谓动态性复杂，就是将万事万物看成是动态的、不断变化的过程，仿佛是永不止息之流。1956年，佛瑞斯特以他在自动控制中学到的信息反馈原理研究通用电气公司的存货问题时有了惊人的发现，从此致力于研究企业内部各种信息与决策所形成的互动结构究竟是如何影响各项活动的，并反过来影响决策本身的形态。佛瑞斯特既不作预测，也不单看趋势，而是深入地思考复杂变化背后的本质——整体动态运作的基本机制。他提出的系统动力学与目前自然科学中最新发展的混沌理论和复杂理论所阐述的概念，在某些方面具有相通之处。1965年，他发表了一篇题为《企业的新设计》的论文，运用系统动力学原理，非常具体地构想出未来企业组织的理想形态——层次扁平化、组织信息化、结构开放化，逐渐由从属关系转向工作伙伴关系，不断学习，不断重新调整结构关系。这是关于学习型企业的最初构想。学习型组织如图10-4所示。

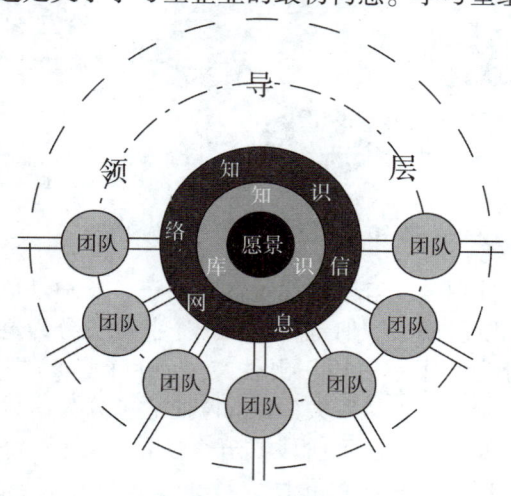

图10-4 学习型组织

彼得·圣吉是学习型组织理论的奠基人。作为佛瑞斯特的学生,他一直致力于研究以系统动力学为基础的更理想的组织。1970年在斯坦福大学获航空及太空工程学士学位后,彼得·圣吉进入麻省理工学院斯隆管理学院攻读博士学位,师从佛瑞斯特,研究系统动力学与组织学习、创造理论、认识科学等的融合,发展出一种全新的组织概念。他用了近十年的时间对数千家企业进行研究和案例分析,于1990年完成其代表作《第五项修炼——学习型组织的艺术与实务》。他指出,现代企业所欠缺的就是系统思考的能力。它是一种整体动态的搭配能力,因为缺乏它,许多组织无法有效学习。之所以会如此,正是因为现代组织分工负责的方式将组织切割,而使人们的行动与其时空上相距较远。当不需要为自己行动的结果负责时,人们就不会去修正其行为,也就无法有效地学习。

二、学习型组织的含义及特征

(一)学习型组织的含义

学习型组织应是能够适应知识经济时代的发展要求,具有明确的奋斗目标和远大理想,学习动机强烈,学习氛围浓厚,富有创造力,不断与时俱进、永葆先进性的组织。学习型应有全新的学习理念,有健全的学习机制,有"学习工作化、工作学习化"平台,有科学的学习系统,有持续、高效的组织学习,有学习力、凝聚力、战斗力、创新力不断提升的方法和途径。

(二)学习型组织的特征

(1)持续学习。学习型组织的成员具备持续学习的意识和能力,通过不断学习新知识、新技能,提高个人和组织的能力。这种学习是全员性的,不仅限于管理层或特定部门。

(2)开放式沟通。组织内部建立起开放、诚实、直接的沟通机制,鼓励成员分享知识和经验,促进信息流通和创意产生。这种沟通有助于打破部门壁垒,促进跨部门合作。

(3)领导者角色转变。在学习型组织中,领导者不仅是权威的代表,更是学习的推动者和引导者。他们通过支持和激励成员学习,促进组织整体发展。

(4)系统思考。组织成员具备系统思考的能力,能够从整体角度分析和解决问题,理解各个部分之间的相互影响。这种思考方式有助于组织在面对复杂问题时进行更全面的决策。

(5)团队协作。学习型组织强调团队工作,通过跨部门、跨职能的团队合作,共同解决问题,提高组织效能。这种协作方式有助于激发团队成员的潜力,实现共同目标。

(6)知识管理。组织重视知识的管理和利用,通过建立知识库、分享最佳实践等方式,促进知识在组织内的传播和应用。这种管理方式有助于提升组织的整体智慧和创新能力。

(7)创新文化。学习型组织鼓励创新思维和行为,将创新作为组织发展的核心动力。通过不断寻求改进和变革,组织能够保持竞争力和活力。

(8)自我超越。组织成员追求个人成长和自我实现,通过不断挑战自我,推动组织向前发展。这种追求有助于激发员工的潜能和创造力。

(9)反思与反馈。组织鼓励成员进行反思,从经验中学习,同时提供及时、具体的反馈,帮助成员改进和成长。这种机制有助于组织不断优化和改进自身运作方式。

(10)适应性。学习型组织能够快速适应外部环境的变化,灵活调整战略和行动计划,保持组织的竞争力。这种适应性是组织在快速变化的市场环境中生存和发展的关键。

三、学习型组织的构成要素

（1）共同愿景。这是组织内成员所共同持有的意愿和景象，它能够为组织提供方向感和凝聚力。愿景可以凝聚公司上下的意志力，通过组织共识，使大家努力的方向一致，个人也乐于奉献，为组织目标奋斗。

（2）团队学习。它强调的是团队智慧应大于个人智慧的平均值，通过集体思考和分析进行正确的组织决策。团队学习能够找出个人弱点，强化团队的向心力，使团队智慧得到充分发挥。

（3）心智模式。这是指人们看待事物的方式和思维方式。在学习型组织中，需要改变旧有的、不适应组织发展的心智模式。通过团队学习和标杆学习等方式，促使组织成员改变心智模式，接受新的观念和方法，从而推动组织创新。

（4）自我超越。这是指个人有意愿投入工作，并专精于工作技巧的专业发展。在学习型组织中，个人与愿景之间有一种"创造性的张力"，这种张力正是自我超越的来源。自我超越能够激发个人的潜能和创造力，推动个人不断学习和成长，进而为组织的发展贡献力量。

（5）系统思考。这是一种纵观全局的思考方式，它要求人们从整体上把握问题的本质和因果关系。在学习型组织中，系统思考有助于组织成员更好地理解和应对复杂问题，避免只见树木不见森林的片面思维。

（6）终身学习。学习型组织强调终身学习的重要性和必要性，认为学习是持续不断的过程。建立多元回馈和开放的学习系统，开创多种学习途径和方法，鼓励组织成员不断学习新知识、新技能。

（7）共享与互动。学习型组织注重营造学习共享与互动的组织氛围，鼓励成员之间分享知识和经验。这种氛围有助于促进组织成员之间的交流和合作，提高组织的整体学习能力和创新能力。

（8）工作学习化和学习工作化。工作学习化是指将工作视为学习的过程和机会；学习工作化则是指将学习成果应用于实际工作中。通过工作学习化和学习工作化的实践，组织成员在工作中不断学习和成长，同时提高组织的应变能力和创新能力。

四、学习型组织的真谛

1. 打造学习力

学习型组织首先是一个全体成员全身心投入并不断学习的组织。这种投入不仅体现在时间和精力上，更体现在态度和热情上。成员们将学习视为一种生活方式，通过不断学习来提升自己的能力和素质，进而为组织的发展贡献力量。这种学习氛围的营造，需要组织提供必要的学习资源和支持，同时需要成员们具备自我学习的意识和能力。

2. 工作学习化

在学习型组织中，工作与学习是密不可分的。组织鼓励全体成员在工作中学习，在学习中工作，将两者融为一体。这种融合不仅提高了工作效率，还使学习更加具有针对性和实效性。成员们通过解决实际问题来巩固和深化所学知识，同时在工作中不断发现新的学习需求和机会。

美国著名的管理专家沃特金斯和马席克所著的《21世纪学习型组织》有一个工作学习化模型，值得参考，如图10-5所示。

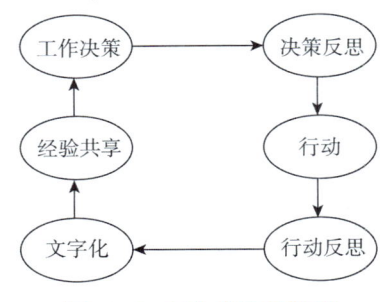

图10-5　工作学习化模型

工作需要工作决策，决策之后不是马上行动，而是先经过决策反思。学习型组织认为，反思是最重要的学习。

十几年前，中国第一家叉车型材炼钢厂——山东莱芜钢厂发生一起爆炸事故，有3名员工当场死亡。整个企业士气低迷，更别谈什么经济效益。后来，30多岁的副厂长张顺顺担任厂长，这位年轻厂长很有思路，他懂得要扭转局势首先要把这支队伍的士气提升起来。要提升士气，必须有现代管理理念的支撑。所以他请人为企业进行学习型组织管理理念的培训。

莱芜钢厂组织了中国创建学习型企业的大型研讨会。这个曾经因一场爆炸而萎靡不振的企业，由此焕然一新，队伍士气高涨，主要经济技术指标在全国名列前茅。

3. 学习工作化

创建学习型组织必须先把学习型组织企业文化建立起来，学习型组织企业文化的特征就是速度文化。

摩尔定律是由英特尔创始人之一戈登·摩尔（Gordon Moore）提出来的。其内容为：当价格不变时，集成电路上可容纳的晶体管数目，约每隔18个月便会增加一倍，性能也将提升一倍。换言之，每一美元所能买到的电脑性能，将每隔18个月翻两倍以上。这一定律揭示了信息技术进步的速度。摩尔定律中的许多理念至今还是微软等IT企业的重要理念，如一个理念是：你永远不能休息，否则你永远休息。

学习型组织理论提醒你，要成功，学习速度必须大于或者等于变化速度，否则就可能输掉机会。

4. 快乐工作

学习型组织的每天"快乐二十分钟"活动：交流思想、工作感悟、心得体会、人际关系、成果分享，塑造组织的最宝贵财富。快乐管理已经成为当今的一项重要的管理理论。

不久前专家们在对北京、上海、广州三大城市的"快乐指数"进行调查时发现，在不快乐的人中，因为工作而不快乐的占61.8%。因此值得好好思考一下，如何让员工快乐地工作。学习型组织强调：快乐工作，快乐学习，快乐生活，快乐人生。

五、创建学习型组织的意义

创建学习型组织的意义深远且广泛，它不仅关乎组织自身的成长与发展，更涉及组织成员的个人成长、团队协作能力的提升，以及组织对外部环境的适应与创新能力。以下是创建学习型组织的主要意义。

1. 提升组织竞争力

在快速变化的市场环境中，持续学习是组织保持竞争力的关键。学习型组织通过鼓励成员不断学习新知识、新技能，不断提升自身能力，增强组织的整体竞争力。这种竞争力不仅体现在产品和服务的质量上，更体现在组织的创新能力和对市场变化的敏感度上。

2. 促进个人成长与职业发展

学习型组织为成员提供了丰富的学习资源和机会，帮助成员不断提升自己的专业能力和综合素质。这种持续的学习过程不仅有助于成员个人的成长，更为其职业发展铺平了道路。成员在组织中不断学习、成长，进而实现个人价值与组织目标的双赢。

3. 加强团队协作与沟通

学习型组织强调团队协作和沟通的重要性。通过团队学习和合作，成员们能够共享知识和经验，共同解决问题和应对挑战。这种协作和沟通不仅提高了团队的工作效率，更增强了团队的凝聚力和战斗力。同时，团队成员之间的良好沟通和协作也有助于构建积极向上的组织文化。

4. 激发创新思维与创造力

学习型组织鼓励成员尝试新事物、挑战传统观念和方法。这种鼓励创新的环境有助于激发成员的创新思维和创造力，推动组织在产品和服务、管理模式等方面的不断创新。创新是组织持续发展的动力源泉，而学习型组织正是通过持续学习来激发这种创新能力的。

5. 提高组织对外部环境的适应能力

市场环境和技术变革日新月异，组织必须保持高度的敏感，不断适应，才能立于不败之地。学习型组织通过不断学习新知识、新技术和新理念，迅速适应外部环境的变化。同时，组织内部形成的共同愿景和价值观也有助于引导成员共同应对外部挑战和机遇。

6. 构建持续发展的组织文化

学习型组织致力于构建一种持续发展的组织文化。这种文化强调学习的重要性，鼓励创新，倡导团队协作和沟通，重视个人成长与职业发展。这种文化的形成不仅有助于提升组织的整体竞争力，更为组织的长期发展奠定了坚实的基础。

第三节　知识管理

一、知识及其分类

（一）知识的内涵

根据世界银行《1998年世界发展报告：知识与发展》，知识是用于生产的信息（有意义的信息）。

知识具有广泛的内涵，包括：是什么的知识，即关于事实方面的知识；为什么的知识，即原理和规律方面的知识；怎么做的知识，即关于操作能力的知识，包括技术、技能、技巧和诀窍等；是谁的知识，即对社会关系的认识，以便可能接触有关专家并有效地利用他们的知识，也就是关于管理的知识和能力。

知识具有四个特性：可以多次利用，有不断上升的回报；有散乱、遗漏，因此有更新需要；不确定的价值；不确定的利益分成。也正是由于这些特性，知识难于被管理。

(二)知识的分类

1. 隐性知识

隐性知识是高度个性化且难于格式化的知识。主观的理解、直觉和预感都属于这一类，如企业员工的经验。

2. 显性知识

显性知识是能用文字和数字表达出来，能以硬数据的形式交流和共享，比如编辑整理的程序或者普遍原则。

显性知识和隐性知识的区别如表 10-1 所示。

表 10-1 显性知识和隐性知识的区别

分类	显性知识	隐性知识
定义	是能用文字和数字表达出来的，能以硬数据的形式交流和共享，并且经编辑整理的程序或者普遍原则	是高度个性而且难于格式化的知识，包括主观的理解、直觉和预感
特点	存在于文档中	存在于人的头脑中
	可编码的	不可编码的
	容易用文字的形式记录	很难用文字的形式记录
	容易转移	难以转移

德尔斐集团的调查显示，企业中的最大部分知识(42%)是存在于员工头脑中的隐性知识；但是几种不同种类(电子的 32% 和纸制的 26%)的显性知识总和却大于隐性知识。可见，隐性知识和显性知识在企业中的分布是相对平衡的，所以两种知识都必须得到企业的重视。

日本知识管理专家野中郁次郎(Ikujiro Nonaka)提出了显性知识和隐性知识相互转换的模型：为了实现显性知识和隐性知识之间的良性循环，必须创建公开透明和鼓励共享的企业文化，必须有清晰的激励措施来鼓励共享，而且用户能够从知识管理中获得直接的好处。这就是知识管理。

(三)企业中的知识节点

在企业中，知识节点是知识管理的重要组成部分，它们代表了知识在组织内部的存储、处理和传递的关键点。知识节点是指在企业内部，具有某种知识存储、处理或传递功能的单位或个体。这些节点可以是个人、团队、部门，也可以是信息系统或数据库，它们通过相互连接和交互，构成了企业内部的知识网络。企业中的知识节点如图 10-6 所示。

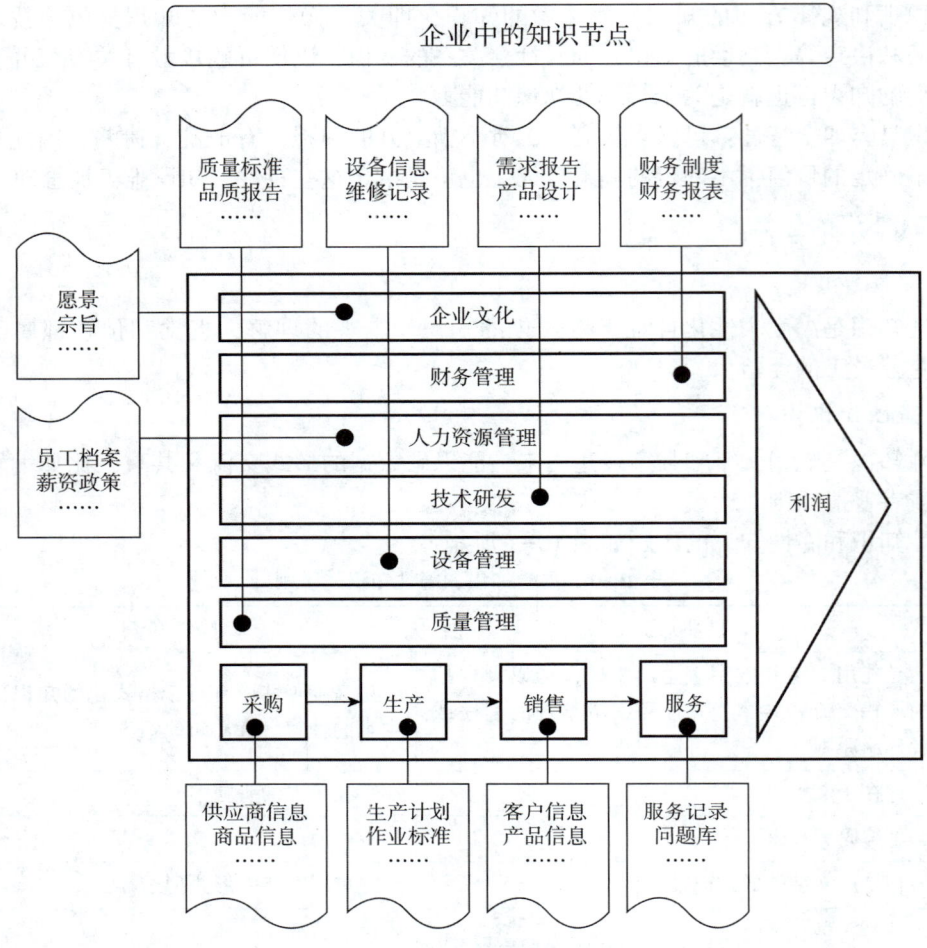

图 10-6　企业中的知识节点

1. 知识节点的类型

（1）个人知识节点。企业中的员工是知识的重要载体，他们通过工作实践、学习培训等方式积累了大量的专业知识和经验。这些知识和经验以隐性知识为主，但也可以通过文档、报告等形式转化为显性知识。

（2）团队知识节点。团队是企业内部知识共享和协作的重要平台。团队成员之间的知识交流和合作，有助于形成团队特有的知识体系和经验积累。团队知识节点通常具有更强的知识整合和创新能力。

（3）部门知识节点。企业的各个部门在各自的领域内积累了大量的专业知识和经验。这些知识和经验是部门工作的重要基础，也是企业整体知识体系的重要组成部分。部门知识节点通过与其他部门的协作和沟通，实现知识的跨部门传递和共享。

（4）信息系统知识节点。随着信息技术的发展，信息系统在企业中扮演着越来越重要的角色。信息系统通过存储、处理和分析数据，形成了大量的显性知识。同时，信息系统可以作为知识传递和共享的平台，促进企业内部的知识流动。

2. 知识节点的功能

知识节点具有存储功能，能够将知识和经验以不同的形式存储在内部或外部媒介中。这些存储的知识资源是企业宝贵的资产，可以为企业的决策提供有力支持。知识节点还具有处理功能，能够对存储的知识进行整理、分类、分析和挖掘。通过处理，企业可以提炼出更有价值的知识和信息，为企业的发展提供有力支持。知识节点之间的连接和交互构成了企业内部的知识网络。通过知识传递，企业可以将知识和经验在内部进行共享和传播，促进企业的知识共享和协作。知识节点在存储、处理和传递知识的过程中，还能够产生新的知识。这种创新性的知识是企业持续发展的重要动力，有助于提升企业的竞争力和创新能力。

3. 知识节点的管理

为了充分发挥知识节点的作用，企业需要加强对知识节点的管理，主要包括以下内容。

(1) 识别关键知识节点。企业需要识别出对组织发展具有重要影响的关键知识节点，如关键员工、核心团队或重要信息系统等。

(2) 建立知识库。企业可以建立知识库来集中存储和管理企业的知识资源。知识库可以包括文档、报告、数据库等多种形式，以便员工获取和使用。

(3) 促进知识共享。企业需要建立有效的知识共享机制，鼓励员工之间的知识交流和合作。这可以通过建立知识共享平台、组织知识分享会等方式来实现。

(4) 培养知识管理人才。企业需要培养一支专业的知识管理人才队伍，负责知识节点的管理和维护。这些人才需要具备丰富的专业知识和实践经验，能够有效地推动企业的知识管理工作。

(5) 持续优化知识管理。企业需要持续优化知识管理流程和方法，以适应不断变化的市场环境和业务需求。这包括定期评估知识管理效果、调整知识管理策略等。

二、知识管理及其必要性

(一) 知识管理的产生

21世纪企业的成功越来越依赖于企业所拥有知识的质量，利用企业所拥有的知识为企业创造竞争优势和持续竞争优势。

管理大师德鲁克认为，21世纪的组织，最有价值的资产是组织内的知识工作者和他们的生产力。

瑞典的斯威比博士于1990年出版了《知识管理》一书，提出知识成为最主要的财富来源，形成竞争优势需要知识管理，企业的可持续发展需要知识管理，优化企业经营需要知识管理，信息技术的发展催生知识管理。

(二) 知识管理的概念

知识管理为企业实现显性知识和隐性知识共享提供新的途径，是利用集体智慧提高企业应变和创新能力的活动过程。

知识管理包括几个方面工作：建立知识库；促进员工的知识交流；建立尊重知识的内部环境；把知识作为资产来管理。

在信息时代里，知识已成为最主要的财富来源，而知识工作者就是最有生命力的资产，组织和个人的最重要任务就是对知识进行管理。知识管理将使组织和个人具有更强的竞争实力，并能进行更好的决策。

对于组织和个人，知识管理都已经成为机遇和挑战。

知识管理不应被狭义地看待。它涉及了许多的相关研究领域。例如，它可以和学习、创新、教育、记忆、文化、人力资源管理、心理科学、脑科学、管理科学、信息科学、信息技术、图书馆学和情报学等联系在一起。它并不单纯是一种管理理论，而是涉及从技术到管理再到哲学的多个层面。因此，通过任何一个简单的框架或模型，我们也许能理解知识管理的基本含义，但是远远不能涵盖其全部意义，而且也无此必要。随着时代的发展，企业开始使用知识管理软件是对知识进行信息化处理。知识管理软件是通过软件对知识进行系统、全面、分类的管理，以便查找和使用。

（三）知识管理的必要性

1. 提高组织竞争力

知识是提升组织竞争力的最重要因素之一。通过有效的知识管理，组织可以更好地利用内部和外部的知识资源，快速响应市场变化，增强创新能力，从而在激烈的市场竞争中占据优势地位。知识管理能够帮助组织将知识转化为实际的生产力，通过知识的应用和创新，推动产品和服务的持续改进，提升客户满意度和忠诚度，进而增强组织的市场竞争力。

2. 避免知识流失

随着员工离职、退休等原因，组织面临知识流失的风险。知识管理可以帮助组织及时捕捉、记录和传承有价值的知识，避免因人员流动而造成的知识缺失，保证组织的可持续发展。通过建立知识库、知识地图等工具，组织可以系统地整理和保存各类知识资源，确保知识的连续性和完整性。

3. 提高工作效率

通过有效的知识管理，组织可以更好地促进知识的共享和协同工作，避免重复劳动和低效率的工作方式，提高工作效率和质量。员工可以方便地获取所需的知识和资源，减少查找和学习的时间成本，从而更加专注于核心任务的完成。

4. 促进创新和学习

知识管理能够创造积极的学习环境，激发员工的创新思维和学习动力，鼓励知识的创造和分享，提高组织的创新能力和学习能力。通过知识管理，组织可以建立起一种鼓励创新的文化氛围，让员工敢于尝试新事物、提出新想法，从而推动组织的不断进步和发展。

5. 适应信息化时代的需求

在信息化时代，知识以爆炸性的速度增长和传播。知识管理有助于组织在海量信息中筛选出有价值的知识资源，进行有效的整合和利用。通过采用先进的信息技术手段，如人工智能、大数据等，组织可以更加高效地管理和利用知识资源，提升组织的整体智慧水平。

三、知识管理的流程

(一)知识的获取与连接

知识管理中存在着两个端点,一端是"获取",另一端是"连接能力"。

以"获取"为重点的知识管理,将促进针对显性知识的获取、存储和组织,这里强调的是人与文档之间的联系。

在这两个极端之间,是可选择的多种不同的知识管理倾向。这些选择(包括两个极端在内)并没有对错之分。企业要根据自身情况进行最合适的选择。比如在知识管理的初期可能会重视显性知识的"获取",而随着知识管理的不断深入,应逐步增加对"连接能力"的关注。但是,显性知识和隐性知识是应该而且必须受到同等重视的。所以,在知识管理相对成熟时,也就应该达到平衡,使两种知识得到流畅的转换和提高。

针对显性知识和隐性知识的不同特性,有学者提出采用不同的策略进行知识管理。

针对显性知识可以采用编码化的策略,将显性知识搜集整理成文档的形式,这样就可以在组织内重复使用。采用这种策略,要着重激励员工,让他们将知识记录下来。

针对隐性知识可以采用个人化的策略,将隐性知识吸收消化成为自己的知识,这样就可以在组织中培养出大量的专家。采用这种策略,要着重激励员工共享自己的知识。

欧美公司强调搜集、分配、重复利用和测量已有的被编码的知识,实践者们运用信息技术捕捉和分配这些显性知识。

日本公司强调创造合适的气氛和条件,以利于隐性知识的交流,比如岗位轮换、师徒制、长期雇用等。

(二)知识管理的协作与学习

随着时代的发展和技术的进步,针对显性知识的编码已经日趋成熟。尤其是内容管理系统(Content Management System,CMS)在企业中得到了充分的重视和认可,诸如政策、流程、技术手册等显性知识得到了存储和管理。现在知识员工所从事的工作越来越复杂,为了完成目标需要调用越来越庞杂的知识,进行越来越频繁的沟通。所以针对隐性知识仅仅个人化是远远不够的,更需要强调协作的重要性。

协作,就是要增加员工之间的知识流动,综合利用所有个体的知识来完成任务。比如,通过交流沟通,发现和分享彼此的隐性知识;通过谈话讨论,发掘和研究更深层次的知识;通过群体思维,激发产生新的知识。随着网络技术的发展,跨地域、跨时区的远程交流已经不存在问题;而软件技术的发展,也使协作沟通和组织学习更加容易和简单。诸如讨论区、聊天室、即时通信等,都可以大大提高共享和利用隐性知识的效率。

必须强调,如果没有公开透明的企业文化,没有高层领导的全力支持,任何技术都不可能发挥其应有的效力。技术只能起到促进作用,而不是决定作用。

在组织内通过学习和交流,实现知识共享。知识不会因为传播而减少,交流和分享却能使整个团队的集体智慧增加。若只是强调个人知识的增长,无法最大化团队整体的竞争优势,也无法将专家头脑中的隐性知识转换为企业的知识资产,并长久保留下来;相反,强调成员的协作,实现成员的知识共享和流动,能快速提高团队的知识总量和集体智慧,增强企业竞争力。因此，良好的知识协作，不但能培养强大的专家，也能创造强大的企业，可谓是个体和群体的双赢。

不管是内化还是协作，学习在知识转换的过程中都起着至关重要的作用。

在完成识别后，还是有很多知识无法被完全划分为显性知识或者隐性知识。比如一份文档，可能要传递的知识有90%是以文字形式存在的，但仍有一些信息是需要言传身教的。所以必须有一个学习的过程，以寻找最好的路径来转移知识。显性知识和隐性知识的相互转换是永无止境的、循环反复的。人们利用显性知识完成工作，这同时也是学习的过程。员工可以将自己的实践经验总结成隐性知识，继而用文字的形式记载下来，并更新存在的显性知识。由此可见，显性知识与隐性知识的转换是无缝闭合的，是双向流动的，而达成两者有机结合的就是学习。

随着隐性知识和显性知识的不断转换，个人和企业的知识都得到有效的利用和积极的发展。组织机构凭借协作和学习，由一个被动的机械体系变为一个主动的生态体系，企业变成一个能自我驱动、自我调节、自行变革的生命体。个人也借助学习和交流，不断增强知识积累，成为能够自我激励、自我超越的鲜活个体。

四、知识管理的原则与关键点

（一）知识管理要遵循的原则

（1）积累原则。知识积累是实施知识的管理基础。

（2）共享原则。知识共享，是指一个组织内部的信息和知识要尽可能公开，使每一个员工都能接触和使用。

（3）交流原则。知识管理的核心就是要在公司内部建立一个有利于交流的组织结构和文化气氛，使员工之间的交流毫无障碍。

知识积累是实施知识的管理基础；知识共享适时组织的每个成员都能接触和使用公司的知识和信息；知识交流则是使知识体现其价值的关键环节，它在知识管理的三个原则中处于最高层次。

（二）知识管理的关键点

知识管理的关键点在于以下几个方面。

（1）知识管理与企业经营战略的结合。

（2）高层领导的全力支持。

（3）全部员工的积极参与。

（4）重视知识共享的企业文化。

（5）鼓励知识共享的激励制度。

（6）扁平化、柔性化的组织架构。

（7）易于使用的知识管理软件。

五、知识管理的实施步骤

知识管理的实施步骤如图10-7所示。

```
规划  →  梳理  →  导入  →  持续改进
```

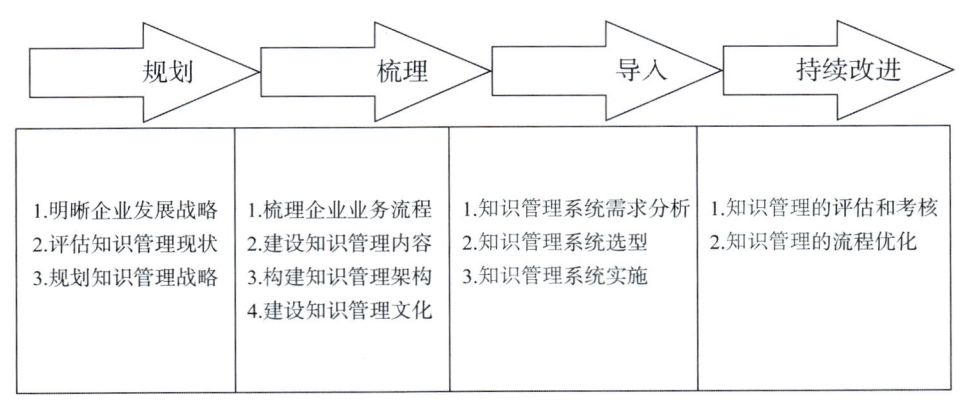

规划	梳理	导入	持续改进
1.明晰企业发展战略 2.评估知识管理现状 3.规划知识管理战略	1.梳理企业业务流程 2.建设知识管理内容 3.构建知识管理架构 4.建设知识管理文化	1.知识管理系统需求分析 2.知识管理系统选型 3.知识管理系统实施	1.知识管理的评估和考核 2.知识管理的流程优化

图 10-7　知识管理的实施步骤

知识管理包括构建支持知识管理的组织体系，创造有利于知识管理的组织文化，制定鼓励知识创造和转移的激励措施，开发支撑知识管理的信息技术，建立知识管理评估系统。

六、知识管理的评估

企业可以从以下几个方面评估知识管理的实施效果：
(1) 人力资本，包括培训费用、组织学习、员工忠诚度、管理经验等。
(2) 创新资本，包括研发费用、从事创新的员工比率、产品更新、知识产权等。
(3) 客户资本，包括满意度、服务质量、合作的时间、重复购买、销售额等。

七、知识管理和内容管理的关系

(一) 知识管理和内容管理的关注对象不同

针对知识管理和内容管理的具体概念，众说纷纭。但是从知识管理和内容管理关注的对象上还是可以看出它们的不同。知识管理关注的是对企业内外部显性、隐性知识的管理，显性知识包括内外部的研究报告、标准规范、程序文档和数据等，隐性知识包括隐藏在人们大脑中的经验和隐含在企业业务中还没有被发现的知识或经验。内容管理中的"内容"实质上就是任何类型的数字信息的结合体，可以是文本、图形图像、Web 页面、业务文档、数据库表单、视频、声音文件等。从这点上看，内容管理主要是对显性知识的管理。同时，知识管理还存在对知识活动的管理，即知识沉淀、共享、应用学习、创新等环节的管理，由此就会延伸到对人的知识行为的管理，包括管理制度、企业文化等方面。而内容管理只是针对静态的显性知识的一种管理，它将分散混乱的数据、信息转化成有组织的内容和知识，实现知识的关联化。

(二) 知识管理和内容管理的实践主体不同

从知识管理和内容管理实践的企业或机构来说，它们还是存在很大的差异性。在内容管理领域，目前主要是政府、媒体、事业单位等，就实施的内容而言主要还是网站内容的管理；知识管理主要还是面对企业，在寻求与企业现有管理架构，IT 应用系统结合方面实现企业价值增值，在具体实施方面重点关注企业知识的梳理，知识和人的关联，人与人的关联等。

(三) 过程目的——必然的融合

相关研究报告指出，知识管理是未来企业提高工作效率和增加竞争力的关键。作为其不可或缺的核心基础——企业内容管理方案，便成为业界炙手可热的新议题。从上面的分析也可以看出，内容管理和知识管理并不是独立存在的，内容管理的目的是达到知识管理，内容管理和知识管理好比一个是过程、一个是目的。目前，内容管理和知识管理在各自关注的领域独立发展是有好处的，随着发展的深入，必然交叉融合，最后内容管理就会真正成为知识管理的一部分。

第四节　智能制造

一、智能制造概述

1989 年日本首次明确提出了"智能制造系统"一词，并将智能制造定义为"通过集成知识工程、制造软件系统和机器人控制来对制造技工们的技能和专家知识进行建模，以使智能机器可自主地进行小批量生产"。此时智能制造的概念主要是从技术方面阐述的，强调它是由智能机器和人类专家共同组成的人机一体化智能系统。

《中华人民共和国国民经济和社会发展第十四个五年规划和 2035 年远景目标纲要》提出推动建设制造强国、网络强国、数字中国赋能实体经济高质量发展，提出智能制造是制造技术与数字技术、智能技术及新一代信息技术的融合。它是面向产品全生命周期的具有信息感知、优化决策、执行控制功能的制造系统，旨在高效、优质、柔性、清洁、安全、敏捷地制造产品和服务用户。智能制造的内容包括制造装备的智能化、设计过程的智能化、加工工艺的优化、管理的信息化、服务的敏捷化和远程化等。

现在，我们对工业 4.0 时代的智能制造内涵有了进一步的认知，即智能制造是先进制造技术与新一代信息技术、新一代人工智能等新技术深度融合形成的新型生产方式和制造技术。工业 4.0 与智能制造发展进程如图 10-8 所示。

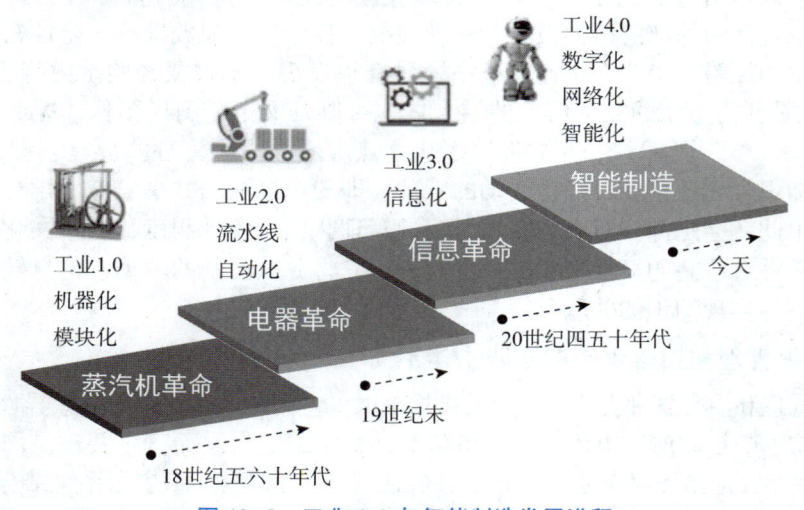

图 10-8　工业 4.0 与智能制造发展进程

工业 4.0 以产品全生命周期价值链的数字化、网络化和智能化集成为核心，以企业内部纵向管控集成和企业外部网络化协同集成为支撑，以物理生产系统及其对应的各层级数字孪生映射融合为基础，建立起具有动态感知、实时分析、自主决策和精准执行功能的智能工厂进行智能生产，实现高效、优质、低耗、绿色、安全的制造和服务。

二、发展智能制造的总体目标

工业4.0是正在发生中的新工业革命，面临着一系列的变化和挑战。"智能化"是未来制造技术发展的必然趋势，智能制造是其核心。在工业4.0时代，智能制造的总体目标可以归结为如下五个方面。

(1)优质。制造的产品具有符合设计要求的优良质量，或提供优良的制造服务，或使制造产品和制造服务的质量优化。

(2)高效。在保证质量的前提下，在尽可能短的时间内以高效的工作节拍完成生产，从而制造出产品和提供制造服务，快速响应市场需求。

(3)低耗。以最低的经济成本和资源消耗制造产品或提供制造服务。其目标是综合制造成本最低，或者制造能效比最优。

(4)绿色。在制造活动中综合考虑环境影响和资源效益，其目标是使整个产品全生命周期中对环境的影响最小、资源利用率最高，并使企业经济效益和社会效益协调优化。

(5)安全。考虑制造系统和制造过程中涉及的网络安全和信息安全问题，即通过综合性的安全防护措施和技术，保障设备、网络、控制、数据和应用的安全。

三、智能制造基本分类

(一)智能工厂

智能工厂重点研究智能化生产系统和过程，以及网络化分布式生产设施的实现。智能工厂是智能制造中的一个关键主题，其主要内容可从多个角度来描述。

首先，智能工厂是工业化与信息化融合的应用体现。它借助信息化和数字化技术，通过集成、仿真、分析、控制等手段为制造工厂的生产全过程提供全面管控的整体解决方案。它不限于虚拟工厂，更重要的是实际工厂的集成，包括产品工程、工厂设计与优化、车间装备建设及生产运作控制等。

其次，智能工厂将物联网技术全面应用于工厂运作的各个环节，实现工厂内部人、机、料、法、环、测的泛在感知和万物互联，互联的范围甚至可以延伸到供应链和客户环节。

最后，从范式维度看，智能工厂是制造工厂层面的信息化与工业化的深度融合，是数字化工厂、网络化互联工厂和自动化工厂的延伸和发展。它通过将人工智能技术应用于产品设计、工艺、生产等过程，使制造工厂在其关键环节或过程中体现出一定的智能化特征，即自主性的感知、学习、分析、预测、决策、通信与协调控制能力，能动态地适应制造环境的变化，从而实现提质增效、节能降本的目标。

(二)智能生产

智能生产是智能制造中的另一个关键主题。在未来的智能生产中，生产资源(生产设备、机器人、传送装置、仓储系统和生产设施等)将通过集成形成一个闭环网络，具有自主、自适应、自重构等特性，从而可以快速响应、动态调整和配置制造资源网络和生产步骤。智能生产的研究主要包括以下内容。

(1)基于制造运营管理系统的生产网络。基于制造运营管理系统的生产网络，生产价值链中的供应商可以获得和交换生产信息，供应商提供的全部零部件可以通过智能物流系统，在正确的时间以正确的顺序到达生产线。

（2）基于数字孪生的生产过程设计、仿真和优化。通过数字孪生将虚拟空间中的生产建模与现实世界的实际生产过程完美融合，从而为真实世界里的物件（包括物料、产品、设备、生产过程、工厂等）建立一个高度仿真的"数字孪生"。生产过程的每一个步骤都将可在虚拟环境中进行设计、仿真和优化。

（3）基于现场动态数据的决策与执行。利用数字孪生模型，为真实世界中的物料、产品、工厂等建立一个高度真实仿真的"孪生体"，以现场动态数据驱动，在虚拟空间里对定制信息、生产过程或生产流程进行仿真优化，给实际生产系统和设备发出优化的生产工序指令，指挥和控制设备、生产线或生产流程进行自主式自组织的生产执行，满足用户的个性化定制需求。

（三）智能物流和智能服务

智能物流和智能服务也是智能制造的重要主题。在一些场合下，这两者被认为是构成智能工厂和进行智能生产的重要内容。

智能物流主要通过互联网、物联网和物流网等，整合物流资源，充分发挥现有物流资源供应方的效率，使需求方能够快速获得服务匹配和物流支持。智能服务是指能够自动辨识用户的显性和隐性需求，并主动、高效、安全、绿色地满足其需求的服务。

在智能制造中，智能服务需要在集成现有多方面的信息技术及其应用的基础上，以用户需求为中心，进行服务模式和商业模式的创新。因此，智能服务的实现需要涉及跨平台、多元化的技术支撑。在智能工厂中基于 CPS 平台，通过物联网（物品的互联网）和务联网（服务的互联网），将智能电网、智能移动、智能物流、智能建筑、智能产品等与智能工厂（智能车间和智能制造过程等）互相连接和集成，实现对供应链、制造资源、生产设施、生产系统及过程、营销及售后等的管控。

四、智能制造对企业的影响

1. 提高生产效率

自动化和机器人技术的应用，可以替代部分重复和低效率的人工操作，实现 24 小时不间断生产，从而提高整体生产效率。通过实时数据分析和预测，企业能够及时调整生产计划，优化资源配置，减少生产过程中的等待时间和资源浪费。智能制造中的智能调度和优化技术，能够对生产过程进行智能化管理，减少生产线闲置时间，提高设备利用率。

特斯拉在其 Giga Factory（超级工厂）中采用了高度自动化的生产流程，其中数百台机器人参与车身焊接、喷漆和电池组装等关键工序。这些机器人通过精确的编程和 AI 算法，能够以极高的速度和精度完成重复性任务，同时减少人为错误。这种自动化装配线不仅提高了生产效率，降低了生产成本，还确保了产品质量的稳定性和一致性。特斯拉因此能够在短时间内大量生产高质量的电动汽车，满足市场需求。

2. 降低生产成本

自动化设备和机器人的使用减少了人力成本，降低了员工的劳动强度，同时提高了生产效率，从而降低了单位产品的生产成本。智能制造通过精确的数据分析和预测，可以减少库存积压和浪费，降低库存成本。通过优化生产流程，智能制造可以降低能源消耗和材料浪费，进一步降低生产成本。

3. 提升产品质量和可靠性

智能制造可以实现生产线的自动化和智能化监控，确保生产过程的稳定性和一致性，从而提高产品质量。通过智能传感器和数据分析技术，智能制造可以实时监控产品质量，及时发现潜在问题并进行调整，确保产品质量的可靠性和稳定性。智能制造还可以实现个性化定制生产，满足客户的特定需求，提高客户满意度和忠诚度。

格力电器在其生产线上引入智能制造技术，实现了从零部件加工到成品组装的智能化管理。通过引入先进的机器人和自动化设备，格力电器实现了生产线的自动化和智能化升级。同时，格力还利用物联网和大数据技术实现了对生产设备的远程监控和智能化调度，提高设备的可靠性和运行效率。这种智能生产线不仅提高了生产效率和产品质量，还降低了生产成本和能耗，推动了格力电器的可持续发展。

4. 增强市场竞争力

通过提高生产效率和产品质量，智能制造可以使企业更加快速地响应市场需求，抓住市场机遇。智能制造的柔性生产能力使企业能够更好地满足客户的个性化需求，提高市场竞争力。

智能制造的应用还可以帮助企业实现绿色生产和可持续发展，提高企业的社会责任感和形象。

5. 供应链管理

智能制造通过物联网和大数据技术实现供应链的可视化和实时监控，提高供应链的透明度和可追溯性。供应链智能化优化技术可以减少库存积压和浪费，降低供应链成本，提高供应链的响应速度和灵活性。通过对供应链数据的分析和挖掘，企业可以更好地了解市场需求和供应链风险，制定更科学的供应链策略。

西门子通过其数字化工厂解决方案，实现了从产品设计、生产规划到生产执行的全流程数字化管理。通过集成PLC（可编程逻辑控制器）、MES（制造执行系统）和ERP（企业资源规划）等系统，西门子可以实时监控生产线的运行状态，预测设备维护需求，并自动调整生产计划以适应市场需求的变化。这种数字化工厂不仅提高生产效率，降低生产成本，还显著提升产品质量和可靠性。此外，数字化工厂还使西门子能够更好地管理其全球供应链，确保原材料和零部件的及时供应。

6. 创新推动

智能制造促进了企业在技术创新和产品创新方面的投入，推动企业向高端化、智能化、绿色化方向发展。智能制造的应用使企业更加注重研发和创新，提高企业的创新能力和核心竞争力。

7. 员工素质提升

智能制造的引入要求员工具备更高的技能和素质，促进企业对员工培训和技能提升的投入。员工通过学习和掌握智能制造技术，提高自身的综合素质和竞争力，为企业的发展提供有力支持。

五、智能制造的实现

对于不同的行业、不同的领域或不同的企业，实施智能制造时会有不同的技术路线和解决方案。此处所探讨的如何实现智能制造也只是一个基本的路线，不同的行业仍要根据实际情况改变。

1. 需求分析

需求分析是指在系统设计前和设计开发过程中对用户实际需求所进行的调查与分析，是系统设计、系统完善和系统维护的依据。

需求分析主要涉及如下内容：发展趋势、已有基础、问题与差距、目标定位等。

2. 网络基础设施建设

网络互联是网络化的基础，主要实现企业各种设备和系统之间的互联互通，包括工厂内网络、工厂外网络、工业设备和产品联网、网络设备、网络资源管理等涉及现场级、车间级、企业级设备和系统之间的互联，即企业内部纵向集成的网络化制造；此外，还涉及企业信息系统、产品、用户与云平台之间的不同互联场景，即企业外部（不同企业间）的横向集成。

网络互联为实现企业内部纵向集成和企业外部横向集成提供了基础设施和技术保障。在网络互联基础建设中还必须考虑网络安全和信息安全问题，即要通过综合性的安全防护措施和技术，保障设备、网络、控制、数据和应用的安全。

3. 数据互联可视的数字化

以产品全生命周期数字化管理（PLM）为基础，把产品全价值链的数字化、制造过程数据获取、产品及生产过程数据可视化作为智能化第一步，实现对数字化和数据可视化的呈现。其主要内容包括产品全生命周期价值链的数字化、数据的互联共享、数据可视化及展示。

例如，亿信华辰自主研发的一站式数据分析平台亿信 ABI 能帮助制造企业在项目介绍、科研投入比例、产品监控、人员构成等方面进行全面分析与展示，时刻掌控企业经营状况及各项目花费情况，全方位监管各项目跟进情况。另外，对各条生产线的磨损率进行精准监控，及时排除故障隐患。亿信 ABI 为制造企业的运维管理提供了数据基础，为领导高效决策提供了数据支持。

4. 现场数据驱动的动态优化

现场数据驱动的动态优化本质上就是以工厂内部的"物理层设备—车间制造执行系统—企业资源管理信息系统"纵向集成为基础，通过对物理设备、控制器、传感器的现场数据采集，获得对生产过程、生产环境的状态感知，进行数据建模分析和仿真，对生产运行过程进行动态优化，作出最佳决策，并通过相应的工业软件和控制系统精准执行，完成对生产过程的闭环控制。

例如，亿信华辰借助 5G 网络、智能机器人、视频比对技术，帮助制造企业打造智慧化工厂生产线。在零配件配送、库存管理、生产组装、信息上报等关键环节利用可视化技术，能有效调节生产进度、合理调配资源、监控生产质量、及时上报数据反馈结果。另外，方案内容涵盖对生产车间轮胎检测环节、T-BOX 数据上传环节，对库存提供实时监控，并实现对云打印设备、AGV 智能机器人的工作状态、设备状态的可视化监控。

5. 虚实融合的智能生产

虚实融合的智能生产是智能制造的高级阶段。这一阶段将在实现产品全生命周期价值链端到端数字化集成、企业内部纵向管控集成，以及网络化制造、企业外部网络化协同的基础上，进一步建立与产品、制造装备及工艺过程、生产线、车间、工厂和企业等不同层级的物理对象映射融合的数字孪生，并构建以 CPS 为核心的智能工厂，全面实现动态感知、实时分析、自主决策和精准执行等功能，进行智能生产，实现高效、优质、低耗、绿色的制造和服务。

例如，在 2017 德国汉诺威工业博览会上，海尔面向全球发布了具有独创性和引领性的工业互联网平台 COSMOPlat 大规模定制解决方案，并现场搭建起一条互联工厂示范线，展示了"中国智造"的独到探索。目前，海尔的互联工厂早已不局限于"机器换人"，敏锐的市场触觉、发达的"数字神经"把这里变成了人、机、物紧密协同的智能集成。具体来说，海尔互联工厂首先是"连用户"，用户信息能直接传递到工厂，生产线上的每一台产品都是有目标客户的，这是互联工厂的核心；其次是"连网器"，通过智能产品的连接，用户的体验可以随时反馈回工厂，工厂方面会根据用户反馈加快产品的迭代；最后是"连全流程"，用户全流程参与，与用户实时互联，从产品的研发到制造再到供应商、物流商，实现全流程、全供应链整合。

第五节　数字经济

一、数字经济的含义

数字经济是一个经济系统，在这个系统中，数字技术被广泛应用并由此带来了整个经济环境和经济活动的根本变化。数字经济也是一个信息和商务活动都数字化的全新的社会政治和经济系统。企业、消费者和政府之间通过网络进行的交易迅速增长。数字经济主要研究生产、分销和销售都依赖数字技术的商品和服务。数字经济的商业模式本身运转良好，因为它创建了一个企业和消费者双赢的环境。数字经济的发展给包括竞争战略、组织结构和文化在内的管理实践带来了巨大的冲击。随着先进的网络技术被应用于实践，原来的关于时间和空间的观念受到了真正的挑战。企业组织正在努力想办法整合与顾客、供应商、合作伙伴在数据、信息系统、工作流程和工作实务等方面的业务，而他们又都有各自不同的标准、协议、传统、需要、激励和工作流程。

二、数字经济的基本特征

1. 数字经济受到三大定律的支配

第一个定律是梅特卡夫法则：网络的价值等于其节点数的平方。所以网络上联网的计算机越多，每台电脑的价值就越大，"增值"以指数关系不断变大。

第二个定律是摩尔定律：计算机硅芯片的处理能力每 18 个月就翻一翻，而价格以减半数下降。

第三个定律是达维多定律：进入市场的第一代产品能够自动获得 50% 的市场份额，所以任何企业在本产业中必须第一个淘汰自己的产品。实际上，达维多定律体现的是网络经济中的马太效应。

2. 数字经济的基本特征

（1）快捷性。首先，互联网突破了传统的国家、地区界限，被网络连为一体，使整个世界紧密联系起来,把地球变成为一个"村落"。其次,突破了时间的约束,使人们的信息传输、经济往来可以在更小的时间跨度上进行。最后,数字经济是一种速度型经济。现代信息网络可用光速传输信息,数字经济以接近于实时的速度收集、处理和应用信息,节奏大大加快了。

(2)高渗透性。迅速发展的信息技术、网络技术,具有极高的渗透性功能,使信息服务业迅速向第一、第二产业扩张,使三大产业之间的界限模糊,出现了第一、第二和第三产业相互融合的趋势。

(3)自我膨胀性。数字经济的价值等于网络节点数的平方,这说明网络产生和带来的效益将随着网络用户的增加而呈指数形式增长。在数字经济中,由于人们的心理反应和行为惯性,在一定条件下,优势或劣势一旦出现并达到一定程度,就会导致"强者更强,弱者更弱"的"赢家通吃"的垄断局面。

(4)边际效益递增性。这主要表现在两个方面:一是数字经济的边际成本递减;二是数字经济具有累积增值性。

(5)外部经济性。网络的外部性是指,每个用户从使用某产品中得到的效用与用户的总数量有关。用户人数越多,每个用户得到的效用越高。

(6)可持续性。数字经济在很大程度上能有效杜绝传统工业生产对有形资源、能源的过度消耗,以及由此造成的环境污染、生态恶化等危害,实现了社会经济的可持续发展。

(7)直接性。由于网络的发展,经济组织结构趋向扁平化,处于网络端点的生产者与消费者可直接联系,而降低了传统的中间商层次存在的必要性,从而显著降低了交易成本,提高了经济效益。

三、数字经济的本质

数字经济的本质在于信息化。信息化是由计算机与互联网等生产工具的革命所引起的工业经济转向信息经济的一种社会经济过程。具体来说,信息化包括信息技术的产业化、传统产业的信息化、基础设施的信息化、生活方式的信息化等内容。信息产业化与产业信息化,即信息的生产和应用两大方面是其中的关键。信息生产要求发展一系列高新信息技术及产业,既涉及微电子产品、通信器材和设施、计算机软硬件、网络设备的制造等领域,又涉及信息和数据的采集、处理、存储等领域;信息技术在经济领域的应用主要表现在用信息技术改造和提升农业、工业、服务业等传统产业上。

当今世界正发生着人类有史以来最为迅速、广泛深刻的变化。以信息技术为代表的高新技术突飞猛进,以信息化和信息产业发展水平为主要特征的综合国力竞争日趋激烈。信息化对经济发展和社会进步带来的深刻影响,引起世界各国的普遍关注。发达国家和发展中国家都十分重视信息化,把加快推进信息化作为经济和社会发展的战略任务。数字革命创造的信息产业是一种战略性产业,它既可以进行制造业活动,又可以提供服务性业务,或者同时从事两种活动,成为制造业与服务业的混合物而被称为"液态混合体"。20世纪90年代后期,世界经济的年均增长率在3%左右,而信息技术及相关产业的增长速度是经济增长速度的2~3倍。在许多发达国家中,信息业已成为国民经济的第一大业。有研究成果表明:1998年信息技术和信息产业对世界经济增长的贡献率为14.7%,考虑到产品和服务价值下降因素,实际贡献率超过25%;1999年全球信息产业的并购交易总额达到了1万亿元,年增长率达到200%。这表明,对于信息技术和信息化的投入,是数字经济的重要动力。

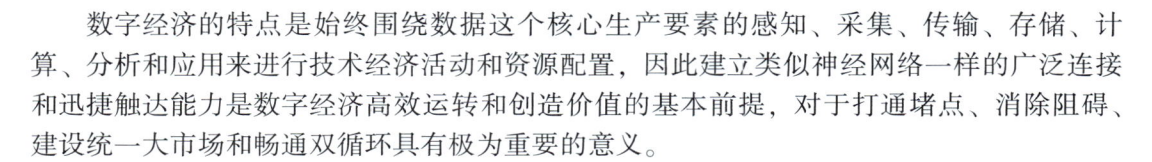

数字经济的特点是始终围绕数据这个核心生产要素的感知、采集、传输、存储、计算、分析和应用来进行技术经济活动和资源配置,因此建立类似神经网络一样的广泛连接和迅捷触达能力是数字经济高效运转和创造价值的基本前提,对于打通堵点、消除阻碍、建设统一大市场和畅通双循环具有极为重要的意义。

四、数字经济的发展趋势

(一)趋势一:速度成为关键竞争

随着消费者需求的不断变化和竞争对手的不断出现,产品与服务的更新周期越来越短。这要求企业以最快的速度对市场作出反应,以最快的速度制定新的战略并加以实施,以最快的速度对战略进行调整。迅速反应和迅速调整都要求企业建设自身的"数字神经"平台。

(二)趋势二:跨企业的合作成为必然选择

速度的压力使企业必须通过合作进行资源整合和发挥自己的核心优势。规模经济的要求、新产品研发等巨额投入的风险也迫使企业必须以合作的方式来分担成本,甚至是与竞争对手进行合作,形成合作竞争的关系。信息技术手段特别是互联网技术极大地降低了合作沟通的信息成本,使广泛的、低成本的合作成为可能。通过信息平台而不是组织整合平台,伙伴间形成了虚拟企业。这样的虚拟企业既具有大企业的资源优势,又具有小企业的灵活性,为合作的各方带来极大的竞争优势。

(三)趋势三:行业断层、价值链重构和供应链管理

在信息技术的快速发展的冲击之下,许多行业出现了断层,产业的游戏规则在变化,新的对手来自四面八方,新的供应商随时产生。这种断层既对行业中的现存者提出了挑战,又为新生者提供了机会,各个行业都不同程度地存在重新洗牌的机会。许多中间环节面临消除的危险,它们被迫提供新的、更大的价值;许多企业进入价值链的其他环节(上游或下游);制造业向服务业转型或在价值链中重新定位等。企业主动或被动地利用数字化手段以对应价值链重构,或重新抓住自己的客户,或重组优化自己的供应商队伍。

(四)趋势四:大规模量身定制成为可能

传统经济中,商品或服务的多样性与到达的范围是一对矛盾。大众化的商品总是千篇一律,而量身定制的商品只有少数人能够享用。但数字技术的发展改变了这一切。企业现在能够以极低的成本收集、分析不同客户的资料和需求,通过灵活、柔性的生产系统进行定制。国外汽车和服装行业提供了许多成功的例子。大规模量身定制生产方式将给每个客户带来个性化的产品和服务,这要求企业具备敏捷反应能力。

五、影响数字经济的要素

(1)软件:是信息技术的重要组成部分,其不断创新和应用是推动数字经济繁荣发展的不竭动力。近年来,移动互联网、大数据、云计算、物联网、人工智能等技术的突破和融合发展,很大程度上依赖于软件的创新和应用。高级机器人、自动驾驶、3D打印、数字标识、生物识别、量子计算等新兴技术,都需要软件的支持和驱动,促使其功能的实现和优化。

(2)信息:它对于网络内容提供商(ISP)来说就是最大的财富,但它必须把生活中真

实的一面告诉读者。现在大多数网上信息是免费的，这对 ISP 是一个严峻挑战。为了应付这一挑战，ISP 必须将互联网产业和传统产业结合起来，并且必须同科技专家共同努力以保护自己的产品。

（3）教育：教育科技手段将迎来重大变化。ISP 和互联网公司正将它们的商业模式转向 B2B（在这里指 ISP 或其他互联网公司提供学校教育和公司培训）和 B2C（指 ISP 等提供业余培训和远程函授等方式）。

（4）顾客权利：顾客权利在过去的几年里也成为影响数字经济并推动其发展的重要因素，现在这种权利还必须扩展，必须保护用户信息和地址等私有问题，必须发现顾客的真正需要。电子商务销售商必须在未来的 12 个月里详细了解提供严格的个人隐私保护政策。

（5）商业数字化：在过去 10 年里，美国几乎所有的行业都数字化了。从会计到仓储，从人事到日程安排，数字技术无处不在。通过这种数字化进程，许多企业尝到了甜头。

（6）数字经济政策：当然，鉴于有这么多公司涌入数字经济，必须制定行业法规，尤其在个人隐私和电子商务收税等问题上。没有明确的评估和建议，数字经济可能会停滞。

六、数字经济的优势

数字经济已经成为当前最具活力、最具创新力的经济形态，是国民经济的核心增长极之一。数据显示，全球及中国的数字经济规模持续增长，且增速远高于 GDP 增速，成为经济增长的重要驱动力。在面对经济下行压力时，数字经济展现出较强的韧性和稳定性，成为应对经济波动的有效手段。

数字经济的优势在于其强大的经济增长驱动力、对产业和基建的优化作用、提供的赶超机遇，以及制度与市场、技术创新与人才等多方面的优势。这些优势共同推动了中国数字经济的蓬勃发展，并为其在全球竞争中占据有利地位提供了有力支撑。

（1）边际报酬递增的后发性优势。数字经济的特征表明，在知识的创新阶段，知识应用的范围越广泛，涉及的客户越多，就能创造越来越多的价值。在知识的普及阶段和模仿阶段，由于时效性问题，知识在发达国家的边际报酬下降，在发展中国家却能维持很高的边际报酬，因为对于发展中国家来说，这些知识仍然是最新的、最具时间价值的。信息技术正处于普及和模仿阶段，向发展中国家扩散符合发达国家的最高利益，也可以大大提高发展中国家的信息化速度。

（2）客户资源方面的后发性优势。一些发展中国家人口众多、经济增长迅速，有着丰富的客户资源，其市场潜力远非发达国家所能比拟，这就形成了发展中国家第一层次的网络比较优势。如果考虑到发展趋势，几乎所有的发展中国家都是一个有待开发的市场。发展中国家丰富的客户资源与发达国家丰富的知识、网络资源相结合，将会大大推动世界经济的发展。发展中国家市场潜力的强大吸引力，会促使发达国家的技术、资本源源不断地流入，促使发展中国家的产业结构、技术水平和人力资源出现根本性的变化，从而缩小数字鸿沟，提高发展中国家的收入水平和生产力水平。

（3）知识能力方面的后发性优势。一些发展中国家大力推进教育和科学技术，使知识要素的重要性提升，尤其是获取知识、传递知识和运用知识的能力提高得格外迅速，这就形成了发展中国家第二层次的网络比较优势，使之在国际分工中占据一个比较有利的地位，带动本国的数字经济出现跨越式的发展。例如，印度软件业的"离岸开发"，已经成为带动印度经济转型的重要手段。

(4) 信息技术方面的后发性优势。对于发展中国家来说，信息化比工业化更容易追赶，这是由于信息化有一些非常显著的特点：与制造业相比，设备投资成本较小；技术已经标准化，学习成本很低；知识具有共享性和外溢性等。

此外，信息技术本身的巨大潜力和机会，也为发展中国家数字经济的发展开辟了广阔的道路。信息技术和信息基础设施较落后，意味着发展中国家的转换成本较小，就有可能瞄准技术前沿实现跨越式发展。由于有大量现成的技术可以利用，发展中国家可以把研究与开发的重点转向有原创性、突破性的技术上，如塑料芯片技术、生物芯片技术等。一旦突破，技术、经济和产业格局就有可能出现重大改观，从而带动一国经济走向兴旺发达，甚至衍生出一场新的产业革命。

课后练习题

一、选择题

1. 管理者应当在常态管理中强化危机意识，这主要是针对（　　）而言的。
   A. 危机管理的经常性　　　　　　B. 危机管理的程序性
   C. 危机管理的长期性　　　　　　D. 危机管理的必然性
2. 以下选项中，（　　）不属于危机管理组织领导的应急反应系统的构成。
   A. 指挥决策中心　　　　　　　　B. 现场指挥中心
   C. 支持保障中心　　　　　　　　D. 物资储备中心
3. 以下选项中，（　　）属于危机应对现场指挥中心的工作职责。
   A. 制定应急战术策略　　　　　　B. 协调各中心工作
   C. 进行全面统筹工作　　　　　　D. 规划应急整体安排
4. 关于未来管理的变革趋势中，下列（　　）是错误的。
   A. 创新是未来管理的主旋律
   B. 知识是最主要的资源
   C. 学习型组织是未来成功企业的模式
   D. 管理的最终模式是制度的完善
5. 学习型组织认为最重要的学习是（　　）。
   A. 看书　　　　B. 培训　　　　C. 反思　　　　D. 交流
6. 学习型组织五项修炼的核心是（　　）。
   A. 自我超越　　B. 系统思考　　C. 共同愿景　　D. 团队学习
7. 以下选项中，（　　）不属于学习型企业的特征。
   A. 精简　　　　B. 扁平化　　　C. 管理严　　　D. 有弹性

二、简答题

1. 简述学习型组织的构成要素。
2. 简述知识管理要遵循的原则。

三、论述题

1. 为什么说当代经济危机的先导和主要表现形式是金融危机？
2. 怎样建立一个有效的知识管理体系？

课后实践

1. 对一个公司进行调研，分析该公司在应对危机时采取了什么样的处理措施。

提示：

（1）建立危机处理负责机构。

（2）对危机事件进行调查，包括危机产生的原因、导致危机事件的责任人。

（3）形成危机调查报告，确定处理对策。

（4）对危机处理的实施进行总结和反馈。

2. 根据学习型组织的特征，判断学校所在社区的某企业是否为学习型组织，如何构建学习型组织？

提示：

（1）分析学习型组织特征与企业的组织结构类型，判断企业类型。

（2）通过对员工、管理者的访谈，了解企业知识传递的途径。

（3）建立学习型组织结构，培养组织的学习习惯和学习氛围，建立知识联盟。

3. 如何提高学习型组织的有效性？

提示：

（1）加强非学习型组织的作用，弱化组织结构边界。

（2）强化员工的学习意愿。

（3）创建学习型组织的考评体系，并进行奖惩。

4. 对某公司进行调研，分析该公司是如何构建知识管理体系的。

提示：

（1）明确知识管理体系内容。

（2）对企业知识进行分类，构建企业知识信息数据库。

（3）与企业业务流程相结合，制定知识管理体系评价方法。

5. 研究学校所在社区的某企业知识管理流程，了解知识管理计划并对该企业知识管理绩效进行评价。

提示：

（1）明确企业知识来源、知识资源的层次、知识资源的运作模式。

（2）建立知识管理平台。

（3）选择知识管理绩效的评价指标。

（4）通过实证方法对绩效进行检验，并对评价指标进行完善。

案例分析

案例分析1：世界著名企业如何建立知识管理体系

Lotus知识管理体系：IBM/Lotus围绕着知识管理包含的"人、场所和事件"三要素，建立专家网络和内容管理，方便用户和员工获得所需的知识，设立企业社区供员工共享知识和相互协作，开展企业培训，帮助员工自主学习，以提高企业的整体素质。IBM/Lotus提出了从总体上可分为企业应用集成层、协同工作/发现层、知识管理应用层和知识门户层的知识管理框架，每层都着重介绍其所使用的知识管理技术和工具。

Lotus 所提出的知识管理体系框架涉及的技术工具包括文档管理技术、群件技术、Lotus K-station、Lotus Discovery Server 和 IBM Domino 等。其中，Lotus K-station 是具备知识管理功能的知识门户服务器，Lotus Discovery Server 是知识发现服务器，两者共同组成了 Lotus 的知识发现系统(Knowledge Discovery System)，并与 IBM Domino 服务器结合，提供知识管理解决方案。

问题

1. 简述 Lotus 如何建立其知识管理体系。
2. 结合案例阐述如何通过知识管理来构造企业竞争力。

提示：

1. Lotus 建立其知识管理体系主要依赖于其新近推出的知识发现系统——Lotus Knowledge Discovery System(KDS)。该系统包括两个核心组件：知识门户服务器 K-station 和知识发现服务器 Lotus Discovery Server。

2. 企业需要建立完善的知识管理体系，加强知识共享和交流，构建在线学习平台，建立知识评估和共享奖励机制，并持续优化知识管理体系。这样才能确保企业充分利用内部和外部的知识资源，提高创新能力和效率，从而在激烈的市场竞争中立于不败之地。

案例分析2：学习型组织问题

去年年底，分析化验公司的经理们又汇聚一堂，制定年底的重要决策。首席行政总监简枯强照例没有参加他们的讨论。会后，他问大家："今年，我们打算去哪里呢？"

"罗马。"他们回答。

"罗马不错。"简枯强挺高兴今年"学习假期"能如期进行。

这家吉隆坡的环保服务公司每年都要关门9天，让全体员工(共28人)公费集体出游。他们度假时拍的照片贴满了会议室。这边是他们身穿夏装，在泰国摆的各种姿势；那边是冬装裹身，在瑞士挤成一团；另一面墙上还有背景各异的许多合影，例如，法国埃菲尔铁塔、中国的故宫和美国的国会大厦。

除度假支付的费用外，公司关门还造成了一笔不少的营业收入损失。这算是一种管理办法吗？

对简枯强而言，这是唯一的办法。他认为，公司必须留出时间和财力用于学习，费用占工资总额的10%~20%。观光能激发人们讨论和思考一国一城的兴衰变化。例如，员工们可以思考，文化上同样富足的威尼斯为何与佛罗伦萨相反，其古老结构并没有促进经济活动的发展。简枯强说："度假时的学习效果更好。"

学习对分析化验公司促进不少。在过去六年中，它已将业务从生产棕榈油之类的试验性产品转为处理和回收工业废料。这种转变来自他们清醒地认识到哪些是马来西亚的夕阳产业和朝阳产业。简枯强说道："拥有富有知识的工作人员，可使公司更快、更平衡地改变或实施计划。"

在当今管理界，学习型组织是一个最为流行而又最受人误解的概念。面对这个智力是主要经济资源的时代，比竞争对手学得快被视为最根本的竞争力。所有的组织理论都要求经理人去学习，并且将新的理论和方法付诸实施。如今，企业日益关注的是学习和变革之间的关系。要想学习富有成效，企业必须有能力、有意愿进行变革。

问题

1. 学习型组织是由谁提出的？
2. 建立学习型组织所进行的五项修炼技能是什么？
3. 通过案例，你认为"学习型组织"管理理论的最根本要点是什么？

提示：

1. 学习型组织是由美国麻省理工学院的佛瑞斯特教授在 1965 年提出的。

2. 建立学习型组织所进行的五项修炼技能是由管理学者彼得·圣吉在《第五项修炼》一书中提出的。

3. "学习型组织"管理理论的最根本要点在于通过持续不断的学习来适应和引领变化。这一理论强调组织应成为一个不断学习的系统，其中个人、团队和组织层面都在不断地获取、创造、传递和应用知识，以提高组织的适应能力和创新能力。

案例分析 3：Interwoven 连续四年名列全球知识管理企业百强

全球著名的企业内容管理解决方案提供商 Interwoven 公司曾连续四年被 *KMWorld* 杂志评选为全球一百大"知识管理界最有影响力企业"，从而证明其在企业知识管理领域中的领先地位。Interwoven 第四年主要凭借"创新速度"与"定义企业内容管理市场的影响力"入选。*KMWorld* 杂志总编辑认为，Interwoven 拥有符合市场需求的企业内容管理解决方案全线产品，能够应对企业内部所有关于内容与知识管理的需求，并且成功地对现阶段全球 ECM 市场作出定义，这成为 Interwoven 获此殊荣的主要原因。一直以来，Interwoven 强调帮助企业客户有效掌握内容资产，并将其效益发挥到最大限度。许多全球知名企业选择了 Interwoven 的产品，其中不乏花旗银行、Nike 等全球知名企业。

问题

1. 为什么众多知名企业选择 Interwoven 的产品？
2. 结合案例谈谈知识管理对企业发展的作用。

提示：

1. 众多知名企业选择 Interwoven 的产品，主要是因为其在技术、易用性、安全性、可扩展性、结果验证及市场地位和创新能力等方面具有优势，能够为企业提供高效、可靠的内容管理解决方案，满足企业不断变化的业务需求。

2. 通过有效地管理和利用知识资源，企业可以提高竞争力、促进持续学习与成长、优化业务流程、加强团队协作与沟通以及增强适应能力。

视频学习资料

10.1 企业危机管理　　　　10.2 学习型组织　　　　10.3 企业知识管理

附录1　实践教学内容二维码

第一章 现代企业管理概述 实践教学内容	第二章 现代企业战略管理 实践教学内容	第三章 现代企业营销管理 实践教学内容	第四章 现代企业人力资源管理 实践教学内容	第五章 现代企业生产管理 实践教学内容
第六章 现代企业物流管理 实践教学内容	第七章 现代企业质量管理 实践教学内容	第八章 现代企业财务管理 实践教学内容	第九章 现代企业信息管理 实践教学内容	第十章 现代企业管理前沿专题 实践教学内容

附录2　课后练习题参考答案二维码

第一章 课后练习题参考答案	第二章 课后练习题参考答案	第三章 课后练习题参考答案	第四章 课后练习题参考答案	第五章 课后练习题参考答案
第六章 课后练习题参考答案	第七章 课后练习题参考答案	第八章 课后练习题参考答案	第九章 课后练习题参考答案	第十章 课后练习题参考答案

参 考 文 献

[1] 尹子民，张凤新. 企业竞争力评价与可持续发展战略研究[M]. 沈阳：东北大学出版社出版. 2004.

[2] 尹子民. 企业管理理论与实践[M]. 沈阳：东北大学出版社，2017.

[3] 尹进，尹子民，林娴，等. 工业4.0背景下管理工程学科应用型人才培养路径研究[J]. 辽宁工业大学学报(社会科学版)，2022，24(5)：105-107.

[4] 尹子民，孙晖. 企业成长能力与可持续性战略决策图的研究[J]. 辽宁工业大学学报(自然科学版)，2019，39(2)：132-135.

[5] 尹子民，李瑞彤，魏璐瑶，等. 辽宁装备制造业实现工业4.0的对策研究[J]. 辽宁工业大学学报(社会科学版)，2017，19(6)：21-23+48.

[6] 尹子民，王层层，刘浩. 锦州港务集团综合经济效益分析[J]. 辽宁工业大学学报(社会科学版)，2016，18(5)：15-18.

[7] 尹子民，尤艳伟，张丹. 基于改进生产函数的华能集团全要素效率分析[J]. 辽宁工业大学学报(自然科学版)，2016，36(5)：334-338.

[8] 尹子民，尤艳伟，张丹. 基于模糊理论的煤矿企业财务能力综合评价[J]. 辽宁工业大学学报(自然科学版)，2016，36(4)：269-272.

[9] 尹子民，张宏，王春丽，等. 锦州市民幸福度及其提升途径研究[J]. 辽宁工业大学学报(社会科学版)，2016，18(3)：22-26+142.

[10] 尹子民，孙晖，浦佳. 现代企业管理精品资源开放课教学模式研究[J]. 辽宁工业大学学报(社会科学版)，2015，17(4)：94-97.

[11] 尹子民，佟会文. 增长率—企业竞争能力战略决策图的研究与应用[J]. 科技管理研究，2008(8)：186-187+193.

[12] 尹子民，夏天. 中国原材料工业产业结构现状与优化研究[J]. 理论界，2008，(7)：55-56.

[13] 尹子民，夏天. 财务能力的模糊综合评价研究与应用[J]. 辽宁经济，2008，(5)：97.

[14] 尹子民，尹进. 基于工业企业财务实力的模糊综合评判[J]. 中国管理信息化，2008，(10)：38-40.

[15] 尹子民，孙晖. 全要素生产效率与集约经济效益的分析研究[J]. 科技管理研究，2008(3)：115-116+123.

[16] 尹子民，张华. 原材料工业产业增长方式与发展战略的研究[J]. 中国管理信息化，2008(4)：90-92.

[17] 尹子民，王春蕊. 基于因子分析建立上市公司财务战略模型[J]. 中国管理信息化，2008(3)：64-67.

[18] 郭跃, 王层层, 尹子民. 创新生态系统视角下制造业数字化转型价值创造机制研究: 以钢铁产业为例 [J]. 辽东学院学报(社会科学版), 2023, 25(4): 75-80.

[19] 宋丽达, 尹子民. 创新驱动战略下辽宁省工业经济绿色转型发展路径研究 [J]. 现代工业经济和信息化, 2023, 13(6): 176-177.

[20] 孙晖, 尹子民. 辽宁装备制造业实现工业4.0的调查分析与对策研究 [J]. 辽宁工业大学学报(自然科学版), 2019, 39(6): 397-400.

[21] 孙晖, 尹子民. 装备制造企业技术创新能力评价研究 [J]. 辽宁工业大学学报(自然科学版), 2019, 39(4): 260-265.

[22] 郭跃, 王层层, 尹子民. 基于改进挣值法对工程项目进度预测与优化研究 [J]. 辽宁工业大学学报(社会科学版), 2019, 21(3): 39-41.

[23] 刘爽, 付浩言, 尹子民. 中国房地产上市公司财务能力评价与实证研究 [J]. 辽宁工业大学学报(自然科学版), 2018, 38(6): 408-412.

[24] 王倩倩, 尹子民. 企业综合能力分析研究: 以汽车零配件上市公司为例 [J]. 产业与科技论坛, 2018, 17(21): 79-80.

[25] 付浩言, 刘爽, 尹子民. 建筑企业财务竞争力综合评价与实证研究 [J]. 辽宁工业大学学报(自然科学版), 2018, 38(4): 273-276.

[26] 王层层, 郭跃, 尹子民, 等. 基于SD的装备制造业实现工业4.0能力仿真分析 [J]. 辽宁工业大学学报(自然科学版), 2018, 38(3): 200-205+210.

[27] 王层层, 韩会宾, 尹子民. 灰色关联与主成分法在企业成长中的应用 [J]. 辽宁工业大学学报(社会科学版), 2018, 20(1): 30-33.

[28] 孙晖, 尹子民. 锦州滨海电子商务产业基地发展对策研究 [J]. 辽宁工业大学学报(社会科学版), 2017, 19(5): 16-19.

[29] 尹子民, 尤艳伟, 张丹. 基于辽宁省制造业上市公司所得税与债务融资相关性的研究 [J]. 辽宁工业大学学报(自然科学版), 2016, 36(6): 405-408.

[30] 曹宝玲, 尹子民. 企业综合经济效益评价与可持续发展经营战略研究 [J]. 辽宁工业大学学报(社会科学版), 2015, 17(2): 30-32.

[31] 孙福兰, 尹子民, 张磊. 我国煤炭企业综合竞争力评价及经营战略研究 [J]. 辽宁工业大学学报(社会科学版), 2015, 17(2): 33-35.

[32] 尹子民, 孙福兰. 理性裁员 感性操作——以摩托罗拉移动裁员风波为例 [J]. 辽宁工业大学学报(社会科学版), 2015, 17(1): 22-24+68.

[33] 尹子民, 谭文东, 孙超. 基于模糊评价方法的企业生命周期研究 [J]. 辽宁工业大学学报(自然科学版), 2014, 34(6): 404-407.

[34] 孙晖, 尹子民. 企业财务实力评价及其可持续发展战略的研究 [J]. 辽宁工业大学学报(自然科学版), 2014, 34(4): 277-280.

[35] 尹子民, 孙晖, 徐兰英. 应用型工程管理专门化人才培养探讨 [J]. 辽宁工业大学学报(社会科学版), 2014, 16(4): 113-116.

[36] 尹子民, 倪倩, 吕艳玲. 医药类上市企业综合实力评价与战略制定 [J]. 辽宁工业大学学报(自然科学版), 2014, 34(2): 136-140.

[37] 尹子民, 张丹. 管理实践教学的构成要素与组织实施 [J]. 辽宁工业大学学报(社会科学版), 2013, 15(1): 122-125.

[38] 尹子民, 褚跃龙. 煤矿企业集约经营的综合分析与评价[J]. 辽宁工业大学学报(自然科学版), 2012, 32(4): 277-280.

[39] 张彩虹, 尹子民. "管理信息系统"课程改革探索[J]. 辽宁工业大学学报(社会科学版), 2011, 13(5): 129-132.

[40] 尹子民, 于鹏飞. 资源组合效率与增长率战略矩阵图的研究及应用[J]. 辽宁工业大学学报(自然科学版), 2011, 31(4): 273-276.

[41] 尹子民, 徐兰英, 王俊生. 管理学科实践教学研究[J]. 辽宁工业大学学报(社会科学版), 2010, 12(3): 102-105.

[42] 尹子民, 孙辉, 魏颖辉. 情景模拟教学法的初探[J]. 辽宁工业大学学报(社会科学版), 2009, 11(3): 91-93+100.

[43] 尹子民, 张彩虹. 案例教学方法的探讨与应用[J]. 辽宁工业大学学报(社会科学版), 2008(5): 93-96.

[44] 李韬, 李睿深, 冯贺霞, 等. 数字转型与治理变革[M]. 北京: 北京师范大学出版社, 2023.

[45] 周冯琦, 程进, 陈宁, 等. 中国环境绩效管理理论与实践[M]. 上海: 上海社会科学院出版社, 2022.

[46] 权国政. 工业企业管理[M]. 北京: 中国铁道出版社, 2022.

[47] 周斌. 企业文化建设要素框架[M]. 杭州: 浙江大学出版社, 2020.

[48] 赖文燕, 蔡影妮. 现代企业管理[M]. 南京: 南京大学出版社, 2023.

[49] 姜金德, 卢荣花, 杨静. 物流成本管理[M]. 南京: 东南大学出版社, 2021.

[50] 于娜娜, 刘永契. 企业知识管理创新案例分析[J]. 合作经济与科技, 2024, (16): 98-100.